Coleção Espírito Crítico

SEJA COMO FOR

Coleção Espírito Crítico

Conselho editorial:
Alfredo Bosi
Antonio Candido
Augusto Massi
Davi Arrigucci Jr.
Flora Süssekind
Gilda de Mello e Souza
Roberto Schwarz

Roberto Schwarz

SEJA COMO FOR

Entrevistas, retratos e documentos

Livraria
Duas Cidades

editora 34

Editora 34 Ltda.
Rua Hungria, 592 Jardim Europa CEP 01455-000
São Paulo - SP Brasil Tel/Fax (11) 3811-6777 www.editora34.com.br

Copyright © Editora 34 Ltda., 2019
Seja como for © Roberto Schwarz, 2019
A fotocópia de qualquer folha deste livro é ilegal e configura uma apropriação indevida dos direitos intelectuais e patrimoniais do autor.

Imagens da capa:
Desenhos de Zuca Sardan

Capa, projeto gráfico e editoração eletrônica:
Bracher & Malta Produção Gráfica

Revisão:
Milton Ohata
Alberto Martins

1ª Edição - 2019

CIP - Brasil. Catalogação-na-Fonte
(Sindicato Nacional dos Editores de Livros, RJ, Brasil)

S468s
Schwarz, Roberto, 1938
Seja como for: entrevistas, retratos e documentos. São Paulo: Duas Cidades; Editora 34, 2019 (1ª Edição).
448 p. (Coleção Espírito Crítico)

ISBN 978-85-7326-749-5

1. Crítica literária - Brasil. 2. Cultura e política - Brasil. I. Título. II. Série.

CDD - 869.4B

Índice

Nota do autor... 9

Bastidores.. 11

I

Cuidado com as ideologias alienígenas................. 17
Encontros com a Civilização Brasileira................. 27
Que horas são?.. 48
Um retratista de nossa classe dominante............ 59
Machado de Assis: um debate.............................. 63
Do lado da viravolta.. 103
Braço de ferro sobre Lukács................................. 117
Dimensão estética da realidade,
    dimensão real da forma artística..................... 155
Meninas assombrosas.. 168
Maio de 1968... 178
Sequências brasileiras.. 181
Tira-dúvidas... 190
Ao vencedor as batatas 30 anos:
    crítica da cultura e processo social................. 223
Sobre Machado de Assis 252

Degradação da desigualdade 259
Sobre Antonio Candido 264
Retrato de grupo 270
Um narrador camaleônico 300
A lata de lixo da história 307
Declaração de voto 312
Cultura e política, ontem e hoje 314
Cultura e política agora 327

II

Apresentação a *Teoria e Prática* 335
Amor sem uso 337
Os pobres na literatura brasileira: apresentação 340
Autobiografia de Luiz Gama 343
Sobre *Modernidade periférica* 354
Na montanha russa do século 362
Prefácio à *Lata de lixo* 374
Dança de parâmetros 379
Uma prosa excepcional 388
Artes plásticas e trabalho livre 394
Merquior 402
O diretor do Museu Segall 404
Antonio Candido (1918-2017) 407
Pensando em Paul Singer 419
Albert Hirschman 422

Peripécias de um doutoramento 425

Sobre os textos 441
Sobre o autor 445

SEJA COMO FOR

Entrevistas, retratos e documentos

Nota do autor

Agradeço a César Marins, Marcelo Lotufo, Marcos Lacerda, Mauricio Reimberg, Milton Ohata e Vinicius Dantas, que ajudaram na organização deste volume.

Roberto Schwarz

Bastidores

São Paulo, 01 de novembro de 1972

ASSUNTO: Estritamente reservado
TÍTULO: Observação sobre a Cultura e a Política no Brasil, de 1964 até 1969. Artigo publicado na revista francesa LES TEMPS MODERNES dirigida por JEAN-PAUL SARTRE
Autor: Roberto Schwarz.
SUB-TÍTULO CLASSIFICADO: Técnica para agitar os meios estudantis através de teatro, cinema, literatura, rádio e TV.
PROCEDÊNCIA: 750-C

I. PREÂMBULO
O artigo anexo, de autoria de Roberto Schwarz, publicado na revista LES TEMPS MODERNES, em julho de 1970, foi escrito pelo autor e sua equipe de trabalho durante os meses de outubro de 1969 a fevereiro de 1970. Saiu publicado — após sua versão para o francês — em julho de 1970. Deduz-se, pois, que os grupos interessados demoraram cinco (5) meses para a elaboração do trabalho e sobre a oportunidade da publicação.
Hoje, após exaustivo trabalho tradutivo, que consumiu 18 horas de labor do tradutor, estamos encaminhando aos órgãos

Seja como for

de estudos do governo, pois fomos todos informados que ainda não havia sido classificado, o material em apreço. Juntamos, portanto, a tradução feita sem a competente revisão do tradutor, ante a urgente necessidade do nossos analistas iniciarem a contraofensiva. Porém, como o que mais interessa no caso é o fundo e não a forma, limitamo-nos a sublinhar os tópicos que nos parecem mais importantes.

II. Como se destina, apenas, a servir de introdução a <u>outro relatório</u> mais circunstanciado sobre <u>imprensa rádio, televisão e outros meios de comunicação</u> de massa que estamos elaborando, sugerimos inicialmente a leitura integral do teor em português.

III. Depois desta primeira remessa, voltaremos, no devido tempo, com o complemento anunciado, cujo teor — após a leitura da redação anexa — terá adquirido outro significado em matéria de <u>planos idênticos desenvolvidos nos nossos meios de comunicação</u>, inclusive nos <u>órgãos oficiais</u>.

[Segue a tradução do ensaio]

Nota do tradutor do texto francês:
1º Esta tradução levou aprox. 18 horas e teve que ser feita correndo. Trata-se de 37 <u>páginas impressas</u>, com tipos pequenos, que deram uma tradução de 29 páginas datilografadas, tipo oficio.

2º Recopiar, após revisão e correção, pois há muitas frases a serem recompostas etc., recopiar o texto das 29 páginas datilografadas levaria a um trabalho de aprox. <u>10 horas</u>, o que no presente momento não pode ser feito, de forma alguma.

3º A presente redação parece-nos altamente intelectualizada. Trata-se de um texto redigido inicialmente em português, depois traduzido em francês (para ser publicado na revista do criptocomunista Jean-Paul Sartre).

Bastidores

4º A leitura do texto (cuja tradução em inglês já está nos arquivos especializados da CIA) revela a existência de uma situação, de fato existente no Brasil. Parece, até, incrível, que tal exposição pudesse ser encontrada abertamente numa publicação. É a aberta exposição, que parece cínica (mas que não diz tudo), dos diversos planos desenvolvidos pela esquerda e seus subgrupos, no intento de desmoralizar instituições vigentes, valores tradicionais da sociedade: família, religião, sexo, dinheiro, personalidade etc., etc. Trata-se de filosofia-pirata (que aliás os povos já adivinharam e sentem há tempo e de que se queixam, sem saber de onde vem a orientação).

5º É a exposição crua, cínica, de uma parte dos meios utilizados, com a devida orientação de psicólogos tarimbados para desmontar literalmente a humanidade dos nossos dias, para colocá-la sem defesa após a devida castração coletiva — a título de sociedade escravizada, à disposição dos beneficiários da destruição.

6º O presente texto, que não precisa de grandes correções para se tornar perfeito, deveria ser posto à disposição de elementos altamente intelectualizados da nossa Escola Superior de Guerra, para os devidos estudos, conclusões e planificação de contra-ação (não policial, nem policial-militar). A penetração nos pensamentos indisfarçados contidos no texto, poderia ser aproveitada por quem tivesse realmente interesse em usar as revelações (que para alguns não são nenhuma novidade) em benefício de alto plano de reação construtiva, destinado a desvirtuar o curso preconizado pelos agitadores, e canalizá-lo em benefício de uma ordem construtiva, apesar dos seus esforços em contrário. Pois a mentira, mentira e meia; à ação psicológica-pirata, ação pirata e meia, usando de todos os recursos que a detenção do poder pode proporcionar.

7º Não parece haver dúvida em que a publicação do texto, em "Les Temps Modernes" sob direção de Jean-Paulo Sartre, obedeceu a um plano. A oportunidade ou não da tal publicação deve ter sido objeto de discussão, no Brasil ou em Paris. Alguns rancorosos devem ter forçado a mão, outros devem ter dado conselhos de prudência. Assim é que a publicação, certamente, não revelou todos os planos que, aliás, por si mesmo, já foram descobertos... desde já antes da guerra civil da Espanha, e bem antes. E é bem possível que a citação de alguns nomes, talvez no intuito de comprometê-los gratuitamente e provocar, talvez repressão tenha como móvel, prejudicar uma corrente à qual não pertencem os presentes autor e publicitário. Pois, à primeira vista parece até insensato entrar nos detalhes de planos e manobras visando combater a urna ditadura. Ora, ninguém acreditará que o autor Roberto Schwarz possa ser catalogado como insensato, isto após ler sua prosa que, de insensata tem pouca coisa. Pelo contrário.

[Documento localizado por Marcelo Lotufo no arquivo do DOPS (Departamento de Ordem Política e Social), em São Paulo, transcrito sem alterações de qualquer natureza][1]

---

[1] Roberto Schwarz exilou-se na França entre 1969 e 1978. Logo após a publicação da versão francesa do ensaio "Cultura e política, 1964-1969", participava de uma festa em casa de amigos quando foi abordado por um senhor calvo, baixo, atarracado, vestindo uma jaqueta de couro, que lhe fez perguntas muito precisas sobre o texto, comentando a seguir que pensava em visitar o Brasil. A anfitriã veio depois perguntar ao autor se ele sabia quem era aquele senhor. Diante da negativa, revelou que era o escritor Jean Genet. Pediu em seguida que o autor não comentasse sobre a conversa com ninguém pois Genet estava semi-clandestino e em vias de se juntar ao partido Panteras Negras, em plena expansão naquele momento. (N. da E.)

I

Cuidado com as ideologias alienígenas

Na sua opinião, qual a importância do influxo externo nos rumos da vida ideológica do Brasil?

A importância foi e é enorme. Mas antes de mais nada esta questão precisa ser vista sem primarismo. Nem tudo que é nacional é bom, nem tudo que é estrangeiro é ruim, o que é estrangeiro pode servir de revelador do nacional, e o nacional pode servir de cobertura às piores dependências. Assim, por exemplo, nada mais aberto às influências estrangeiras do que o Modernismo de 1922, que entretanto transformou a nossa realidade popular em elemento ativo da cultura brasileira. Enquanto isto, o nacionalismo programático se enterrava no pitoresco, e muito sem querer assumia como "autênticos" os aspectos que decorriam de nossa condição de república bananeira.

Isso posto, a resposta é diferente nas diferentes esferas da cultura. Algum tempo atrás tive o prazer de discutir o assunto com Maria Sylvia de Carvalho Franco. Na opinião dela, a noção de influxo externo é superficial e idealista, pois ideias não viajam, a não ser na cabeça de quem acredita no "difusionismo" (uma teoria antropológica, que dá muita importância ao processo da difusão cultural). Ideias, segundo Maria Sylvia, se produzem socialmente.[1] De minha parte, não vou dizer que não,

---

[1] Maria Sylvia de Carvalho Franco, "As ideias estão no lugar", *Cadernos de Debate*, nº 1, São Paulo, Brasiliense, 1976. (N. da E.)

mas continuo achando que elas viajam. No que interessa à literatura brasileira do século XIX, acho até que viajavam de barco. Vinham da Europa de quinze em quinze dias, no paquete, em forma de livros, revistas e jornais, e o pessoal ia no porto esperar. Quem lida com história literária — ou, para dar outro exemplo, com história da tecnologia — não pode fugir à noção do influxo externo, pois são domínios em que a história do Brasil se apresenta em permanência sob o aspecto do atraso e da atualização.

É certo que atraso e atualização têm causas internas, mas é certo também que as formas e técnicas — literárias e outras — que se adotam nos momentos de modernização foram criadas a partir de condições sociais muito diversas das nossas, e que a sua importação produz um desajuste que é um traço constante de nossa civilização. Em perspectiva nacional, esse desajuste é a marca do atraso. Em perspectiva mundial, ele é um efeito do desenvolvimento desigual e combinado do capitalismo, de que revela aspectos essenciais, donde o seu significado "universal". Noutras palavras, não inventamos o Romantismo, o Naturalismo, o Modernismo ou a indústria automobilística, o que não nos impediu de os adotar. Mas não bastava adotá-los para reproduzir a estrutura social de seus países de origem. Assim, sem perda de sua feição original, escolas literárias, científicas e Volkswagens exprimiram aspirações locais, cuja dinâmica entretanto era outra. Daí uma relação oblíqua, o já citado desajuste, que aliás é um problema específico para quem estuda a literatura de países subdesenvolvidos. São necessários ouvido e senso da realidade para perceber as diferenças, e sobretudo para interpretá-las. Por exemplo, Araripe Jr. observa que o nosso Naturalismo não era pessimista como o europeu, Antonio Candido nota que os primeiros baudelairianos brasileiros eram rapazes saudáveis, rebelados contra a hipocrisia dos costumes sexuais, e

Cuidado com as ideologias alienígenas

Oswald e os tropicalistas puseram o dito desajuste no centro de sua técnica artística e de sua concepção do Brasil. São problemas para encarar sem preconceito: em certo plano, é claro que o desajuste é uma inferioridade, e que a relativa organicidade da cultura europeia é um ideal. Mas não impede noutro plano que as formas culturais de que nos apropriamos de maneira mais ou menos inadequada possam ser negativas também em seu terreno de origem, e também que sendo negativas lá, sejam positivas aqui, na sua forma desajustada. É questão de analisar caso por caso. Assim, não tem dúvida que as ideologias são produzidas socialmente, o que não as impede de viajar e de serem encampadas em contextos que têm muito ou pouco a ver com a sua matriz original. Para chegar aos nossos dias, veja-se o estruturalismo, cuja causa filosófica "interna" foi 1964, que pôs fora de moda o marxismo, o qual por sua vez também é uma ideologia "exótica", como gostam de dizer as pessoas de direita, naturalmente convencidas da origem autóctone do *fascio*. E quem garante que ao se naturalizarem no Brasil estas teorias não tenham elas também mudado um pouco de rumo? É um assunto interessante, para quem gosta de mexer em vespeiro. Estudando "A nova geração" (1879), Machado de Assis dizia que "o influxo externo é que determina a direção do movimento; não há por ora no nosso ambiente a força necessária à invenção de doutrinas novas". Noutras palavras, o país é novo, e o influxo externo contribui para o atualizar e civilizar. Muitos anos antes, a propósito do projeto para uma História do Brasil com que o alemão von Martius ganhara o prêmio do Instituto Histórico, escrevia um anônimo no *Ostensor Brasileiro* (1846): "A Europa, que nos manda nosso algodão fiado e tecido [...] manda-nos até indicar a melhor maneira de escrever a história do Brasil" (devo a citação a Felipe de Alencastro). Era o nexo entre a exploração econômica (exportação de matéria-prima e importação de manufaturados) e a subordinação ideológica que madrugava. Noutras palavras, o influxo externo indica relações desiguais e tem dimensão política. Do ponto de vista de nossas elites, as duas apreciações estão certas, comportando um impasse. O influxo externo é indispensável ao progresso, ao mesmo tempo que nos subordina e impede de progredir. São contradições do subdesenvolvimento: o país é capitalista, e obrigatoriamente se mede pelo metro do progresso capitalista, mas este progresso não está ao seu alcance, pois a divisão internacional do trabalho lhe atribui outro papel, um papel que à luz deste mesmo progressismo parece inadmissível.

Por outro lado, retomando o nosso fio, a documentação básica da pesquisa de Maria Sylvia são processos-crime de Guaratinguetá no século XIX, um material ligado ao aspecto mais estático da sociedade brasileira (o homem pobre na área do latifúndio), em que o influxo ideológico da Europa contemporânea não seria um elemento decisivo. Assim, divergências teóricas monumentais podem originar-se, ao menos em parte, na diferença muito casual dos assuntos em que uns e outros se especializam. Seja como for, fica claro que o problema se põe diferentemente nos vários domínios da vida social.

Quem diz influxo externo está pensando em termos de nacional e estrangeiro, e em nosso contexto é provável que esteja pensando na alienação cultural que acompanha a subordinação econômica e política. São fatos irrecusáveis. Entretanto, se forem traduzidos em linguagem apenas nacionalista, enganam e podem dar resultado contrário ao desejado. Em sentido estrito, é claro que hoje em dia as independências econômica, política e cultural não só não existem, como são praticamente inconcebíveis. O que existe de fato são formas diferentes de interdependência, como dizia para outros fins o marechal Castello Branco, formas que naturalmente interessam a camadas diferentes da população.² É verdade que o nacionalismo desperta muita combatividade, mas não é menos verdade que ele é discreto na especificação e na análise dos interesses sociais. Uma lacuna que em minha opinião é a principal em nossas letras críticas. O problema portanto não é de ser a favor ou contra o influxo externo, mas de considerá-lo (bem como a tradição nacional) em perspectiva popular. Aliás, a influência externa toma feição caricata sobretudo quando falta esta perspectiva.

Houve mudança significativa do século XIX para cá, em termos da combinação entre as influências ideológicas externas e a nossa prática capitalista?

Com certeza houve, mas eu não seria capaz de precisar rapidamente. Por outro lado, há também as continuidades. Impossível, na segunda metade do século XIX, uma defesa entusiasta e brilhante da escravidão, que entretanto era a instituição fundamental de nossa economia. Havia um morto embaixo da cama dos nossos inteligentes, cujo universo mental mal ou bem era balizado pela Revolução Francesa. Por razões parecidas, os elogios do modelo atual só podem ser tecnicistas, cínicos ou primários.

Na época do capitalismo nos moldes clássicos europeus, a ideologia era designada por "falsa consciência" e tinha como função ocultar os reais mecanismos da vida social. Nestes termos, qual seria a função da ideologia no caso brasileiro?

Ideologia, nesta acepção, é um fato da era burguesa. Uma concepção aparentemente verdadeira do processo social no con-

---

² Alusão a um discurso célebre na época, em que Castello, muito pró-americano, anunciava que o Brasil trocava a independência pela interdependência. (N. da E.)

junto, que entretanto apresenta os interesses de uma classe como sendo os de todo mundo. O exemplo mais perfeito é a ideologia liberal do século XIX, com as suas igualdades formais. Note-se que a ideologia neste sentido tem de ser verossímil no tocante às aparências, a ponto de fazer que mesmo os prejudicados se reconheçam nela. Noutras palavras, pela sua existência mesma a vida ideológica presume que as pessoas se integrem no processo social através de convicções refletidas, e não da força bruta (o que faz dela um bem, além de uma ilusão). Ora, é claro que não é pelas ideias que o escravo se integrava em nosso processo, e que neste sentido a universalização ideológica dos interesses dos proprietários era supérflua. Daí os aspectos ornamentais de nossa vida ideológica, sua localização inessencial e sua esfera relativamente restrita. Em nossos dias a situação é outra, mas nem tanto. Acredito com a Escola de Frankfurt que a ideologia principal do capitalismo moderno está na massa das mercadorias acessíveis e na organização do aparelho produtivo, ao passo que as ideias propriamente ditas passaram para o segundo plano. Ora, se é claro que no Brasil a ideologia consumista existe, é mais claro ainda que não é ela quem acalma os que não consomem. Em certo sentido muito desagradável, há menos ideologia e mais verdade.

A reflexão sobre os países periféricos traria alguma vantagem à crítica do capitalismo em geral?
  Em primeiro lugar, no sentido óbvio, de que o subdesenvolvimento é parte do sistema. Depois, porque o caráter inorgânico e reflexo da modernização na periferia faz que o desenvolvimento das forças produtivas apareça de um ângulo diferente. Uma coisa é o processo social em que a grande indústria se criou, e outra é o transplante mais ou menos deliberado de seus resultados. Em minha impressão, a novidade mais interessante

destes últimos anos é a análise crítica do aparelho produtivo moderno (econômico-técnico-científico), cuja neutralidade política vem sendo posta em questão. São ideias que já afetaram profundamente a nossa compreensão dos países adiantados, e que devem a sua irradiação mundial a um país dos mais atrasados, que está procurando outro caminho para a sua industrialização, diferente do modelo que o capitalismo clássico criou.[3] Fomos habituados a considerar a massa trabalhadora do ponto de vista da industrialização, o que corresponde às relações correntes de poder. Em caso porém de a massa exceder de muito o raio das possibilidades industriais, e em caso sobretudo de ela pesar efetivamente, é a industrialização que será considerada do ponto de vista dela, o que abre uma área de problemas e um prisma analítico originais: as formas de dominação da natureza não são progresso puro e simples, são também formas de dominação social. É interessante notar que essa mesma análise da função centralizadora, autoritária e ideológica da grande indústria (produtivismo) — naturalmente com menos repercussão — já fora feita pela Escola de Frankfurt que, como gostam de dizer as pessoas politizadas, não tem contato com a realidade. É claro que a linha do Brasil é outra. Quem lê jornais brasileiros depois de uma temporada fora, leva um susto: metade é progresso, metade são catástrofes e as suas vítimas. Há um livro imortal esperando um brasileiro disposto: uma enquete corajosa e bem analisada sobre a barbaridade destes nossos anos de progresso.

Na época do populismo, nossos intelectuais se preocuparam mais com os impasses do capitalismo periférico do que com as pos-

---

[3] Alusão à China, que na época estava às voltas com a Revolução Cultural (1966-1976). (N. da E.)

sibilidades da sua transformação. A seu ver, esta situação ainda persiste?
Persiste, e é natural. O que não é natural é que ao falar em transformação só se fale em generalidades. Falta entrar no detalhe, submeter as teorias ao teste real, ao teste da desigualdade monstruosa e variadíssima do país. Se não há solução em vista, é uma razão a mais para imaginá-la. Não a partir de teses gerais, mas dos dados os mais desfavoráveis da realidade.

Uma leitura ingênua de seu ensaio "As ideias fora do lugar" não poderia concluir que toda ideologia, inclusive as libertárias, seria uma ideia fora do lugar em países periféricos?
Este aspecto existe. Ideias estão no lugar quando representam abstrações do processo a que se referem, e é uma fatalidade de nossa dependência cultural que estejamos sempre interpretando a nossa realidade com sistemas conceituais criados noutra parte, a partir de outros processos sociais. Neste sentido, as próprias ideologias libertárias são com frequência uma ideia fora do lugar, e só deixam de sê-lo quando se reconstroem a partir de contradições locais. O exemplo mais conhecido é a transposição da sequência escravismo-feudalismo-capitalismo para o Brasil, país que já nasceu na órbita do capital e cuja ordem social no entanto difere muito da europeia. Mas o problema vai mais longe. Mesmo quando é magistralmente aproveitado, um método não representa o mesmo numa circunstância ou noutra. Por exemplo, quando na Europa se elaborava a teoria crítica da sociedade, no século XIX, ela generalizava uma experiência de classe que estava em andamento, criticava uma ciência que estava no apogeu (a Economia Política), dava continuidade a tradições literárias e filosóficas etc. Noutras palavras, a teoria da união da teoria e da prática fazia parte de um poderoso movimento neste sentido. Por complicadas que sejam as suas obras capitais, elas

Cuidado com as ideologias alienígenas

guardam contato com as ideologias espontâneas (e também com as ideologias críticas) de sua época, o que aliás é um dos critérios distintivos da verdadeira análise concreta. Para passar ao Brasil, veja-se os livros fundamentais de nossa historiografia. Mesmo quando são excelentes, o seu contato com o processo social é de uma ordem inteiramente diversa. As circunstâncias são outras. São aspectos que é preciso levar em conta, pois do ponto de vista materialista, a teoria é parte também da realidade, e a sua inserção no processo real é parte do que concretamente ela é.

O uso da paródia como meio privilegiado de expressão em nossa cultura não correria o risco de trazer uma postura contemplativa?
Não vejo por que. A paródia é das formas literárias mais combativas, desde que a intenção seja esta. Por outro lado, um pouco de contemplação não faz mal a ninguém. Além do que, em países de cultura importada a paródia é uma forma de crítica quase natural: a explicitação da inevitável paródia involuntária (vide a "Carta às Icamiabas"). Acresce que a bancarrota ideológica em nossos dias é extraordinária e mais ou menos geral, o que também se traduz em paródia. Proust, Joyce, Kafka, Mann, Brecht, todos foram consumados parodistas. Entre nós, Machado, Mário, Oswald, e hoje Glauber e Caetano.

É necessário estar em perfeita sintonia com o que ocorre nos centros hegemônicos para sacar os meandros de nossa vida socio-cultural?
Depende naturalmente do objeto de estudo. É ele que define o raio dos conhecimentos indispensáveis. Como entretanto a importação de formas é parte constante de nosso processo cultural, é claro que não basta conhecer o contexto brasileiro. É preciso conhecer também o contexto original, para apreciar a diferença, a qual é uma presença objetiva, ainda que um pouco impalpável, em nossa vida ideológica. Por isto, a nossa historio-

grafia tem de ser comparativa. Seria interessante por exemplo que um cidadão com boa leitura traçasse um programa de estudos comparativos necessários ao conhecimento apropriado da literatura brasileira. Isto no plano pacato da pesquisa universitária. Já no plano da interpretação da sociedade contemporânea, que afinal de contas é o que interessa mais, hoje é muito mais fácil estar em dia com a bibliografia internacional do que com a realidade do Brasil. Esta última dificuldade não é só acadêmica. Se a experiência histórica de setores inteiros do país é atomizada e não soma, como conhecer todo o seu sentido? Para ficar num aspecto secundário da questão, todos emburrecemos.

[Entrevista a Gilberto Vasconcellos e Wolfgang Leo Maar, publicada em *Movimento*, nº 56, São Paulo, 26 de julho de 1976, e reunida em Roberto Schwarz, *O pai de família e outros estudos*, São Paulo, Paz e Terra, 1978. Dirigido por Raimundo Rodrigues Pereira, *Movimento* circulou entre 1975 e 1981 em formato de tabloide semanal]

Encontros com a Civilização Brasileira

O. C. LOUZADA FILHO — *Roberto, você se considera basicamente ligado à crítica social, sobretudo em perspectiva estética. E tem um tipo de trabalho de exegese que reconstrói, verifica, explicita certos nódulos sociais e econômicos na literatura, particularmente em certas obras nas quais eles são menos óbvios. Seu primeiro livro,* A sereia e o desconfiado, *foi publicado há exatamente treze anos. A primeira pergunta que gostaria de fazer é se há uma linha de continuidade — e qual — entre* A sereia *e* O pai de família *e outros estudos, recentemente publicado, passando por* Ao vencedor as batatas.

ROBERTO SCHWARZ — Existir, existe. Eu espero que os últimos trabalhos sejam mais convincentes e melhores do que os de treze anos atrás. Mas a preocupação básica é mais ou menos a mesma. Penso que a diferença estaria em que, no primeiro livro, meu esforço era o de apreender a coerência ou incoerência formal dentro de um espectro ideológico muito genérico, digamos, da luta entre ideias de direita e de esquerda, ou da tensão entre as contradições da ordem burguesa e um horizonte socialista; enquanto que, mais tarde, comecei a procurar a ligação entre esse tipo de problema e as suas bases históricas, no plano da estrutura social. É claro que já queria fazer isso no primeiro livro, mas não estava preparado, não havia feito leitura suficiente.

De certo modo, em *A sereia e o desconfiado*, eu ficava na metade do meu programa, que já era o de agora. Hoje penso que faço uma parte maior.

GILDO MARÇAL BRANDÃO — *Certamente, você tem algumas ideias, pelo menos genéricas, sobre como o romance brasileiro moderno deve ser, sobre que tipos de fenômenos sociais o romance — enquanto forma de apreensão específica da realidade — tem de dar conta para poder tematizar as questões de hoje, em termos de Brasil...*

RS — Eu acho que o próprio da literatura é que o acerto dela, em boa parte, é determinado pelas coisas que ela não trata, mas em relação às quais se situa. De modo que eu poderia dizer quais são os assuntos que, do ponto de vista social, me parecem interessantes no Brasil de hoje. O que não quer dizer que, para um romance ser bom, tenha de tratar desses assuntos. Porque uma das maneiras de um romance ser bom é, sem tratar desses assuntos, se situar de maneira profunda em relação a eles.

GMB — *Machadianamente?*

RS — Machadianamente. Porque no momento em que começamos a ter ideias normativas sobre como o romance deve ser e de que assuntos deve tratar, nós, de certo modo, estamos manifestando a nossa intenção de participação social. Mas estamos ficando aquém daquilo que sabemos sobre a experiência artística moderna, que é justamente trabalhar através da transfiguração de assuntos, e não através do simples tratamento dos assuntos. É através da transfiguração formal de assuntos que a literatura dá a sua contribuição mais profunda.

GMB — *Nesse caso, quais romances brasileiros dos últimos tempos você acha que cumpririam tais requisitos?*

RS — Por exemplo, eu penso que as novelas do Paulo Emílio Sales Gomes — *Três mulheres de três PPPs* — se forem analisadas pelo lado do assunto são quase que nulas. E entretanto são brilhantíssimas e certamente vão ficar na história da literatura brasileira, justamente pelas transformações que elas operam sobre seu assunto, pela maneira de situá-lo. Agora, é claro que existe uma literatura que se atraca francamente com os maiores assuntos de seu tempo e tenho a certeza de que o Brasil, hoje, comportaria uma literatura desse tipo. Falta aparecer o escritor que levantasse maciçamente o inconfessável desses catorze anos; faria uma obra extraordinária. Um Soljenítsin brasileiro. [*risos*]

GMB — *Faltam as* Memórias do cárcere *dos anos 1970 então.*

RS — Enfim, quanto à questão de como "deve ser" o romance: certamente não se pode dar respostas normativas. Por outro lado, também não há dúvida de que uma das características da relativa fraqueza da vida literária e intelectual brasileira é que quase não tenha havido intelectuais ou escritores de grande porte que tenham julgado interessante tomar uma posição elaborada e pública em relação ao que aconteceu no Brasil depois de 1964. O fato de escritores com grande capital literário como o João Cabral de Mello Netto, o Guimarães Rosa etc., não terem achado que sua envergadura intelectual os obrigava a falar nisso, certamente caracteriza de maneira muito negativa a cultura brasileira.

OCL — *"Uma das maneiras de um romance ser bom é, sem tratar desses assuntos, se situar de maneira profunda em relação a eles". Ora, o leitor — ingênuo ou preconceituoso — não deixará de perguntar: não há aí o perigo do formalismo? Por outro lado, se não me engano, o Callado também disse outro dia que não se podia exi-*

gir uma temática ou um assunto, e sim um romance bem realizado. *No entanto, o Callado tem uma coleção de romances com uma temática muito específica: o* Quarup, *o* Bar Don Juan, Reflexos do baile, *eu diria até mesmo* A madona de cedro. *Assim, como você veria a questão?*

RS — Eu vejo o trabalho do romancista como um trabalho que, a propósito de alguma coisa que inevitavelmente é particular, parcial em relação ao conjunto da sociedade, tenta de algum modo recapturar ou recuperar o sentido total do presente. Não existe aqui uma resposta de princípio. Existem soluções artísticas que arrancam uma matéria à sua parcialidade e revelam a atualidade. E essas soluções são de mil espécies e a cada solução dessas eu chamaria uma forma. Nesse sentido, toda prescrição de assunto é banal. Agora, esse homem que faz esse tipo de trabalho também é um intelectual, quer dizer, é um cidadão que não é apenas um romancista, mas um cidadão especializado na interpretação do mundo contemporâneo. De modo que a ideia de que, por ser um romancista, ele está eximido de participar da discussão sobre o mundo contemporâneo, me parece um pouco estreita. Assim como é absurdo você dizer que o romance do homem é ruim porque ele não disse o que acha do AI-5, é absurdo também dizer que ele não tem nada a ver com o AI-5, é claro.

OCL — *É bem esse o sentido da intervenção do Callado, claro. Agora, você usou a palavra "particular" para caracterizar o trabalho do romancista. E aqui cabe uma questão bem metodológica. Quando você a usa, está pensando, por exemplo, na categoria da "particularidade" de Lukács?*

RS — Não, não, eu estava pensando em "parcial" mesmo, não estava pensando em Lukács.

OCL — *Mas você acha que a tese de Lukács sobre a particularidade como terreno específico da arte continua válida ou não?*

RS — Essa é uma discussão comprida. Não, eu penso que não se avança muito com essa tese, sobretudo em relação à arte moderna. Não vou dizer que não seja válida, porque se você tomar um plano muito genérico, o plano da lógica, digamos, sempre é verdade. Claro, você tem o singular, o particular e o geral. Mas aí passa a ter pouco interesse como critério para a apreciação artística. Porque isso vale para tudo, não é?

OCL — *Nesse sentido, a criação de "tipos" não seria mais o objetivo central para a arte, pois não?*

RS — De fato, não me parece que a finalidade da criação literária hoje esteja na criação de tipos humanos que realizem uma síntese harmoniosa entre o singular e o geral. Parece evidente que a arte moderna não faz isso e, inclusive, vai em sentido contrário, porque ela denuncia a alienação. A arte moderna procura configurar, apanhar em seu ponto mais extremo e mais desagradável o mundo da alienação, que é justamente o mundo em que essa harmonização não se faz entre os indivíduos. Ela é uma espécie de denúncia da ausência dessa síntese.

GMB — *Nesse ponto você toca numa questão sensível. Minha impressão — e não somente minha — é a de que seus trabalhos devem mais ao Lukács do que confessam. Claro, provavelmente você não aceitaria a concepção que o Lukács tem do marxismo como uma "ontologia do ser social", mas suas análises concretas seriam simplesmente impensáveis sem o Lukács. Tomando como exemplo o seu trabalho sobre Machado de Assis,* Ao vencedor as batatas: *de fato, ele tem como parâmetro o tipo de análise que o Lukács começou a fazer na década de 1930, que é quando ele começa a perceber os problemas postos pela "miséria alemã", pela "via prussiana" de desenvolvi-*

mento do capitalismo etc., cujo modelo analítico — também o seu, claro — é o Marx da Ideologia alemã. *Como você se situa então?*

RS — Ah, eu confesso totalmente a minha dívida para com Lukács. No meu entender, ele é o maior crítico do romance até o advento da literatura moderna. O meu Machado de Assis depende inteiramente de Lukács. Não há a menor dúvida, porque a referência ao romance realista do século XIX é toda fundada nele. Aliás, eu o cito abundantemente, não escondo essa influência de maneira nenhuma. Por outro lado, há aí uma questão. Claro que essas oposições entre Lukács, Benjamin e Adorno existem e têm fundamento político. Mas até onde eu vejo, o mais interessante é perceber a complementaridade entre eles. Porque na verdade são três grandes assuntos do marxismo tratados pelos seus três críticos expoentes mais consideráveis. Na minha opinião, o Lukács faz uma análise literária centrada fundamentalmente na história da luta de classes no plano da ideologia. O Benjamin procura estudar a questão do desenvolvimento das forças produtivas em relação às categorias da estética. E o Adorno toma a arte como uma espécie de história da alienação. São os três grandes temas: luta de classes, desenvolvimento das forças produtivas e alienação. E cada um desses três teóricos procurou construir uma estética sobre um desses aspectos. Penso que, sem forçar demais a mão, eles poderiam ser integrados.

OCL — *Pensando dessa maneira, como você vê essas tentativas, filhotes do estruturalismo, de pegar um texto, interpretar o texto, ficar girando exclusivamente em torno do próprio texto etc., todas essas tentativas transplantadas para a análise, digamos, universitária no Brasil dos últimos anos? Há algum sentido nisso?*

RS — Acho que a crítica tem interesse quando cristaliza e aprofunda interesses vivos, interesses que existem na sociedade, fora do âmbito definido pela divisão universitária de trabalho, fora dos interesses intelectuais vinculados à carreira universitária. Se o estruturalismo dá uma contribuição desse lado, ótimo. Quando não dá, paciência. É evidente que na França, aqui e ali, o estruturalismo teve aspectos extremamente combativos e produtivos. No Brasil não vi nada disso até agora. Porque tem uma coisa: fala-se muito na invasão do estruturalismo no Brasil, mas o que não se diz é que, quando ele veio para o Brasil mudou muito de natureza. Porque o estruturalismo no Brasil foi profundamente apolítico, enquanto na França é mais para *gauchiste*, digamos. É empenhado. Você pode não ver grande interesse — eu não vejo também — no estruturalismo francês, mas, de qualquer forma ele é empenhado.

GMB — *Pessoalmente, me estranhou muito no seu texto sobre Machado de Assis a ausência de uma figura, que não é citada: Astrojildo Pereira. Porque de certo modo, em seus artigos sobre Machado, ele antecipa — bem verdade que de maneira menos densa e sofisticada — algumas de suas teses sobre Machado. Por quê?*

RS — O Astrojildo procura reconhecer aspectos da história social do Brasil na obra de Machado e naturalmente esse trabalho tem o mérito de chamar a atenção para o fato de que essas coisas se ligam, não é? Nesse sentido, obviamente, o meu trabalho é devedor do dele. Porém, meu problema não é tanto o de reencontrar aspectos, mas o de procurar correspondências estruturais, e isso não aparece em Astrojildo, até pelo contrário. De fato, o Astrojildo procura puxar o Machado para posições mais progressistas, procura encontrar nele aspectos socialmente simpáticos. De certo modo, minha orientação vai em sentido inverso: eu procuro mostrar como, em parte, a profundidade literária de Machado de Assis foi ligada a um certo distanciamento das questões do momento, às vezes até mesmo a uma tomada de posição senão conservadora, pelo menos difícil de ser classificada de progressista. Enfim, o Astrojildo estava mais interessado em ganhar um aliado na luta ideológica brasileira, enquanto eu estava mais interessado em dar uma análise social e de esquerda do processo literário, sem pré-julgar que um grande escritor tenha de ser necessariamente de esquerda.

GMB — *Em O pai de família você republica ensaios escritos em épocas diferentes e, em alguns casos, acrescenta notas autocríticas. Numa delas, datada de 1978, anteposta ao artigo sobre "Cultura e política no Brasil, 1964-1969", publicado originariamente em 1970, você observa que "como o leitor facilmente notará, o seu prognóstico estava errado, o que não as recomenda", mas diz ter resistido à tentação de "reescrever as passagens que a realidade e os anos desmentiram", pois não teria sentido "substituir os equívocos daquela época pelas opiniões de hoje, que podem estar não menos equivocadas", e acrescenta ainda que "elas por elas, o equívoco dos contemporâneos é sempre mais vivo". Termina dizendo que "o leitor verá que o tempo passou e não passou". Ora, saindo do terreno dessa "ironia romântica", pergunta-se: que equívocos foram esses, que desmentidos são esses que a história registrou?*

RS — O prognóstico errado desse artigo é de certo modo a ideia de que a ditadura foi como uma tampa que puseram em cima de um caldeirão e que o caldeirão continua lá e que nada muda, que se se tirar essa tampa o que está ali é o mesmo país de antes. Isso está dito em algum momento e é obviamente errado. Quer dizer, o país nesses catorze anos mudou extraordinariamente. De certo modo é verdadeira a ideia de que o regime que se estabeleceu não resolveu problema algum, mas os problemas se transformaram, e o artigo supõe mais ou menos que quando não se resolve nenhum problema tudo fica na mesma. Esse é o prognóstico errado. As partes que a história corrigiu: bem, não é o caso de entrar nessa questão no momento. Agora, que os equívocos da época sejam mais vivos, que as opiniões de hoje podem ser igualmente equivocadas, não é ironia romântica, é simples bom senso.

GMB — *Bom senso ou posição olímpica diante do mundo?* [risos]

RS — Não, porque eu não digo isso com a intenção de suprimir a necessidade de analisar, de concluir e de tomar partido, mas digo no sentido de não achar que o cidadão de hoje, contrariamente ao de ontem, tenha arrendado a verdade e esteja com ela no bolso. Em perspectiva dialética a verdade é sempre uma coisa que vem a ser, não é? A ideia de suprimir um erro passado para afirmar uma verdade presente é muito mais errada do que a ideia de deixar presente um erro do passado e refletir sobre ele. Além disso, esse artigo não foi escrito com a perspectiva de dizer "este tem razão; aquele errou". Ele foi escrito com a intenção de apanhar um movimento de conjunto, um movimento no qual ninguém tinha razão. Esse artigo foi escrito com a convicção de que o populismo de 1964 tinha levado a um impasse e que os anos 1968/69 estavam levando a outro. Eu procurava somar o movimento que se desenhava aí e mostrar como essas posições traduziam aspectos de um processo global sobre o qual ninguém tinha controle e que, naquele momento, nenhuma força social organizada à esquerda entendia. E para complicar mais um pouco, ao mesmo tempo em que pensava que as saídas que tinham aparecido por sua vez conduziam a impasses, eu não pensava que a produção artística ligada às diferentes perspectivas e climas ideológicos fosse sem valor. De modo que procurava fazer uma análise em que aparecia o beco sem saída a que a evolução política da esquerda estava levando, ressalvando, ao mesmo tempo, o valor da produção cultural da época, que foi considerável.

OCL — *Já que estamos discutindo o pensamento de esquerda no Brasil, vamos tocar também no pensamento de direita. Você tem em* O pai de família *um ensaio sobre "O raciocínio político de Oliveiros S. Ferreira", publicado originariamente na revista* Teoria e Prática, *em 1967. Perguntaria: você vê o pensamento de Oliveiros como algo muito específico ou ele tem alguma continuidade com tradições políticas brasileiras? Você anota o uso que ele faz de certas categorias da esquerda, apropriando-as e usando-as a serviço da direita, e esta, inclusive, é uma das características do procedimento metodológico, se podemos dizer assim, da ideologia fascista. Você veria um pensamento fascista presente hoje no Brasil ou, mais genericamente, como você vê o pensamento de direita em nosso país?*

RS — Penso que as críticas que fiz aos artigos que na época Oliveiros escrevia sobre a situação política, no essencial estavam corretas. Mas são corretas só no sentido negativo. Assinalam as contradições no que ele diz, as dificuldades no que ele diz, mas o essencial em perspectiva dialética elas ficam devendo: elas não dizem o que aquele pensamento representa de fato na situação política brasileira. O essencial seria saber o que quer dizer o tipo de nacionalismo do Oliveiros, e isso elas ficam devendo. E eu penso que se nós olharmos um pouco a vida ideológica brasileira, veremos que, com frequência, o nacionalismo é a ponte que permite a pessoas com categorias e tradições de esquerda passarem para posições que se poderiam chamar de direita, entendidas como posições que sobrepõem enfaticamente a questão da grandeza nacional à questão dos interesses dos oprimidos.

GMB — *A passagem da esquerda para a direita, mas também da direita para a esquerda, se lembrarmos o caso de várias pessoas que foram integralistas, não é? Seria interessante você explicar melhor esse mecanismo, não só no sentido do nacionalismo como a ponte que permite, em determinadas circunstâncias históricas, essas passagens, mas também como se coloca hoje a questão nacional. Inclusive você retoma essa questão nas respostas que deu em 1976 ao jornal* Movimento — *"Cuidado com as ideologias alienígenas"* —, *reproduzidas também em* O pai de família.

RS — Eu penso que a consideração mais ligeira da situação do mundo contemporâneo tem que tornar claro que a nação, sob muitos aspectos decisivos, está ultrapassada pelo desenvolvimento real da economia, pelas alianças militares, da tecnologia etc. A nação, sob muitos aspectos, deixou de ser uma realidade relevante. Por outro lado, ela continua a ser o palco efetivo, o palco real da política, pelo menos de grande parte da política, de modo que ela não pode ser descartada. E essa é uma das razões pelas quais hoje se tem frequentemente a impressão de que a política, de que o discurso e as discussões políticas estão no mundo da lua. É evidente que a independência nacional, hoje, mesmo para países muito mais "independentes" do que o Brasil, é coisa das mais relativas. Isto é, a questão da independência nacional, hoje, em sentido enfático, não se coloca mais. Ao mesmo tempo, o quadro da política continua a ser nacional e, como não existe outro, é preciso estar dentro desse quadro e ao mesmo tempo estar sabendo, para ser realista, que ele vigora só em parte. (Isso é uma coisa que é reconhecida para o mundo capitalista, mas obviamente é tão verdade, embora não da mesma maneira, para o mundo socialista.) Nesse quadro em que a realidade do nacional — que nunca foi uma realidade absoluta — está hoje mais relativizada do que antes, o nacionalismo se presta muito a fantasmagorias, não é? Essa é mais uma razão para colocar em primeiro plano o interesse dos explorados, que é a única maneira de redimensionar essa questão em termos mais realistas.

GMB — *O que significa "redimensionar a questão nacional do ponto de vista dos oprimidos"?*

RS — Olhe, eu não tenho uma resposta refletida e propriamente responsável para esta questão, mas acredito que dar-se conta da natureza internacional do Capital hoje, e tomar esse dado como um elemento de orientação política na perspectiva dos oprimidos, levaria a projetos políticos diferentes dos que estão aí.

OCL — *Bom, gostaria de colocar uma questão a respeito do nacionalismo no campo estético. Não valeria a pena pensar a que descobertas, acertos, encaminhamentos, equívocos ou descaminhos o nacionalismo, desde 1922, tenha levado?*

RS — Acho que há um lado fraco e um lado forte no nacionalismo, na nossa vida intelectual, artística e também ideológica. O seu lado fraco é a ideia que ele traz implícita da autonomia nacional. Quer dizer: há sempre a ideia de que o Brasil é um país novo, incompleto, dependente, um país insuficiente ou sei lá o quê, e que, se fizéssemos agora o grande esforço, que está na ordem do dia, o país se tornaria independente. Isto é, ele não precisaria da cultura estrangeira, da tecnologia estrangeira, do capital estrangeiro e assim por diante. Há nisso sempre uma ideia de independência nacional, da formação de uma entidade autossuficiente, que é totalmente ilusória dada a natureza do processo econômico e cultural contemporâneo. Este é o lado iludido e atrasado do nacionalismo.

OCL — *E o seu lado forte?*

RS — O seu lado interessante é aquele em que ele se opõe, digamos, à hegemonia ideológica dos países avançados. Ele insiste em apanhar as experiências e contradições brasileiras tais quais elas se apresentam aqui, e não através de uma categorização elaborada noutra parte. Ainda aqui, essa vantagem tem frequentemente uma dimensão boba, que é a do chauvinismo ideológico. Então, valorizam-se as ideias que estão aqui há mais tempo e se é contra ideias vindas mais recentemente (porque também as que estão aqui há mais tempo vieram a um momento qualquer do estrangeiro). Esse é o lado bobo e o grande perigo do nacionalismo. Mas o seu momento forte está em apanhar as contradições como estão aqui e não se deixar ofuscar pelas formulações que, dada a posição ideologicamente subordinada do país, têm um grande prestígio, sobretudo na área intelectual, na área culta.

OCL — *Esse "prestígio" não teria, antes de tudo, uma marca de classe?*

RS — Sim, esse nacionalismo tem uma certa característica de classe, porque a questão de se deixar ofuscar pelas ideologias contemporâneas em voga e estar em dia com elas é, evidentemente, do interesse das classes dominantes. Faz parte do prestígio das classes dominantes absorver e repetir essas ideologias e faz também parte desse interesse que esteja em circulação uma galáxia, uma nebulosa ideológica que decapite a problemática local, que faça com que a problemática local não apareça. De certo modo, o interesse em se aferrar à problemática local e fazer com que ela apareça é dos dominados. Enfim, na verdade, esse nacionalismo que implica não aceitar conversas prestigiosas, mas querer agarrar os problemas tais como eles se apresentam é uma atitude positiva. Mas é uma atitude que se engana sobre ela mesma. Porque não precisava ser nacionalista para isso. Nada garante que a esfera de um problema seja nacional. Pode ser municipal e pode ser continental. A questão importante para o intelectual é a de identificar as contradições tais como elas se manifestam e pensá-las no raio que elas mesmas proponham. Nesse sentido, não será demais dizer que o nacionalismo intelectualmente é sempre um equívoco, só que muitas vezes ele foi produtivo, porque insistia justamente em agarrar — quase que por instinto — os problemas. Esse "instinto", como disse, tem o lado bobo do chauvinismo, mas tem o lado justo de saber que essas teorias modernas, que andam por aí, em parte nos impedem de pensar o que está acontecendo aqui.

OCL — *Mas então o que está acontecendo aqui?*
RS — Este é que é o problema. Dito de uma maneira mais geral, há algo que acontece tanto no nível econômico como no nível ideológico e que é o seguinte: o processo brasileiro constantemente está sendo ressubordinado a novas dinâmicas do capitalismo internacional e também da vida ideológica internacional. Então, temos coisas que vinham se sedimentando, que vinham tomando fisionomia, que já haviam criado um solo a partir do qual se podia pensar, sobre o qual era possível se situar e saber quem está contra quem e quem está a favor de quem. Subitamente, há uma ressubordinação do país a um novo ciclo do capital ou a uma nova moda ideológica, e todas essas contradições que se já tinham cristalizado, que estavam tomando corpo e que já permitiam uma ação relativamente nacional, se embaralham, tudo se confunde e tudo isso se perde, não é? Há o problema de que, a cada ocasião dessas, toda uma problemática que se vinha corporificando é decapitada. E o nacionalismo se agarra a esses problemas que já se haviam estabelecido, porque esses seriam a "tradição nacional". Ora, eles não são mais nacionais do que outros, são, simplesmente, problemas que já existiam. Assim, o nacionalismo tem um lado passadista, porque ele se agarra a um problema que já deixou de existir, mas tem um lado certo, que é o de não aceitar que os problemas que já se estabeleceram desapareçam, que eles não se percam por aí.

GMB — *Pode-se dizer então que você introduziria uma distinção entre a "questão nacional", enquanto um dado da realidade, e o "nacionalismo", enquanto expressão ideologizada dela? E pegando ao pé da letra — veja bem, ao pé da letra — as primeiras afirmativas que você fez a respeito, se poderia dizer que sob o aspecto econômico e social a questão nacional foi para o brejo, e que o lado bom daquela postura é a recusa à hegemonia ideológica dos países centrais. Ora, mesmo arriscando a parecer mecanicista, valeria a pena perguntar: como eu posso lutar pela hegemonia ideológica sem lutar ao mesmo tempo por sua base material? Que base social sustentaria essa recusa à hegemonia dos países centrais? Ou essa nossa possível ou vislumbrada "autonomia" ideológica poderia existir desprovida de alguma base material?*

RS — Ah, não, não é desprovida de uma base material. Só que a palavra, a preocupação nacionalista talvez hoje mais oculte do que ajude a revelar essa base material. É um problema de tomada de consciência do processo social, do qual efetivamente se é parte, e nem sempre a preocupação nacionalista contém isso. O nacionalismo tem a virtude de ser antiuniversalista, mas tem o defeito de representar um preconceito em matéria do processo de que somos parte, efetivamente.

GMB — *Retomemos então a questão desde um ponto de vista histórico e até cronológico. Até 1964 o nacionalismo era o ponto-chave da questão. Não é mais. O que o substitui? O que mudou fundamentalmente e quando mudou?*

RS — Eu não tenho conhecimentos para afirmar isso com segurança, mas penso que, com o que se sabe hoje, pode-se dizer que já depois da morte de Getúlio, durante o governo Kubitschek, a questão do nacionalismo no sentido enfático tinha deixado de ser uma questão real. Porque o capital, a dinâmica do capitalismo em que o Brasil tinha entrado, já estava internacionalizada. De modo que o ápice do movimento nacionalista, no pré-1964, se deu no momento em que a economia já estava inteiramente ligada a um movimento de internacionalização.

GMB — *O nacionalismo teria sido, nesse sentido, uma ideia anacrônica, "fora de lugar"?*

RS — Fora de lugar, não. Mas não representava mais uma possibilidade real, embora tenha sido uma força política importante. Muito especulativamente, eu diria que houve uma espécie de divisão: a partir de Juscelino, a realidade ficou com o capital, que foi para a internacionalização e — para atenuar, para consolar a esquerda — a ideologia foi para o nacionalismo. Essas coisas tiveram até uma relação compensatória, eu penso.

GMB — *Já que tocamos nesse problema, vamos retomá-lo. Roberto, não lhe parece que houve um mal-entendido generalizado quanto ao fenômeno que você chamou de "ideias fora do lugar"? Não lhe parece que muitos de seus intérpretes acadêmicos pegaram a metáfora e a transformaram em "conceito" — compartimentalizado, espacializado — quando o que se trata é da descrição de um processo?*

RS — Bem, obviamente se trata de uma metáfora. Em sentido próprio as ideias nunca estão no lugar. Ideias não têm lugar, não é? Então, é preciso ter um pouco de senso de humor: é uma metáfora, em parte é uma blague, mas elas se referem a um fato que não é só brasileiro, embora no Brasil, talvez, em determinadas fases, tenha sido particularmente evidente. É fato que ideias engendradas num lugar podem se tornar hegemônicas noutro lugar muito diferente, em que a relação delas com o processo pode não ser da mesma natureza que em seu lugar original. Isso cria uma porção de problemas ideológicos e eu creio que esse fenômeno é inegável na cultura brasileira. Naturalmente, a questão delicada é de interpretar o fenômeno.

GMB — *O fenômeno das "ideias fora do lugar" — usemos a expressão — seria algo próprio ao período colonial, ou ele se manifesta em outros períodos mais recentes de nossa história cultural?*

RS — Veja, em relação ao século XIX ele é particularmente evidente. Porque nós tínhamos uma relação de produção, a escravidão, que não tinha mais lugar nem justificativa possível no quadro das ideologias dominantes na época. Aí o escândalo é particularmente visível. Por exemplo, seria impensável no século XIX um fazendeiro escravista dar uma interpretação da Inglaterra em termos das relações escravistas. Se ele fosse suficientemente maluco poderia tentar, é óbvio, mas seria algo sem nenhuma perspectiva histórica. Ao contrário, pareceria óbvio aos contemporâneos que ele tentasse explicar a sua fazenda com as categorias do capitalismo inglês. O que também conduz a um erro, mas de qualquer maneira, fazendo isso, ele guarda contato com as evoluções ideológicas de seu tempo. Estas são as "ideias fora do lugar", e esse é, mais ou menos, o âmbito da questão: o deslocamento de ideologias no interior da expansão histórica do capitalismo. Noutros momentos, o problema se repete, mas de maneira muito atenuada. Assim, também hoje é evidente que, para interpretar as possibilidades do Brasil, é preciso ter presente os desenvolvimentos sociais e tecnológicos dos países capitalistas mais avançados. E é evidente também que quem está em sintonia com essas noções tende a se enganar muitíssimo, porque o percurso que o Brasil vai percorrer, como todo mundo sabe, não será o mesmo dos países capitalistas avançados. Enfim, de um modo geral, o que está registrado na expressão "desenvolvimento desigual e combinado do capitalismo" contém a inevitabilidade desses desajustes. Encontrar solução para esse tipo de problema é uma questão importante na vida intelectual brasileira.

OCL — *Desajustes, descompassos. Roberto, você é brasileiro naturalizado, nasceu em Viena e veio para o Brasil com um ano de idade. Fez ciências sociais, mas se considera ligado à crítica social. Estudou dois anos nos Estados Unidos e passou agora um bom tempo na Europa. Como se desenvolveu esse seu interesse pelo Brasil?*

RS — Acho que ele foi durante muito tempo um interesse de estrangeiro: eu queria me apropriar de uma realidade que não estava em minha casa, mas estava em toda parte. O interesse se desenvolveu sobretudo nos anos em que estive fora. O tempo em que mais me concentrei no Brasil foram esses dez anos que passei no estrangeiro.

GMB — *Deixa abrir um parênteses e fazer uma provocação: você tem um ensaio sobre "Anatol Rosenfeld, um intelectual estrangeiro". Afinal, ele é sobre o Anatol ou sobre você? Inclusive no sentido do percorrido pelo Anatol, do formalismo ao marxismo?*

RS — Ah, é sobre o Rosenfeld. [*risos*] É sobre o Rosenfeld, não tem dúvida.

OCL — *Mas num outro sentido, você veria alguma similitude entre a biografia intelectual do Anatol Rosenfeld e a sua própria? Pensando em que ele era um estrangeiro que veio ao Brasil e se desenvolveu intelectualmente aqui, aprendendo inclusive a escrever muito bem o português; o estrangeiro que percorre o caminho para se tornar "um homem brasileiro que nem eu", como você diz usando o Mário de Andrade? Enfim, o estrangeiro que se fascina pelo Brasil e procura entendê-lo?*

RS — Não, nesse sentido eu penso que me sentia mais brasileiro do que o Anatol. Quer dizer, eu sempre me senti brasileiro, faltando conhecer o Brasil, enquanto que o Anatol, suponho, se sentia estrangeiro, querendo conhecer o Brasil. Não, não era parecido. Ele teve muita influência sobre mim, mas a minha relação com ele era mais para o polêmico.

GMB — *E agora, depois de dez anos fora do país, como você ao voltar sentiu a vida social brasileira? Como sente hoje a nossa vida — ou comédia — intelectual?*

RS — Bem, mesmo tentando ser uma pessoa informada, quem vive fora tem inevitavelmente uma visão muito esquemática do que sejam as coisas. Penso que, em suas grandes linhas, o que eu sabia do Brasil fora, não estava errado. Só que as grandes linhas são muito insuficientes e, chegando aqui, eu levei um susto em ver até que ponto a realidade era mais complicada.

GMB — *E qual a impressão que você está tendo de São Paulo?*

RS — Eu esperava uma coisa tão horrível que fiquei decepcionado. É menos horrível do que eu esperava. [*risos*]

OCL — *E quanto aos aspectos intelectuais?*

RS — Eu tenho um sentimento de que a vida intelectual brasileira está bastante mudada. Na área de ciências humanas, pela primeira vez eu tenho a impressão de que existe um pensamento bastante independente. Quando eu viajei há dez anos, os intelectuais se filiavam: um era althusseriano, outro era lukacsiano, outro era weberiano etc. Quer dizer, os intelectuais asseguravam a sua identidade de intelectuais através da filiação a uma grande marca do pensamento mundial. Tenho a impressão de que hoje, embora numa área restrita, já há um número considerável de pessoas que tiram a sua identidade intelectual da relação com os problemas e da tradição de soluções que esses problemas encontraram no Brasil. Isto é, há vários intelectuais por aí cujo problema não é mais o de se filiar a uma corrente de pensamento internacional, mas o de responder às questões que a realidade, que o processo põem. Até onde posso ver, isso é uma coisa nova.

GMB — *Bom, e já que sabemos que essa evolução não foi produto autônomo do "assim chamado desenvolvimento geral do espírito brasileiro", como ela foi possível?*

RS — Ela deve ligar-se ao fato de que, de alguma maneira, o Brasil está se tornando hoje um país de vanguarda. Algumas das soluções que estão sendo encontradas no Brasil — provavelmente as mais desagradáveis — devem ser soluções de vanguarda no mundo contemporâneo, de vanguarda no sentido dos rumos do capitalismo, claro. A partir daí, por mil canais — essa é uma coisa muito impalpável, muito difícil de explicar bem —, de repente os intelectuais começam a se sentir com forças suficientes para pensar o mundo contemporâneo a partir da problemática que se estabelece localmente, em vez de pensar a problemática local à luz do que está se desenvolvendo nos polos mais em evidência da luta ideológica. Isso provavelmente está se passando no Brasil.

OCL — *Você poderia especificar essa afirmação, citar exemplos, quem sabe, de autores e obras que lhe parecem estar assumindo essa modernidade?*

RS — Há um ensaio de Celso Furtado sobre a crise do capitalismo contemporâneo.[1] Eu não sou especialista para julgar se o ensaio está certo ou não. Mas que eu saiba, é a primeira vez

---

[1] Celso Furtado, *O mito do desenvolvimento econômico*, Rio de Janeiro, Paz e Terra, 1974. (N. da E.)

que um brasileiro, a partir de sua experiência teórica sobre um país subdesenvolvido, tenta refletir sobre a crise do mundo contemporâneo. É realmente uma inversão. Creio que é uma espécie de ato de maioridade intelectual. Nesse sentido, penso que gente como Celso Furtado, Fernando Henrique etc. representam um limiar novo no pensamento social brasileiro, porque eles estão pensando o Brasil como parte do processo mundial contemporâneo. No Brasil, como em toda parte, está em jogo a história mundial contemporânea e ela pode ser lida na história do Brasil, bem como a história do Brasil só pode ser lida através da história mundial. Essa é uma exigência abstrata da dialética, mas que está começando a se tornar uma presença efetiva na vida intelectual brasileira. Creio que isso é recente e está, provavelmente, ligado a uma integração mais viva e mais importante do Brasil no capitalismo internacional.

[Entrevista a O. C. Louzada Filho e Gildo Marçal Brandão publicada em *Encontros com a Civilização Brasileira*, nº 15, setembro de 1979. Dirigida por Ênio Silveira e Moacyr Félix, a revista foi editada mensalmente entre 1978 e 1982]

Que horas são?

AUGUSTO MASSI — *A graça e a ironia do título* Que horas são?, *um achado feliz à maneira de Oswald de Andrade, revela uma perspectiva interna organizadora de todo o material do livro. Não haveria atrás dessa pergunta coloquial uma tentativa de redimensionar processos e conceitos da literatura brasileira?*

ROBERTO SCHWARZ — Todo autor que se preza, quando pega a caneta, quer indicar entre outras coisas a hora histórica. Isso vale tanto para o ficcionista, como para o poeta, como para o crítico. A luta pela identificação e pela definição do que seja o atual está no centro da arte moderna. Acontece que a hora histórica não é convencional como a hora do relógio. Nem por isso ela é arbitrária. Mas é fato que a resposta a essa pergunta, por mais estudada e fundamentada que seja, sempre contém algo de engajamento, algo de aposta no futuro, sem o que a crítica de arte é anódina.

Você tem razão quando sugere que a pergunta tem cabimento particular no caso do Brasil, que é também da América Latina. A parte cosmopolita de nossa cultura é grande, mas não é tudo, e a parte derivada do passado colonial, essa então é imensa. Nem uma nem outra, tomadas em separado, dizem a hora em que estamos, mas as duas juntas, e vistas uma através da outra, compõem o nosso problema.

A consequência, do ponto de vista da crítica de arte e, mais

Que horas são?

geralmente, do ponto de vista das ciências humanas, deveria ser antiuniversalista. A tendência histórica não tem o mesmo significado nem os mesmos resultados em todas as partes do mundo. A reflexão sobre esta obviedade, cheíssima de consequências, se for um pouco especificada, é uma contribuição que os países periféricos podem dar à compreensão da atualidade. Uma contribuição avançada.

AM — *No seu trabalho há um esforço de objetividade e precisão descritiva. Por outro lado, os juízos de valor são enérgicos. Você não acha incompatíveis essas duas atitudes?*

RS — Parecem contraditórias, mas não são. É da natureza da literatura mexer com o que existe de mais precioso e de mais detestável, e com a relação entre os dois. Não cabe ao crítico tomar partido "subjetivamente" por um ou por outro termo, mas descrever com a objetividade possível o seu movimento no interior da obra. O resultado desse tipo de descrição vai sugerir juízos de valor por sua vez, mas juízos esteticamente fundados. Por exemplo, não há na literatura brasileira maldade como a de Machado de Assis. Tem sido um ponto cego da crítica não reconhecer este fato, como seria uma ingenuidade, por outro lado, atribuir maus sentimentos ao romancista. Estudando a estrutura do romance machadiano, vamos descobrir as ligações entre esta maldade e a própria organização da sociedade brasileira, o que não deixa de ser interessante. Um resultado objetivo e judicativo ao mesmo tempo.

AM — *O ensaio sobre Oswald de Andrade, "A carroça, o bonde e o poeta modernista", além de abrir o livro, é o único texto inteiramente inédito no Brasil. Do meu ponto de vista, é um texto polêmico, onde você oferece uma nova interpretação da poesia de Oswald de Andrade. Você concorda?*

RS — A crítica tem valorizado o Oswald sobretudo como um transgressor, um subversor de formas estabelecidas. Sem negar esta atitude, permanente no trabalho artístico dele, procurei mostrar outra dimensão. Tento estudar o sentido que as soluções dele têm quando aplicadas à sua matéria-prima, que é fornecida pela realidade brasileira. Tomadas deste ângulo, as inovações oswaldianas apresentam aspectos muitas vezes surpreendentes, que não se esgotam na questão do antitradicionalismo. Noutras palavras, no momento em que nós articulamos a transformação formal com a matéria que a realidade brasileira oferece, vão surgir problemas novos. Estes não diminuem de maneira nenhuma a força poética de Oswald, até pelo contrário, pois acrescentam e explicitam a complexidade da sua poesia. Penso que ao confrontarmos a forma e a matéria oswaldianas, as questões que surgem têm uma variedade e um peso impressionantes, e permitem perceber um quadro de preocupações, não só mais complexas, como mais substantivas em relação à própria experiência histórica brasileira.

Os modernistas, sobretudo os mais atirados, costumam ser vistos lado a lado com os grandes inovadores formais da literatura de vanguarda. Isso quer dizer o quê? Quer dizer que o espelho no qual se estão mirando os homens avançados do Brasil é a inovação europeia. Este espelhamento é natural, desejável e, sobretudo, inevitável. As pessoas avançadas de um lugar procuram mesmo se comparar às pessoas avançadas de outro e fazem muito bem.

Mas no ensaio sobre Oswald procurei mostrar outro lado da questão. Ao mesmo tempo em que o poeta se relaciona com as vanguardas internacionais, ele também se relaciona com o atraso local, com a pobreza, os costumes, a organização brasileira das coisas. Muito bem, esses dois espelhamentos — um no que há de mais avançado em escala universal, e outro no que

Que horas são?

existe de mais peculiar na sociedade local — ambos se ajeitam dentro de cada um dos poemas de Oswald. E quando se estudam essas modalidades de ajeitamento, o que vai aparecer é justamente uma problemática social específica, ou, se quisermos, uma hora histórica particular. Estou tentando, enfim, mostrar o sentido que tem a inovação formal uma vez que se leve em conta as relações de classe próprias ao Brasil. Trato de ver em conjunto a inovação de formas e o sistema social a que as novas soluções artísticas são aplicadas. Não que Oswald recebesse as suas formas já prontas da literatura europeia, mas evidentemente ele se inspirava nela para inventar. É do casamento da particularidade das nossas relações de classe — horrivelmente injustas — com a forma dita avançada, que vai surgir o sabor particular da poesia dele. E na medida em que nós esmiuçamos o poema "pobre alimária", tomado do conjunto "Postes da Light", tentando aprofundar estas contradições, surgem novidades. Novidades em relação ao Brasil, à poesia de Oswald, enfim: valor artístico.

AM — *Ainda com relação a Oswald, a certa altura do seu ensaio você fala em "ufanismo crítico". O que você quer dizer exatamente com isso?*

RS — É evidente que forcei a nota, procurei marcar o paradoxo. No sentido habitual, o ufanismo designa, digamos assim, o patriotismo acrítico, ao passo que a posição crítica, de um modo geral, é contrária aos mitos. No caso de Oswald há uma conjunção muito especial — que procurei caracterizar com essa expressão — onde nós encontramos uma parte de patriotada, mas com a reserva de que "este nosso Brasil" — no caso, o dele — teria um valor crítico em relação à sociedade contemporânea. Metade conformismo, metade anticonformismo. Então o Oswald buscava a vantagem deliciosa de ser, ao mesmo tempo, nacionalista-patriota e crítico da sociedade contemporânea. Segundo este ponto de vista, o Brasil seria, de alguma forma, melhor do que a cansada cultura europeia. A parte de ilusão que há nestas posições é evidente e, usando o termo ufanismo crítico, quis acentuar justamente este lado.

AM — *Se você aponta no ensaio inicial sobre Oswald a existência de um ufanismo crítico — chamando a atenção para o fato de que os antagonismos se resolvem com uma certa simpatia —, no extremo oposto, no último ensaio do livro, "Duas notas sobre Machado de Assis", você acentua uma visão niilista de Machado, que no entanto lhe parece mais complexa. Entre Oswald e Machado quais seriam as semelhanças e diferenças?*

RS — O parentesco entre Oswald e Machado é um tema que leva longe na história da literatura brasileira. Parecendo tão diferentes, eles têm muita coisa em comum. Ambos usam a matéria cotidiana quase como se ela fosse um *ready-made*, ambos têm um olho diabólico para o lugar-comum e para o clichê. Os dois constroem o estilo através de uma variação muito acelerada de angulações, o que se sente na mobilidade do narrador tanto de Machado como do Oswald prosador e aliás também do Oswald poeta. A quantidade de variações de foco que Oswald consegue reunir em um poema brevíssimo é uma coisa extraordinária. Então, eu penso que a afinidade técnica entre os dois é grande — e difícil de notar. O clima do Oswald é tão, digamos, irreverente, e o de Machado de Assis tão composto, que ao menos à primeira vista essa semelhança não ocorre. Mas ela existe.

Por outro lado, no Oswald modernista havia a ideia de que no Brasil, de alguma forma, se estava gestando uma experiência histórica exemplar, que poderia resolver os problemas da sociedade contemporânea. Quer dizer, havia a ideia — embora sempre relativizada com muito humor — de que o Brasil tinha uma contribuição, não só enquanto diferença, mas enquanto fórmu-

Que horas são?

la capaz de solucionar o mundo moderno. A antropofagia pretendia ser uma solução para a sociedade contemporânea. Dito hoje, isso tem o seu lado cômico. É uma pretensão cujo aspecto de audácia e engenho não se deve desconhecer, mas cujo lado risível também não deve passar despercebido. Se podemos ter a ilusão de que devemos devorar, assimilar e jogar fora o que não nos interessa da cultura contemporânea, é justamente porque a nossa relação com ela é muito rala. E foi essa falta de organicidade que Oswald de Andrade tratou de reformular em termos triunfalistas, dando-lhe sinal positivo.

Machado de Assis, cuja irreverência e agilidade na maneira de tratar o conjunto da cultura ocidental é comparável com a de Oswald, tinha muito mais claro que essa desenvoltura era um déficit, a satirizar. Sabia que se tratava de um tremendo problema e de uma situação cultural difícil, que não justificava euforias. De modo que ele não enfeitou, onde mais tarde os modernistas tentariam fabricar uma vantagem histórica. Neste sentido, Machado talvez seja único na nossa literatura, quer dizer, um homem que não procurou se enganar em nada a respeito da situação. E penso que isso dá à literatura de Machado de Assis uma espécie de gravidade e de peso que outros escritores brasileiros não têm.

AM — *Seguindo essa linha de argumentação, seria necessário repensar a questão da antropofagia, utilizada hoje em dia sem muito critério?*

RS — Não há dúvida. A ideia da antropofagia deve a sua graça e genialidade inegáveis à situação oposicionista daquele tempo. No sentido originário, as vanguardas se definiam por oposição a uma sociedade imobilista. A certeza de que existia uma inércia cultural quase invencível fazia com que, quando um escritor ou artista inovasse formalmente, isso simbolizasse o desejo de transformação social, ao mesmo tempo em que ele estava realmente realizando uma transformação no seu domínio. Muito bem, o que aconteceu? A partir da Revolução Russa uma parte do mundo colocou a mobilidade social e cultural no seu programa. Hoje nós sabemos a que ponto esta aposta veio cheia de problemas, de autoritarismo, de conservadorismo. Seja como for, a equação entre mobilidade e liberação deixava de ser evidente no campo do socialismo a partir de então. No campo capitalista, houve também uma extraordinária mobilização e hoje vemos como até os governos mais conservadores têm programas de progresso, de transformação acelerada, e são contra o imobilismo. Em outras palavras, já não basta, para uma definição substantiva do que seja vanguarda, acentuar o lado da transformação, porque esta existe, hoje, de forma conservadora em toda parte.

Na minha opinião, a ideia de vanguarda continua tendo sentido, mas a sua situação ficou muito mais difícil. Atualmente, para não se confundir com a mudança pela mudança, ela precisa saber em que sentido as transformações que ela propõe significam realmente vantagens. Todos sabemos que a revolução anual das modas culturais hoje não se opõe ao conservadorismo, e na verdade faz parte dele. Então a vanguarda precisa não só inovar, como precisa inovar com vantagem, com mérito palpável. Esta nova situação é muito exigente.

Voltando à questão inicial, foi isso o que aconteceu com a antropofagia. No momento de seu nascimento, quando ela se opunha a uma sociedade que valorizava a respeitabilidade, os valores tradicionais, uma sociedade que era religiosa, sexualmente conservadora, muito bem. Aí sim a antropofagia era um escândalo e representava uma ruptura. Mas hoje, afirmar que o processo cultural é um processo de permanente deglutição não só não é um escândalo, como serve para justificar, para dar *pe-*

digree cultural, ao que a televisão faz todo santo dia. A televisão deglute assuntos, gêneros, tabus, como um perfeito artista de vanguarda e vai fazendo funcionar a sua máquina de moer carne. Nada mais antropofágico do que ela. Entretanto, daí a dizer que é uma promessa libertária...

AM — *Anatol Rosenfeld tem estado presente em quase todos os seus livros.* A sereia e o desconfiado *foi dedicado a ele, em* O pai de família *aparece o ensaio "Anatol Rosenfeld, um intelectual estrangeiro". Agora você o retoma neste* Que horas são? *em "Os primeiros tempos de Anatol Rosenfeld no Brasil". Você se sente, por afinidade, um intelectual estrangeiro?*

RS — Esta é uma questão complicada de responder. Para começar, eu de fato sou estrangeiro. O alemão foi a minha primeira língua. Ao menos em parte a minha curiosidade pelo Brasil vem daí. Famílias com trinta primos, almoços imensos com comida para quem chegasse, foram coisas que ocuparam bastante minha imaginação. Em parte eu me meti a estudar Machado de Assis também por vontade de assimilar algo disso tudo. Outra coisa que não é fácil de definir para mim mesmo: sinto que há uma certa naturalidade no trato da língua, que eu não tenho. A minha escrita tem um lado um pouco fabricado e construído.

A posição de estrangeiro é intelectualmente interessante. Por exemplo, aqui e ali, lembro de ver Anatol Rosenfeld numa situação muito poética e algo cômica. Como ele era uma pessoa formal e respeitadora — além de ser evidentemente de fora —, nas conversas com brasileiros menos preparados era como se ele abrisse a torneirinha do interlocutor. As pessoas falavam com vontade de contar o Brasil para aquele homem tão estrangeiro mas muito interessado. E se criava uma situação que tem algo a ver com a figura do estrangeiro viajante, exótico e de óculos, na ficção de Guimarães Rosa. O caboclo que fala e fala, infinitamente, na frente daquele doutor muito sabido, que fica ali de olho arregalado, ouvindo. De fato, há um lado muito simpático no Brasil, que é o desejo de se contar ao estrangeiro. Por outro lado, não há nada de singular nesta situação. Nós vivemos num país de imigrantes, e a maneira pela qual se foi fundindo a experiência dos estrangeiros à experiência local, bem como o ganho intelectual desta fusão, formam um capítulo decisivo na história da cultura brasileira.

AM — *Nos seus livros, há um pouco de tudo: cinema, literatura, arquitetura, textos sobre política, e alguns temas prediletos, como Kafka e Machado. Traçando um paralelo entre* A sereia e o desconfiado *e* Que horas são?*, o que mudou na sua concepção de crítica?*

RS — Bem, espero saber mais hoje do que sabia no tempo em que escrevi *A sereia e o desconfiado*. Mas se você quiser filiar, diria que em *A sereia e o desconfiado* o meu modelo de crítica era Lukács. Nos livros posteriores, os modelos são Walter Benjamin e Theodor W. Adorno. A grande novidade da crítica do Benjamin é que, em lugar de trabalhar com a oposição de ideologias, ele transpôs para a crítica de arte o esquema básico do marxismo, segundo o qual o desenvolvimento das forças produtivas entra em contradição com as relações de produção e as invalida e transforma.

Em outras palavras, Walter Benjamin tem um modelo de análise que é mais materialista que o de Lukács: um modelo para o qual a problemática formal não se compõe apenas de um enfrentamento de ideologias, mas do confronto delas com o momento histórico contido nas próprias técnicas literárias. Procurei, na medida de minhas possibilidades, adaptar este esquema ao caso brasileiro.

O terceiro, ou primeiro, ponto decisivo para a mudança

Que horas são?

da minha perspectiva de trabalho foi a posição metodológica de Antonio Candido na fase posterior à *Formação da literatura brasileira*. Como você sabe, ele, a partir de um determinado momento, passou a estudar a maneira pela qual as relações sociais podem ser reelaboradas como forma artística, o que é uma problemática materialista. Os dois ensaios dele em que este ponto de vista está mais desenvolvido em relação ao Brasil são "Dialética da malandragem" e "A passagem do dois ao três".[1] Respondendo então à pergunta, diria que de *A sereia e o desconfiado* para meus trabalhos posteriores, tratei de me tornar mais materialista.

AM — *O seu ensaio sobre o poema "Pós-tudo" de Augusto de Campos causou bastante polêmica. Você vê inconveniente em falar a respeito?*

RS — De modo nenhum. O concretismo é uma presença forte na literatura brasileira atual. Ele precisa ser discutido com independência, quer dizer, não nos termos em que ele mesmo vem se interpretando. Dentro das minhas possibilidades, é o que tentei fazer naquele ensaio que figura neste meu livro.

AM — *Você parece cada vez mais interessado pela problemática da cultura brasileira e o número de autores estrangeiros analisados cai de livro para livro. O trabalho sobre Machado de Assis, que você vem desenvolvendo há muito tempo, é responsável por este afastamento?*

RS — Como estou trabalhando sobre Machado há muitos anos, fui me concentrando mais, tentando desenvolver uma pro-

---

[1] "A passagem do dois ao três" é uma versão preliminar do ensaio "De cortiço a cortiço", posteriormente reunido a "Dialética da malandragem" em Antonio Candido, *O discurso e a cidade*, São Paulo, Duas Cidades, 1993. (N. da E.)

blemática a partir daí, e buscando estendê-la a outros autores brasileiros. Nesse sentido, fui me limitando, embora um bom autor não seja propriamente uma limitação. Quando você lida com um autor central como é Machado, fatalmente surgem perspectivas sobre outros autores, que trabalharam a partir de situações semelhantes, mas com soluções diversas. De modo que as coisas tendem vagamente a formar sistema. Seria possível, assim, estender alguns problemas machadianos à obra de Oswald, de Mário de Andrade, Graciliano Ramos, Raul Pompeia etc.

Mas há um outro ângulo da questão. Um grande escritor, por um lado se alimenta sistematicamente de sua realidade local, mas justamente por ser grande, converge com as obras mais avançadas de seu tempo em outros lugares. Talvez se pudesse desenvolver uma teoria para explicar isso que parece tão misterioso. Mas é um fato que Machado é muito parecido com Dostoiévski, Proust, Nietzsche, Henry James, Poe. Enfim, um trabalho como esse sobre Machado — tenho esperança de não dedicar a vida inteira a ele — não empurra só para dentro, mas também para fora da literatura nacional. Para dar a medida da grandeza literária de Machado, hoje seria preciso um conjunto de estudos comparativos, onde se mostrasse que ele estava lidando com as mesmas coisas que ocupavam Henry James, Nietzsche, Freud e outros grandes. Cada uma destas comparações seria um trabalho de fôlego.

[Entrevista a Augusto Massi publicada em "Ilustrada", *Folha de S. Paulo*, 8 de novembro de 1987]

Um retratista de nossa classe dominante

TEIXEIRA COELHO — *Por mais notável que seja o seu objeto declarado de estudo, que é o livro* Memórias póstumas de Brás Cubas, *de Machado de Assis, em seu livro* Um mestre na periferia do capitalismo *você trata de algo ainda maior e talvez mais significativo para o leitor de hoje: o caso brasileiro, a situação brasileira, as características da classe dominante. O retrato dessa classe, feito por Machado e continuado por você, é constrangedor para o país. O retrato dessa elite modificou-se alguma coisa de lá para cá, referindo-se especificamente à época em que o livro de Machado foi escrito e ao momento político-social, neste ano de 1990?*

ROBERTO SCHWARZ — A atualidade de Machado, se não me engano, se tornou mais visível depois de 1964, quando o Brasil simpático das elites progressistas empenhadas na sua autorreforma e amigas do povo parece ter se esgotado. A presunção de modernidade e a convicção inabalável de não dever contas a quem trabalha, que juntas formam um monstrengo histórico, estão no centro da desfaçatez de nossas elites do tempo de Machado e de hoje.

TC — *Uma das passagens aflitivas do seu livro é aquela em que você registra a "improdutividade do tempo, que passa em vão e deixa tudo como está". É essa sensação de improdutividade que impera neste exato momento de nossa vida brasileira. Não existe neste país qualquer respeito pelo trabalho, manual ou intelectual. Nada fica, nada permanece. Cada ato, cada produção parece surgir num deserto virgem. Não parece haver, neste momento, condições para uma real acumulação intelectual, literária, cinematográfica ou outra. Cada vez é uma vez, sem ligação com a anterior, sem projeção para a próxima. Qual seu comentário sobre essa questão?*

RS — A ideia de que a intelectualidade não tem obrigações com a massa dos excluídos da cultura, ideia que no momento passa por ser moderna, é de uma superficialidade incrível, uma autocondenação à irrelevância: é ela que priva de continuidade de perspectiva o esforço cultural. Há, naturalmente, as causas econômicas e políticas para o sentimento atual de fio rompido, causas ligadas à sociedade muito antidemocrática gestada pelos anos da ditadura. Mas uma parte do problema se deve também à falta de energia da própria intelectualidade, que, ao invés de mergulhar nos problemas postos pela sua experiência histórica e explorá-los, prefere documentar a sua familiaridade com as tendências internacionais. O lado desfrutável desses procedimentos é uma especialidade machadiana. Além do provincianismo óbvio de quem não lê revistas estrangeiras, há o provincianismo paradoxal dos bem informados, que não refletem sobre os quadros em que atuam.

TC — *Você acha que continuamos presos ao dilema denunciado por Paulo Emílio Sales Gomes, aquele que nos ameaça com a escolha entre o não-ser e o ser outro? A obra de Machado de Assis em sua segunda fase aponta para uma saída que não teria ainda sido percebida, ou, em todo caso, suficientemente praticada?*

RS — Na geração de meus professores, na USP, na década dos 1960, as pessoas estavam deixando de ser weberianas, lukacsianas, althusserianas etc., para ter problemas colocados pela experiência prática, problemas que era preciso aprofundar e resolver, e ponto. Estávamos nos desprovincianizando: tomara que me engane, mas tenho a impressão de estamos voltando para trás. A lição de Machado de Assis, sob esse aspecto, foi o grande apetite por cultura contemporânea, nunca deslumbrado e sempre a serviço do aprofundamento da experiência histórica que era a sua.

TC — *Você se apresenta como um crítico "de inspiração materialista", um adepto da "crítica dialética", embora não a aplique no sentido em que ela é costumeiramente praticada, como você mesmo diz. Um dos pontos altos de sua análise está na observação segundo a qual "a prosa disciplinada pela história contemporânea é o ponto de chegada do grande escritor, não o ponto de partida", inversão perfeita de um dos pressupostos corriqueiros dessa crítica. Mas sua inspiração é materialista. Apesar do sucesso evidente de seu trabalho, que poderia oferecer uma resposta prévia a esta pergunta, como vê as possibilidades e o futuro desse método (e de toda a visão de mundo que o ampara) à luz das transformações ideológicas experimentadas nos últimos meses?*

RS — Você está me perguntando se a tentativa da União Soviética de adotar uma economia de mercado invalida a análise materialista? Não vejo por quê. Invalida uma série de dogmas, o que é outra coisa. Voltando ao Brasil, a verdade é que o que tem inviabilizado análises estéticas mais finas, em que as questões de forma possam ser analisadas com mais profundidade, é justamente a falta de trabalhos materialistas que estabeleçam o significado social e ideológico das diferentes posições em jogo. Se quisermos falar sem simplismo sobre o leque das posições envolvidas na arte literária de Graciliano, de Mário e Oswald, logo veremos que sabemos pouco, não sabemos o suficiente para especificar as contradições, para apreciar o sentido das diferentes soluções formais. Sem um banho de materialismo, não há como chegar a uma análise formal que vá além do lugar-comum.

TC — *Por um lado, na aparência este seu livro não se encaixa no elenco das preocupações atuais da crítica e, menos ainda, nos caminhos por ela escolhidos para tratar da questão da forma. Por outro lado, seu estudo é de clara e sensível atualidade e oferece uma saída, para esse problema, que as pessoas não julgavam mais ser possível encontrar — razão pela qual talvez tenham se esquecido dela e do próprio problema.*

RS — De fato, meu assunto não foi definido em resposta à discussão atual: ele vem de mais ou menos 1964, uma época de radicalização política, quando as questões da dialética entre literatura e sociedade, forma e conteúdo, estavam na ordem do dia. Como trabalhei muito devagar, só agora estou publicando o livro, num momento em que as suas questões deixaram de ser debatidas. A inspiração das análises vem da crítica alemã de tradição marxista. Lukács, Benjamin e Adorno. São autores cujas ideias são conhecidas no Brasil, mas cuja maneira crítica foi pouco assimilada. Por outro lado, ocorre que os esquemas históricos em que essa mesma tradição marxista se apoia, evidentemente, não se podem transpor, tais e quais, para o Brasil. Nesse ponto, tive a sorte de ter professores na USP a quem esse problema preocupava e estavam encontrando soluções interessantes para ele, soluções em que pude me apoiar. Assim, o meu problema foi concebido no contexto estético-político de 1964, tratado com os meios da crítica literária alemã dos anos 1930, da sociologia paulista dos anos 1960, elaborado debaixo das impressões causadas pelo regime dos anos 1970 e publicado agora em 1990, quando o mundo inteiro julga saber que o marxismo está morto.

[Entrevista a Teixeira Coelho publicada em "Caderno 2", *O Estado de S. Paulo*, 16 de agosto de 1990]

Machado de Assis: um debate

Luiz Felipe de Alencastro — Correndo o risco de acentuar um lado menos importante do livro,[1] que é o de identificar o Machado apenas como retratista de uma época, eu queria, feita essa ressalva, colocar uma questão sobre a história social do período de *Memórias póstumas de Brás Cubas*. No *Idiota da família*, Sartre afirmava que Flaubert escrevia para seus contemporâneos, e ele insistia: a gente escreve para nossos contemporâneos. A ideia de um autor que escrevesse para a posteridade é uma ideia absurda, num certo sentido... Este raciocínio é algo que um historiador endossa perfeitamente. *Memórias póstumas de Brás Cubas* saiu na *Revista Brasileira* em 1880, em capítulos, e depois foi editado em 1881. Quem eram os contemporâneos de Machado? Quem era o leitor de *Memórias póstumas de Brás Cubas*? O que era o Rio de Janeiro dentro do Brasil, o Brasil no Ocidente? Esse pano de fundo, que é uma lacuna da história social brasileira, fica meio subentendido e na página 174 você escreve: "Machado de Assis pormenorizava e apurava a dimensão não burguesa da existência burguesa no Brasil [...]". Depois você diz na página 178, sobre o disfarce: "Camuflada pela primeira pessoa do singular, que a ninguém ocorreria usar em prejuízo

---

[1] Roberto Schwarz, *Um mestre na periferia do capitalismo: Machado de Assis*, São Paulo, Duas Cidades, 1990. (N. da E.)

próprio e com propósito infamante, a imitação ferina dos comportamentos da elite criava um quadro de alta mistificação [...]". Mais adiante um pouco: "A julgar pelas reações da crítica, o disfarce prevaleceu quase inteiramente, o que não invalida a leitura social [...]". E na página 180, você é ainda mais preciso, quer dizer: "A circulação intensa do narrador entre o dado local e os prismas prestigiosos do Ocidente fabricava para fins literários a intimidade do Rio de Janeiro com o mundo [...]". Na página 181 você diz: "A amplitude e densidade dos conhecimentos de Brás, que supõem outro tanto e muito mais da parte de Machado, comprovam as possibilidades culturais verdadeiramente grandes — que hoje não estamos habituados a considerar — da elite brasileira oitocentista". Esse é o ponto, quer dizer, você nessa última citação imagina uma elite cultural apta a entender o romance machadiano na sua totalidade e a crítica, aparentemente, teria ficado um pouco na rama. Teria sido enganada pelo disfarce. E acho esse ponto interessante porque o cotidiano do Rio de Janeiro da segunda metade do século XIX é um cotidiano de uma extrema aberração nas relações sociais no mercado de trabalho. É uma cidade que, de 1850 a 1870, praticamente não teve mudanças no número de habitantes, mas brutalmente na sua composição social. Uma parte dos escravos, que eram maioria em 1850, foi substituída por portugueses, por proletários estrangeiros. Então, há um mercado de trabalho onde se dá uma disputa pelo trabalho urbano entre escravos e proletários, o que é uma situação singularíssima. Nos Estados Unidos, por exemplo, não havia uma grande concentração urbana de escravos como no Rio. Enfim, havia uma aberração do cotidiano que era retratada no jornal — esse é um lado. Um outro lado, também, que diferencia o Rio de 1870 do Rio de 1850 é que nesse momento estavam se criando colônias de povoamento europeu nas zonas tropicais — Austrália, África do Sul, Argélia. Isso está num dos volumes dessa *História da vida privada*,[2] o quarto ou o quinto. Há uma indústria na Europa de exportação de cacoetes europeus: árvores de natal inteiramente equipadas começaram a ser exportadas para os trópicos, perucas, bicicletas, para todos esses lugares onde havia enclave europeu nos trópicos. Esse processo tornou a europeização do Rio ainda mais caricatural em 1880 do que era em 1850. Quer dizer, a impressão que se tem — eu acho — é que há aí uma lacuna dos historiadores da nossa vida social. Você não teve esse suporte empírico para trabalhar a sua análise. A intuição do historiador é de que há uma leitura, há um público machadiano já perfeitamente permeável e a par da dimensão do romance machadiano, quando escreve. A crítica não deu conta disso. A realidade era muito mais caricatural do que se imagina. E aí eu volto ao ponto inicial: o Machado estava escrevendo para os contemporâneos, e a leitura da posteridade é outra leitura.

FRANCISCO DE OLIVEIRA — Eu entro um pouco de banda nessa questão do Felipe, mas é num outro sentido. O que me impressiona, de qualquer forma, é o pouco impacto ideológico da prosa do Machado. Se o Roberto dá conta da questão do abolicionismo na obra do Machado, há uma coisa que não aparece e que talvez explique esse pouco impacto ideológico, que é o movimento republicano. Quer dizer, ele não registrava certas correntes que têm importância no debate político, e de certa forma é o público que faz a obra. Essa não é uma pergunta para o Roberto, mas é uma coisa que me ficou, me ficou muito marcada, esse impacto ideológico fraco, enquanto outros autores já mais para frente têm um impacto ideológico muito maior, ao

---

[2] Michelle Perrot (org.), *História da vida privada, vol. 4 — Da Revolução Francesa à Primeira Guerra*, São Paulo, Companhia das Letras, 1991. (N. da E.)

estruturar correntes na literatura ou no movimento social e político. Ele não tem quase nenhum.

ROBERTO SCHWARZ — O Felipe começou com uma observação do Sartre que é: sempre se escreve para os contemporâneos. Eu acho que quando o Sartre diz isso, na verdade, é uma coisa quase tautológica. É claro que você não pode não ser seu contemporâneo, mas a questão é saber como você escreve para seus contemporâneos: e há muitos modos de escrever para os contemporâneos. O Machado, certamente, escreveu de um jeito muito especial. Primeiro, ele era muito discreto a respeito do que pensava. Uma das coisas estranhas em Machado de Assis é como ele não deixou provas da inteligência crítica dele como cidadão. Toda a argúcia dele, toda a inventividade ficaram com o artista. Em geral os artistas palpitam como artistas, mas também como cidadãos. O Machado como cidadão fechou o bico. É uma coisa incrível. Provavelmente é uma medida de prudência, mas isso só Deus sabe. Mas ele fora da ficção não se manifestou no nível de crítica, no mesmo grau de audácia ou insolência com que ele se manifesta na obra. Ele pouco se manifestou como ensaísta, sendo dotadíssimo. Não há dúvida que entre os contemporâneos alguma coisa se notou do caráter muito ferino, muito destrutivo das observações dele. Há uma pequena observação do Pompeia numa ocasião em que, falando — acho — do próprio *Brás Cubas*, ele diz: aqui há recados tremendos, que não sei se o carteiro vai levar ao seu destinatário. O Pompeia notou que ali havia uma coisa cabeluda. O Araripe Jr. nota também a propósito do *Quincas Borba* que o livro é uma sátira ardida à nossa vida intelectual. Quer dizer, eles notaram alguma coisa, mas... E há uma questão de princípio, para voltar ao Sartre — se o Machado pôde ver essas coisas todas é evidente que os contemporâneos também podiam, não havia nenhuma impossibilidade. Mas o fato é que as observações a respeito da visão terrível que o Machado tinha do Brasil foram em número mínimo, e que não somaram. O lado mais duro da construção do Machado não foi assinalado senão de passagem por uns dois ou três, não mais. Fatalmente se poderia dizer que essa construção mais dura é uma elaboração *a posteriori* do crítico, setenta anos depois. Mas no caso do Machado não dá para dizer isso, porque há uma porção de coisas inteiramente deliberadas na ficção dele que comprovam a intenção. Quando ele, por exemplo, faz o narrador citar sarcasticamente errado autores clássicos, torcendo os significados, é para mostrar que o cidadão que está falando ali é um filho da mãe, ou um energúmeno; ou quando ele diz coisas inaceitáveis em alemão — ele faz essas coisas de propósito. Ele semeava provas de que não era bobo, à parte a construção geral, também muito crítica. De modo que é indiscutível que o Machado pensa essas coisas muito negativas a respeito da sociedade contemporânea. Eu li pouco os políticos brasileiros da época, mas é conhecido que havia uma espécie de ceticismo, de pessimismo conservador entre os grandes políticos, que não acreditavam em nada. E provavelmente a coisa mais próxima do Machado são esses políticos muito pessimistas — se parece muito com o Cotegipe nesse sentido, um cara que sabe tudo, não tem ilusão quase nenhuma. Um dos méritos do Machado é ter feito literatura não com a consciência dos literatos, mas com a consciência dos políticos mais pessimistas. Ele trouxe uma espécie de visão mais dura, mais adulta, mais desiludida que existia na política, mas não existia na literatura. Isso é um dos aspectos que fazem a grande distância entre a literatura dele e o resto, que é uma literatura de moças; a dele realmente é uma literatura de homens experientes que não acreditam em nada. Por outro lado, esses pessimistas, esses espíritos mais desabusados, que podiam perceber alguma coisa, não eram artistas, não tinham o senso da questão formal, que domina a obra do Machado. O fato é que ninguém notou. A construção do Machado de Assis, extremamente crítica, não foi notada enquanto tal nesse período. Uma primeira questão que se coloca é: muito bem, então isso levou tanto tempo para amadurecer, ficou tanto tempo fermentando, até que a certa altura nos anos 1960 começou a aparecer com a interpretação da americana Helen Caldwell. Ela não percebeu o lado social, mas percebeu que o narrador do Machado de Assis não era pessoa de boa-fé, que não era para acreditar nele. Esse sentimento começou a somar na história da crítica brasileira, na verdade, com o Antonio Candido, o Alfredo Bosi, o Silviano Santiago e — sem querer contar vantagem — um pouco comigo também. Enfim, essa noção começou a somar dos anos 1960 para cá, e ultimamente foi muito fortalecida pelos estudos de outro estrangeiro, o John Gledson. A partir de então colocou-se esse ponto de vista. Por quê? Porque depois de 1964 começou a pintar uma visão inteiramente desabusada da classe dominante brasileira, que possibilitava identificar a visão igualmente desabusada que havia pintado na virada do século. Construir as coisas desse modo é uma tentação. Mas há algo que faz, não digo recusar esse ponto de vista, mas relativizá-lo — é que a mesma viravolta interpretativa está acontecendo noutra parte, na Europa, com Baudelaire e Flaubert. Há um crítico alemão chamado Dolf Oehler, um discípulo do Walter Benjamin, que atribuiu uma guinada do mesmo tipo a 1968 — a maio de 1968. O fato é que ele, o Oehler, está desenterrando a presença dos massacres de junho de 1848 na poesia de Baudelaire, e está virando de cabeça para baixo a interpretação do poeta — coisa que o Walter Benjamin tinha adivinhado e tinha proposto, mas não tinha desenvolvido. O que esse rapaz está fazendo é realmente sensacional. Então você tem uma coisa estranha. O recurso do Baudelaire é o mesmo do Machado: ao invés de você falar em nome próprio, com lirismo ou reflexões sinceras, você identifica o seu "eu lírico" com o lado mais abjeto da classe dominante. Você faz, por assim dizer, exercícios de abjeção, exercícios de formulação abjeta. É claro que a cupinchada de Baudelaire devia saber disso, rir em *petit comité*. Mas esse tipo de satanismo não vingou, sumiu, e o fato é que depois prevaleceu um sentimento da vida e da literatura que fez com que essa intenção, que está lá, energicamente, tenha submergido e tenha desaparecido, e esteja reaparecendo para a crítica só agora. Nesse sentido, isso que aconteceu com dois dos maiores escritores do Ocidente, com Baudelaire e Flaubert, numa certa medida aconteceu também com o Machado. O que faz duvidar de uma dinâmica só brasileira. De ir além disso, no momento, eu não sou capaz, mas é um problema interessante.

LFA — Eu iria completar a pergunta da maneira que você concluiu. A experiência histórica da ditadura e da desfaçatez da classe dominante brasileira levou você a introjetar no romance uma experiência atual e redescobrir a leitura antiga. Você dá o exemplo do Flaubert e do Baudelaire e é convincente, mas até um limite, porque sempre o Baudelaire destilou na sua poesia um satanismo, uma dimensão explosiva que nunca foi negada ou ocultada inteiramente, e o Flaubert — eu penso no Flaubert dos *Três contos* e de alguns momentos de *A educação sentimental* — se mostra um grande cético e um escritor que tem uma interpretação arrasadora. No Machado o disfarce é muito maior.

José Arthur Giannotti — Isso me leva a uma pergunta, Roberto, que é justamente mais uma questão de estética. Há uma tese estética no seu livro que está em você desvendar o caráter de classe do *Brás Cubas*, e, ao desvendar uma verdade da sociedade brasileira, isso serve de parâmetro estético à obra. O valor estético da obra é dado pela sua verdade, a ponto de você achar, por exemplo, que existem certas escorregadelas quando esta estrutura não é revelada. É a velha tese platônica de que a beleza está ligada à verdade. Mas aí se coloca uma questão meio complicada, porque o caráter de obra-prima do livro de Machado foi reconhecido desde o início e agora vocês estão citando o caso de Baudelaire, de Baudelaire totalmente reinterpretado, mas nunca se desconheceu que a beleza de Baudelaire era absolutamente inquestionável. Nesse caso a sua tese leva, a meu ver, a uma espécie de paradoxo, isto é, a verdade de uma obra de arte é critério da beleza, mas a beleza pode ser reconhecida, a despeito de ela ser verdadeira ou falsa. Ora, o caso é o seguinte: por que o seu livro não é mais belo que o livro do Machado? Na medida em que é ele que revela a verdade de *Brás Cubas*. Visto assim, nós devemos ser sistemática e coerentemente platônicos — vale a pena, então, expulsar os poetas da república.

RS — Em primeiro lugar, eu não tenho uma tese geral a respeito do caráter de classe da literatura, da dependência do valor estético em relação a esse caráter de classe. Eu fui ler o Machado e descobri uma coisa que não era evidente. Você mostrar que há classes sociais no Balzac não tem mérito nenhum. Estão lá, na cara, e o princípio organizador mais interessante do Balzac não há de ser esse, ou há de ser esse com outros ingredientes. Ao passo que no Machado a importância das classes sociais está escondida. Eu não fui procurar o caráter de classe. Fui procurar a organização do romance do Machado, a razão que torna o Machado particularmente agudo, e descobri — talvez tenha me enganado, mas em todo caso creio ter descoberto — que o que dá um mordente particular à ficção dele é um sentimento agudo da injustiça de classe que se manifesta de maneiras muito veladas. Isso foi uma espécie de descoberta, usada essa palavra sem maior pretensão, não foi uma tese, não foi um ponto de partida. Você tem toda razão ao dizer que o Machado foi considerado um grande escritor desde o início, quando essa questão que eu levantei aqui não estava detectada, nem estava na ordem do dia de maneira nenhuma. Entretanto, nós todos sabemos que as reputações sobem e descem ou param por toda sorte de razões. Quando você diz: a beleza dele foi detectada desde o início, a beleza de Baudelaire foi detectada desde o início, não é exato, você está inventando uma constante que não existe. Foi detectada sim uma certa coisa, o belo lá daqueles dias, mas que hoje nos pode parecer horrível, e aliás há muitas reputações que naufragam, nós sabemos que Shakespeare esteve ausente do *hit parade* por muito tempo, depois voltou... Quando você diz que a beleza estava lá e ela é sempre detectada, não é verdade. Se você examinar a história da crítica de arte, não é assim. As belezas sobem e descem, somem, e a maneira de reconhecer e de explicar a beleza, hoje pelo menos, pelo menos na perspectiva em que eu me coloco, é de explicar o que há de substantivo e o que há de profundamente verdadeiro ali. E o escritor em que eu não encontre isso, para mim, para o uso desse tipo de crítica que eu faço, não é bom, não há a menor dúvida.

DAVI ARRIGUCCI JR. — Eu sinto na questão do Giannotti uma coisa que é um pouco problemática para mim também e nós estamos discutindo isso há muitos anos. Eu sinto um pouco no livro uma qualidade remissiva — não sei se é a palavra exata —, mas parece que a qualidade estética está posta um pouco em função da gênese.

RS — Como assim?

DA — Da gênese, no sentido de que a forma é um produto, a forma é vista como um determinado produto social, que é o que está posto lá. Vamos dizer, é a questão do comportamento da classe dominante que aparece como um traço formal interno, a questão da volubilidade, isto é que é o princípio formal básico. Parece que o efeito tem esse aspecto remissivo, no sentido de que o fato formal básico que arma a qualidade está posto em função de determinadas circunstâncias históricas que o produziu e que você reconstrói e mostra como é que se articula e, no entanto, ele já existia. Desde o princípio já se reconhecia a questão estética. Isso cria um problema porque, de fato, o valor de Machado de Assis, por mais oscilante que tenha sido, foi sempre reconhecido. De formas diferentes, talvez, mas parece que o não reconhecimento desse processo de constituição diminuiu o Machado de Assis, na sua visão.

RODRIGO NAVES — O que eu acho muito convincente — no sentido pelo menos de que me convence — no livro é que ao lê-lo não me ficou de maneira nenhuma a impressão de que haja um conteúdo anterior, ou seja, algo preexistente à obra de Machado de Assis, a que ele apenas dá expressão. O que faz a grandeza da interpretação é que, em primeiro lugar, o livro — enquanto crítica — é muito sensível à obra de arte *Memórias póstumas de Brás Cubas*. Ele parte dela e revela muito claramente que o Machado de Assis não dá formulação a uma verdade anterior ao livro, mas é justamente a partir do Machado de Assis que se tem acesso a determinadas questões. Que o Roberto entenda que a obra de arte é também uma obra de conhecimento, me parece óbvio para todo mundo. Mas, por ser conhecimento, eu não acho que se possa reduzir belo a verdade. Com o livro do Roberto, mas sobretudo com a obra de Machado, se torna possível a compreensão e discussão de aspectos da sociedade brasileira de finais do século XIX que seria impossível de outra maneira. Por exemplo, há uma compreensão moral da sociedade do final do século XIX que seria impossível sem o Machado de Assis.

JAG — Não há dúvida de que o Roberto encontrou uma chave admirável para entender não só o livro, mas também uma estrutura da intelectualidade brasileira. Do ponto de vista do desvendamento do conhecimento que está no livro, eu acho admirável. O problema é outro. O problema é que eu vejo uma certa tendência — e ele acabou de dizer, se não tiver essa estrutura o livro não é bom. Essa estrutura a meu ver privilegia um aspecto central do livro, mas em compensação deixa de lado um outro aspecto, que é a meu ver o lado fantástico do livro, no sentido em que, por exemplo, o delírio e o jogo de aspectos absolutamente solto, que são contrários justamente ao processo de conhecimento, e que você é levado a reduzir a uma falta de conhecimento qualquer. Isto é, há um reducionismo na sua tentativa que eu acho complicado e, mais ainda, você descarta um lado do Machado que, a meu ver, está muito ligado a esse pessimismo, que é o lado da melancolia — que é clássica na interpretação do Machado — e essa melancolia não é tanto o lado de classe, mas é uma melancolia — vamos dizer assim — da *vanitas*, de uma longa tradição do Ocidente que aparece no Machado. Vincular essa melancolia diretamente a uma situação de classe e querer ter esse reducionismo, a meu ver, é um problema complicado. Por quê? Não há dúvida que as obras de arte oscilam na sua valoração, mas o que importa é que uma boa parte das obras de arte são lindas desde que o Ocidente é Ocidente. Há um problema de estrutura da obra de arte em que, a meu ver, esse aspecto de conhecimento — que existe e que você revela muito bem — é de certo modo posto entre parênteses. É exatamente na hora não só que ela disfarça o conhecimento, não só que ela dá o lugar da aparência e valoriza a aparência, mas, pelo contrário, ela dissolve e relativiza e faz com que vários conhecimentos possam estar em conflito numa estrutura que não é mais uma estrutura de conhecimento, mas que é uma estrutura especificamente estética, que a meu ver permeia o livro do Machado e que você, ao insistir tanto naquele aspecto da estrutura, deixa de lado. Eu acho que você tem razão com boa parte, mas em parte. Enquanto os melancólicos também têm alguma razão e seria importante valorizá-los.

Seja como for

RS — O Rodrigo tem toda razão em dizer que meu trabalho não consiste em ficar confrontando observações sobre Machado de Assis com a realidade. Eu procurei, dentro das minhas possibilidades, perceber a forma e a lógica da forma do romance da maneira mais fina possível. Eu me pus realmente como alguém que está ouvindo música. Queria ver como aquilo se desenvolve. Identificar os desenvolvimentos, perceber o que está em jogo nos desenvolvimentos e perceber aonde eles levam. Procurei, dentro das minhas possibilidades, desenvolver ao máximo o que está ali, a dinâmica que está ali, no plano da obra imaginária e procurei colher o que se poderia chamar o depoimento da forma. Quer dizer, em lugar de apanhar os conteúdos, eu procuro dizer: arrumados desse jeito, o que eles significam? Procurei dar uma paráfrase desse depoimento da forma. Essa identificação da forma, que eu busco, ela é o mais histórica possível, o mais historicamente especificada possível, especialmente porque o universo de Machado de Assis é todo feito de matérias ostensivamente a-históricas. Machado fala de melancolia, fala da *vanitas*, ele cita muito o *Eclesiastes*, toma temas da filosofia renascentista, como o elogio da loucura, ele toma os franceses do século XVII, enfim, Machado de Assis está cheio de "homem em geral", e o ponto do meu livro é justamente que ele usa esse homem em geral de maneira envenenada, como ideologia. O que você chamou de meu esforço, digamos, unilateral de apanhar uma dimensão de conhecimento, na minha opinião é o essencial da coisa. O que faz — na minha opinião — o Machado não ser um paspalhão é exatamente isso. É que quando ele diz essas coisas, quando ele diz essas generalidades, ele diz sempre de maneira envenenada, de maneira que elas tenham um funcionamento particular dentro de polarizações de classe. A sensibilidade para a palhaçada do universalismo, o Machado de Assis tinha em grau agudo. Nesse sentido ele era justamente um espírito de vanguarda. Machado de Assis faz parte do pessoal que começou a sentir de maneira decisiva a historicidade da sociedade contemporânea, a historicidade também do seu imobilismo, e de que maneira essa historicidade cancela possibilidades intelectuais brasileiras. O Machado de Assis — como Baudelaire, um dos temas da organização de Baudelaire é isso — sentiu como o vocabulário filosófico anterior, as generalidades, as abstrações, era desqualificado pela sociedade moderna, pela experiência da sociedade de classes, pela divisão da sociedade em classes. Retomando a sua observação, Giannotti, o ponto do meu trabalho é justamente o reducionismo que o Machado de Assis pratica. Uma das experiências mais duras na leitura do Machado é o seu violento reducionismo. Ele está o tempo todo reduzindo os valores "altos" a situações elementares onde a polarização de classes é decisiva. Nesse sentido ele faz parte do movimento geral do século XIX, dos movimentos avançados do século XIX, de perceber o peso da historicidade.

JAG — Só para terminar... O que eu digo é o seguinte: sem dúvida você tem razão quando está mostrando a palhaçada do universalismo. A minha questão é que eu não creio que a obra de Machado tenha essa unicidade e univocidade que você deseja. Eu acho que o Machado é muito mais ambíguo, esta é que é a questão. Se de fato ele mostra a palhaçada do universalismo e mostra como é diferente falar do homem do ponto de vista do pobre ou do rico, ele, por ser pessimista, também é conformista. Ao ser conformista ele está embutindo na sua obra uma ambiguidade em relação a esta questão — que faz com que o incompreendido seja o presidente da Academia Brasileira de Letras, ou aquele que faz a maior crítica da sociedade de seu tempo seja no fundo incensado desde o início como um grande escritor. Ora!

RS — Não tem nada a ver!

JAG — Tem. Tem, sim.

RS — É como dizer que o Engels era dono de fábrica.

JAG — Não. O que eu estou dizendo é que o fato de ele ser isso está presente no livro. É que você não quer que esse lado esteja presente no livro. Ora, o lado da melancolia, o lado do fantástico, o lado do pessimismo, o lado desta palhaçada, que se convence e se encanta com a palhaçada, também está presente e isso dá, a meu ver, um lado não cognoscitivo ao livro do Machado, dá um lado de testemunho pessoal, dá um certo — apesar de tudo — lirismo que se cola à realidade, mas há também uma certa forma de lirismo em que o eu do Machado, o sujeito Machado aparece e aparece de uma forma que não é simplesmente um teorema. O que eu digo é que as coisas são mais ambíguas do que aquilo que você mostrou. Se de fato você mostrou, a sua rigidez serve para desvendar um aspecto até agora pouquíssimo estudado, e você mostra como esse aspecto é extremamente rico. Eu digo, a obra de Machado é muito mais ambígua, ela é muito mais facetada do que essa estrutura que você revelou. Por quê? Você quer transformar essa estrutura no parâmetro do bom e do mau e é contra isso que eu estou conclamando agora.

FO — Eu não sei se eu estou boiando. Aqui a complicação é que não se sabe se está se discutindo o livro do Roberto ou do Machado. Porque a partir de agora o Machado está irremediavelmente ligado a você. Então a gente está sempre misturando essas duas coisas. Mas eu não vi esse reducionismo de classe, essa coisa de uma literatura que procura mostrar a estrutura da sociedade brasileira. O que eu vi foi uma coisa que eu gostaria até de perguntar de forma bastante inocente: existe alguma literatura, algum fenômeno similar a esse, de transformar um estilo de classe num estilo literário? Porque eu vi na sua análise muito mais isso: não simplesmente retratar, pôr em confronto, denunciar aquilo que é de um lado a postura bem-pensante, e de outro lado a iniquidade oculta todo o tempo, mas construir uma escritura da classe dominante, mas como estilo, não como representação da realidade.

RS — Eu acho que de maneira menos cruel, menos negra, havia um contemporâneo que estava fazendo a mesma coisa que ele, o Henry James. O Henry James estava construindo narradores com característica de classe muito clara e cujas contradições, cujo naufrágio faziam a curva geral do livro. O Machado de Assis converge rigorosamente com o Henry James, que certamente ele não conhecia. Os dois faziam parte de um movimento geral de superação da literatura naturalista. Isto de diferentes maneiras aconteceu em diferentes lugares, e é muito interessante comparar o Machado com o Henry James. Agora no Machado tem essa coisa extraordinária de maldade de ele imitar sobretudo a elegância da figura de classe dominante, de imitar e refinar as representações mais estimadas da classe dominante a respeito dela mesma, mas com propósito destrutivo. O *Dom Casmurro* é uma exploração da poesia da reminiscência infantil, da poesia dos quintais, da poesia do primeiro namoro, de tudo que é mais poético na poesia brasileira. Ele toma verdadeiros ideais estéticos da classe dominante, incorpora o seu estilo, para depois lhe mostrar a sua canalhice. Realmente é muito audacioso e o Machado fez isso sistematicamente. Todos os narradores da segunda fase dele são assim, em diferentes graus. É essa coisa de se identificar com a figura que você quer destruir, e desfilar a poesia dela de um modo em que ela mesma se reconheceria com gosto — por isso mesmo aliás o mecanismo nunca foi reconhecido, pois as pessoas adoram o Bentinho, do *Dom Casmurro*, as pessoas adoram o Brás Cubas como um tipo elegante, desenvolto etc., e não reconhecem que essas personagens fazem um papelão tremendo. Realmente é uma solução técnica desnorteante.

JAG — Mas o Machado gostava deles também...

RS — Não, ele reconhecia e dominava aquele negócio.

JAG — Mas é ambíguo, ele também gostava das pessoas.
RS — A força literária do trabalho dele depende do fato de ele impor um destino sinistro a eles. Essa é a curva do romance. É uma coisa objetiva. Se você não reconhece isso, você não reconhece a forma do livro. Daí você volta para a crítica elegante do Machado que sempre o reconheceu como mestre da língua, um homem que cultiva os clássicos, um homem que é muito admirável. Você perde o dado essencial da construção dele. Na verdade, o trabalho do Gledson e o meu, sem prejuízo de todos os defeitos, são os primeiros que consideram que o romance de Machado de Assis tem forma. Para os anteriores não havia forma, havia só retrato e prosa fina.
JAG — Não, não... O meu problema é que você reconhece que ele tem uma única forma.
RS — Não. Eu digo que tem forma de conjunto. A crítica anterior — isso é um fato, não estou dizendo para me gabar — não reconhecia a forma do romance de Machado. Vocês percorram a crítica dele e vão ver que a organização geral, uma forma unificada e disciplinada, não comparecem, porque todo mundo, no afã de identificação com o Mestre, não via que há uma composição rigorosa. E o Machado é quase flaubertiano. O Machado tem uma composição absolutamente rigorosa, férrea. Essa é que é a força dele. Machado era um artista moderno, não era um modelo de elegância. Esse é que é o grande lance. O que faz do Machado um artista moderno é isto que eu estou dizendo. Isso que você está valorizando faz dele um escritor ameno, sem mais. Ele jamais seria um grande escritor pelas razões que você está falando.
DA — Vamos ver se eu consigo esclarecer um pouco a minha questão. Eu penso que o problema está mais na atitude propriamente, na questão do valor da forma. Eu concordo inteiramente com a sua descrição do processo de constituição da for-

ma. Eu acho que é um achado, de fato bateu numa coisa. Mas eu penso que há uma certa redução do raio de ação da forma, ou seja, do valor autônomo da forma, uma vez constituída como tal. É nisso que eu sinto que as coisas são mais ambíguas, que há ali uma maleabilidade. Está certo que tudo que é forma de universalismo se particulariza no processo que você descreveu. E é isso que faz a qualidade básica. Acontece que, uma vez constituído o símbolo, ele tem um raio de ação. Eu posso lê-lo em diversas épocas. É uma potência de ação que pode ser lida de muitas formas. Eu posso mudar as circunstâncias sociais, que não são mais as do Machado de Assis, talvez nem sejam adequadas para a percepção daquela constituição de classe que você apontou como condicionante da forma naquele instante, e no entanto ele me dizer coisas e abrir perspectivas. Eu sinto que se perde um pouco aí a situação de enigma da forma. A potência que a forma tem, uma vez constituída, de valer como conhecimento, mesmo se mudadas absolutamente as condições que a geraram. E eu sinto na sua atitude que o valor é um pouco remissivo, no sentido de que, se não houver esse vínculo, não há propriamente o valor. É uma coisa difícil. Eu penso que aí é uma questão funda, que leva à própria atitude diante da própria literatura. O que a literatura pode ou não pode dar? E do modo de a gente entender a literatura. Eu penso que há uma divergência aí. Eu não estou conseguindo formular com inteira precisão. Eu penso que o processo de constituição da forma, tal como está posta lá, é um achado verdadeiramente grande do ponto de vista da crítica literária, sobretudo na mudança de seu primeiro livro [*Ao vencedor as batatas*] para esse, em que aparece um problema essencial, que é a transformação de uma matéria numa forma. As relações de favor, tudo aquilo que aparecia perfeitamente configurado no primeiro livro, nesse dá um grande salto, na medida em que isso vira um princípio constitutivo. Eu concordo plena-

Seja como for

mente que na questão da volubilidade exista uma relação profunda com a articulação de classe, tal como você demonstra. Penso que não seja só isso, também. Eu dou um grande valor ao fato de que essa forma da volubilidade é derivada também da tradição literária. Eu penso que aí tem muitas coisas atrás. A volubilidade, esse mecanismo de particularizar a universalidade, eu penso que há traços de um tipo de forma enciclopédica que tinha tradição na literatura do Ocidente, que está no Sterne. Eu penso que tudo isso pesa. Para o meu ângulo de visão, há um pouco de radicalização demais, ao relacionar esse princípio formal da volubilidade, exclusivamente, com a composição de classe. Eu penso que ele é essencial e que você mostra isso. Mas eu penso também que há coisas que contribuem para esse movimento e parte dessas coisas deriva da tradição literária, do tipo de forma escolhida nas *Memórias póstumas de Brás Cubas*, que não é à toa que é um livro que foge da forma daquele momento. Porque ele não é apenas um romance realista no sentido mais banal da tradição que estava, àquela altura, já inteiramente constituída. Geralmente há aí ingerência de outros gêneros, e eu penso que são importantes também e que dão parte da mobilidade do narrador, que não depende exclusivamente do processo de constituição de classes. Mas concedo que você viu a fundo isso e que por esse lado aparentemente a forma se explica mais do que tudo por essa relação entre ela e o processo social. Mas uma vez constituída assim, eu penso que o raio de ação da forma simbólica que se cria a partir daí — do ponto de vista do leitor do romance — é muito amplo, e eu posso lê-la de mil modos, e certamente as condições sociais do público, que variam ao longo das épocas, me permitem que eu leia aquilo de mil formas diferentes. Por exemplo, num dos grandes leitores de Machado de Assis que é o Augusto Meyer, aparece a ideia de um demoníaco que em grande parte está ligada à ideia que de fato o Machado que interessa não é o Machado das moças. Ele percebeu que havia esse lado terrível, sangrento, que está posto na denúncia do Araripe Jr. — inclusive, associando a Dostoiévski, ao Homem do Subterrâneo. Certamente a leitura do Augusto Meyer não aponta para esse foco da constituição social da forma. Mas ele percebeu algo a que você dá outro nome, e que você explica em função do condicionamento social e que ele explica mais pela tradição, por uma descoberta do inconsciente, por um demoníaco que estava ligado à matéria do inconsciente no final do século, que está no Nietzsche, no Dostoiévski. Ele explica muito por aí o caráter problemático do narrador, que estava na explicação lukacsiana da teoria do romance, da década de 1920 — a separação entre a existência e o sentido, que é característica do romance, a perda da harmonia do mundo e o desgarramento entre a existência e o sentido que é um dos elementos constitutivos do romance. Também isso o Meyer percebeu. Mas eu penso também que a forma, uma vez constituída, tem um raio de ação, um grau de autonomia estética que permite uma leitura por muitos lados, e que a atitude de valorização exclusivamente, como você coloca, em função dessa gênese constitutiva, da relação da forma com a condição social, reduz. É esse o ponto.

JOSÉ ANTONIO PASTA JR. — Eu noto que as últimas questões que foram expostas giram em torno de uma crítica que já se ouviu bastante acerca do Roberto — e teremos que ouvir ainda muitas vezes — que é a questão do reducionismo que haveria no seu trabalho. Eu acho que, por um lado, há alguma coisa ali que é uma redução, mas que é uma redução funcional muito produtiva, no sentido de que ela permite um desvendamento extraordinário de aspectos da obra do Machado e que nunca tinham sido apontados de maneira tão específica e tão completa. Há esse reducionismo que é, digamos, funcional, produtivo e que faz parte das virtudes do trabalho.

DA — E que eu penso ser constitutivo da forma, porque a forma produz uma espécie de redução.

RS — Toda forma é uma espécie de redução.

DA — Mas não é isso que está em jogo na minha questão...

JAP — Nesse sentido o trabalho do Roberto também é uma forma e também ele opera uma redução claramente deliberada. Mas eu não sei se adianta muito, em termos de exame desta questão, a gente remeter imediatamente para as questões de estética, de teoria literária no seu sentido mais geral. Para verificar se há ou não problemas com essa redução que o Roberto opera no seu trabalho seria preciso verificar em que medida ela faz perder elementos muito essenciais na forma do romance de Machado de Assis. E daqui para a frente as pessoas vão se encarregar disso. Nesse ponto, Roberto, é que eu queria colocar uma questão e fazer de novo a vindicação da melancolia e dos melancólicos. Não no sentido de que a melancolia seja realmente um valor universal, mas achando que, talvez, no seu esquema crítico, a necessidade de descartar essa interpretação imediatamente universalizante do Machado, que faz perder a especificidade histórica, talvez esse *parti pris* que é tão produtivo no seu trabalho tenha levado ao esquecimento, há a possibilidade de ter levado ao obscurecimento de alguns aspectos dos mais importantes — o da melancolia é o que eu gostaria de levantar e ver o que você acha a respeito. Só a título de provocação, digo mais ou menos o seguinte: que a chave para a questão da melancolia nas *Memórias póstumas de Brás Cubas* talvez seja a questão do autor defunto, que ao longo do seu livro reaparece sempre como um remorso, que fica assombrando o crítico. Você fala: eu estou aqui desqualificando a razão explícita do Machado, a razão explícita do narrador, o motivo, as alegações, as justificativas dessa existência do autor defunto. Mas como as outras questões você descarta de vez e a essa você volta continuadamente, me parece que aqui o crítico tem algo que o perturba. Você nunca realiza completamente esse descarte da figura do narrador defunto, porque justamente ela tem servido ao longo da tradição crítica de pé-de-briga para se falar da universalidade machadiana. E você contrapõe então a ideia do narrador defunto e a sua situação ilimitada à desfaçatez de classe, a uma ideia da prepotência de classe. Você opõe essas duas coisas: não é a liberdade do narrador defunto, mas a prepotência de classe que está em ação. A vindicação dos melancólicos vai no seguinte sentido: seria necessário descartar assim o autor defunto, em nome da demonstração da prepotência de classe? Não é justamente a imagem do narrador defunto que cristaliza, que é a verdade dessa prepotência de classe? No seguinte sentido: esse narrador que pode tudo, cujo motivo dos motivos é a busca de uma supremacia qualquer, esse narrador não encontraria a sua verdade ao narrar a sua própria morte, único objeto não passível de narrativa? Isso seria uma espécie de culminação do movimento de busca da supremacia. Uma culminação necessária, obrigatória, por isso inteiramente pertinente ao sistema da obra. Acho que isso não invalida absolutamente nada do que você disse. Me parece que, inclusive, traz água para seu moinho. Mas acho que nesse ponto talvez houvesse uma possibilidade de especificação, no seu trabalho, de algo que ele deixa talvez um pouco de lado, dentro do que é a sua redução. Você tem páginas belíssimas sobre as questões de forma, a respeito dessa realidade que é não sendo, do narrador que é não sendo. Não é propriamente a figura do defunto que é isso? Algo que é, ao mesmo tempo, deste mundo e já não é mais dele, é um cadáver e o seu lugar, de preferência, um túmulo, de onde emana uma fala. E essa fala de uma coisa que é e não é ao mesmo tempo, a fala do cadáver, é, no horizonte, a fala alegórica. Isso talvez permitisse reinterpretar a questão da melancolia dentro do esquema do seu trabalho. Talvez permitisse uma curva menos complexa na hora de explicar a obtenção da objetividade no romance machadiano. Talvez seja justamente a figura do narrador defunto que permita o movimento constitutivo da ironia no romance machadiano. E isso no sentido luckacsiano da ironia, no sentido de que a ironia é a única objetividade épica que resta ao romance. E talvez seja esse o último momento que fecha a forma do romance machadiano. Fecha de maneira truncada, mas de todo modo pode constituir o fechamento.

RS — Eu queria começar comentando o que o Davi disse. A forma, do jeito que procurei acompanhar na análise, não depende nem do condicionamento social nem da gênese. Ela está lá; procuro acompanhar a forma do jeito que ela está lá. Agora a questão da gênese é outra. É um tema interessante, observar como a forma nasce. É um tema que me interessa, mas a análise do livro independe disso, não precisa disso. No mais elementar, no que consiste essa forma? Ela consiste no seguinte: nós temos um narrador que na verdade está em situação. A grande novidade da ficção do Machado e do Henry James é que eles não inventam só enredos, eles não inventam só intrigas, eles inventam situações narrativas, ou, dizendo de outra maneira, narradores postos em situação, quer dizer, narradores cuja lógica só se completa através dos tipos sociais que lhes são complementares. O narrador do *Brás Cubas* tem como tipos complementares a moça pobre, a senhora elegante e rica, enfim, um conjunto de tipos através dos quais ele se especifica. Esse é um narrador que não tem a autoridade do narrador tradicional. Ele é um narrador parcial, faccioso, que está posto dentro de um campo de antagonismos. Qual é o mérito dessa forma? O mérito dessa forma é que pela primeira vez nós estamos no campo da sociedade moderna, onde não existe Deus para dizer quem tem razão, onde todo mundo se enfrenta, e um está com a palavra. Mas aquele que está com a palavra não a detém por ser bonzinho, ou ter razão, ou por ser poético. O dado elementar dessa forma — e que existe de maneira perfeitamente organizada também no Henry James — é que tudo que ele diz só adquire o seu significado específico na mediação desse sistema. Essa é a novidade. Se a gente pular essa forma, desconhecer essa forma, a gente fica com o autor antigo. A novidade no caso está no fato de que tudo que o narrador fala — a melancolia, o *Eclesiastes*, a tradição literária, e é evidente que o Machado de Assis usou a tradição literária inteira —, tudo está mediado por essa forma. A injeção de atualidade, a injeção de modernidade é dada pela refração nesse universo moderno, nessa forma moderna. É por aí que ele é um grande escritor. O Machado de Assis não é um grande escritor porque usa a forma do Sterne, porque cita o *Eclesiastes*, porque cita Erasmo. Machado de Assis é um grande escritor porque fez o Sterne, o *Eclesiastes* e o Erasmo funcionarem dentro desse esquema, dentro dessa situação que é moderna, que é uma situação social. Essa é a novidade formal do Machado de Assis e não há dúvida que ela é reducionista, no mesmo sentido em que o marxismo é reducionista. Ele reduz um universo ideológico imenso por meio de certas relações que são a sua disciplina. Você tem toda razão ao dizer que existem mil leituras possíveis. Isto é indiscutível. Mas o interesse da minha leitura está em disciplinar toda essa matéria ideológica e literária a partir desse que me parece ser o dado formal. Agora, voltando à questão da melancolia, eu tenderia a vê-la dentro desse mesmo esquema. Se a gente olhar as *Memórias póstumas de Brás Cubas* sem nenhum preconceito, e sem reverência especial pela literatura, o que nos é dito é o seguinte: olha, aqui está falando um defunto. A minha primeira reação é dar risada. O cara está querendo me encher, não é? Se você for atento ao tom do Machado de Assis, se você ouvir bem o tom dele, você vai chegar à conclusão que tem pela frente um cavalheiro debochado do século XIX enchendo a paciência do leitor. Eu penso que o complexo do qual toda essa retórica do Machado faz parte é esse, ele é o prisma através do qual ela tem que ser julgada. Se a gente não encarar desse modo a gente perde a dimensão cínica, porque a dimensão tremenda do livro é o seu extraordinário cinismo, e o rendimento desse cinismo. Porque ser cínico aqui e ali não é nada. Mas o Machado desenvolveu as consequências desse cinismo até um ponto de crueldade, de complexidade extraordinárias.

JAG — O problema é que nós não estamos discutindo o seu livro. Nós estamos discutindo a margem do seu livro, os limites dele, porque todos nós estamos de acordo sobre a qualidade e a perspicácia do livro. O que nós estamos discutindo, no fundo, é um problema de estética, algo particularmente difícil para a estética marxista. Porque essa ideia de que a forma está lá — você repetiu isso sistematicamente — leva justamente à dificuldade de explicar a perdurabilidade do juízo estético. Marx tentou dar uma solução e nós sabemos que ela é muito problemática, quando ele diz que a perdurabilidade está ligada a uma espécie de infância da humanidade, que perdura por todos os modos de produção. Mas eu queria, Roberto, colocar em xeque essa ideia de que a forma está lá. Você diz que toda forma é redução. Ora, o livro antes de tudo é forma, e ela não reduz nada. Você mesmo diz: a forma está lá. É a forma que está vibrando e está vibrando nos seus múltiplos aspectos, de maneira que não existe "forma-lá" e a sua leitura do livro é interessante não só porque revela a forma do Machado, do Brás Cubas, mas revela o instrumental e a forma do Roberto Schwarz, e o que eu estou querendo fazer é que você seja justo em relação ao Machado. A forma que está lá revela também, por não estar lá — por colocar um narrador numa situação que é uma não situação, porque ele é defunto e está no limite —, o lado fantástico e melancólico, que você quer reduzir sempre ao ponto de vista particular de classe, e que eu digo não! Ela revela um outro aspecto, revela o Machado sujeito, revela o Machado homem, revela o Machado por demais ambíguo, revela o Machado que foge para o limite e que você, na sua redução, recusa. Você com isso quer fechar o romance de tal maneira nessa forma que, a meu ver, não dá para aceitar. Há uma melancolia e um pessimismo no Machado que são mais do que a palhaçada; mais do que o deboche da elite brasileira — é alguma coisa que nós sentimos até hoje, bem quietinhos em casa, porque todos nós temos angústia.

RN — Eu queria introduzir uma questão um pouco diferente, que toca em aspectos que o Davi mencionou anteriormente. Me parece que, em função sobretudo da distância histórica do objeto que você analisa, torna-se possível certa identidade entre o movimento da análise que você faz do Machado de Assis e o movimento da dimensão social da forma que você vê no Machado de Assis. Em ambos os casos, há uma dinâmica remissiva, em que se parte de algo para se chegar a uma espécie de fundamento explicativo. A relação da obra de Machado de Assis com a estrutura social é semelhante à relação que você estabelece entre a sua leitura e o romance do Machado de Assis — ambas são remissivas nesse sentido. Me parece que quando se faz crítica literária ou crítica de arte, quando se pega uma obra contemporânea propriamente, não existe nem essa distância, nem a compreensão da estrutura social se dá de maneira tão folgada como pode ser a compreensão da sociedade brasileira do fim do século XIX. Talvez essa situação proporcione um sentido particular à obra de arte, uma dimensão prospectiva, e não mais remissiva. A obra de arte ganha uma dimensão de realidade, aquela potência da forma que vem chamando nossa atenção. Se tomarmos, por exemplo, uma obra de Matisse: para além do que ela possa ter de compreensão da sociedade da época, ela tem uma forma e uma presença que a diferenciam do modo como a sociedade contemporânea aparecia. E essa diferenciação é ela mesma prospectiva, no sentido de apontar para formas novas possíveis. Então, eu pergunto: como é que com um objeto mais contemporâneo essa sua concepção de forma se movimentaria? Porque quando você faz análises de objetos mais próximos essa relação estrutural entre forma literária e sociedade, que apareceu no seu trabalho sobre Machado de Assis, não se dá com tanta desenvoltura.

RS — Eu não acho que todos os artistas sejam como Machado de Assis. O caso é que quando você se encontra diante de uma obra de arte você se pergunta: o que é que isso me diz? E se não te disser nada você não se demora no assunto. Se te disser alguma coisa, começa a questão, começa a interrogação — o que é que isso me diz? O que isso me diz sobre o mundo, de alguma maneira? Então, você começa a investigar e o problema do crítico é o de descobrir o que a obra diz sobre o mundo.

JAG — Sobre o mundo, só?

FO — Sobre a obra também.

RS — Sobre o mundo, quer dizer, você enfim pergunta o que ela diz. Ela diz alguma coisa?

JAG — ... dos limites do mundo.

RS — ... dos limites do mundo, enfim, mas até segunda ordem para mim também os limites fazem parte do mundo. Você interroga o que está ali — o que é que isso me diz? É esse o trabalho do crítico, explicar o que esse negócio me diz. Quando você começa a explicar de maneira mais detalhada e mais desenvolvida, se você é um espírito imbuído de senso histórico, logo começa a ver naquilo um momento da explicação da sua própria experiência histórica, da História enfim, ou seja, você começa a ver o que aquilo te diz sob o signo da História. E uma explicação sob o signo da História aos poucos — se você tiver elementos suficientes, se você tiver formação suficiente, se você tiver distância suficiente — vai tomar a feição de uma explicação da história contemporânea. Ela tende para isso. E aí há uma questão interessante. Por que é necessário num trabalho sobre Machado de Assis fazer um capitulozinho intermediário, que não é de análise estética, que é de análise sociológica? No livro há um capítulo — "A matriz prática" — que não tem nada a ver com o resto. Quer dizer, eu espero que tenha, é claro, mas em princípio é de uma ordem inteiramente diferente do resto. Eu venho vindo com uma análise estética e num dado momento interrompo a análise estética e procuro mostrar o funcionamento prático da sociedade que, se a minha análise estiver certa, levanta a problemática desenvolvida na ficção do Machado. O ponto aí é o seguinte: é que esse tipo de conduta irresponsável, arbitrária, que eu estava descrevendo no plano restrito do romance é tão irreal, tão esquisito, é tão fora do quadro do que nós pensamos ser uma conduta normal do cidadão do século XIX — e quando nós pensamos na conduta normal de um cidadão do século XIX, nós evidentemente estamos pensando num europeu —, que eu senti a necessidade de entender melhor. Aquela conduta do Brás Cubas parece um disparate total, entretanto você olha melhor, e diz: disparate mas muito correta — ele vive bem, está gordinho, bem alimentado, tem as damas pelas quais se interessa, enfim, ele passa bem, obrigado. Então, existe aqui uma conduta inteiramente esdrúxula que dá certo. Como isso é possível? A partir da concepção normal que nós temos desde o romance realista, a partir da história europeia, que é a concepção que está na nossa cabeça, isso não se explica. Essa interrogação nos leva a procurar uma matriz prática em que essa conduta aparentemente esdrúxula é a conduta normal. Aí você de repente descobre que no país — talvez no continente inteiro ou em áreas inteiras da periferia do capitalismo — há certas condutas que do ponto de vista central aparecem como esdrúxulas, que entretanto são perfeitamente adequadas, que permitem viver etc. A peculiaridade do que estava sendo explorado num romance te leva a refletir sobre uma experiência histórica e a estabelecer essa matriz prática para uma experiência diferente. Isso foi necessário, de certo modo, para explicar a viabilidade daquele romance. Essa necessidade é interessante, talvez seja uma peculiaridade da crítica literária num país como o nosso. Se você estivesse fazendo uma análise literária desse tipo na Europa — por exemplo, sobre um romancista do século XIX —, você teria ali a ilustre companhia do senhor Marx, ou da historiografia de direita, e não vai passar pela cabeça do crítico inventar um esquema histórico-sociológico a título precário. Todo mundo conhece os conflitos, e o que varia mais é o ângulo, que vai ser conservador, ou de esquerda etc. Em relação ao Brasil não se conhecem os conflitos, esse é que é o negócio. Então o Machado, um escritor do nosso mundo, de certo modo obriga a uma reflexão sociológica que mostre como aquela problemática se reproduz e é a normalidade de uma sociedade. Na hora de fazer isso, tive a sorte de fazer parte de uma geração da Faculdade de Filosofia — em parte aqui presente —, companheiros da Maria Antonia que estavam estudando, num outro plano, alguma coisa desse tipo, ou seja, a singularidade da organização da sociedade brasileira como parte da sociedade contemporânea. O problema aí não é só de dizer: o Brasil é peculiar. É de entender essa peculiaridade como parte integrante do mundo contemporâneo. Eu não sei se os diretamente responsáveis se deram conta disso — provavelmente não —, mas é evidente que o trabalho do Fernando Henrique e o do Fernando Novais são do maior interesse para a reflexão estética. Porque eles criaram o padrão que manda articular as peculiaridades sociais do país ao movimento da sociedade contemporânea. Isso permite mostrar racionalmente a relevância contemporânea dos escritores brasileiros, ou seja, estes deixam de ser uns exóticos perdidos num canto do mundo para serem um momento na história do Capital. Só para dar um exemplo — e tocar num tema a que o Felipe gosta de se referir —, é óbvio que a preguiça, por exemplo, na poesia do Mário de Andrade, é um grande tema, um tema que tende a ser visto na ótica localista, da caracterização nacional. Mas na hora em que você se dá conta de que o Brasil é parte do mundo contemporâneo você pode também notar que o Mário é muito semelhante ao Marcuse, que o tema da preguiça no Mário de Andrade é da mesma ordem, do mesmo alcance, muito grande, do tema da preguiça no Marcuse. A experiência social no Brasil fazia parte de um ciclo civilizacional de valorização do trabalho em que o tema da preguiça aparece como um valor crítico. A poesia da preguiça do Mário de Andrade obviamente tem como outro polo a ética do trabalho, não há dúvida, e ela é altamente contemporânea. Enquanto a gente olhar o Brasil do Mário de Andrade como o quintal do mundo, fica apenas uma poesia curiosa, sem relevância contemporânea, mas a hora em que você nota a unidade do movimento mundial, o Mário de Andrade se torna um importante poeta contemporâneo. Hoje é esse o modo de explicar a importância dele.

DA — Você no começo dessa última explicação tocou um pouco no próprio processo da sua descoberta — como é que você trabalhou, como é que você se colocou diante da percepção de um descompasso. Queria mudar um pouco o eixo da coisa e ver como está feito o seu ensaio. O ensaio é muito bem feito, você levou anos para realizá-lo, é uma coisa extremamente refinada e há peculiaridades nesse modo de construção. Eu queria que você falasse um pouco do lado artístico do seu ensaio, dos problemas de composição, de como é que foi possível estruturar essa forma. Eu noto algumas questões que são relevantes para esclarecer o tipo de escrita que eu acho que tem aí. Para o leitor desarmado o livro tem um efeito que é muito chocante, às vezes, do ponto de vista da sintaxe — nós já falamos várias vezes disso. Eu penso que uma das maiores invenções da escrita do seu ensaio é como é que ele luta contra a dificuldade da naturalidade. No quadro dos poetas modernos brasileiros a naturalidade é uma questão: no Bandeira aparece uma naturalidade espontânea, no caso do Drummond, grande parte do mérito parece que vem da dificuldade da naturalidade. Muito do relevo da sua prosa vem dessa dificuldade da naturalidade. Eu sinto que tem uma coisa brechtiana aí, no movimento de simplificação da frase e no descaramento geral do seu esquema também tem isso. Uma das coisas que mais me encantam no seu livro — e já encantavam no primeiro livro [*Ao vencedor as batatas*] — são problemas de constituição moral da personagem, são filigranas da vida moral que nunca tiveram nome e que é difícil tratar, que aparecem em traços formais. O seu livro dá nome a esses aspectos. O ponto da análise literária que pegava particularidades do comportamento moral das personagens — extremamente delicadas de se apreenderem — aparecia já no primeiro livro e não foi valorizado. E isso porque seu jeito de compor a frase contra o movimento da naturalidade — que é muito brechtiano e que passa por um processo de simplificação agudo — mostra muito o esquema, a articulação dos grandes esquemas e esconde, às vezes, valores importantes. "Tem muita coisa importante a que falta nome", diz o Guimarães Rosa. Eu penso que você dá nome a essas coisas, sobretudo no perfil moral de personagens e em formas pequenas da construção do romance. São coisas absolutamente formalizadas e que você trata como entidades formais e que não estavam pautadas na nossa crítica literária — o que é um avanço extraordinário do ponto de vista da linguagem crítica brasileira. Eu gostaria que você falasse um pouco do seu ponto de vista, de como é que é a dificuldade da construção do ensaio.

RN — Me parece que muitas vezes você mimetiza o próprio Machado de Assis. Em várias passagens do seu livro há procedimentos muito semelhantes àqueles que você aponta no *Brás Cubas*. Por exemplo, na página 128 você diz: "Brilho mundano, um pouco de agnosticismo, galanteios românticos, liberdade no amor — sem prejuízo de vida familiar sólida, consideração pública, oratório de jacarandá no quarto, reputação imaculada, privilégio". Esse é um jogo razoavelmente recorrente no seu livro e tem muito a ver com o próprio narrador volúvel que você identifica no Machado de Assis. Ou então passagens como a da página 180: "[...] uma asa de frango como finalidade última e chave explicativa do processo da colonização: por causa da asa foi caçado o africano que plantou o milho que alimentou a galinha cujo osso Quincas Borba filosoficamente está trincando". Ou ainda, na página 189, uma expressão como "a desenvoltura do defunto encastelado na eternidade". Muitas vezes, sintaticamente ou até no jogo de um substantivo com um adjetivo, você faz essa troca brusca entre universalidade e singularidade, você vai do mais abstrato ao mais empírico, e isso de certo modo tem a ver com a força desse narrador volúvel. Como você vê isso?

JAP — Eu também queria pegar carona nessa questão do estilo, porque o próprio Roberto aqui e ali, em entrevistas, tem desvalorizado um pouco a sua prosa crítica. Você já falou uma vez, sobre seu texto, que se ressentia do andamento forçado, comum em traduções — algo assim. Como ela é uma prosa muito racional, muito cristalina, a tendência geral em nosso meio é de não vê-la como trabalho estilístico. Eu tenho a impressão contrária. E a título de provocação também levanto outras coisas. A primeira coisa que me espantou é uma espécie de esgotamento quase poemático de campos semânticos inteiros. Eu comecei a

Seja como for

ler o livro e fui ficando impressionado com a quantidade de termos que eram variantes ou estavam conectados com a palavra-chave "desfaçatez", e como fiquei impressionado, fui tomando nota e até uma certa altura eu tinha anotado 64 — que não se perca pela data — termos variantes de "desfaçatez". É uma espécie de poema em prosa crudelíssimo embutido no seu texto, um rápido poema em prosa contra si mesmo, antipoético. E junto com isso tem uma coisa que já deve ter chamado a atenção de muita gente que é a sintaxe muito culta, muito armada e o vocabulário da filosofia muito presente — das ciências humanas, mas da filosofia em particular — junto com localismos e até caipirismos. No meio de argumentos adornianos você resolve caracterizar o funcionamento do narrador como "conversa de tico-tico". Isso me lembra alguma coisa do Anatol Rosenfeld, por exemplo, quando falava do Schopenhauer, ele dizia que aquilo era uma prosa marcada por um "dandismo mortificado", expressões desse tipo. Nessa linha, eu andei anotando algumas expressões suas. Por exemplo, a geração de 1879, a nova geração que o Machado critica, você chama de "a rapaziada"; o funcionamento stendhaliano para criticar o discurso conservador você chama de "engenhoca"; quando o narrador exorbita, você diz que "põe as manguinhas de fora". Você chega ao extremo de usar termos como "semostração" — são expressões com um pé na cozinha. Há aí uma filiação modernista mais marcada, um cultivo da prosa do Mário e que vai longe, vai a um uso da língua que espanta — um bom gramático, um bom menino colocador de pronomes arranjaria mil encrencas com você, e a gente percebe que é uma coisa deliberada. Por exemplo, você abole os pronomes dos verbos reflexivos. Também em relação aos diminutivos há um uso particular. O diminutivo usado com a função inversa, o afetivo com sentido de escárnio. Isso acontece com quase todos os diminutivos do livro. Por exemplo, quando você quer dizer que uma coisa é muito ruim, você a chama de "simplezinha". Você quer uma crueldade maior? E a mesma coisa acontece com a pontuação. Você acaba com a virgulação tradicional, com a pontuação entre uma respiração e outra. Só para completar eu anotei aqui uma coisa que eu sempre tive muita curiosidade de perguntar a você. Eu sinto que essa extração do modernismo tem a ver também com o que você mesmo caracterizou como didatismo — uma vontade de ter em conjunto no próprio texto elementos que a sociedade mantenha separados: o diálogo da filosofia com essa linguagem caipira, muito doméstica, e um certo diálogo, que às vezes é mais oculto, mas talvez fosse o caso de pensar se existe ou não, que é entre o tipo muito complexo, a complexidade das ciências humanas, de uma boa análise, e uma simplificação abrupta, que em seguida tem, às vezes, a cara de um slogan. Você vai de desenvolvimentos extremamente complicados a particularizações muito súbitas.

RN — ... o que é um pouco machadiano, também.

JAP — ... também é machadiano. O Roberto une certamente Machado, Flaubert e Brecht num movimento muito curioso. Eu senti um diálogo com as vanguardas do começo do século, mas um diálogo específico com o que nas vanguardas já dialogava com os meios de massa. Vejo aí uma junção de filosofia, linguagem localista e diálogo com a indústria cultural pela mediação da vanguarda.

LFA — Me parece interessante o fato de o livro ter sido bolado fora daqui, em Paris. Porque essa situação produz um ponto de vista muito diferenciado. O Roberto deu aula em Vincennes e participou de seminários. Mal ou bem de repente ele era o crítico literário brasileiro lá, e estava estudando o Machado, o romancista brasileiro mais conhecido. Isso tem uma contingência que é importante. De repente você tem a imensa responsabilidade de no intervalo de quinze minutos dar um quadro geral de um país de que você está inteiramente ausente. Nesse isolamento você é obrigado a dar conta da totalidade das coisas. E me parece também que *O idiota da família*, de Sartre, e toda a releitura de Flaubert na época em que o Roberto estava na França foram muito importantes. Quanto a essa coisa de combinar questões tópicas jocosas com análises mais profundas, eu quero lembrar aqui que também o Sérgio Buarque faz isso em história...

RS — De maneira escrachada o Mário faz isso sempre, e de maneira muito discreta o Antonio Candido também faz.

JAG — Felipe, eu discordo integralmente. Eu gostaria de puxar a brasa para a minha sardinha. Esse livro não tem nada a ver com o período parisiense. Esse livro do Roberto é a última flor do Lácio da Maria Antonia. [*risos*]

RS — A exposição dialética tem problemas particulares. De maneira muito genérica, penso que a exposição dialética pressupõe a estruturação do objeto. Uma vez o objeto estruturado, você começa a expor o movimento dele, dentro, é claro, das suas possibilidades. Os escritores dialéticos mais interessantes — aí eu estou pensando no Marx, no Adorno, no Sartre, no Benjamin — desenvolveram uma espécie de disciplina, que consiste no seguinte: cada frase tem que conter, de alguma maneira, a contradição de que você está tratando, e os termos da contradição estão dentro da frase, de maneira que você de certo modo interioriza no estilo a contradição que está tentando descrever. Você dramatiza essa contradição, e isso vira uma verdadeira disciplina da escrita. Porque é preciso colocar no espaço breve de uma frase todos os termos, marcando a contradição, marcando o problema e, se você for um bom escritor, você tenta pôr os termos não na sua versão genérica, ou de lugar-comum, mas você precisa pôr os termos dentro da função específica que eles têm naquele momento. É preciso achar a palavra certa para a função que ela tem naquele contexto particular, é preciso particularizar o termo. E isso vira uma disciplina que funciona frase a frase e, de certo modo, você busca através desse método trazer a contundência do problema objetivo para dentro da escrita. O forte da escrita dialética é que ela carrega a escrita, ela carrega a sintaxe, ela carrega a exposição da própria violência do seu objeto prático, do objeto externo. Isso é uma disciplina de escrita particular que pode ser bem ou mal sucedida, pode ser um horror. Quando é esquemática é uma calamidade. Mas quando se faz o trabalho de particularização, quando você procura dar à contradição, em cada caso, a sua forma específica, é algo que tem grande interesse. Se você for ao mestre dos mestres, no *Dezoito brumário*, vai ver que esta forma literária pode ser absolutamente sensacional. Dentro das minhas possibilidades, eu procurei ir por essa escola. Faz parte dessa linha de pensamento e de exposição que você tenha, de um lado, um objeto fortemente estruturado, um argumento lógico fortemente estruturado, e, de outro, o dado do vivido tal qual ele aparece no cotidiano. Há então uma espécie de tensão, um salto da linguagem corrente, do coloquialismo, do dado vivido, à estruturação lógica forte, e isso é da natureza desse tipo de exposição. Quem explora isso muito é o Sartre, que tem um senso agudo das possibilidades desses contrastes. Dito isso, quem queira praticar no Brasil esse tipo de raciocínio, não vai encontrar um modelo pronto. De minha parte, por exemplo, aliás sem querer, a adesão ao coloquial eu tingi de Modernismo, que é a escola local para fazer esse tipo de coisa. Mas eu trato de aproveitar o Modernismo de um jeito um pouco diferente do dele mesmo, porque no Modernismo não há essa preocupação com a lógica do social — salvo no Oswald, que frequentemente, de maneira meio farrista, é um espírito muito dialético, que incorporou essa questão. Porque o Oswald, de maneira errática, incorporou o que o marxismo pode oferecer de inspiração literária muito mais do que se diz. O Oswald realmente interiorizou a atitude revolucionária na escrita, a atitude revolucionária no sentido político mesmo. Acho que é uma coisa pouco dita. Ele busca radicalizar as questões ao máximo em cada frase, levar ao máximo de escândalo. Se poderia fazer uma análise da disciplina política da prosa do Oswald, da mais anárquica, é claro. Outro aspecto é que quando você faz uma análise, com esse tipo de inspiração, de um grande escritor, sobretudo de um grande escritor muito crítico, como o Machado de Assis, você pega uma espécie de carona na força crítica dele. Você faz uma espécie de paráfrase de um livro fantasticamente arguto, o que, naturalmente, melhora muito a sua situação literária. Efetivamente, mal ou bem, procurei pegar uma carona na sutileza do Machado de Assis.

DA — Tem um certo grau de imitação do objeto.

RS — Tem uma imitação do objeto e uma espécie de benefício da força dele.

LFA — Todo leitor que se vê às voltas com um historiador que escreve mal deve desconfiar do cara: é quase sempre um sinal de que ele não fez muita pesquisa, porque a própria leitura do material de trabalho do historiador o leva a um estilo, a uma riqueza de vocabulário, que lhe dá um jeito de escrever diferente dos seus contemporâneos.

RS — Mas a respeito do que o Luiz Felipe levantou, o Adorno diz, no belo ensaio dele sobre o Lukács, que o Lukács, depois de ter virado comunista, não pode mais ser bom crítico literário porque escreve mal demais. O que ele está dizendo é que não há o esforço de sutileza necessário ao crítico literário. Não há dúvida, a boa crítica literária tem que ser bem escrita. Não há boa crítica literária sem que se faça um esforço de discriminação e de sutileza de expressão considerável.

FO — O quadro que você traça está muito centrado no

Rio, com a peculiaridade que o Rio era a corte. A gênese de uma forma desse tipo podia ocorrer em São Paulo? — essa é a primeira questão. A segunda diz respeito à discrepância entre a realidade brasileira e a norma burguesa. Será que isso é suficiente? Porque o próprio Machado desconfia das normas burguesas, mesmo as do Ocidente, mesmo as da Europa civilizada. Ele está sempre discordando da ideia de progresso.

RS — A questão do Rio é muito interessante. Eu vou contar como é que eu cheguei à construção do meu esqueminha. Eu já tinha mais ou menos uma análise desse narrador volúvel do Machado de Assis, e estava quebrando a cabeça para saber o que é que isso tinha a ver com a realidade brasileira, porque eu tinha a impressão que tinha a ver, mas não achava o elo. Na época eu lia bastante o Sérgio Buarque e lia o Fernando Henrique, *Capitalismo e escravidão no Brasil meridional*, e não conseguia passar adiante, porque estava só com o negócio da escravidão na cabeça. Aí eu li o livro da Maria Sílvia de Carvalho Franco, *Homens livres na ordem escravocrata*, um livro saído do mesmo grupo, do mesmo universo intelectual, e com assunto complementar. O trabalho dela tem como documentação os processos-crime em Guaratinguetá, em São Paulo. Ela faz uma observação que me esclareceu e acertou o meu estudo, um estudo que é sobre Machado de Assis e nada tem a ver com Guaratinguetá. Num determinado momento, ela diz mais ou menos o seguinte: o fazendeiro — que tem lá os moradores, os agregados da fazenda dele —, quando lhe convém, se conduz segundo os seus vínculos morais, quer dizer, se conduz de maneira paternalista com os moradores, como protetor. Agora, quando ele precisa fazer negócio, quando o papel de protetor não convém a ele, ele vende a terra e eles se ferram. Ali eu entendi o movimento. Em São Paulo, o fazendeiro se comportava como um burguês ou como um senhor paternalista, conforme a sua conveniência. Estava montado o meu esquema, eu tinha encontrado um movimento real com afinidade com o movimento do narrador machadiano. Então você vê a generalidade do esquema do Machado de Assis. O fundamento da generalidade da solução formal do Machado de Assis está na situação do proprietário moderno, mas com dependentes, que é um dado geral da sociedade brasileira. Nesse sentido o Machado de Assis realmente estilizou uma problemática que tinha a generalidade da sociedade brasileira, e isso o torna um artista nacional no sentido próprio.

FO — Acho que mais propriamente com os dependentes do que com os escravos.

RS — Isso depende. Essa relação particular com os dependentes depende da existência da escravidão, se configura a partir dela, inclusive um dos pavores básicos do dependente era ser tratado como escravo, coisa que ele precisava evitar a todo custo. É preciso entender essa realidade como uma estrutura: dependente, escravo e proprietário. Portanto, a temática do Machado de Assis, que é carioca, tem esse fundamento de generalidade que é nacional.

FO — Os estudos do Luiz Felipe e do Stuart Schwartz mostram que, mesmo no escravismo, o senhor não pode tudo. Sempre nos passaram uma ideia do escravismo de que como o senhor é dono da peça ele faz o que lhe der na veneta. Esses trabalhos mais recentes demonstram que não havia completa ausência de lei e de formalismo jurídico, e isso perturba um pouco a volubilidade.

LFA — Um senhor que botou suas escravas na prostituição, para se comportar como gigolô, teve que alforriar as escravas, porque era ilegal. E é verdade que ele não podia tudo, mas a contradição da lei aparece quando ela vai ser aplicada. Na legislação do século XIX o escravo vira um artigo negociável mesmo, uma mercadoria, o Estado recolhe imposto sobre os escravos etc. Essa coisificação brutal do escravo encontrava limite no quadro legal, mas que não estava adaptado à escravidão. Você não podia matar o escravo, não podia castrá-lo, nada desse tipo de coisa. Mas se você cometesse esses crimes e houvesse uma enquete policial, você suscitava uma insurreição no lugar. Esses incidentes pipocavam diariamente no Rio de Janeiro. Por isso eu digo que o leitor do Machado é um sujeito que está vivendo uma grande aberração histórica e está consciente disso. Os viajantes, os jornais, dizem isso. É uma sociedade saturada por essa aberração.

RS — Bom, eu acho do maior interesse isso que o Felipe diz. Há uma passagenzinha do Araripe Jr. onde ele imagina que os nossos séculos de colônia só podem ter criado coisas muito estranhas, com as quais nós estamos nos acotovelando na rua, mas das quais nós não nos damos conta, e, diz ele, eu tenho medo de ver o que essa semente vai dar no século XX... —, quer dizer, para ele no fim do século XIX, a anomalia é um fato importante, e certamente ele tinha consciência dela... Bem, quanto à questão da norma burguesa, se a gente examinar o tipo de ironia do Machado de Assis, vamos ver que a técnica literária dele consiste em fazer que, frase a frase, as personagens desviem da norma burguesa, a norma que manda formar juízo autônomo, racional e realista. A todo momento as personagens estão escapando a essa norma, para o imaginário, para autocompensações, sempre se conduzindo de maneira por assim dizer maluca. Então norma burguesa no romance dele não é mais do que isso, e a volubilidade é o desvio da personagem em relação a certas normas do razoável. A força do romance dele, entretanto, não vem do desvio isolado, a força do romance dele vem do desvio sistemático, rotinizado, do desvio que acontece a todo momento, como uma característica da coletividade, de uma coletividade histórica, e dá no conjunto uma certa dinâmica geral extremamente estéril e triste. Esse é que é o depoimento do movimento de conjunto. Para terminar eu queria concordar com o que diz o Giannotti. O meu trabalho alguma coisa terá a ver com Paris, já que estive lá, mas o que tem mesmo a ver é com a Faculdade de Filosofia do tempo da Maria Antonia. Houve de fato uma vontade coletiva, que esteve na ordem do dia nos anos 1960, de pensar o Brasil de forma crítica e dialética, e puxando o nível para cima.

[Debate com Luiz Felipe de Alencastro, Francisco de Oliveira, José Arthur Giannotti, Davi Arrigucci Jr., Rodrigo Naves e José Antonio Pasta Jr. publicado em *Novos Estudos CEBRAP*, nº 29, março de 1991]

Do lado da viravolta

Quais seriam hoje as "ideias fora do lugar" representadas, não na letra explícita do programa do PSDB, mas no imaginário que cercou a candidatura de Fernando Henrique e também nos equívocos da candidatura do PT? O tema geral das "ideias fora do lugar", isto é, a combinação amalucada de normas prestigiosas da modernidade com relações sociais de base que discrepam muito delas, continua existindo no Brasil (e em outras partes). Como se sabe, os nossos modernizantes nem sempre têm o necessário "desconfiômetro" e podem ficar um pouco ridículos quando se olha o fundamento social em que eles realmente se apoiam. Um caso extremo foi o Collor, que era uma personagem de Machado de Assis, pela desfaçatez incrível da fachada. Já no caso do Fernando Henrique isso não é assim, de jeito nenhum. Ele é uma pessoa que tem consciência clara dessa ordem de problemas. O tempo vai dizer se o clima de persuasão tranquila e de otimismo, que em diferentes graus cercou, aliás, as duas candidaturas, corresponde aos efeitos reais da modernização.

Nós não estávamos pensando na pessoa do Fernando Henrique, mas no imaginário que cercou a candidatura dele.
O imaginário do salto para a social-democracia e o Primeiro Mundo, os dois em versão idealizada, comporta ilusões desse

tipo. Não penso que o próprio Fernando Henrique seja vítima delas, mas o tema existe. Agora, para não ser unilateral, é evidente que o projeto socialista no Brasil, dependendo da maneira como ele é formulado, tem muito disso também. A chave está na adoção ou na aceitação ofuscada de um padrão absoluto de modernidade, descolado de seus problemas nos países-modelo e das relações sociais efetivas entre nós. A modernidade passa então a funcionar ao contrário, como um álibi da classe dominante, além de criar um conjunto de erros de perspectiva e também de falta de juízo generalizada.

Numa entrevista à Folha de S. Paulo, *o Fernando Henrique falou que o conceito de "ideia fora do lugar" estava implícito na teoria da dependência. Qual a dimensão real da sua dívida com ele?*
O débito é essencial, mas já vem de antes da teoria da dependência. A certa altura, no começo dos anos 1960, o Fernando Henrique escreveu um livro chamado *Capitalismo e escravidão no Brasil meridional,* no qual mostra que no Brasil do século XIX o capitalismo realizava as suas finalidades por meio da reprodução da escravidão, e não contra ela. Em lugar do otimismo etapista, que postulava a sucessão inevitável de escravidão, feudalismo e capitalismo, com final feliz no socialismo, entrava uma versão da história que fazia ver o progresso de maneira mais complicada e real. Este não garante a superação do atraso e pode até se apoiar na reprodução dele, que vira parte de um movimento novo. É claro que Fernando Henrique não estava fazendo nenhum elogio à escravidão ao dizer que ela, no caso, era moderna. Assim, em suma, as ideias não são apenas o que indicam. Nem a escravidão é necessariamente arcaica, nem o capitalismo assegura o domínio do trabalho livre, e hoje, aliás, nem o trabalho ele está assegurando. Então, esta análise mostrava como o capitalismo tomado como um movimento global engendra sig-

Do lado da viravolta

nificações contraditórias, mesmo em relação às suas categorias centrais, que não se universalizam. Essa oscilação tão desconcertante no significado da escravidão, que é tanto moderna quanto incompatível com a modernidade, e do capitalismo, que é incompatível com a escravidão mas promove a escravidão, esse tipo de oscilação, que o Fernando Henrique estudou, eu tentei sistematizar no plano da vida das ideias. O célebre sentimento de que as ideias modernas no Brasil são sempre postiças, inadequadas, estão fora de lugar, se prende a essas falsas universalizações, que são da natureza do capitalismo, um efeito estrutural de sua gravitação.

Uma espécie de versão estética de uma teoria sociológica?
Ou uma explicação sociológica de uma evidência estética. Penso, por exemplo, que o humorismo de Machado de Assis é ligado a essa ordem de problemas. De certo modo Machado se especializou em perceber e apontar os funcionamentos grotescos do padrão moderno no Brasil, as anomalias brasileiras que nós, por estarmos mal acostumados, julgamos normais.

Quais são seus outros credores privilegiados? Você tem os mesmos professores, vamos dizer assim, que Fernando Henrique?
Ele é que foi meu professor. Havia um grupo de assistentes na faculdade que estudava *O capital* no fim dos anos 1950. Eu era aluno, mas peguei carona nesse seminário. Ali, todo mundo fez tese mais ou menos nessa linha de marxismo heterodoxo, voltado para as especificidades do caso brasileiro. A tese do Fernando Henrique foi a primeira que armou bem essa problemática. O trabalho mais perfeito viria depois, com Fernando Novais. E a relevância contemporânea desses pontos de vista, por fim, ficou clara quando Fernando Henrique os estendeu à análise da América Latina, com a teoria da dependência. O pai de

tudo evidentemente era Marx. Aliás, também Antonio Candido, à sua maneira discreta, naqueles anos estava elaborando um marxismo não dogmático na análise da literatura brasileira, análise na qual me inspirei muito, de modo que meu trabalho tinha Marx em versão brasileira dos dois lados, o estético e o sociológico, além dos frankfurtianos, Luckács e Brecht.

Você acha que há uma relação entre a decadência do pensamento crítico no Brasil e a decadência do pensamento crítico marxista? Essas duas coisas para você estão juntas ou pode surgir um pensamento crítico de uma linhagem diferente?
É claro que nem o marxismo nem ninguém tem o monopólio do espírito crítico. Mas também acho que a reflexão crítica sobre a sociedade brasileira e a sua estrutura de classe intolerável deve muito à assimilação do marxismo. De modo que a baixa internacional do prestígio acadêmico do marxismo, que fez com que muita gente boa trocasse de teoria sem ter dado o combate de ideias, afetou bastante o nosso pensamento crítico. Aliás, acho provisória essa baixa do marxismo. Como imaginar um pensamento crítico hoje que não seja crítica do fetichismo da mercadoria? O capitalismo hoje é mais universal que nos tempos de Marx, mais universal do que nos anos 1960. E, entretanto, foi o marxismo que saiu de campo. Ora, a teoria crítica da sociedade contemporânea só tem de ser uma teoria crítica do capital, que é o que está aí. E acho impensável uma crítica do capital que não se interesse por Marx.

O que fez então com que de repente o marxismo tenha ficado muito pobre, sem conseguir abarcar o que está acontecendo de novo?
As estreitezas do marxismo apologético, atrelado à justificação da URSS ou à guerra entre seitas, dispensam comentário. Mas se os frankfurtianos forem considerados estreitos, gostaria

Do lado da viravolta

de saber quem tem vistas largas. A ideia em voga de que a reflexão totalizante seja um prenúncio do stalinismo é um disparate que leva à paralisia do pensamento. Entretanto, ela intimidou a esquerda, que está cheia de dedos para arriscar hipóteses globais, logo agora, quando a globalização é muito mais acentuada do que antes e não se vai nem até a esquina sem totalizar. Enquanto isso, a direita totaliza sem inibições. Todas as pessoas que mexem com o capital totalizam para fazer os seus investimentos. A totalização não é uma preferência intelectual de um ou outro; ela é um processo em curso na prática.

Você tem, por exemplo, uma iniciativa de alguém que vem da linhagem marxista, que é o Habermas, que tenta elaborar uma análise global, rejeitando o conceito de totalidade.

Há pouco tempo, quando ele esteve aqui no Brasil, perguntaram-lhe como nós ficávamos na teoria dele. Talvez por prudência, ele disse: "Olha, a minha teoria é válida para a Europa, que eu conheço. Aqui eu não sei". Para um teórico da sociedade contemporânea não deixa de ser uma posição incrível pelo localismo. A grande novidade do livro de Robert Kurz [*O colapso da modernização*] nesse ponto é que ele retoma a tentativa de acompanhar o movimento mundial do capital. No Brasil, em relação a isso, aconteceu uma evolução, ou melhor, um retrocesso interessante. Antes dizia-se mais ou menos o seguinte: o capitalismo se realiza nos países atrasados por meio da incorporação de mão de obra barata; ele não melhora a condição de vida dos pobres e os explora até o osso, razão pela qual somos anti-imperialistas. Pois bem, acontece agora que o capitalismo entra numa nova etapa e começa a rechaçar mão de obra não qualificada. Diante dessa ameaça nova, a perspectiva dos pobres e da esquerda muda. Como é natural, a aspiração dos pobres agora é garantir a continuidade de sua exploração pelo capital, pois na circunstância, deixar de ser explorado será bem pior. Diante desse impasse a esquerda, ou ex-esquerda, engatou uma incrível marcha à ré intelectual. No próprio momento da globalização ela voltou a encarar as nações de forma ilhada, como que explicáveis a partir delas mesmas. O imperialismo ou os dinamismos internacionais iníquos teriam deixado de existir, e os povos têm o destino que merecem, de acordo com uma espécie de "culpa sociológica" de cada qual, a qual temos de reformar, de modo que o capital volte e venha nos explorar como todos desejamos. Como se a situação dos rechaçados pelo capital, ou também dos preferidos, não fosse também a expressão dum movimento de conjunto, em curso de unificação. Recaímos em explicações culturais, de psicologia nacional, apartadas do movimento contemporâneo, que são patéticas. Neste sentido, o abandono da teoria da dependência foi, na minha opinião, um grande tombo teórico, porque ela podia se autocriticar e atualizar com muito ganho de compreensão. O meu interesse pelo livro do Kurz vem daí. Senti que poderia ter sido escrito no Brasil, a partir de nossa experiência histórica, e que nós aqui, por falta de iniciativa intelectual, ou porque nos rendemos relativamente sem luta à moda internacional, desistimos de tentar.

Você falou que ficou um sentimento de que o capitalismo não se interessou por nós. É uma dívida permanente, essa com o Primeiro Mundo? Você vê alguma relação entre esse sentimento de que nós ainda não chegamos lá e a produção literária?

Não há dúvida. Conforme a boa observação de Antonio Candido, o intelectual latino-americano vive um engajamento peculiar, diferente do europeu: ele está sempre contribuindo para a construção da cultura nacional, ainda incompleta. O país novo, ainda em formação, é um pano de fundo especial, com regras próprias. Assim, estamos sempre explicando o Brasil, sal-

Do lado da viravolta

vando o Brasil, procurando uma brecha para que "ele" saia do atraso etc. E isso em certo sentido é ótimo, porque é preciso arrumar o Brasil, evidentemente. Mas é também uma coisa muito limitada no plano intelectual. Veja a diferença com o livro do Kurz, que não o escreveu para salvar a Alemanha, mas para entender o movimento da sociedade contemporânea. Acho que nunca tivemos isso aqui no Brasil, o que mostra como a atitude fundamentalmente engajada do intelectual brasileiro, além do mérito, tem também um preço. Imagine se o Marx estava querendo resolver o problema só da Alemanha quando escreveu *O capital*. Em meados do século XIX uma teoria avançada já não podia mais ser nacional, enquanto nós no Brasil nunca saímos dessa esfera. Um aspecto importante da teoria da dependência é que, nas suas formulações melhores, tentou articular a análise dos impasses do país com uma descrição, ainda que sumária, do horizonte do capital contemporâneo. Havia o impulso de descrever a sociedade contemporânea. Mas ainda aí a intenção era basicamente de salvar o país, ou os países, de encontrar uma saída. Isso é um ponto de vista indispensável politicamente, mas limitado no plano da teoria.

Mas deixa lhe perguntar... na literatura os grandes escritores, os reconhecidos, por exemplo, Machado de Assis e Guimarães Rosa, em dois momentos diferentes, estavam livres dessa tarefa?

Aí você toca num ponto interessante. Ainda conforme Antonio Candido, a acumulação cultural, sem a qual não existem a liberdade de espírito e a obra significativa, entre nós aconteceu mais cedo e em maior escala na literatura. Sem espírito de Fla-Flu, talvez seja possível dizer que o Brasil produziu alguns grandes escritores, mas ainda não produziu um intelectual com obra de perfeição equivalente. A liberdade de espírito que tiveram Machado de Assis ou Guimarães Rosa na ficção, no campo teórico não aconteceu. Por outro lado, num patamar mais modesto, a situação hoje talvez tenha se invertido. Devo estar mal informado, mas tenho a impressão de que o momento artístico não é de aspirações máximas. Se for verdade, seria um fato ideológico a meditar, e uma novidade no Brasil, onde de muito tempo para cá sempre houve algum artista mirando alto. João Cabral, Guimarães Rosa, Carlos Drummond, Oswald e Mário de Andrade, Clarice Lispector, todos são escritores muito ambiciosos. O que terá acontecido para que hoje não haja ambições equivalentes? O avanço da mercantilização na área da cultura pode explicar alguma coisa. Também a mudança na relação dos intelectuais com o Brasil pobre deve estar pesando.

Numa conversa com Susan Sontag você falou que um ensaio do tipo do de Adorno tem mais potencial crítico do que a literatura. Você encara isso dentro da perspectiva de que não é um grande momento literário ou você vê uma relação diferente entre filosofia e literatura na tradição marxista?

Vai ver que é uma perversão do gosto, mas de fato o melhor ensaísmo de interpretação da cultura contemporânea — estou pensando em Walter Benjamin, Adorno, Sartre — de certo modo acabou entrando em concorrência com a literatura de ficção, e acho que não se sai mal do confronto. A atenção ao pormenor das contradições, a compreensão estrutural, a descoberta e a reconstrução da tendência histórica e de seu significado social, o desmascaramento de interesses de classe e outros, enfim, esta combinação de pontos de vista que caracteriza a crítica de arte de tipo marxista me parece responder em profundidade às aspirações de qualquer espírito livre hoje. Aliás, deste ângulo a baixa do interesse marxista no Brasil foi uma pena, pois estava em curso uma acumulação em grande escala e em muitos planos — crítica, política, social, ideológica, estética, histórica etc. —

Do lado da viravolta

que justamente nos estava ensinando a ver a problemática brasileira na sua espessura e como parte integrada da atualidade. Repito que o marxismo no Brasil não foi batido intelectualmente; foi largado com muito prejuízo.

Há quem o considere o teórico da volubilidade nacional. Até que ponto o arrefecimento do potencial crítico no Brasil pode ser pensado a partir da inquietante hipótese de que o capitalismo pode se manter até pela própria forma com que ele se organizou, indefinidamente, com todos os problemas que ele tem, sem cair na barbárie e sem ter uma superação positiva, socialista, como quer que se imagine?

No debate atual as pessoas falam como se o capitalismo tivesse acabado de nascer, sem pai nem mãe, e sem atestado de maus antecedentes. Mas logo vai aparecer um historiador interessado em marcar a continuidade entre a nova etapa do capitalismo e a anterior. Na hora em que isso ocorrer, a etapa atual vai aparecer como um aprofundamento ou transformação de tendências anteriores: liquidou isso, liberou aquilo, há pontos de crise, pontos de fuga, e o movimento fica tangível outra vez. A questão das tendências históricas, com pontos de inflexão e limites, vai se colocar outra vez. Não tenha dúvida.

Mas você não vê a possibilidade de uma estabilidade trágica? Não existe uma capacidade de adaptação infinita para o capitalismo?

Mas por quê? Ele nasceu outro dia, e só agora é universal. Em certo sentido, as coisas que Marx falava estão existindo agora pela primeira vez na plenitude: a dinâmica do capital correndo solta pelo planeta, sem nada fora dela, revirando tudo — não vejo como pensar em estabilidade.

A crítica vai renascer?
Acho que sim.

E virá pela literatura ou pela filosofia?
Não tenho ideia, mas que a crítica da mercantilização e de sua lógica é uma coisa crucial, eu acho que é. Não consigo imaginar que ela não seja retomada.

A ideia do capitalismo que corre solto por todo o mundo às vezes dá a impressão de que a literatura e o romance se tornaram anêmicos. É tudo absolutamente igual, previsível, repetitivo...
Não tem dúvida, os recursos da grande arte deste século agora mordem menos e estão rotinizados. É preciso dar um passo. Como está não pode ficar. Eu sinto uma insatisfação brutal com a cultura contemporânea. Você vai ao cinema e sai desolado, liga TV, lê o jornal, é uma coisa pior que a outra.

Será que todas as pessoas também sentem isso? Ou será só o intelectual?
É uma questão interessante. Insatisfações fortes nunca são de uma pessoa só. O grau de empulhação na mídia, e aliás também na universidade, é muito alto. Como é que este concentrado de mentiras e má-fé se deposita dentro das pessoas? Se estas questões fossem examinadas de perto, com um mínimo de acuidade e franqueza, muita gente ilustre de nosso mundo dito cultural ia ficar com cara de malfeitor.

Qual é a expectativa do cidadão Roberto Schwarz? O que ele espera? Que um intelectual estude, dê conta do que foi escrito, do que foi produzido, produza uma teoria aceitável para explicar esta globalização e aponte para uma perspectiva de superação positiva, socialista?

Se hoje você me perguntar o que é o socialismo, é claro que não sei, e penso que a maioria das pessoas não dogmáticas, se forem sinceras, vão responder uma coisa parecida. Entretanto, ao mesmo tempo que não sei o que é socialismo, acho justa a crítica da esquerda ao capital. Ora, essa é uma situação histórica objetiva, um ponto na trajetória do movimento de esquerda, que não há por que descartar. É experiência acumulada real, com sua parte de impasse, que tem de se tornar produtiva. As pessoas que não são de esquerda, que não têm sensibilidade de esquerda, ou que a jogaram fora, podem perfeitamente dizer: "Bem, se para o capital há saída, e a grande maioria se frita, então que se frite". Mas quem não aceita isso tem de procurar saídas dentro de um certo parâmetro que lhe pareça aceitável, o que aliás não garante que a saída se encontre ou exista. Mas as saídas que não levarem em conta esse parâmetro não me interessam (a não ser como assunto). Então, de fato é uma posição precária.

Como você distingue a pessoa que mudou de ideia da pessoa que abriu mão de suas ideias?
A pessoa que mudou de ideia presta conta de sua evolução. Entre parênteses, um dos méritos grandes do Fernando Henrique é ter prestado conta de sua trajetória muitas vezes, falando e por escrito. Nesse ponto ele é muito superior e quase único no campo dele, na minha opinião.

Você não vê ruptura dele no momento atual?
Não sou capaz de responder de maneira taxativa. Mas lembro que a mudança do capitalismo foi grande, e que, nestas circunstâncias, como diz o Macaco Simão,[1] "quem fica parado é

---

[1] José Simão, colunista da *Folha de S. Paulo*. (N. da E.)

poste". Seja como for, é inegável que Fernando Henrique trata de explicar os passos que dá, e não renunciou a entender e valorizar o próprio percurso em termos históricos. As pessoas de esquerda que não gostaram das alianças que ele fez — como é o meu caso também — tendem a desconhecer isso e passaram a vê-lo como um político imediatista, no que na minha opinião se enganam. Ele certamente se vê em termos de história, não tenho dúvida de que deseja ser um grande presidente, e a definição dele do que seja um grande presidente na certa se alimenta do que ele pensou antes e da tradição intelectual à qual ele se liga, brasileira e outras, inclusive o marxismo. Acho que as pessoas que lhe desconhecerem a ambição e a perspectiva histórica vão se enganar muito. Mas é claro que visão histórica é apenas um elemento entre muitos outros, e que a aliança com os donos da vida vai pesar.

E, objetivamente, por que você não votou nele?

Até onde vão as minhas luzes, as pessoas de tradição socialista têm de buscar a saída do lado da viravolta social, do confronto com a injustiça de classe, na crítica à lógica do dinheiro e da propriedade privada, na oposição ao funcionamento indecente da mídia etc. Tudo dentro das novas condições, que não suprimiram estas taras, que eu saiba. Sei que este não é propriamente o programa do PT, mas na sua existência, que melhorou o Brasil, o partido representa alguma coisa disto. Num país de tanta desigualdade, acho também importante a candidatura de um operário à presidência, no que não vai nenhum obreirismo. De modo que pus entre parênteses a estima intelectual e a amizade, naturalmente sem diminuí-las, e votei como era natural.

Uma coisa que ouço muito dizer é que antigamente ser professor de uma universidade pública como a USP dava ao sujeito um bom salário... Tinha condições de viver dignamente. Como era ser intelectual? Como é ser intelectual? Vive-se hoje de intelecto?

No tempo em que eu entrei na faculdade, em 1957, os colegas mais velhos, que estavam terminando o curso, prestavam concurso para professor secundário, e não viam isto como desastre. Porque a situação era a seguinte: como professor concursado no interior você dava quatro aulas por dia, e tinha um salário que dava para viver corretamente. Então, para um intelectual, valorizar o tempo livre era uma perspectiva interessante, não é? Davam um tanto de aula, que é uma atividade boa, se não forem muitas por dia, e o resto era para estudar e pensar na vida. Quer dizer, era possível ser intelectual também fora da universidade e, sobretudo, a situação do professor secundário não era incompatível com a produção intelectual, o que melhora muitíssimo a vida intelectual do país. Na Europa é assim, uma parte dos bons intelectuais franceses dá aulas no secundário, o que faz grande diferença. Isso no Brasil chegou a existir, e foi totalmente desmanchado pelo aviltamento dos salários. Não há exagero em dizer que bons salários no secundário são meio caminho andado para uma boa mudança cultural.

Qual o seu projeto atual de estudo?
Estou tentando retomar, no século XX, as questões que estudei em Machado de Assis. Acho que as soluções literárias que Machado inventou para dar uma visão apropriada e profunda da sociedade contemporânea, através da sociedade brasileira, foram reinventadas de maneira diferente por quase todos os nossos escritores modernos. Quero assinalar a existência dessa estrutura comum, porque isso, se for verdade, mostra como o trabalho literário é consistente e dá continuidade, dentro do diverso, tanto a problemas sociais quanto a elaborações artísticas anteriores, até mesmo involuntariamente. Essa continuidade em alguns au-

tores é deliberada, enquanto noutros é ditada pela vida, que pode ser tão organizada quanto a cabeça do artista mais organizado. E cabe ao crítico perceber a consistência e a força do que está em jogo.

E quem são esses autores?
Quero estudar Mário de Andrade, João Cabral, talvez Drummond... Enfim, vamos ver.

Não pode mostrar todo o ouro! [*risos*]

[Entrevista a Fernando Haddad e Maria Rita Kehl publicada em *Teoria e Debate*, nº 27, dezembro de 1994, e reunida posteriormente em Fernando Haddad (org.), *Desorganizando o consenso*, Coleção Zero à Esquerda, Petrópolis, Vozes, 1998]

Braço de ferro sobre Lukács

Eva L. Corredor — *Impressionada com o livro* Misplaced Ideas,[1] *começo perguntando sobre o papel de Lukács na elaboração dessa brilhante crítica do Terceiro Mundo e da cultura brasileira. Mesmo tendo passado pouco mais de 24 horas aqui, já deu para perceber que no Brasil Lukács está vivo e passa bem. Melhor que no hemisfério norte. E já deu para entender por quê, embora esteja preparada para ouvir você dizer que as teorias dele também seriam "ideias fora do lugar" no Brasil. Então vou citar suas próprias palavras: "Meu trabalho seria impensável sem a — contraditória — tradição de Lukács, Benjamin, Brecht e Adorno, e sem a inspiração de Marx".*[2] *Como Lukács vem primeiro, a pergunta é: quando e como você descobriu sua obra e que influência ela teve no desenvolvimento de suas próprias ideias?*

Roberto Schwarz — Eu ouvi falar em Lukács em casa, ainda criança. Meus pais tinham assistido a suas palestras em Viena no início dos anos 1920, quando ele foi para lá exilado da Hungria. Depois, quando estudante em fins dos anos 1950, eu li alguns de seus ensaios sobre literatura em duas publicações da

---

[1] Roberto Schwarz, *Misplaced Ideas*, Londres, Verso, 1992. (N. da E.)

[2] *Um mestre na periferia do capitalismo: Machado de Assis*, São Paulo, Duas Cidades, 1990, p. 13.

Aufbauverlag, da Alemanha Oriental: *Schicksalswende* [Viragem do destino] e *Essays über Realismus* [Ensaios sobre o realismo]. "Narrar ou descrever" foi o que mais me impressionou.

ELC — *As últimas obras primeiro!*
RS — É mesmo. Mas Lukács se tornaria uma presença importante no Brasil por volta de 1960, com a tradução francesa — edição pirata — de *História e consciência de classe*. Naquele período houve entre nós uma espécie de ressurreição do marxismo, um marxismo não dogmático, ligado à rápida expansão industrial, que abriu caminho para uma luta viva e multifacetada contra o subdesenvolvimento, o imperialismo e, em última análise, contra o próprio capitalismo. Neste quadro, o grande Lukács do início dos anos 1920 chegou como um estímulo oportuno, junto com o Sartre da *Crítica da razão dialética*. Estes livros foram lidos mais ou menos juntos, num espírito ao mesmo tempo subversivo em relação ao capitalismo e de oposição ao comunismo oficial, e foram decisivos na elaboração de uma corrente marxista independente. Era um processo que acontecia principalmente na Universidade de São Paulo e foi muito produtivo. Algumas das melhores obras recentes de história e sociologia no Brasil datam daquela época e têm alguma inspiração lukacsiana.

ELC — *Você estudou no Brasil?*
RS — Estudei ciências sociais na Universidade de São Paulo.

ELC — *Então foi lá que você realmente conheceu a obra de Lukács?*
RS — Foi. Nesse período eu participei de um seminário sobre *O capital* de Marx. Ele era organizado por alguns profes-

sores jovens que permitiram a participação de estudantes como eu. Nós lemos os três volumes de *O capital* com bastante disciplina e isso mais ou menos nos preparou para perceber a importância de *História e consciência de classe*. Lukács nos ajudou a entender melhor a originalidade de Marx em relação às ciências sociais acadêmicas e à vulgata comunista.

ELC — *Nessa época algum texto de Lukács estava traduzido para o português?*

RS — Acho que não, mas na universidade as pessoas liam em francês. Depois, no início dos anos 1960, a facção antistalinista do Partido Comunista Brasileiro começou a traduzir e a publicar os ensaios de Lukács sobre literatura tentando levar o partido a uma linha de respeito à liberdade artística. Isto fazia parte da luta pela desestalinização. Lukács se tornou uma figura bastante conhecida nos estudos literários desse tempo. Seus ensaios, como "Narrar ou descrever", entraram na moda e eram adotados em cursos na universidade.

ELC — *Em seu trabalho a questão da identidade nacional parece ter um peso considerável. É o que pode ser chamado de "autoconsciência brasileira". Você critica outros autores e até o PCB por terem tratado do problema de modo errado; por exemplo, por terem posto demasiada ênfase no imperialismo. Eu me pergunto se* História e consciência de classe *teria influenciado na sua elaboração de um ponto de vista crítico próprio que, mais do qualquer outra crítica de esquerda brasileira, parece concentrar-se nas questões de "classe".*

RS — A preocupação com a identidade nacional, um tópico poderosíssimo, normalmente era uma especialidade da direita no Brasil. A identidade nacional estava ligada à tradição e ao Brasil antigo, contra tudo o que fosse moderno, cosmopolita e internacional. Era um campo conservador. Meu interesse foi mudar seu lado, tomar para a esquerda esta trincheira conservadora e usá-la como arma contra o privilégio. No lugar das celebrações usuais, tentei lançar sobre ela um ponto de vista crítico. Eu não escrevo para valorizá-la nem para negá-la, mas para mostrar o conteúdo de classe que ela tinha, o conteúdo de classe que a envenenava. Assim, em certo sentido, meu trabalho é um balanço crítico das ideias correntes de identidade nacional.

ELC — *Em seu ensaio "Cultura e política no Brasil, 1964-1969", reunido em* O pai de família e outros estudos, *você critica o PC por dar toda a ênfase aos problemas causados pelo imperialismo e negligenciar os que decorrem das diferenças de classe.*

RS — É isso mesmo. Havia uma grande convergência entre o PC e o conservadorismo em matérias culturais por conta do nacionalismo e do anti-imperialismo. O ponto em comum era a hostilidade de ambos a tudo o que fosse moderno, o que era compreensível, já que num país atrasado tudo que é novo necessariamente aparece como estrangeiro. Os conservadores temiam a mudança social, os comunistas, a influência americana, e ambos sentiam-se mais à vontade com o Brasil tradicional e sua indecente estrutura de classe.

ELC — *E você estava entre os dois?*
RS — Eu criticava. Eu critico o PC desde os meus tempos de colégio.

ELC — *Mas Lukács também era crítico do PC e no entanto optou por ele como um mal menor que os conservadores de direita. Lukács falava muito da necessidade de "encontrar abrigo" no sentido em que você parece querer descobrir uma verdadeira autenticidade brasileira, um tipo de "imanência" brasileira — outro conceito tipicamente lukacsiano. Em que você pensa quando se refere a uma "necessidade interna"? Como você quer criar uma "existência não degradada"? Como você trabalha com isso? Qual é o seu método?*

RS — O tema da autenticidade também é conservador. Para os brasileiros, significa aquilo que não foi afetado pelos modernos desenvolvimentos estrangeiros. Só que se você se aprofundar na questão, vai descobrir que ela não tem substância. Na verdade, é a influência estrangeira sobre a geração precedente que agora parece nacional, autêntica, natural etc. E se nós dermos outros passos atrás, não vamos avançar para muito além disso. Vai ser preciso recuar bastante, até encontrar a única coisa autêntica, que é o mundo colonial, o menos afetado pelos modernos desenvolvimentos europeus, embora seja, obviamente, um desenvolvimento em si mesmo completamente europeu e moderno. Assim, a busca da autenticidade, no sentido da pureza, não leva a nada. Mas pode servir como barreira contra tudo o que seja progressista, sobretudo no capítulo dos direitos civis. Para mim interessa, além de criticar o argumento dos conservadores, explicar por que ele tem tanto peso, por que no Brasil a influência moderna parece tão contrária à natureza. Neste caso a explicação paradoxal é que os desenvolvimentos modernos não parecem artificiais porque são impostos ao povo, mas porque os pobres não têm acesso a eles. A chave para entender a lamentada falta de organicidade de nossa cultura não é a presença dos desenvolvimentos estrangeiros, mas a estrutura social iníqua que aprofunda a segregação dos pobres, por isso produzindo um tipo de dualismo social. Portanto o argumento sobre a autenticidade ou o exotismo da modernidade na América Latina acaba sendo um espelho distorcido de uma exclusão de classe histórico-mundial. Eu tentei virar a questão ao avesso.

ELC — *Então não há interesse pela autenticidade do brasileiro pobre nem nos tempos coloniais, nem nos modernos?*

RS — Como tentei explicar, essas preocupações têm dupla mão. São fatos ideológicos de peso, e funcionam principalmente para manter o pobre fora do progresso. O ponto de vista democrático, até onde entendo, não está comprometido com a pureza cultural, mas antes com os modos mais produtivos ou menos destrutivos pelos quais o pobre é "exposto" à modernidade internacional. Como se vê, também neste ponto há entre os democratas preocupações que se poderiam tachar de paternalistas. Elas decorrem meio inevitavelmente do dualismo da própria estrutura social. Evidententemente, nesse meio há ainda muitas nuanças. Mas é um fato que, depois que chegou a televisão comercial, a ideia de uma direção cultural responsável tornou-se uma fantasia sem proveito.

ELC — *Você sabe qual é a atual porcentagem de pobres na população do Brasil?*

RS — Isso depende da definição. As estatísticas oficiais dizem que há cerca de trinta milhões vivendo abaixo da linha de pobreza absoluta.

ELC — *Em que medida esses brasileiros funcionalmente pobres podem ser comparados ao conceito lukacsiano de proletariado, ou a situação é completamente diferente?*

RS — Eles devem ser comparados ao conceito de proletariado, mas para sublinhar a diferença. No Brasil tivemos mais ou menos o seguinte: nos anos 1930 começa uma espécie de esforço de industrialização nacional que tem alguma semelhança com o que aconteceu nos países socialistas. Houve um amplo esforço, comandado pelo Estado, para industrializar e este processo atraiu o povo do campo para a cidade. Era gente que vivia sob as condições coloniais e veio para a cidade para se incluir na força de trabalho. Mas a industrialização não aconteceu na escala nacional em que se esperava, ou que fora prometida, e por isso essa gente foi abandonada de mãos vazias. Eles perderam sua integração anterior e não foram absorvidos pela indústria, de modo que se tornaram uma categoria social específica, a força de trabalho de uma industrialização que não se completou. Há um teórico alemão da modernização, Robert Kurz, que os designa por ex-proletariado-virtual, uma ampla massa de sujeitos monetários sem dinheiro.

ELC — *E o que eles estão fazendo? Como sobrevivem?*

RS — Uma vez que a industrialização presente não vai mais criar os empregos que prometia, eles vivem de todos os tipos de trabalho marginal, compra e venda informal, serviços informais, frequentemente à margem da legalidade. Chamá-los de proletariado seria forçar demais a mão.

ELC — *Então a dialética hegeliana que Lukács adaptou para os tempos modernos não funciona?*
RS — Se você ficar preso aos termos clássicos, não.

ELC — *A relação senhor-escravo poderia ser vista no sentido em que há um senhor representado pelo burguês rico e o pobre estaria na outra ponta da escala, do lado dos explorados.*
RS — O ponto principal aqui, entretanto, é que a maior parte desses pobres não é realmente explorada no sentido pleno do capitalismo, embora eles evidentemente sejam vítimas do desenvolvimento capitalista. Por certo gostariam de ter um trabalho que lhes permitisse ser decentemente explorados pelo capital. Mas o capital não os quer. Se eles fossem explorados, estariam em situação melhor.

ELC — *Você disse que um grande número é viciado em drogas. Essa não é uma forma de exploração? Eu acho que nos Estados Unidos há uma exploração exercida pelos traficantes de drogas, há uma relação senhor-escravo entre grupos específicos.*

RS — Novamente, a dificuldade é que os pobres no Brasil nem mesmo são trabalho potencial do ponto de vista do investimento lucrativo. O capital não tem possibilidade nem intenção visível de explorá-los. Eles são simplesmente abandonados, o que é muito pior. Tudo o que eles fazem para ganhar a vida ou para se defender parece uma ameaça para a sociedade organizada. As duas forças que se interessam por eles são a Igreja, que por sentimento cristão se preocupa com a miséria, e depois o próprio narcotráfico. Me disseram que em termos numéricos este último não é relevante. Mas de qualquer maneira é certamente uma presença poderosa.

ELC — *Religião e drogas.*
RS — Isso. Em princípio o governo também deveria se interessar, pelo menos na medida em que significam votos. Mas o capital não precisa deles.

ELC — *Em suas tentativas de imaginar alguma ajuda ou mudança para o Brasil, você também diz para tomar cuidado com as ideologias alienígenas. Você alerta contra a imitação. Identifica como um dos maiores problemas do Brasil, que você considera trágico, a necessidade de imitar. Você diz: "Brasileiros e latino-americanos fazemos constantemente a experiência do caráter postiço, inautêntico, imitado da vida cultural que levamos".[3] Você fala de uma "cultura reflexa". Você também diz que "historicamente não*

---

[3] "Nacional por subtração", *Que horas são?*, São Paulo, Companhia das Letras, 1987, p. 29. (N. da E.)

existe isso a que se chama repetição".[4] *Há bons modelos? Qual é o perigo das ideologias de esquerda? Qual o perigo de Lukács para o Brasil?*

RS — O ponto é que não sou contra a imitação, muito pelo contrário. Parece que isso não ficou claro no livro. Os alertas contra a imitação eram irônicos, são paródia das preocupações conservadoras com a integridade nacional. O que estou tentando explicar é outra coisa: por que a cultura moderna é percebida como imitação no Brasil. As razões estão profundamente ligadas à estrutura de classe e à história mundial e não têm nada a ver com uma via nacional "autêntica", que precisa ser preservada.

Imitação é uma palavra traiçoeira, desde que assumiu os tons românticos e insustentáveis de recusa a tudo o que não fosse original. Esse tipo de sentimento entrou numa aliança confusa com a situação ideológica em nossos países de independência recente e "complexo colonial". Qual era o contexto do argumento, que em certa medida e com algumas modificações ainda hoje está vivo? Havia um extrato superior ligado ao mundo moderno que se atribuíra a missão histórica e nacional de mudar as relações sociais herdadas dos tempos coloniais de modo a transformar a massa colonial em cidadãos livres e modernos. Entretanto esse extrato superior, que de muitas formas se beneficiava das iniquidades anteriores, rapidamente se oporia a essas mesmas mudanças modernizantes, além de ter sentimentos contraditórios em relação a elas. A polêmica a respeito da autenticidade nacional, que muitas vezes chegava à histeria, refletia essa espécie de ambivalência dos educados. E no entanto ocultava os verdadeiros problemas do progresso social, que nada têm a ver com a alternativa entre imitação e originalidade e obviamente

---

[4] "Cultura e política, 1964-1969", *O pai de família e outros estudos*, Rio de Janeiro, Paz e Terra, 1978, p. 86. (N. da E.)

supõem uma combinação das duas. Em si mesma, a imitação não é boa nem ruim, e deve ser examinada em seus resultados, que podem aparecer como diferentes para as diferentes classes sociais.

ELC — *Você diz que Machado de Assis sabia imitar e usar outras culturas para falar do Brasil. Também fala de outros escritores que sabiam imitar. Por exemplo, no caso do romance, você diz que ele chegou aqui e às vezes era simplesmente imitado, mas depois apareceram aqueles que, como Machado de Assis, sabiam adaptá-lo ao Brasil.*

RS — Sim, no Brasil é preciso fazer uma distinção importante entre a relação judiciosa e a deslumbrada com a modernidade. Machado de Assis é um exemplo quase milagroso da primeira. Ele tem um olhar arguto — um pouco à maneira dos russos do século XIX — para as combinações grotescas e mesmo assim funcionais da modernidade e seus opostos, tais como escravidão e relações de favor, que estavam no centro da vida brasileira. Além da comicidade dessas combinações extravagantes, ele também entendeu sua base histórica. Sua última reviravolta, que fez dele um escritor verdadeiramente superior, foi a de ter visto estes desajustes não apenas como sinais de atraso nacional, mas como traços essenciais da própria modernidade, do seu formalismo superficial, que facilmente se transforma em acobertamento da persistência dos males que o espírito moderno prometia erradicar.

Se dermos uma olhada nos escritores menores, os efeitos destrutivos de uma relação acrítica com as formas europeias modernas são facilmente perceptíveis. Era perfeitamente natural que os brasileiros na segunda metade do século XIX tentassem escrever romances de acordo com o modelo francês, digamos Balzac. Qual era o resultado? Como todos sabemos, no centro do romance balzaquiano há uma figura muito forte que toma os ideais da sociedade burguesa ao pé da letra e quer dar-lhes realidade, o que também é uma forma de autorrealização. No processo, essas figuras precisam enfrentar as realidades do dinheiro e descobrem que a sonhada autorrealização não é possível, e esta é a lição a aprender: a sociedade burguesa não cumpre as suas mais alardeadas promessas. Este modelo de narrativa exige personagens de força superior, mas que passam por um processo que também está em andamento nas vidas das figuras secundárias. As contradições centrais reverberam na periferia do enredo, produzindo um todo consistente, de imenso alcance crítico. Por outro lado, quando um escritor brasileiro, ávido por trazer a modernidade a seu país, tenta aplicar esse modelo às realidades locais, o resultado só pode ser diferente. Como o seu mestre, ele inventa um personagem central que enfrenta uma grande questão da sociedade burguesa de modo enérgico e consistente. Mas, em vista do contexto local, da cor local, as personagens secundárias são "brasileiras", e o resultado é que seu alcance e seus problemas são diferentes. Estas personagens fazem parte do mundo da escravidão e do paternalismo, no qual o favor — com seus meandros específicos de submissão, adulação e negociação — é a prática universal. Pois bem: se não há direitos individuais ou universais, se a única relação que existe é a dependência pessoal, quem seria idiota a ponto de se comportar absolutamente como um herói balzaquiano? Assim, a arquitetura do romance não funciona, porque a figura central, que é imitada de Balzac, não faz parte do mundo das figuras periféricas, que são imitadas da realidade local. Com isso a forma fica esfacelada. Aqui, novamente, a clarividência de Machado de Assis mostra que ele entendeu a verdade histórica desse desajuste e foi capaz de fazer um uso apropriado dele, transformando-o em comédia. A ambição incongruente de ser "moderno" como as personagens de um romance europeu e ao mesmo tempo "tradicional" e "chique" como um brasileiro bem-posto tornou-se uma espécie de marca nacional estabilizada e em si mesmo um problema, com implicações do maior interesse. Esta combinação que é bastante absurda, e estava na raiz do fracasso dos romancistas contemporâneos, tornou-se a base da força de Machado de Assis. Um bom exemplo de dialética literária.

ELC — *O que me impressionou em sua análise de Machado de Assis foi que você tentou, em certo sentido, desconstruir o modelo europeu, a "originalidade" da Europa, dizendo que ela não funciona no Brasil. Se a Europa for uma "origem", ela não funciona aqui. Me parece que essa ideia não é lukacsiana, mas derrideana, apagamento e desconstrução da origem. Derrida ajudou na formulação dessa ideia?*

RS — O que me ajudou foi perceber que o modelo lukacsiano estaria fora do lugar no Brasil.

ELC — *Por que você pensa isso?*

RS — A presença de Lukács é básica no meu trabalho — como termo diferencial. Acho muito produtivo explorar em que sentido a sua construção é inadequada para a América Latina. E isso não é uma crítica. Lukács construiu um modelo para a história europeia das ideias e do romance que depende da evolução histórica geral do feudalismo para o capitalismo e para o socialismo. É uma construção poderosa. Ele mostra como esse desenvolvimento funciona ativamente na obra de filósofos e romancistas. Se nos voltarmos para a América Latina, observaremos que esta sequência não existe aqui e que, portanto, ela não é universal. Aqui a sequência vai do colonialismo para uma tentativa de Estado nacional. É um erro amplamente disseminado a tentativa de fazer esses termos coincidirem com feudalismo e capitalismo. Todos sabemos que o colonialismo e a escravidão colonial não vêm antes dos estados mercantilistas e que são um fenômeno inteiramente moderno. Por isso a relação é de ordem diferente.

ELC — *Há explorações similares desse problema colonial nas literaturas de outros países. Por exemplo, nos romances argelinos que começaram a ser escritos no início dos anos 1960. Me parece que esses romances magrebinos podem ser lidos com apoio na teoria lukacsiana, e não consigo entender por que a mesma coisa não se poderia fazer histórica e estruturalmente com o romance brasileiro, os romances de Machado de Assis, e na ficção brasileira mais recente. Eu acho que mesmo a desconstrução da origem, de que falei antes, e a proibição da imitação, podem ser justificadas pela teoria lukacsiana, particularmente quando se introduzem os conceitos de realismo e totalidade. É claro que não pode ser simples reprodução e uso de um modelo teórico, tem que haver adaptação e exame de cada situação específica.*

RS — Eu não estou dizendo que Lukács não inspira. O que eu digo é que não se pode tomar o esquema dele e aplicá-lo à realidade brasileira do mesmo jeito que se pode fazer na Europa. Isso não vale só para Lukács, vale até para Marx. A sequência feudalismo, capitalismo e socialismo não funciona na América Latina pelo simples fato de que não houve feudalismo na América Latina, ainda que as elites latino-americanas adorem pensar-se como aristocráticas e ainda que a nossa esquerda adore insultá-las afirmando que são feudais. A história da América Latina e, mais geralmente, das ex-colônias, exige novos desenvolvimentos conceituais.

ELC — *Voltando à ideia de imitação. Nos seus ensaios tive a impressão de que o tipo de imitação que você recomenda poderia ser comparado àquele apoiado pela Pléiade no Renascimento. Du Bellay e seus companheiros poetas estudaram os clássicos do modo como me parece que você quer que os escritores brasileiros estudem e imitem os europeus. Seria uma espécie de "devoração", uma absorção criteriosa do modelo cultural que favoreceria um desenvolvimento criativo de uma literatura nova, enriquecida e, espera-se, tipicamente brasileira.*

RS — Há um famoso escritor modernista no Brasil que propôs que a cultura brasileira fosse antropofágica. Ele queria dizer que nós devíamos devorar a cultura europeia moderna para ficarmos em condições de elaborar a literatura brasileira moderna. Eu acho divertido o que ele dizia, e mesmo euforizante, mas isso não esclarece o que estava acontecendo. De fato, todos os países latino-americanos são parte do desenvolvimento do capitalismo como um todo, e mesmo assim o seu processo histórico é um tanto quanto diferente do processo clássico. A diferença tem que ser conceituada e ela não é relevante só para estes países, não só para esclarecer sua autenticidade ou originalidade; ela é parte efetiva e integral da sociedade capitalista contemporânea; é uma diferença interna. O fato de que os países latino-americanos não consigam progredir e alcançar os mesmos benefícios das sociedades de bem estar não é simplesmente consequência do atraso ou falta de cultura, é um aspecto do desenvolvimento desigual da sociedade contemporânea, que tem aspectos oficiais e aspectos não admitidos. Esta complementaridade tem que ser conceituada. A diferença não é especificidade de um país. É um problema da sociedade moderna como um todo. A pobreza moderna é um problema da sociedade moderna em sentido amplo, não é exclusivo dos países pobres.

ELC — *Você não concorda que vocês têm mais em comum com países como o Paraguai, Chile ou Argentina do que com a*

França e a Alemanha? Quando você se encontra com teóricos de outros países sul-americanos, vocês não têm mais problemas e questões em comum do que com teóricos dos países europeus?
RS — Sim e não. Há uma problemática comum aos latino-americanos, mas que não pode ser pensada sem referência aos europeus e norte-americanos, isto é, sem referência às conquistas e desastres dos polos avançados da sociedade contemporânea.

ELC — *E quanto à ficção, o trabalho de criação?*
RS — Isso também depende de referências norte-americanas e europeias, que seria bobagem negar. Quando a dependência é produtiva, não há nada de degradante nela.

ELC — *O surrealismo teve representantes na América, especialmente no México.*
RS — Todo o modernismo teve muita influência: futurismo, cubismo, expressionismo, surrealismo e assim por diante. O fascismo e o marxismo também.

ELC — *Seria interessante verificar o que um dado país fez do modelo, como o modificou. Isso revelaria a especificidade e a ideologia do país. Tal investigação seria bem lukacsiana: a análise de uma forma se desenvolvendo num contexto histórico e social. Não vejo nisto nenhum conflito com o método lukacsiano. A análise seria histórica, social, situacional, estrutural...*
RS — Em certa medida pode-se dizer que a análise de Lukács pressupõe, especialmente os ensaios dos anos 1930, uma espécie de unidade da nação. Ele fala, por exemplo, do povo alemão, do povo francês e de desenvolvimentos nacionais. Isto pode ser um tributo ao socialismo — ou capitalismo — num só país. Em países como os nossos da América Latina, a unidade

significativa não é nacional. Como provêm de uma matriz colonial, eles pertencem a uma unidade que é transnacional desde o início e, para entendê-los direito, é preciso entender também aquele outro polo; um polo significativo de todos os países latino-americanos é externo. As formas culturais vêm de fora, pelo menos em parte, e a dependência econômica tem um polo externo por definição. O contorno nacional não se completou e provavelmente não se completará. Até certo ponto, essas experiências são mais verdadeiras que as europeias, porque as nações europeias também não são unidades fechadas, embora pareçam. Aquele tipo de necessidade interna, orgânica, que Lukács expõe tão bem para as nações europeias, sua luta de classes e sua cultura foi um modelo atuante e inevitável para a construção das nações latino-americanas. Mas como estas nações estão se desagregando antes de terem completado o processo, elas nos obrigam a reconhecer o que havia de ilusório no modelo. Se dermos só mais um passo adiante, conforme a autonomia nacional também vai perdendo a força nos países avançados, as perplexidades latino-americanas sobre ela começam a soar mais verdadeiras do que a confiança que ainda pode existir no Primeiro Mundo.

ELC — *Você ainda busca uma "necessidade interna"?*
RS — Sim, mas não em escala só nacional. Imagino uma espécie de sistema internacional sem o qual você não entende o Brasil.

ELC — *Você vê o Brasil como parte do mundo moderno. É uma coisa um tanto quanto surpreendente para mim. Esta é minha primeira viagem para a América do Sul e, para mim, naturalmente, o Brasil é um país muito diferente dos que conheci na América do Norte e na Europa. Eu morei em muitos dos "velhos" países e de-*

pois nos Estados Unidos. Por causa da quantidade de pobres, o Brasil parece muito um país socialmente em estado de matéria-prima, ou virgem, como queiram, mas no qual as teorias de Lukács poderiam encontrar terreno fértil. Há a necessidade de elevar um amplo contingente da população, se não a um nível igual, pelo menos a um nível que lhes permita viver. Da maneira como a vejo, a dialética hegeliano-marxista deveria ter imenso apelo para a maioria pobre da população brasileira. Você se considera um dialético?
RS — Claro que sim.

ELC — *Eu também, mas acho a sua dialética pouco usual e muito interessante. Por exemplo, você contrapõe o local e o universal, sobrepõe coordenadas incongruentes, coisas que se chocam, até linguisticamente. Por exemplo, quando um homem mais primitivo usa o imperfeito do subjuntivo para fazer graça, sarcasticamente, com a classe dominante. É uma espécie diferente de dialética linguística, surpreendente. Já lhe disseram isso?*
RS — Não. Agradeço a observação.

ELC — *Quando comecei a ler o seu livro, fiquei imaginando o que você queria dizer com "fora do lugar". Mais adiante encontram-se outras expressões do mesmo tipo, tais como "desajuste", "deslocamento" etc., e em cada caso o termo negativo se transforma em uma noção positiva. Há muitos exemplos dessas inversões linguísticas em seu trabalho. Elas me parecem uma característica da sua escrita: dialética no interior do próprio sistema linguístico; uma abordagem irônica de seu próprio código, pode-se dizer. Já desde o título do livro, você põe em questão a lógica e o poder do signo linguístico. O que você pretende com tal dialética? Ela é bem diferente da de Lukács, que é a hegeliano-marxista, particularmente no sentido em que você parece não dar tanta ênfase à síntese e claramente critica as abordagens normativas, do tipo a que Lukács aderiu.*

RS — De acordo. Termos como "fora do lugar" e "desajuste" apontam para um desvio da norma europeia (a norma que Lukács critica, valoriza e representa), e neste primeiro sentido eles são negativos. Mas são também positivos, no sentido em que apontam para realidades estruturais que precisam ser examinadas a título próprio ou assumidas como materiais artísticos. Elas constituem dificuldades objetivas da cultura brasileira. Todos os países da periferia do capitalismo têm culturas extremamente dissonantes. A dissonância resulta da necessidade histórica de incorporar o que é novo nos países modernos e avançados e da não menos histórica necessidade de ser fiel às relações sociais locais. É isso que produz o torcicolo, a permanente falta de organicidade na vida cultural. Os escritores melhores descobrem que as dissonâncias não são simples erros artísticos, que são ao contrário muito substantivas, que a substância do processo nacional está aí. Então eles começam a elaborá-las desenvolvendo um senso de humor que depende dessas dissonâncias.

ELC — *A propósito de realidade social e possibilidade de transformá-la, pergunto sobre a função e o valor do trabalho. Lukács admirava em Lênin a importância atribuída à função revolucionária do trabalho e seu papel na transformação social que eventualmente levaria a um estado mais igualitário e a uma melhoria geral da sociedade. Você dá um exemplo maravilhoso na personagem Dona Plácida,[5] na qual você mostra o que chama "a mentalidade escravista brasileira" como problemática em relação ao valor do trabalho. Você apresenta o conceito de "favor" como típico dessa forma de relação social. Você acha que o trabalho no Brasil pode ser reabilitado — dado que numa sociedade escravista o valor do trabalho*

---

[5] "A sorte dos pobres", *Um mestre na periferia do capitalismo: Machado de Assis*, op. cit., pp. 98-104. (N. da E.)

e a ética do trabalho não existem como os conhecemos e idealizamos nos países modernizados? E mais: você acha que o trabalho pode se tornar útil, valorizado e, em última análise, de proveito para os pobres em sua tentativa de romper o círculo vicioso de sua existência sub-humana atual? Em caso afirmativo, o que é preciso?

RS — Como tudo o mais, o trabalho tem que ser considerado em termos históricos. O que Lênin tinha em mente era o valor educacional da disciplina na fábrica. Naquela época havia a impressão de que o trabalho industrial se tornaria amplamente dominante. Mas o processo de produção assumiu hoje um caráter excludente. Por isso, toda a questão até certo ponto perdeu a atualidade. Se você observar o Brasil, vai sentir intensamente que os pobres gostariam de trabalhar para entrar no mercado e conquistar um mínimo de reconhecimento social. Mas não há trabalho para eles. No local de trabalho moderno, necessita-se cada vez de menos gente, e os empregos exigem um grau de educação e especialização que não é acessível às grandes massas dos pobres no Brasil. Assim, pode-se dizer que em abstrato o trabalho pode ser pensado como um grande fator de educação, mas que isso não vai acontecer aqui. Não vai haver trabalho para todo mundo.

ELC — *Estou pensando nos pobres nos Estados Unidos onde, por exemplo, meninas negras, ainda bem jovens, podiam trabalhar em casas de famílias ricas e, nesse ambiente, podiam adquirir maneiras muito refinadas e conhecimentos práticos que mais tarde as habilitavam a integrar a força de trabalho com mais facilidade do que os homens negros. Alguma coisa dessa ordem acontece no Brasil? As pessoas que vivem nas casas de papelão que vi no caminho do aeroporto rompem com aquele ambiente e se tornam, por exemplo, empregadas domésticas? Os homens trabalham como jardineiros ou motoristas? Eles trabalham para famílias burguesas?*

RS — Uma parte muito pequena, sim. Se houvesse trabalho decente na sociedade, suas vidas seriam muito melhores. O problema é precisamente que o processo moderno de trabalho tomou uma forma que os está descartando. Nos países avançados, aqueles que não conseguem trabalho ainda são cidadãos e é possível cuidar deles de alguma forma pelos mecanismos da seguridade social e assim por diante. Mas, em países onde esses mecanismos não existem, as consequências são muito mais catastróficas.

ELC — *Vocês não têm legislação social que contemple os pobres?*
RS — Um pouquinho, mas muito, muito menos que em países avançados. Além disso, aqui nem toda lei produz consequências práticas.

ELC — *É interessante notar que os muito ricos não trabalham, nem os muito pobres; só a classe média trabalha. A pobreza no Brasil está ligada ao problema racial?*
RS — Sem dúvida inclui um problema racial. Os negros são em número muito maior entre os pobres.

ELC — *Como você explica que as ideias marxistas, socialistas e lukacsianas não tenham conduzido a uma situação melhor no Brasil, principalmente para os pobres?*
RS — Os anos em que a oposição de esquerda ganhou força no Brasil, digamos entre 1960 e 1964, foram um tempo ligado à pressão por reformas estruturais, especialmente com vistas à distribuição de terras. O movimento foi derrotado militarmente. Em 1964 sofremos um golpe militar. A ditadura foi claramente antipopular.

ELC — *Antipopular no sentido de que era contra os pobres?*

RS — Sim, era contra as organizações do povo: sindicatos, movimento estudantil, ligas camponesas, grupos de cultura popular e assim por diante.

ELC — *Na resenha sobre o romance de Chico Buarque,[6] achei fascinante a ideia de um homem rico descer toda a escala social rumo à completa marginalização. Eu pensei nessa possibilidade em relação ao papel do intelectual que quer falar para os pobres. O intelectual deveria descer a escala social, e será que ele pode fazê-lo? Lukács e Sartre foram criticados por serem escritores burgueses fechados em seus escritórios sem saber muita coisa do que acontecia nas ruas debaixo de suas janelas. O que você pensa sobre isso? Você disse que nas próximas eleições está apoiando um candidato à presidência que é um trabalhador e você o prefere, apesar da possibilidade de ele não estar tão preparado para o cargo quanto o outro candidato. Você acredita em algum tipo de teoria do caos, no sentido em que uma sociedade inicial, não sistematizada, um ambiente mais ou menos caótico, favoreceria a criação e a emergência de uma forma social mais justa e mais natural que poderia ser a solução para os problemas da nação e, em particular, para as massas pobres?*

RS — É verdade que toda grande mudança implica certos riscos e um pouco de caos, especialmente numa sociedade muito conservadora e consciente de seus privilégios. Já quanto à oposição entre o povo da rua e os intelectuais dos escritórios que você mencionou, ela pode ter perdido a atualidade. A falta de realidade na vida intelectual de hoje decorre de mudanças reais,

---

[6] O romance de Chico Buarque é *Estorvo* (São Paulo, Companhia das Letras, 1991), e a resenha de Roberto Schwarz está recolhida em *Sequências brasileiras* (São Paulo, Companhia das Letras, 1999, pp. 178-81). (N. da E.).

da dificuldade de se atualizar criticamente em relação ao recente desenvolvimento do capitalismo global. Não me parece o caso de atribuí-la à falta de contato com o cotidiano das ruas.

ELC — *Você fala muito de realismo, mas nas suas análises de Machado de Assis acho que o que você chama de "realismo" está mais próximo do naturalismo. De alguma forma, Machado de Assis me lembra o "realismo mágico" de García Márquez. A certa altura você diz que o realismo de Machado é um "realismo intensivo", o que me parece uma expressão aceitável para alguém que é fortemente influenciado pelos conceitos lukacsianos. A pergunta é até que ponto você concorda com os limites que Lukács estabelece entre o realismo e o naturalismo, por exemplo, no ensaio já referido, "Narrar ou descrever". Houve, no Brasil, realistas no sentido lukacsiano?*

RS — Houve romancistas que imitaram Balzac e que superficialmente seriam realistas no sentido lukacsiano. Mas seus romances não são de primeira linha e não dão certo pelas razões já mencionadas. Machado de Assis tinha muita clareza a respeito deles. Ele entendeu os pontos fracos desses romances e se empenhou em evitá-los. Machado escreveu num espírito profundamente realista.

ELC — *Zola também, não?*
RS — Machado de Assis é muito diferente de Zola, em quem ele certamente pensava como um concorrente a ser superado. Machado entendeu o que era a sociedade brasileira e achava que uma imitação direta da maneira francesa moderna não iria ser útil. Então ele procurou uma forma diferente de composição, mas para ser mais realista. Ele escreveu romances realistas, mas com técnicas antirrealistas. É um grande paradoxo.

ELC — *Em que sentido você diz antirrealista?*

RS — Numa época de predominância absoluta de Balzac, Flaubert e Zola, Machado usou técnicas do romance do século XVIII, especialmente de Sterne, técnicas que pareciam capricho e anticientíficas.

ELC — *Ele gostava de Diderot?*

RS — Gostava. Ele aprendeu e tirou muita coisa dele. Assim, ele usava técnicas pré-realistas do século XVIII, mas com ânimo profundamente realista e do século XIX, sem nunca perder de vista as realidades balzaquianas. Isto é interessante, porque você vê em funcionamento uma política muito firme na escolha das formas e modelos literários. Além disso, as formas são postas para funcionar num espírito muito diferente do original. É como se a escolha arbitrária das técnicas narrativas "arcaicas" desse a Machado a liberdade de que ele necessitava para configurar as especificidades da sociedade brasileira, que seriam suprimidas pela pressão da moda francesa contemporânea.

ELC — *Há menos detalhismo e exageros que no romance naturalista? Ele é menos pessimista? Você diria que esse romance é experimental?*

RS — Há inúmeros experimentos, sem dúvida. E Machado é extremamente pessimista.

ELC — *Mas você ainda acha que não é igual aos romances de Zola?*

RS — Não, não é mesmo, embora Machado tivesse uma inclinação fortemente científica. À primeira vista seus romances parecem pré-realistas, pós-naturalistas e de vanguarda. No entanto o espírito é realista e o objetivo é captar o aspecto específico da realidade e da vida social brasileiras.

ELC — *Então a diferença que Lukács estabelece entre narrar e descrever não pode ser aplicada aqui. Você acha que Machado mais narrou que descreveu no sentido lukacsiano?*

RS — Eu acho que Machado criou uma forma que Lukács consideraria boa, mas que não cabe nas alternativas que são descritas em "Narrar ou descrever".

ELC — *Você sabe se Lukács leu Machado?*

RS — Acho que não. Mas esta dificuldade com conceitos críticos de que estamos falando é muito interessante e reveladora em si mesma. O naturalismo no Brasil não significa a mesma coisa que significou na Europa, nem o realismo, o parnasianismo ou o modernismo. É uma questão geral que não se pode perder de vista quando se faz crítica ou história literária na América Latina. É preciso estudar o que acontece com os modelos europeus depois que eles passam pelo filtro das novas circunstâncias. Não é má ideia imaginar que eles podem sofrer modificações essenciais, o que seria muito natural, uma vez que as sociedades coloniais ou ex-coloniais são diferentes das metropolitanas na estrutura.

ELC — *Então, para você, os conceitos lukacsianos são inúteis?*

RS — Muito pelo contrário! Mas você precisa usá-los de modo diferencial. Como eles são adequados à história europeia e muito explícitos em seus pressupostos nela enraizados, eles podem ajudar precisamente para nos dar consciência das diferenças que são o nosso problema fundamental. Essas diferenças têm significado histórico-mundial. Elas estão no coração da literatura latino-americana e a tarefa da nossa crítica é explicitá-las. O crítico precisa conhecer o significado europeu do modelo, as mudanças que ele sofreu na América, e precisa elaborar uma interpretação da diferença que seja convincente e — para usar um termo que saiu de moda e está fazendo falta — totalizante. Evidentemente essas questões também valem para a literatura norte-americana.

ELC — *Para Lukács era muito importante que um romance realista visasse uma totalidade. Você acha que Machado estava preocupado em projetar uma totalidade realista?*
RS — Até certo ponto. Seus romances são secretamente bem arquitetados. Apesar de seu curso ostensivamente errático e fragmentário, que por assim dizer não leva a nada, eles têm uma espécie de completude sociológica, um sistema social completo de tipos sociais. A ausência de uma direção definida, que parece tão modernista e que de fato é desconcertante, pode ser um dos seus grandes feitos realistas (balzaquianos).

ELC — *Há críticos que aceitam e usam os conceitos lukacsianos para analisar a literatura brasileira?*
RS — Você quer dizer críticos que o tomam ao pé da letra? Sim, existem. Nós discordamos, e mesmo assim somos muito bons amigos.

ELC — *Eu vi uma diferença mas também alguma similaridade em seu trabalho em relação ao uso que Lukács faz da ironia como elemento constitutivo da forma romance. A ironia, como se sabe, opera num duplo nível, tem uma estrutura dupla. Mas enquanto em Lukács a ironia era um elemento muito sério, um instrumento crítico extremamente sério, eu acho que em suas análises, particularmente de Machado de Assis, a ironia muitas vezes foi substituída pelo humor. O humor parece ter assumido a função constitutiva, mas também crítica, da ironia no sentido lukacsiano. Você concorda com isso?*
RS — Pode ser. Machado sempre mantém uma certa dis-

tância em relação a seu assunto. Esta distância, meio brincalhona, meio maldosa, é o que permite a ele ver todas as situações de diferentes ângulos, ora do europeu, ora do local, ora de cima, ora de baixo. Essas mudanças de ângulo produzem uma ironia vertiginosa, que é muito objetiva e de espírito muito realista porque dá expressão sucessiva e sutil às posições essenciais do processo social.

ELC — *Ele parece bem-humorado, leve, mas é sério.*
RS — Na verdade, terrível, depois que você entende.

ELC — *Antes de vir para cá, me disseram que o brasileiro tem um maravilhoso senso de humor. Acho que é verdade e, quando usam o humor, ao mesmo tempo fica muito parecido com a ironia. Não é tão diferente. Ou talvez os brasileiros não se levem a sério, ao contrário de Lukács, que era um homem muito sério.*

RS — Machado de Assis era sério com toda certeza, de uma seriedade de derrubar. Um poeta brasileiro que antipatizava com essa severidade, achava que ele era muito protestante, um praticante excessivo do autoexame. Nesse sentido ele não é um brasileiro típico, e não há muitos escritores brasileiros como ele.

ELC — *Alguns de seus termos: "volubilidade" e as expressões "o vaivém que sintetiza o vexame de uma nação", "a incongruência ideológica e moral imposta pelo mundo contemporâneo", o ritmo típico do romance brasileiro tal como você descreve, até seu caráter "caprichoso".*[7] *Todos eles podem ser relacionados à estrutura dialé-*

---

[7] "Complexo, moderno, nacional, e negativo", *Que horas são?, op. cit.*, p. 125. (N. da E.)

tica da ironia. Talvez este movimento um tanto quanto leve, bem-humorado e oscilante seja precisamente a forma da dialética brasileira, a dialética do romance brasileiro.

RS — É isso. E, mais uma vez, esta ironia é realista porque transita entre pontos de vista que são substanciais para a vida no país: existe o ponto de vista europeu "liberal" ou "moderno" que acompanha as classes dominantes ostensivamente civilizadas e que no entanto faz com que elas pareçam caricaturas por sua inadequação; é claro que o ponto de vista europeu também parece uma caricatura por sua pomposa superficialidade, que ainda é destacada pela ocasional presença de escravos; existe o ponto de vista do pobre que flutua num terrível vazio social, pois nem são escravos nem trabalhadores assalariados, isto é, nada substantivo, e dependentes da ocasional simpatia dos proprietários, um tipo de incerteza que pesa como uma lei cruel. Etc., etc. Há então uma variação de pontos de vista que produz um tipo extraordinário de prosa irônica. Há muitos brasileiros que cultivaram essa "volatilidade", cada um à sua maneira, e ela pode muito bem ser complementar, de um modo perverso, à estabilidade da nossa desigualdade social. É uma prosa muito ágil e desestabilizadora, muito interessante artisticamente.

ELC — *A música e o teatro também parecem importantes em suas análises. Você sabe que Lukács, já em 1904, foi um dos fundadores do teatro livre de Budapeste, a Companhia Talia, onde foram encenadas várias das peças de crítica social de Hauptmann e Ibsen. Lukács queria conscientizar a população dos problemas sociais. Você acha que os brasileiros privilegiam a música, a dança e o teatro como meios de comunicação popular para expressar o que está errado em suas vidas? Esta pode ser apenas outra expressão tipicamente brasileira, mas em algum lugar você diz que a música tem a vantagem de evitar a "palavra". Em vista da recente descons-*

trução do signo linguístico, eu achei esse ponto interessante. Isso também pode estar ligado à tradição do "teatro da crueldade" de Antonin Artaud. Parece que especialmente no Brasil esta forma de comunicação e crítica não verbal pode ser muito apropriada, muito mais que na socialmente bem assentada Viena ou Budapeste de Lukács no início do século XX. A dança, a música e o gesto teatral constituem uma forma diferente de comunicar o pensamento, inspirada nas necessidades ou preferências de um determinado povo ou situação.

RS — Na verdade, o uso da música e da dança como forma importante de crítica social não foi uma preferência pessoal minha. Ele floresceu imediatamente depois que se instalou a ditadura em 1964. As pessoas queriam expressar sua oposição de uma forma que não as levasse para a cadeia. Assim a música, a dança e uma espécie oblíqua de teatro político se tornaram bandeiras da oposição. A censura primeiro teve que adaptar-se a elas para poder decidir o que era aceitável e por quê. Por isso a ausência de palavras foi uma camuflagem que além disso abriu caminho para uma convergência entre os desenvolvimentos artísticos locais e a moda internacional do teatro não verbal.

ELC — O teatro sempre avança em tempos de revolução, como por exemplo na Revolução de 1789 na França, e novamente em 1968, durante a crise de maio, quando Mnouchkine e outros desenvolveram o Théâtre du Soleil em Avignon. É interessante o paralelo com o fenômeno brasileiro. Há outro conceito revolucionário de Lukács, o do fetichismo, desenvolvido a partir da teoria marxista do fetichismo da mercadoria que eu acho que você atualizou e fez avançar mais um passo, para o contexto especificamente moderno, ao levar em conta os todo-poderosos meios de comunicação. Você escreve: "Como seria a cultura popular se fosse possível isolá-la dos interesses comerciais e particularmente dos meios de comunicação de massa?".[8] *Lukács teve alguma influência nessa proposição?*

RS — Essa questão da preservação da cultura popular não expressava o meu ponto de vista, mas o de uma parte da esquerda, que se pode classificar como os puristas da cultura popular; um ponto de vista que se desenvolveu a partir das esperanças revolucionárias dos anos 1960. Era uma ideia completamente mítica. Havia a esperança de que, uma vez barrada a influência imperialista (mercantilização, novas tecnologias, *American way of life*), assim como os preconceitos elitistas contra o povo, estaria aberto o caminho para o desenvolvimento da cultura nacional popular autêntica, liberta de todos os pecados e alienações da vida moderna. O argumento pode estar um pouco simplificado mas era disso que se tratava. De qualquer modo, é interessante observar que na época, uma vez que a mídia ainda não tinha avançado sobre a alta cultura, os intelectuais sentiam-se livres para "libertar" os pobres da ditadura, do rádio e da televisão. Hoje a ideia de uma cultura que não seja mercadoria tornou-se impensável.

ELC — *Em nossa era pós-moderna estamos totalmente escravizados pelos* media *e pelas mercadorias.*

RS — E por isso mesmo é muito interessante ver que há não muito tempo, digamos trinta anos, o horizonte em países atrasados como o Brasil era completamente diferente. Ainda havia formas de cultura que estavam relativamente livres da mercantilização. Mas quando se fala com estudantes sobre isso, agora, eles não podem imaginar como aquelas formas populares a serem preservadas poderiam apontar para o socialismo ou para a liberdade. Dito isto, a teoria do fetichismo das mercadorias de

---

[8] "Nacional por subtração", *Que horas são?*, *op. cit.*, p. 32. (N. da E.)

Lukács em *História e consciência de classe* é sem dúvida a contribuição mais importante dele e a mais moderna. Sua formulação teórica para mim ainda está inteiramente viva. Por outro lado, hoje os escritos sobre consciência de classe dão a impressão de mitologia, porque estão ligados a uma visão do proletariado que foi desmentida pela história.

ELC — Um dos capítulos mais impressionantes de Misplaced Ideas é "Existe uma estética do Terceiro Mundo?".[9] É bem curtinho. Basicamente você diz que não há estética do Terceiro Mundo. Há uma estética brasileira? Você se opõe à ideia de estética assim como a normas e sistemas?

RS — Mas houve uma estética terceiro-mundista. Era uma combinação de tópicos libertários e autoritários, de nacionalismo e internacionalismo, de vanguarda e regressão artística, e tinha a esperança de escapar à alternativa capitalismo ou socialismo. Seu caráter libertário decorria dos melhores motivos do anti-imperialismo: reivindicava a autodeterminação e o respeito pelas nações oprimidas; ela expressava o desejo de superar a estagnação e o atraso e, nessa medida, tinha alguma coisa do épico da humanidade por oposição ao recorte individualista e um tanto quanto irrelevante da cultura burguesa. Mas por outro lado, como essa estética estava intimamente ligada a poderosos empenhos nacionalistas, tinha em si mesma alguma coisa de autoritário, alguma coisa abertamente positiva e anticrítica, uma disponibilidade para o sacrifício individual, uma profunda simpatia pelas brutalidades exercidas em nome da História etc. Por isso, não é que não tenha existido uma estética do Terceiro Mundo, tratava-se de examiná-la criticamente.

---

[9] *Que horas são?*, op. cit., pp. 127-8. (N. da E.)

ELC — *Eu achei que suas reservas pudessem estar ligadas ao fato de você não gostar de normas. Neste capítulo você também deve discordar de Lukács, já que ele sempre tenta enquadrar ideias e processos em normas. Em certo sentido uma estética é uma norma.*

RS — Mas isso é outro problema. É claro que não sou a favor da estética normativa de Lukács. Ela está tão distante da arte e da sociedade moderna que é muito difícil levá-la em conta, salvo por doutrinarismo. Algo de similar pode ser dito de sua teoria geral dos gêneros, visto que toda a literatura moderna se desenvolveu contra a norma clássica, que entretanto é o ponto de referência dele. Por razões extravagantes — mas ele não estava sozinho — Lukács continuou como um classicista em meio à revolução social, a quilômetros de distância de tudo o que estava acontecendo. Isso é mesmo intrigante e surpreendente, vindo de uma inteligência histórica tão notável, de um homem que entendeu e explicou melhor do que a maioria dos outros o caráter histórico das formas literárias.

ELC — *Ele é normativo e rígido.*

RS — Mas as suas melhores obras de crítica não sofrem dessa normatividade abstrata. Elas expõem a efetiva organização de romances ou dramas e são muito esclarecedoras sobre seu caráter e significado histórico. Nisso ele é realmente excelente. Por outro lado, pode ser que o normativismo tenha sido a razão do apreço dos críticos latino-americanos por ele. Como já disse antes, pela própria natureza das coisas, nós transformamos em norma os desenvolvimentos europeus. Para nós suas formas são canônicas: o parlamentarismo inglês, a racionalização do trabalho, a poesia francesa etc., etc. inevitavelmente assumem uma espécie de status "clássico" nas sociedades periféricas. Posso estar errado, mas acho que no Brasil essas tendências favorecem uma notável afinidade eletiva com o doutrinarismo da estética lukacsiana.

ELC — *Falando em modelos, acho que em certa medida você encontrou um modelo em Anatol Rosenfeld, a quem dedica um capítulo de* Misplaced Ideas.[10] *Me parece que ele é um pouco o seu irmão de fé, que também impediu que você caísse nas garras de Lukács e do mundo normativo.*

RS — Você tem razão: ele se irritava muito com Lukács.

ELC — *Tinha certeza, pois ele lamenta muito a importância que Lukács atribuía à chamada perda de perspectiva do romance moderno "irracional".*[11] *Em sua exposição, Rosenfeld era um homem "livre de imposturas sociais", livre de normas, escolas e de tudo o que pudesse limitar a sua própria individualidade. Neste ponto, acho que ele está próximo de você, por essa "racionalidade elementar" informada por um aprendizado amplo e pela compreensão das relações, que ao mesmo tempo é guiada por uma necessidade e um engajamento profundos com a liberdade. Você mesmo parece praticar uma espécie de "inapetência" teórica, mas de repente apresenta seu pensamento e juízo independente. Você não parece adotar uma teoria ou outra, como nos nossos dias é comum entre acadêmicos, preferindo antes seu próprio caminho.*

RS — Bondade sua. Mas deixando de lado a minha parte na comparação, você falou de algo que realmente existiu. É verdade que por todo um período no Brasil os marxistas eram lukacsianos, althusserianos ou trotskistas e que se avaliavam mutuamente segundo essas filiações. Depois de um período de radicalização social, contudo, uma parte deles, nem todos, deparou-se com problemas postos pela história e demandando estu-

---

[10] "Anatol Rosenfeld, um intelectual estrangeiro", *O pai de família e outros estudos, op. cit.*, pp. 99-109. (N. da E.)

[11] *Idem, ibidem*, p. 106. (N. da E.)

dos específicos e respostas fora do mapa preexistente. Quando alguém ou um grupo identifica um problema e tenta resolvê-lo por conta própria, ao invés de seguir esta ou aquela escola, então dá um passo adiante.

ELC — *Nós falamos bastante de Lukács e nada da Escola de Frankfurt, que pode ter influenciado seu pensamento muito mais que Lukács. Você se sente mais próximo de Adorno, Benjamin, e dos frankfurtianos em geral, do que de Lukács?*

RS — Não tenha dúvida. No entanto, devo muito a Lukács: devo a ele meu esquema do romance europeu. Como ficou dito, sua construção não corresponde às realidades brasileiras. Porém, como é uma notável formulação das grandes linhas da história social e literária europeia, ela faz ver os pontos em que a sociedade e a cultura brasileira se desvia de seus muito estimados modelos europeus. Estes desvios eram dolorosamente percebidos pelos contemporâneos, que os viam como falhas nacionais e, nos melhores casos, as transformavam em elementos de crítica social e de produção artística. Como meu interesse era examinar essas questões, os estudos de Lukács sobre o romance entraram de modo substancial, ainda que em negativo, em meu trabalho. Mas, voltando à sua questão, agora eu prefiro buscar alguma complementaridade entre Lukács, Benjamin e Adorno a descartar um ou dois deles. Em suas obras dos anos 1930, se deixarmos de lado seu tributo ao stalinismo, Lukács tem coisas interessantes a dizer sobre as relações entre luta de classes e composição literária. Adorno, por sua vez, concentrou-se no avanço do fetichismo, dando continuidade ao capítulo central de *História e consciência de classe*. A meu ver, a descrição adorniana da sociedade moderna é mais esclarecedora que a de Lukács, embora aparentemente menos política. Ele também era mais jovem, é bom lembrar, e participou de um momento posterior da história do capitalismo, do socialismo e da arte. Benjamin, por sua vez, fez a exposição pioneira das consequências artísticas do desenvolvimento das forças produtivas. O argumento pode parecer salomônico, mas é verdade que cada um deles tinha um enfoque diferente. Um se volta para o desenvolvimento das forças produtivas, o outro para a alienação e o terceiro para a luta de classes. Os três aspectos ainda existem, todos mudaram tremendamente e não me parece produtivo escolher exclusivamente um lado.

ELC — *Eu acho que no livro você dá mais um passo em relação a cada um deles. Por exemplo: você incorporou à sua crítica até mesmo os mais recentes desenvolvimentos das teorias linguísticas que Lukács não poderia ter conhecido. Você tem muita consciência estilística, Lukács não tinha.*

RS — Esse é um problema em Lukács. Ele realmente não se preocupa com a prosa. Ele é muito bom em composição, mas não em prosa. No entanto, é preciso examinar a prosa, especialmente na literatura moderna em que tudo acontece na própria escrita, em certa medida às expensas da ação.

ELC — *Em compensação Lukács é imbatível em análise de conteúdo, mesmo quando não admite. Ele diz que trabalha mais com forma do que com conteúdo. Eu acho que Lukács é especialmente bom na produção de uma compreensão global dos processos e em contrapor movimentos literários. Para mim ele foi muito importante na definição do romantismo, do realismo e do naturalismo europeus. Menos por apresentar exemplos literários convincentes do que por sua caracterização geral dos movimentos em relação a seu contexto histórico.*

RS — Eu acho que Lukács está certo quando insiste em que trabalha com a forma. Suas análises de conteúdo sempre levam a consequências composicionais. Neste sentido, ele procura as energias formais do conteúdo, verificando a consistência de sua realização literária. Também em Balzac, suas análises dos "tipos" e seu valor composicional são sempre muito interessantes.

ELC — *As análises do "herói problemático"? Isso me leva à próxima pergunta. Em boa parte do livro você parece assumir o papel de um herói trans-individual, um herói lukacsiano que vai à luta por aquilo que Lukács chamaria "uma casa" para o Brasil, na forma de uma identidade brasileira mais autêntica, uma "harmonia", como você diz, "entre a necessidade vital e a espiritual".*[12] *É um objetivo deste mundo, e nesse sentido acho que seu trabalho representa bem o que eu chamaria crítica funcional. Seu interesse por teorias linguísticas não parece cair no niilismo das conclusões linguísticas recentes. As desconstruções de Derrida normalmente resultam em proposições que implicam que não se pode realmente atingir a verdade ou dizer nada de verdadeiro e realista sobre o homem e a sociedade por causa das limitações do sistema linguístico. Por outro lado, a sua crítica claramente expressa uma preocupação humanística e ética. Você combate o sofrimento humano e a injustiça social.*

RS — Upa!

ELC — *Como já estamos terminando, quero perguntar o quanto você se inspirou em Lukács em seu trabalho de crítico e se você acha que Lukács continuará a ser útil para os críticos brasileiros e ainda inspira isso que eu chamo "crítica funcional" no futuro.*

RS — Por experiência própria, eu sei que a leitura de Lukács pode produzir um impacto forte. O jovem leitor pode aprender que o principal a interpretar numa obra de arte é a forma, mais que o conteúdo, e que a forma, por sua vez, deve ser

---

[12] *Idem, ibidem*, p. 107.

interpretada em termos sociais. Isto é uma palavra de ordem fácil de dizer, difícil de praticar. Ele também pode ver que a interpretação da forma vale o esforço. Se ela for interpretada em termos de história social, serão descobertas relações entre o belo artístico e questões sociais que são interessantes e valem a pena. Lukács tem uma concepção muito forte e exigente do que constitui uma obra literária. As configurações, a busca inventiva da forma apropriada para o conteúdo, são consideradas ao mesmo tempo tarefa difícil e grande realização. E se o crítico for capaz de interpretar a forma artística e literária, dando-lhe o seu conceito, ele vai dizer coisas relevantes. Assim, Lukács atribui ao crítico uma missão importante, da qual eu gosto muito.

ELC — *Em que você pensa, quando pensa em Lukács? Em qual das suas teorias? Que contribuição dele continuará fértil no futuro?*

RS — Como disse, acho que o capítulo dele sobre o fetichismo não se esgotou. A tese de que toda a sociedade moderna gira em torno do fetichismo da mercadoria e que esta é uma forma "racional" que nos cega para a realidade e que constitui um limite que é perigoso transgredir continua muito verdadeira. É claro que, como tudo o mais, o fetichismo mudou desde então. Por exemplo, nos países latino-americanos, mas também na Europa, ninguém mais acha que as mercadorias são "naturais", no sentido criticado por Marx e Lukács. Muitos países tentaram mexer nas leis da economia e inúmeros planos econômicos foram experimentados. O Brasil acabou de mudar a sua unidade monetária. Assim, não há mais nada "natural" para o capital; sua natureza de criação humana é óbvia para qualquer criança, e no entanto a cada dia que passa, e apesar de todas as catástrofes, o capital parece mais e mais insuperável. Ninguém se arrisca a pensar para além da troca de mercadorias. É uma situação extrema em que ninguém mais respeita as formas básicas da economia mas não se permite pensar em alternativas. Isso me parece o limite dos limites da nossa sociedade, e a sua crítica é uma tarefa radical para a qual eu acho que o capítulo de Lukács sobre o fetichismo ainda pode dar inspiração.

ELC — *Você leu e usou o primeiro Lukács ou se limitou às suas teorias posteriores?*

RS — Eu li *A alma e as formas* e *A teoria do romance* e reconheço a sua qualidade superior. Mas os ensaios dos anos 1930 sobre o século XIX europeu foram mais úteis para o meu trabalho com a literatura brasileira oitocentista. A propaganda comunista pesada que Lukács deliberadamente acrescentava a seu texto é dura de engolir, mas os ensaios movimentam muito conhecimento e têm muitos achados. Não há muitos críticos que possam ser comparados a Lukács.

ELC — *Você acha que Lukács vai continuar importante para você e para a crítica literária brasileira em geral?*

RS — Uma coisa que me impressiona muito, e acho que alguém deveria escrever a respeito, é a sua concepção do realismo do século XIX. A moda atual é ver o realismo como simples *trompe l'oeil*, como um *effet de realité* retórico, como resultado de alguns truques de prosa. Isso é uma pobreza. A visão que Lukács tem do realismo, não como um tipo de registro fotográfico da realidade, mas como uma complexa construção formal inventada em vista das novas formas de sociedade, é muito mais interessante. É um pensamento profundo e importante, ao qual pouca pesquisa acadêmica foi dedicada.

ELC — *Isso é verdade para os últimos dez a quinze anos, mas acho que ele está voltando à ordem do dia.*

RS — Não é fácil imaginar o que vai acontecer com um crítico comunista dessa estatura agora que o comunismo não existe mais. Eu continuo pensando que as discussões de Lukács sobre forma vão permanecer como fonte de inspiração. Lendo-as, dá vontade de experimentar a mão por conta própria. Elas estimulam o leitor a imaginar que forma seria apropriada para dar conta deste ou daquele aspecto da vida moderna. As discussões esclarecidas e bem informadas sobre a adequação da forma ao conteúdo despertam a inteligência artística do leitor. Embora os escritos sejam sempre um pouco áridos, "professorais" como os qualificou, acertadamente, Adorno, eles não são estéreis.

ELC — *Os linguistas contemporâneos e os pragmatistas como Richard Rorty descartam o realismo como simples fato linguístico. Você, ao contrário, parece acreditar que a linguagem pode ser útil na identificação e explicação de problemas sociais e pode ter uma função realista. Lukács nunca fez essa pergunta.*

RS — Para ele soaria como um despropósito!

ELC — *É claro, ele nunca questionou a linguagem como meio de comunicação. Por isso eu acho muito interessante que você, que conhece bem as teorias linguísticas contemporâneas, tenha apontado o conceito lukacsiano de realismo como a contribuição mais duradoura e inspiradora para o futuro da crítica literária. Muito obrigada pela entrevista.*

[Entrevista a Eva L. Corredor realizada em 15 de agosto de 1994 para o livro *Lukács After Communism: Interviews with Contemporary Intellectuals*, Durham, Duke University Press, 1997, e reproduzida em *Literatura e Sociedade*, nº 6, 2001-2002, com tradução de Iná Camargo Costa]

Dimensão estética da realidade, dimensão real da forma artística

Fernando de Barros e Silva — *Você quer explicar o título do livro? Por que* Duas meninas? *Há ironia na inocência?*
Roberto Schwarz — Gostaria de ouvir a sua explicação.

FBS — Bem, a sua leitura de Dom Casmurro *é venenosa, e quem preparou o veneno, segundo você, foi a história do Brasil. No livro de Helena Morley a atmosfera é mais desanuviada, mas as dificuldades que a mocinha supera decorrem dos mesmos aspectos inaceitáveis do Brasil que derrotaram Capitu.*
RS — É isso mesmo. A simpatia incrível de Capitu e Helena vem das dificuldades que elas souberam contornar. A envergadura das meninas é proporcional ao alcance das questões que elas enfrentam. Para falar do encanto delas é preciso entrar em matérias sociais que são o contrário de encantadoras.

FBS — *Você quer comentar a ideia do livro? Ele tem unidade?*
RS — Também preferia ouvir o que você achou.

FBS — *Algum tempo atrás você me contou que* Duas meninas *seriam a primeira parte de um livro de crítica em que haveria de tudo, desde orelhas de livro e resenhas até discussões de teoria crí-*

tica e argumentos políticos, até um conto sobre a privatização de uma pinguela, com prós e contras. *Você desistiu da mistura? Se lembro bem, o título ia ser "Sempre a mesma coisa".*

RS — Desde que haja alguma coisa em comum aos trabalhos, sou a favor desse tipo de mistura, que a especialização acadêmica e o purismo das teorias literárias foram pondo de lado. Até onde vejo, a crítica que se fechou na literatura e se desinteressou do resto não saiu melhor ou mais científica, nem aliás mais artística.

FBS — *Mas então por que você preferiu um livro com delimitação de assunto? Ele não ficou menos misturado e mais exclusivamente literário?*

RS — Os amigos me convenceram de que assim haveria mais foco e que uma eventual discussão sairia ganhando.

O estudo sobre *Dom Casmurro* aponta as forças históricas escondidas na equação formal do romance. Esta, além de detetivesca, é sofisticada ao máximo. O estudo de *Minha vida de menina* faz o percurso inverso. Me impregnei o quanto pude dos apontamentos juvenis de Helena Morley, que são extraordinários, sem serem propriamente artísticos, e procurei pressentir as suas implicações formais. A sua organização latente retesa um tecido de uma consistência e complexidade de que poucos romances brasileiros podem se gabar.

Forçando um pouco a simetria: de um lado, o estudo social de uma forma; de outro, a apreciação formal de anotações do dia a dia em Diamantina, tomadas, como diz Alexandre Eulalio, "sem intenção de arte". Salvo engano, o universo comum que os dois livros tão diferentes permitem armar sugere especulações interessantes em vários planos, escapando às banalidades escolares sobre a existência ou inexistência de relações entre literatura e sociedade. Conforme explicava um professor meu, há uma certa reversibilidade própria aos estudos literários, que permitem chegar a uma visão aprofundada da realidade a partir da forma, e vice-versa. Seja como for, você vê que o meu livro continua alinhado no campo da mistura.

FBS — *Acho que não sei bem o que você entende por mistura. Você quer dizer que a turma da pureza, da arte separada, quer discutir questões de forma e de linguagem sem entrar noutras dimensões? Se for assim, qual o inconveniente?*

RS — Nenhum, salvo que sem estas dimensões ditas "externas" o debate artístico se esteriliza logo. Toda forma é forma de alguma coisa, e na ausência desta relação o essencial vai embora. A propósito, observe a mudança atmosférica em volta da revolução formal. No período explosivo, das vanguardas, esta sugeria modos de vida mais complexos e universais, que de um modo ou outro estariam para além das pautas burguesas. Hoje a pesquisa e o cálculo dos funcionamentos da forma viraram a rotina da publicidade, sem oposição ao objetivo mercantil. Os próprios efeitos de distanciamento e desautomatização, a marca registrada da linguagem moderna, que ambicionavam sacudir o público e despertá-lo de seu sono histórico, agora servem para aliciar o consumidor ou para impedir que ele troque de canal de TV. Assim, se é que é verdade que nalgum momento a desautomatização por si só chegou a significar liberdade ou qualidade, isso já não é o caso.

FBS — *Mas o que isso tem a ver com* Dom Casmurro *e Helena Morley?*

RS — Como é óbvio, *Minha vida de menina* não tem nada de vanguardista. Mas o livro, que ao contrário de quase tudo não está velho, fala à simpatia e à insatisfação modernas. Há muitas razões para isso, algumas próximas do *kitsch*. Mas há outras que

Seja como for

são boas. O leitor, desde que se convença da organização muito rica e mais ou menos involuntária presente nas anotações da menina, sente-se chamado a uma atitude de etnólogo amador, atento a todas as conexões possíveis, sem preconceitos, que é um análogo do estado de espírito aberto e alerta que a arte moderna desejou suscitar. Será que me engano imaginando que o nosso interesse é tonificado pelo caráter real dos apontamentos e de sua forma tácita, que não é teleguiada pelo mercado? E se o nexo de realidade for um ingrediente estético peculiar?

Dizendo de outro modo, o motivo atual de simpatia pode estar na forma com vigência ordenadora forte, capaz de grandes revelações, sem que no entanto responda a um desígnio de ficção ou de artista. A pesquisa artística dos segredos da forma, da linguagem e da ficção foi levada ao impasse pela sua colonização mercantil, à qual os seus achados aproveitam. É claro que não são os apontamentos de Helena Morley que vão mostrar a saída. Mas a textura relacional tangivelmente infinita dos apontamentos, desprovida de propósitos artísticos mas dotada de âncora real, além de favorável à inteligência e ao espírito crítico, marca uma posição estética (que seria ridículo imitar). Como no fundo já não acreditamos em propósitos individuais que prestem, uma forma em que estes fiquem em suspenso passa a ter apelo. Como gosta de dizer Helena à mãe dela, "pense e responda".

FBS — *Fale um pouco sobre* Dom Casmurro.

RS — A invenção mais complexa e desconcertante de Machado de Assis é o narrador de seus romances, que na minha opinião se deve entender como uma personagem entre as demais, com interesses particulares, além de pouco estimáveis, no polo oposto da compreensão imparcial e confiável que costumamos buscar em literatura.

Dimensão estética da realidade, dimensão real da forma artística

FBS — *Você tem certeza? Na escola o meu professor de Educação Moral e Cívica dizia que* Dom Casmurro *é o refinamento sentimental supremo e que todos os brasileiros nos deveríamos mirar nele.*

RS — A tese do narrador pouco estimável é inesperada, porque a qualidade muito alta da prosa, parecendo estranha ao mundo acanhado das outras figuras, serve de disfarce, de garantia moral. Tem cabimento desconfiar do cavalheiro cético e requintado — a superioridade em pessoa — que está por detrás da escrita? Como duvidar da sua isenção e de seus juízos? À primeira vista, Brás Cubas, Dom Casmurro e o Conselheiro Aires são modelos culturais a imitar. A mesma coisa para o estilista perfeito que tem a palavra no *Quincas Borba*. Entretanto, se entendermos que além de protótipos de classe dominante eles são objeto da denúncia deliberada, ferina e meticulosa do romancista, a ficção machadiana dá o salto para o genial.

A ousadia do procedimento é grande, e por isso mesmo de assimilação difícil. O escritor cultiva as qualidades intelectuais mais ambicionadas pela elite, trata de as aperfeiçoar a um grau inédito na literatura brasileira, mas com o propósito de lhes expor o funcionamento de classe na sua crueldade completa. A viravolta transforma o manual de elegância para gente fina — que é como a ficção machadiana foi lida inicialmente — numa prosa de extraordinário teor de crítica social. Aperfeiçoar, mas para derrubar de mais alto.

FBS — *Explique mais um pouco.*

RS — O exemplo acabado desta estratégia encontra-se em *Dom Casmurro*, com a sua utilização sarcástica do ultraconformismo. Como todos sabem, trata-se da recordação poética dos amores juvenis de Bentinho e Capitu, seguida pela crônica da felicidade conjugal dos dois e do adultério cometido pela mulher, que deu à luz um filho parecido com o melhor amigo do marido. Nada mais indiscutível que a pureza do primeiro amor de um menino e que a maldade das filhas de Eva, que pecam por instinto e por isso mesmo são sedutoras e deixam desolados os moços bons. Estes chavões, entrelaçados a uma coleção imbatível de cenas caras ao convencionalismo saudosista, logo se tornou a unanimidade nacional.

Demorou sessenta anos até que uma professora norte-americana, estranhando a leitura bárbara que Bentinho faz do *Otelo* de Shakespeare, descobrisse que Machado não queria celebrar, mas criticar aqueles clichês do patriarcalismo. Estava desfeita a cilada que o romancista havia armado para os seus leitores, certamente com propósito crítico. O que diria ele se soubesse que a sua bomba-relógio iria levar mais de meio século para estourar?

FBS — *Pensando bem, uma bomba tão póstuma não deixa de ser um problema. Dá para imaginar um fabricante de bombas que não cuide de eficácia?*

RS — De fato, a técnica de Machado é fantasticamente agressiva, ao mesmo tempo que disfarçada, para não dizer abafada. Cem anos depois, a questão da eficácia é matéria vencida. Mas a denúncia violenta embrulhada em roupagem ostensivamente conformista forma uma combinação especial, que não é fácil de interpretar. A absoluta vitalidade que Machado conservou, ou mais exatamente, que ele vem adquirindo, tem a ver com esta construção. É questão para pensar.

FBS — *Você deu continuidade a uma linha de leituras anteriores?*

RS — É o que eu ia contar. O livro de Helen Caldwell, *The Brazilian Othello of Machado de Assis*, tem dois focos: o uso que o escritor faz de Shakespeare e os estragos produzidos pelo ciúme, entre os quais a condenação e ulterior difamação de Capitu pelo seu marido. A viravolta produzida na leitura de *Dom Casmurro* não podia ser mais radical, mas o âmbito da reconsideração inicialmente se limitava às relações entre marido e mulher. O passo seguinte foi dado por um machadiano inglês, John Gledson, que observou que a caracterização de classe de Bentinho e Capitu é muito rica e fiel às peculiaridades da estrutura social brasileira, o que imprimia um caráter historicamente específico ao conflito. Machado, como bem lembra Gledson, trabalhava na invenção de intrigas que fossem significativas de um ponto de vista nacional. A propósito, não deixa também de ser historicamente sugestivo que a virada na interpretação deste romance tão preso aos aspectos mais idealizados da dominação de classe no Brasil tenha sido obra de críticos estrangeiros. Dito isso, meu trabalho retoma estas conclusões e trata de vê-las em termos da dinâmica interna do romance, a qual procuro caracterizar como problema a um só tempo histórico e estético, que trato de interpretar em seu rendimento.

FBS — *Li a Helena Morley e achei o livro cândido, nada a ver com o cipoal de perfídias que você explora em* Dom Casmurro. *Não será forçado aproximar mundos tão diferentes?*

RS — Se a linha de contato não for arbitrária, a diferença aumenta o interesse da comparação. Mas antes de comentar os pontos em comum, devo dizer que *Minha vida de menina* não precisa da vizinhança de *Dom Casmurro* para ser um ótimo livro. É ler para constatar. Dito isso, postas lado a lado, as duas obras tornam tangível o que se poderia chamar de "matéria brasileira": um conjunto de relações altamente problemático, originário da Colônia, solidamente engrenado, incompatível com o padrão da nação moderna, ao mesmo tempo que é um resultado consistente da própria evolução do mundo moderno, a que serve de espelho ora desconfortável, ora grotesco, ora utópico (nos momentos de euforia). A tenacidade desta estrutura é ponto assentado de nossa historiografia social. O que procurei indicar no meu livro é que vários momentos fortes da inteligência brasileira, inclusive as invenções literárias mais originais, lhe respondem de forma também estrutural e lhe devem a relevância.

FBS — *Vamos voltar à comparação de* Minha vida de menina *e* Dom Casmurro?

RS — O narrador especioso de Machado de Assis reúne uma fina estampa, aparentando máxima civilidade, às prerrogativas da propriedade em terra de escravos, agregados e gente pobre sem direitos. Os meandros meio inconscientes e meio cínicos desta figura, que sem exagero sintetiza e revela um aspecto da incongruência mundial, são uma grande especialidade machadiana. É claro que no livro de Helena Morley, que não tem maiores intenções de arte, não há dispositivos narrativos com essa potência ou grau de deliberação.

Entretanto, as mesmas relações que em *Dom Casmurro* estão condensadas e violentamente atritadas no íntimo do narrador, em *Minha vida de menina* se encontram em ordem dispersa, mas variada e cheia de correspondências. A intensidade e a vertigem moral não se comparam, mas a complexidade e o interesse dos mesmos conflitos estão lá. Espelhados um no outro os livros dizem muito sobre a dimensão estética da realidade e sobre a dimensão real de um artifício artístico supremo como é o narrador machadiano.

FBS — *Você escreve páginas e páginas sobre a qualidade literária de* Minha vida de menina. *Será que você não acabou gostando mais de Helena Morley que de Machado de Assis?*

RS — Não são livros ou autores que compitam. Mas de fato a beleza eventual da escrita que não tem ambição de arte é um tópico interessante, que convida a crítica a sair do espaço um pouco estreito das teorias literárias do momento. Além disso havia o desafio de persuadir o leitor de que o livro de Helena Morley é mais do que engraçadinho.

FBS — *Os episódios de Helena são singelos. Você os aproxima, contrasta, concatena etc., para fazer que surja a sua complexidade. Não pode haver exagero nisso? E você não corre o risco de estar fazendo a propaganda de um realismo simplório, que aposta no alcance de anedotas triviais?*

RS — A pergunta é boa. A ressonância entre os episódios de *Minha vida de menina* é grande e do maior interesse. O leitor vai verificar se exagerei e se as relações que procurei indicar não estão lá. Quanto à propaganda do realismo, garanto que não é isso. Não há dúvida que a graça do livro está na simplicidade das anedotas, que vão multiplicando aspectos, às vezes complementares, às vezes contraditórios, até compor um universo de complexidade surpreendente. E é verdade também que, quando ela é possível, a simplicidade complexa tem algo sem igual. Mas ela é possível só raramente, na dependência de circunstâncias históricas que procurei sugerir.

FBS — *A certa altura você compara a simplicidade de Helena à prosa túrgida de algumas grandes figuras da virada do século. Você está mesmo querendo dizer que ela escreve melhor que Euclides ou Raul Pompeia?*

RS — A palavra não seria essa, mas de fato me parece monstruosa a salada que junta naturalismo e parnasianismo, *écriture artiste* e racismo científico, eloquência épica e terminologia técnica. Por momentos a mistura chega a ter um rendimento estético à revelia, pela enormidade da alienação. O lado nocivo surge quando se trata dos pobres, que em lugar de serem percebidos na posição de classe complementar à de quem fala, são colocados na escala evolutiva das raças, das religiões, dos estratos geológicos, a uma distância de milênios, quase que fazendo parte de outra espécie. O contraste com a prosa franca e espirituosa de Helena, inimiga de afetações de superioridade, é grande. Por ser criança e não ser escritora, ela passa ao largo das alienações ideológicas e artísticas em que se enroscou parte dos intelectuais da época. Escolada na informalidade familiar, íntima de toda sorte de trabalhos, bem como da pobreza e dos ridículos do mando, a menina não erra na escrita, e muitas vezes acerta de forma arrebatadora. Seja pelas causas, seja pelos efeitos, a diferença merece reflexão.

FBS — *É verdade que você está pensando em comparar Machado de Assis e Henry James?*

RS — Alguém devia aproximá-los, porque vale a pena. A entrada podia estar no uso crítico que os dois fazem do ponto de vista. Já se escreveu muito sobre a técnica dos refletores, em que as personagens são vistas umas através das outras, desaparecendo o prisma onisciente, que era superstição. A técnica é essa, mas o seu peso cresce muito quando ela é atravessada por diferenças que não sejam apenas individuais, noutras palavras, quando o espelhamento recíproco diz respeito à própria estrutura do processo, incluídas aí as classes sociais. Em James, por exemplo, o comercialismo meio puritano ou o puritanismo meio comercial da cultura norte-americana vê seu reflexo lamentável nos olhos tão prezados da civilizada Europa, cujo amálgama burguês-feudal entretanto lhe causa sagrado horror. A integração e ocasional oposição dos ângulos bárbaro e civilizado nos cavalheiros machadianos já foi comentada.

Dimensão estética da realidade, dimensão real da forma artística

James e Machado foram leitores atentos de seus predecessores nacionais e trataram de tirar proveito do trabalho destes, de modo a tornar mais representativo o seu próprio. Os dois conseguiram desprovincianizar a experiência de seus países, mal ou bem, periféricos, de modo a vê-la como um problema contemporâneo etc.

* * *

FBS — *Qual o impacto do governo Fernando Henrique Cardoso na intelectualidade de esquerda?*

RS — Não sei se a pergunta é boa. No substantivo, a esquerda está em crise por causa de uma mudança havida no capitalismo mundial, e não por causa do governo Fernando Henrique Cardoso. A mudança foi objetiva e deslocou as balizas políticas nacionais com que o reformismo, como aliás a revolução, costumavam contar. Sumariamente, as reformas da esquerda dependiam do fortalecimento do campo popular em face do Estado e do capital assentado no país. Com a atual preponderância e mobilidade do capital mundializado, que pode sempre preferir outras plagas, o alcance daquele fortalecimento ficou menor, e com ele a própria esquerda, enquanto não conseguir uma expansão paralela à do capital. Essas coisas é bom lembrar para que não se descarreguem no governo Fernando Henrique Cardoso dificuldades que a esquerda, se estivesse lá, encontraria igualmente ou em maior escala.

Acontece que Fernando Henrique, antes de articular a aliança de centro-direita que o levou à presidência, foi um dos líderes intelectuais da esquerda. Uma parte desta o acompanhou, outra ficou contra, e uma boa dose de azedume de parte a parte foi inevitável. Mas do ponto de vista intelectual é interessante notar a continuidade nas análises de Fernando Henrique Cardoso, que até onde vejo não mudaram muito de estilo. Se isto for exato, os adversários de esquerda poderíamos questionar-nos a respeito de nosso próprio arsenal de categorias, próximas das dele, quando não formuladas por ele mesmo. Desenvolvimentismo, primado da economia, análise de classes, visão fria da dinâmica internacional, todos esses méritos do marxismo razoável são compatíveis com a linha do governo atual. As consequências a tirar dão para todos os gostos. Seria razão para apoiar o governo Fernando Henrique Cardoso? Para lhe dar apoio crítico? Seria razão para rechaçar a teoria? Para revê-la e examinar os pontos em que ela pode deixar de ser anticapitalista? Ou ainda, seria razão para fazer oposição sem teoria, diretamente inspirada no intolerável da fratura social?

De outro ângulo, é claro que um governo tão cheio de intelectuais toca os intelectuais, que mal ou bem, convicções à parte, veem os seus atributos postos à prova. Se não me engano, a urbanidade e clareza com que o presidente é capaz de se explicar na televisão representou uma novidade para o país e mostrou virtualidades inesperadas na profissão de professor. Mas é claro que volta e meia o Brasil entra pela janela e transforma em chanchada a aula que ia tão bem.

O horizonte do governo Fernando Henrique Cardoso é de atualização capitalista. Apesar do progressismo ostensivo, a ênfase que resulta é intelectualmente conservadora. Ela concentra o foco na diferença que nos separa dos países ricos, o que os transforma em padrão de excelência, aceito de maneira acrítica. Todo leitor de jornal entretanto sabe que eles estão em dificuldades, em parte parecidas com as nossas. Aliás, a necessidade de captar os investimentos estrangeiros protege do debate a feição socialmente absurda de seu movimento errático, o qual teria justamente de ser criticado. Além disso, nada indica que a atualização seja de fato generalizável para a população, e muito menos para o conjunto das nações, que anda esquecido. É muito possível que a atual falta de brilho de nosso debate intelectual se deva a essa situação nova (aliás antiga): a busca da solução para o país através do acatamento da ordem internacional que é a causa do problema. O vigor intelectual do período anterior se deveu justamente à articulação entre a crítica da ordem social interna e a crítica da ordem internacional, que emprestava vibração e relevância contemporânea aos debates nacionais, que mal ou bem tinham algo a ver com a melhora da humanidade e com a compreensão da feição inaceitável tomada pelo progresso.

[Entrevista a Fernando de Barros e Silva publicada em "Mais!", *Folha de S. Paulo*, 1º de junho de 1997]

Meninas assombrosas

LEANDRO SARMATZ — *O primeiro texto de* Duas meninas, *"A poesia envenenada de* Dom Casmurro*", analisa o fenômeno do favor na sociedade brasileira sob o prisma privilegiado de Dom Casmurro. O texto pode ser lido como um encerramento dos estudos iniciados em seu livro* Ao vencedor as batatas? *Ou Machado ainda voltará a ser motivo de próximos estudos?*

ROBERTO SCHWARZ — Machado tinha a preocupação de não se repetir, ao mesmo tempo que girava em torno de uns poucos temas. Isto deu à obra dele um caráter de variação metódica, ou também de exploração sistemática. Essa persistência nos problemas e a capacidade de aprofundá-los são traços raros num meio artístico pouco exigente como o nosso. Nos seus primeiros romances, por exemplo, ele estudou o contexto brasileiro de ascensão de classe, com destaque para as humilhações inerentes ao mecanismo do favor. Estas são examinadas sucessivamente em chave cínica, em chave de suscetibilidade cristã e em chave desencantada, cada qual com as suas razões. Os romances da fase madura também são escritos de pontos de vista diferentes, que pedem comparação. Voltando à sua pergunta, acho que ainda tenho bastante Machado de Assis pela frente.

LS — *Na análise de* Dom Casmurro, *o senhor não esquece de comentar que o narrador-promotor espalha pelo livro inúmeras pistas que sugerem o caráter de adúltera de Capitu, mostrando seu "calculismo" e suas inclinações adúlteras desde a mocidade.* No entanto, algumas pistas no romance sugerem também a personalidade de Bentinho. *Há uma passagem em que ele está louvando os dotes matemáticos de Escobar e diz que para ele dividir sempre foi difícil. Não haveria aí um escorregão nas táticas de incriminação de Capitu e uma confissão involuntária de ciúme gratuito, plantada com a maestria habitual de Machado?*

RS — De fato, *Dom Casmurro* tem algo de um romance policial em que o culpado fosse o próprio narrador — ou o próprio detetive. O Casmurro vai espalhando as pistas de modo a convencer a si mesmo e ao leitor da falsidade de Capitu. Ao mesmo tempo, ele deixa escapar os indícios que, uma vez notados, fazem do acusador, que é ele, o acusado principal do livro. Esta autodenúncia "involuntária" do narrador naturalmente foi planejada nos mínimos detalhes por Machado de Assis, com engenho e sarcasmo supremos. Você lembrou muito a propósito a passagem em que Bentinho, pouco à vontade com números, confessa que tem dificuldade para "dividir", expressão cujo significado aritmético de primeiro plano pode não ser o único. A passagem mais clara, sob esse aspecto, é o uso absurdo que Bentinho faz do *Otelo* de Shakespeare, que ele não entende como a tragédia do ciúme, mas como outra prova mais do direito de vingança dos maridos. Além disso, vale a pena notar que a autodenúncia do Casmurro não se esgota no âmbito do desastre conjugal. No caso, o marido que desconfia da mulher é também o proprietário abastado, bacharel culto e elegante, que desconfia dos motivos de seus dependentes, entre os quais a vizinha inteligente, de origem modesta, com quem se havia casado. A desconfiança amorosa se alimenta das certezas do preconceito de classe. Assim, o rendimento da autodenúncia de Bento Santiago se estende à ideologia e à autoridade social da elite brasileira, figurada em suas formas específicas de poder. Neste sentido, a crítica machadiana tem uma dimensão de classe de grande alcance.

LS — *Como surgiu a ideia de estabelecer vínculos entre* Dom Casmurro *e* Minha vida de menina?

RS — Eu já conhecia bem o romance de Machado quando li *Minha vida de menina* pela primeira vez. Notei logo as feições comuns a Capitu e Helena Morley, em especial o gosto das meninas pela inteligência, na qual apostam, mas também os modos de reagir e falar, a ideia que fazem do trabalho, das diferenças sociais, dos laços familiares, da religião, a aversão ao obscurantismo autoritário etc. Estes traços remetem a semelhanças de situação social-histórica, a qual num caso condiciona a vida diária de uma garota da vida real e no outro confere sentido aos atos de uma personagem de ficção. Dizendo de outro modo, aquela situação dá lógica, ou dá forma, tanto à vida prática quanto a um grande romance. Acontece que para a teoria literária de nosso tempo, com honrosas exceções, a organização interna da ficção nada tem a ver com a organização da realidade, não tem nada a dizer a respeito, nem pode ser esclarecida através dela. Como sou da opinião contrária, achei que a aproximação entre *Dom Casmurro* e *Minha vida de menina* podia causar uma boa discussão. Não porque sejam obras iguais, ou de mesma espécie, e muito menos porque tivessem influenciado uma à outra, mas porque compartilham dinamismos de estrutura, engendrados pela vida social. Em lugar das estéreis questões de escola sobre a possibilidade ou impossibilidade de confrontar literatura e sociedade, tomei como ponto de partida uma semelhança promissora e tratei de ver no que dava. Mudando de plano, *Dom Casmurro* é um livro terrível, ao passo que o de Helena Morley é um livro alegre. Levado em conta o arcabouço comum, a diferença compõe um problema e pode ser elucidativa.

LS — *O senhor acha que depois de seu esforço crítico para incorporar* Minha vida de menina *à tradição literária brasileira a história da prosa nacional do século XIX terá que ser reescrita?*

RS — Não é muito seguro que os diários da menina pertençam inteiramente ao século XIX, pois podem ter sido bastante escovados, reescritos ou até inventados pouco antes de sua publicação em 1942. Neste caso, a naturalidade enxuta de sua prosa seria pós-modernista, o que afeta a avaliação. Enquanto a família da autora não mostrar os manuscritos, essa questão fica aberta. Salomonicamente, imagino que os cadernos sejam mesmo de 1893-95, mas que tenham sido arrumados para sair em volume por um adulto a quem a nova atmosfera criada pelo modernismo, pela revolução de 1930, por Gilberto Freyre e pela literatura infantil de Monteiro Lobato tenha liberado dos complexos beletrísticos tradicionais.

Seja como for, o verdadeiro enigma crítico está na grande qualidade literária do livro. Esta se impõe quando deixamos de lhe admirar as anedotas isoladamente. Desde que olhemos o diário no conjunto de suas entradas, desenvolvemos o tino para a riqueza de suas relações e ressonâncias internas, riqueza que surpreende e, ao que tudo indica, é um resultado involuntário. Aí está o complexo das relações sociais características do Brasil recém-descolonizado, com as suas malformações pedindo resposta e superação, tudo visto com a multilateralidade própria ao bom romance. Há ainda o acerto irretocável da linguagem e o absoluto frescor: os apontamentos não envelheceram nem um pouco.

LS — *E quanto à tradição literária?*
RS — Não se trata de promover um Fla-Flu, para promoção de uns e prejuízo de outros. Mas é certo que os livros não envelhecem igualmente e que alguns remoçam. Estes movimen-

tos compõem problemas a cuja discussão a crítica não deve fugir e que são a sua razão de ser. Como não ver hoje que uma parte da literatura brasileira da virada do século estava ofuscada por padrões degradados e regressivos de ciência e de rigor formal, presumidamente modernos, na verdade ultraprovincianos, em que se expressavam preconceitos crassos de classe e raça, aspirações autoritárias etc? São livros que hoje só se leem dando um desconto. Ao passo que outros, Machado de Assis à frente, cresceram com o passar do tempo. Por razões que tratei de discutir, os diários de Helena Morley, embora escritos sem intenção de arte, pertencem a esse segundo grupo.

LS — *Sem mencionar Machado, o senhor não está sendo muito cruel em seu juízo ao afirmar que um século que teve as prosas de Euclides da Cunha e Raul Pompeia pode ser representado de forma mais eficaz pelo diário de uma menina interiorana, que o escreveu sem "intenção de arte"?*

RS — O grosso da crítica moderna supõe que a realidade seja um caos a que o artista imprime a forma. Daí a ideia de que na ausência de intenção de arte o que sobra seja informe e sem valor. Ou ainda, que toda forma que encontramos numa obra seja o resultado das intenções do artista e criação exclusiva de seu trabalho. Ora, nada disso corresponde ao que de fato sabemos. Todos conhecemos a experiência da forma, da beleza e da pertinência estética na ausência do propósito de arte, assim como conhecemos o propósito de arte que não dá certo. Hoje, quando vivemos a colonização quase total do esforço artístico pela mercantilização, é possível até que as experiências estéticas decisivas se produzam à revelia do âmbito das intenções, justamente nas frinchas desastradas, onde o processo de pasteurização comercial-estético da vida não se completa ou, por outra, fracassa, deixa ver outras dimensões etc. Voltando à literatura brasileira da virada do século, me parece claro que hoje ela nos fala sobretudo através de sua inadequação. Veja-se o caso extremo de *Os sertões*, onde o aparato das convicções e dos conceitos de Euclides e de sua geração desmoronam, dando um espetáculo imponente, algo como a implosão de uma gigantesca edificação errada. Para tomar outro exemplo, Antonio Candido mostra que *O cortiço*, de Aluísio Azevedo, é um livro bem mais social e crítico do que supunha o romancista: a sua dinâmica profunda é dada pelo ritmo brutal da acumulação econômica, a mola da intriga, a qual atropela, confundindo-o, o aparato conceitual racista e xenófobo sobre o qual descansa a arquitetura explícita do romance. Onde o escritor fazia distinções de raça e nacionalidade, o andamento da ação mostra o funcionamento das classes. Nos dois livros, a forma que hoje está viva não é a que o artista pôs lá, mas a que resulta de seu naufrágio, no qual sentimos a força do processo histórico que a desqualificou e reduziu a entulho. Há nisso uma experiência estética e crítica, alusiva a nossos desastres nacionais, extensiva aos desastres de nossa civilização em sentido amplo, mas o peso antiartístico do entulho, da matéria cuja nulidade a história evidenciou, é difícil de negar.

 LS — *Não é um caminho perigoso para um crítico literário a valorização da obra não artística, a opção pelo supostamente "autêntico", pelo que não teve a mediação de um artista?*
 RS — Ora, por ser escrito do ângulo infanto-juvenil e sem maiores pretensões de arte, *Minha vida de menina* passa ao largo das alienações ideológicas e estéticas que obnubilaram uma parte da literatura da época. Nem por isto o livro é informe, muito pelo contrário. O sistema de relações sociais que ele observa e anota no dia a dia é mais do que regrado. O enfoque de Helena, por sua vez, pautado pela pouca idade, pela condição feminina e pela situação de prima pobre, bem como pela irreverência es-

clarecida e relativizadora, compõe também uma figura de narrador-analista das mais definidas. Finalmente, a estética juvenil de Helena, pré-literária mas claramente amiga da inteligência, bem como inimiga de empolamentos, anima uma prosa familiar e exata, de muita qualidade. Entre parênteses, se a garota embirra com a fala alambicada é porque nota nela o prolongamento estilístico da desigualdade social. Em suma, a força de seu livro se deve ao acerto e à profundidade da forma, decorrência de um esforço intelectual memorável e tenaz, que no essencial, entretanto, não ocorreu no âmbito da especialização literária instituída. O que naturalmente não quer dizer que em geral a obra de não artistas seja boa, nem muito menos que as obras de artistas sejam más em geral. Para terminar, a qualidade do livro não se explica pela sinceridade da menina, que é variável. A sua força se deve em primeira instância à incrível capacidade de ir ao essencial dos casos, um atributo-chave do artesanato do bom narrador, e em seguida, mas decisivamente, à riqueza e à profundidade das conexões internas do conjunto, dimensão que terá sido involuntária no essencial e que compõe um sistema objetivo e infinito, à maneira da grande arte. A sua forma é tão passível de análise crítica quanto a de qualquer bom romance.

LS — Dizer, como o senhor diz, que a forma não seria um atributo exclusivo da arte não é uma leitura excessivamente marxista da noção de forma? A propósito, a crítica marxista seria tão eficaz quanto é para Machado e Helena Morley se fosse aplicada a algum autor que deixasse a representação da sociedade como carta fora do baralho?

RS — Você me pergunta se a crítica marxista pode dar conta de formas de arte distantes do realismo, ou por outra, de formas de arte modernas. Acho inútil responder estas questões em termos de princípio, de pode-não-pode. Os estudos de Adorno sobre Kafka e Beckett ensinam coisas novas que devem alguma coisa ao ponto de partida marxista? O marxismo tem parte no que aprendemos com Walter Benjamin sobre Kafka, Baudelaire, Karl Kraus, Brecht ou Proust, sobre o significado estético-político da reprodução técnica das obras de arte? Até onde vejo, o conjunto de estudos mais agudo e consistente sobre a arte moderna se deve ao marxismo não ortodoxo. Embora os regimes que se pretendiam comunistas tenham estimulado estéticas retrógadas e apologéticas, a afinidade, que não exclui desencontros, entre as vanguardas estéticas e a crítica marxista da ordem burguesa me parece segura. Não é à toa que hoje as duas estejam fora de moda. Quanto à existência extraestética das formas, ela é uma afirmação corrente da Antiguidade clássica, e não uma tese particular ao marxismo. A contribuição específica deste liga-se à análise do papel determinante da economia na sociedade moderna, onde a forma-mercadoria se generaliza de maneira inédita, sujeitando à sua lógica a quase totalidade do social. A seu tempo, esta análise foi crítica e subversiva, pois a autonomia da moral, da política, da justiça e da arte, para não falar da religião, que planavam acima das vulgaridades do interesse econômico, fazia parte da auréola do *establishment*, encobrindo os inconvenientes da dominação de classe. Hoje o *establishment* virou materialista, ou paramarxista, e o primado do interesse econômico passou de chaga secreta a justificação oficial, capaz de relativizar as exigências justamente daquelas esferas antes ditas autônomas e incondicionadas. Você tente dizer a um proprietário de TV que o tempo, a linguagem, a estética ou a inovação técnica nada têm a ver com critérios mercantis... Assim, a desmistificação marxista ficou sem assunto. A não ser que outra tese de Marx, segundo a qual a lógica mercantil é anárquica e cega, faça escola e ensine a ver como calamidade a sociedade que hoje é aspiração geral.

LS — *A propósito das relações sociais brasileiras, o senhor diz em* Duas meninas *que a informalidade é o remédio a que os males não resistem. Este traço de informalidade seria responsável, até hoje, pela aparência menos petrificada do que realmente é a estrutura social do Brasil desde a escravidão?*
 RS — De fato, a nossa informalidade é a outra face da falta de direito dos pobres. Não tendo garantias gerais, estes se ajustam como podem, à margem da segurança da lei, que a cidadania deveria garantir. À parte o lado calamitoso, que é o principal, esta precariedade tem também um lado revelador, além de tocante, pois intensifica a dimensão pessoal das relações, privadas dos andaimes de impessoalidade ou de generalidade da ordem burguesa. Dentro de extremos de alienação, há lampejos de desalienação que surpreendem. Não justificam nada, mas existem.

LS — *Ainda sobre o favor. O bilhete de ingresso das classes menos privilegiadas na cultura moderna, leia-se burguesa, é o trabalho assalariado. O trabalho livre na época de Capitu e Helena Morley ainda era muito problemático — o homem pobre tinha que se submeter a um trabalho quase escravo ou então aceitar a benevolência da oligarquia, que eventualmente poderia lhe abrir a porta de casa, aceitando-o como agregado, e aí ele poderia viver por meio de expedientes mais ou menos aceitáveis. Por que somente Machado soube enxergar esse traço cruel da sociedade brasileira? A resposta estaria na própria infância de menino pobre, protegido, do escritor?*
 RS — É difícil dizer porque uma pessoa e não outra viu ou não viu alguma coisa. Não faltaram meninos pobres e protegidos no século XIX brasileiro, mas só um foi um romancista com estatura mundial. Na verdade não se trata de ver ou não ver, mas de analisar e reconstruir a experiência comum, de modo a fixá-la e transformá-la em configuração tangível e em problema que exista para o espírito. Desse ângulo, a solução decisiva elaborada

na ficção machadiana foi, a meu ver, o casamento metódico da norma burguesa com os padrões de conduta do clientelismo. É claro que na vida real o seu espelhamento recíproco e as ironias decorrentes não eram a tônica de todos os momentos. Ao fazer deste acoplamento a célula elementar de sua concepção, bem como a regra de sua composição, Machado generalizava à maneira artística. Produzia uma figura intensificada da realidade nacional, onde um termo não aparecia sem o outro, que o qualificava. Neste sentido, Machado terá sido um dos poucos escritores brasileiros para os quais a informalidade não era nem o remédio a que os males não resistiam, nem o erro que uma postura parnasiano-científico-literaloide saberia extirpar. Como a opção por uma ou outra atitude era irreal, Machado preferiu acompanhar o que pudesse resultar — para usar um termo dele — "desse conúbio".

[Entrevista a Leandro Sarmatz publicada em *Zero Hora*, 2 de agosto de 1997; o autor agradece ao entrevistador por recuperar o original impresso do texto para esta edição]

Maio de 1968

Ricardo Musse — *Como o senhor acompanhou os acontecimentos de maio de 1968?*

Roberto Schwarz — Em 1968 a efervescência política no Brasil havia aumentado e passara ao enfrentamento direto com a ditadura. Era este o contexto em que a oposição jovem lia o noticiário internacional e também o da França. É claro que algo das palavras de ordem francesas passou para as nossas ocupações de universidades e de fábricas, aos enfrentamentos de rua etc., dando a estes uma vibração, por assim dizer, atualizada e planetária, além de enriquecer o repertório das nossas aspirações assumidas. Mas no essencial a agitação aqui tinha base interna, no quadro de classes brasileiro, e propunha tarefas diferentes das parisienses e nem por isso menos contemporâneas.

Em meu grupo mais chegado na faculdade, foi determinante a chegada de João Quartim, pouco antes de maio. O hoje pacato professor passara alguns anos na França estudando filosofia e aprendendo política de extrema-esquerda, cujos temas e expoentes conhecia no detalhe. Quando os jornais começaram a dar notícia da nova insolência contestatária dos estudantes franceses, nós já tínhamos familiaridade com o fenômeno. De fato, Quartim voltara da Europa em grande forma, determinado a tomar responsabilidades revolucionárias e "mudar a vida", para lembrar o mandamento de que ele gostava. A sua disposição para o enfrentamento incluía a impertinência, em especial a provocação antiautoritária, deliberadamente carregada de fórmulas cultas e de chavões ridículos da Faculdade de Direito. Para bem e para mal, era uma presença juvenil que fazia o mundo respeitável subir pelas paredes.

RM — *Como o senhor vê hoje o Maio francês?*

RS — A pesquisa e a bibliografia a respeito devem ser imensas e com certeza deixam mal quem esteja falando só de memória, como leitor de jornal da época. As perguntas do próprio momento sempre diferem das que vêm depois. Passado o tempo, o historiador busca as causas de que os contemporâneos tinham pouca notícia. A insurreição parisiense respondia ao início de uma nova etapa do capitalismo? Manifestava uma correlação demográfica nova, em que o peso da juventude era maior? Acompanhava transformações na maneira de produzir, que tornavam obsoletas as formas anteriores da divisão social do trabalho? Era o peso específico da classe operária que começava a decrescer? O controle soviético sobre a esquerda no mundo já não era o mesmo?

Há estudos documentados sobre tudo isso, dos quais sei pouca coisa. Uma questão que me intriga é a unidade do mundo que se parecia preparar, num plano diferente do atual: qual o nexo das explosões da Revolução Cultural chinesa, de Berkeley, Paris, Praga, as capitais brasileiras etc.? Essa ligação sem fio conhecido e tão cheia de promessas era ilusória?

RM — *Maio de 1968 foi o fecho de uma série de revoluções que se iniciaram em 1789 ou teria sido o início de uma nova forma de fazer política?*

RS — Há um artigo muito desabusado de Robert Kurz,

chamado "Os últimos combates", que merece reflexão.[1] A despeito da amplitude das greves e dos acordos salariais obtidos, Kurz insiste no caráter mais cultural do que econômico da revolta, que não visaria seriamente a ruptura com a reprodução mercantil da sociedade, ou seja, não apontaria para além do capitalismo. A falta de alternativa real faria que no essencial aquele imenso movimento não fosse para valer. Talvez seja assim, mas há também avaliações contrárias, e o melhor que faz o leigo interessado é ruminar os argumentos pensando nos dias de hoje. Nestas coisas a verificação interior não deixa de ser um documento: no que me diz respeito, não sinto que o imaginário de 1968 esteja morto. A crítica à religião do trabalho, da autoridade, do consumo, do mercado, da família, da propriedade, da tecnocracia, deixou de interessar? A ideia de que sob o calçamento do shopping exista a praia não nos atrai?

[Entrevista a Ricardo Musse publicada sob o título "Visões do paraíso", junto a outras entrevistas de Fernando Henrique Cardoso, José Arthur Giannotti, Luiz Felipe de Alencastro e Paulo Eduardo Arantes, em "Mais!", *Folha de S. Paulo*, 10 de maio de 1998, dedicado aos movimentos sociais de 1968 pelo mundo]

---

[1] Publicado em *Novos Estudos CEBRAP*, vol. 3, n° 46, nov. 1996, com tradução de José Marcos Macedo, e depois em livro pela coleção Zero à Esquerda (Petrópolis, Vozes, 1997). (N. da E.)

Sequências brasileiras

FERNANDO DE BARROS E SILVA — *Por onde você quer começar?*

ROBERTO SCHWARZ — Pelo título e pelo índice.

FBS — *O seu livro contém perfis biográficos, crítica literária propriamente dita, panoramas e balanços de época, crítica dos críticos, autoexplicações, alguma política e até um conto. No meio há um ensaio sobre a atualidade de Brecht e uma apresentação das ideias de Robert Kurz sobre o colapso da modernização. O que têm a ver as* Sequências brasileiras *do título com este conjunto?*

RS — Os ensaios, mesmo quando tratam de Brecht ou Kurz, dizem respeito ao Brasil. Não é por verdeamarelismo. O que aprendi é que ao aprofundar as questões, ao examiná-las nos termos da experiência e da história recentes, o ângulo brasileiro se configura. O leitor dirá se esse ponto de vista é um acréscimo indevido.

A maneira, por exemplo, pela qual Brecht é e foi atual aqui mostra aspectos reais da obra dele, diferentes daqueles que se impuseram na Alemanha. É um capítulo da reelaboração do vanguardismo europeu na periferia do capitalismo. Universalização, se não for uma palavra vazia, é isto. Pode soar extravagante, mas não deixa de ser a desprovincianização do universalismo europeu.

Algo análogo ocorre com o livro de Kurz. Sendo uma teoria abrangente do colapso da modernização, ele se choca com a nossa imensa aspiração modernizadora, que tem fundamento estrutural no país e parece indescartável até segunda ordem. Cria um debate, para não dizer uma trombada, do maior interesse.

FBS — *E por que "Sequências"?*

RS — A palavra não está em sentido de cronologia, nem de sucessão simples, assim como o Brasil não está em sentido geográfico. A ideia é que a concatenação dos argumentos e das formas dramatiza, além de desdobrar, aspectos estruturais de nossa experiência histórica, em que a herança das relações coloniais entra de forma decisiva e meio recalcada. As sequências estão num poema, num romance ou na arquitetura de um ensaio; na lógica secular da formação de uma literatura nacional, nos passos da reflexão histórico-social e, sobretudo, no curso das coisas. Trata-se de enxergar e fixar essas sequências, tomar consciência delas, perceber o que está em jogo, que não é pouco, e refletir a respeito.

A herança colonial que nos coube, com as suas desigualdades sacramentadas, é mais profunda e está mais presente do que temos o costume de reconhecer. A fração mais ou menos moderna do país alimenta a ilusão de não ter muito a ver com o assunto. Entretanto, para dar um exemplo, como não ver o Modernismo de 1922 sobre esse fundo? Basta examinar de perto as nossas obras significativas, os desempenhos ou os momentos cruciais do país, para descobrir que são essas questões que lhes imprimem a força, para o bem e para o mal. As sequências que procuro analisar são transposições desse lastro, ao menos em parte.

FBS — *Você não estaria amarrando o artista e o intelectual brasileiro aos temas do atraso?*

Sequências brasileiras

RS — Sobretudo em arte, onde a forma redimensiona tudo, não tem sentido recomendar temas. Os assuntos mais urgentes, tratados em espírito convencional, fazem figura lamentável. E os mais etéreos ou inesperados podem adquirir proximidade. Os ouvintes do último disco de Caetano[1] terão reparado na faixa "How beautiful could a being be", em que o deslizamento da pronúncia e as muitas repetições da frase, um tanto remota, fazem que o "could a being be" se transforme em algo mais familiar, como o "cu da Bimbi", que fica sendo o verdadeiro "beautiful". Não deixa de ser uma passagem do Primeiro Mundo ao nosso, no caso com vantagem para o lado de cá, sem que as tensões entre o inglês e o brasileiro, o estrangeiro e o nacional, a expressão elevada e a familiar estivessem explícitas.

FBS — *A propósito de Caetano Veloso, no ensaio sobre Brecht há duas menções marginais a* Verdade tropical, *que resultam simpáticas. É a primeira vez que você fala publicamente desse livro, que desagradou parte considerável da esquerda.*

RS — Eu li *Verdade tropical* com grande interesse, é um livro de peso para entender os anos 1960 no Brasil. Tem envergadura intelectual, junta coisas difíceis de juntar, resume posições estéticas e posições políticas com muita acuidade, os retratos que traça são finos, é o trabalho de um intelectual com grande capacidade literária. O que se pode objetar ao livro é que o processo que ele mostra não leva às conclusões que ele tira. Estas são relativamente satisfeitas e complacentes com o ponto de chegada do período. Caetano mostra bem que o que a nossa vida cultural recente teve de mais vivo e profundo se deveu à radicalização democrática do populismo, com as suas alianças de classe heterodoxas e pré-revolucionárias abrindo a imaginação dos interes-

---
[1] *Livro*, lançado em 1997. (N. da E.)

sados. As formas de talento artístico e de originalidade que o livro descreve se enraízam no pré-1964, quando o Brasil estava colocando de maneira aguda e social os seus problemas. Esse o chão de que Caetano se alimenta. Entretanto, como o livro é em boa parte uma polêmica com a esquerda, a ênfase fica na depreciação dessas molas sociais, ainda que sejam as molas da imaginação dele e da vida cultural do período. Então, ao mesmo tempo que Caetano se beneficia das verdades democráticas do conflito que movimentou o Brasil até a abertura, ele as desqualifica, se alinha com a atenuação das contradições e mesmo aprova o seu desmanche no comercialismo. O movimento do livro é grande, contraditório, representativo e importante para o debate.

FBS — *Em relação ao atraso, de que falamos há pouco...*
RS — Voltando à sua pergunta, a questão do atraso se coloca de maneira mais real se pensarmos na linguagem. Esta é ela mesma uma relação social, entrelaçada com as demais relações, de força, de exploração, de trabalho, de prestígio etc., locais e do mundo, cujos antagonismos se depositam nela em forma de significações divergentes. São estas o terreno difícil em que uma escrita que se queira verdadeira é obrigada a mostrar discernimento político e moral. Ao passo que a escrita pasteurizada trata de passar por cima dos antagonismos, para criar a impressão do mundo sob controle.

Assim, é claro que o escritor brasileiro não tem obrigação de tratar do atraso. Mas escrever bem, no sentido exigente da palavra, é não ser surdo, ou melhor, é ser aberto para a experiência histórica recolhida na linguagem, no caso a brasileira. As assimetrias do mundo contemporâneo estão lá. O embotamento a respeito pode tomar inúmeras formas, como o tecnocratês, o bacharelismo, o padrão Globo, a fórmula comercial etc.

De outro ângulo ainda, é um engano subalterno supor que as questões densas sejam as do mundo dito adiantado, ao passo que as nossas seriam ralas. A inaceitável estrutura de classes do país, bem como a nossa posição relativa no concerto das nações — o atraso pelo qual você perguntou — são desgraças, mas não são irrelevantes nem ultrapassadas. Representam questões centrais da história contemporânea, cuja fisionomia e cujo destino elas determinam sob muitos aspectos, do interessante ao desastroso. Se os nossos intelectuais não fossem tão ofuscados, haveria até o risco contrário, de um ufanismo da calamidade e de seus ensinamentos de ponta, inacessíveis aos cidadãos ingênuos das sociedades que pregam o liberalismo mas em que ainda existe a proteção social. Há muita coisa a descobrir nessa matéria.

FBS — *A ofuscação a que você se refere não tem a ver com a atual pressão do "pensamento único"?*

RS — Não estava pensando nisso, mas você deve ter razão. A crise do desenvolvimentismo havia gerado, e até certo ponto generalizado, uma visão crítica importante, para a qual havia conexão e realimentação recíproca entre as deformidades internas do país e as deformidades da ordem internacional. Hoje o quadro é outro e vivemos sob o signo do "ajuste" e da "atualização", um signo claramente regressivo do ponto de vista da plataforma intelectual anterior. Como as palavras indicam, trata-se de entrar na linha e de não criticar ou atrapalhar.

É certo que em âmbito internacional a imensa vitória do capital sobre os seus adversários sociais se completou através de um fogo de barragem ideológico. Nessas circunstâncias a crítica passou a ser mal recebida. Esta entretanto é só a metade da missa, e não a missa inteira, como por momentos pretende a esquerda. Em lugar de atribuirmos a nossa falta de repercussão à má vontade do adversário, que existe e seria surpreendente que não existisse, é preciso reconhecer a parte da perplexidade objetiva causada pela nova feição da economia, diante da qual a esquerda não sabe uma saída clara, sem prejuízo da justiça das objeções ao rumo das coisas. A impressão de pensamento único também decorre disso.

A propósito, quero chamar a atenção para o surpreendente trabalho editorial de Paulo Arantes, que saiu a campo para organizar os recursos intelectuais difusos mas consideráveis da esquerda brasileira. A coleção Zero à Esquerda,[2] cujo título não esconde as dificuldades do momento, traduz o mais exigente da reflexão crítica no mundo atual, encomenda antologias bem pensadas e organiza seminários para produzir trabalhos inovadores. A intenção deliberada é de avançar um passo e aparelhar o ataque crítico ao "pensamento único".

FBS — *A sua reputação na praça é de "crítico sociológico". Você acha certo?*

RS — Esse rótulo colou e vai me acompanhar até a cova. Ele não é fácil de entender, embora a intenção depreciativa seja óbvia. A ideia é de que a boa crítica não se mistura à reflexão histórico-social. Mas será mesmo que a análise das formas é melhor quando não diz nada do mundo?

A objeção fazia sentido diante do velho positivismo universitário, que não se interessava por questões de forma, propriamente artísticas, e se limitava à pesquisa biográfica, à história das edições e à apresentação do contexto social. Ela fazia sentido também diante da pressão exercida pelos partidos comunistas, que agrupavam os autores sumariamente segundo as simpatias

---

[2] Coleção coordenada por Paulo E. Arantes na editora Vozes, de 1997 a 2001. (N. da E.)

políticas. Fora daí, contudo, a ideia de que não deva haver contato entre a apreciação da arte e a apreciação do mundo histórico equivale a uma automutilação da crítica. Aliás, como sabe qualquer um, e no fundo até mesmo os que falam mal da crítica sociológica, a própria arte moderna é uma apreciação decisiva do mundo contemporâneo. Os manifestos de Oswald não são uma visão histórico-social do Brasil? Mário não tinha ideias a respeito do país, como artista e como crítico? O culto joão-cabralino do despojamento não é uma proposta parapolítica? Os próprio concretistas, que gostam de desancar a crítica social, sempre tiveram teses nítidas sobre a época, teses pelas quais se pautavam disciplinadamente, como qualquer grupo que quer ocupar espaço e mudar as coisas. Seria um absurdo criticá-los por terem uma visão histórico-social do presente e de si mesmos. O problema não está aí, está na qualidade dessa visão, a que as obras, por seu lado, podem não corresponder.

Dito isso, é patente a superioridade dos críticos que circulam bem, sem contrassensos e reduções forçadas, entre a discussão das formas artísticas e das formas sociais. Pense no interesse fulminante das análises de Walter Benjamin, de Adorno e, no Brasil, de Antonio Candido.

FBS — *Mas você note que as objeções à crítica sociológica vêm de vários lados. No último livro de Alfredo Bosi,* O enigma do olhar,[3] *há uma discussão longa da visão que a crítica social tem de Machado de Assis.*

RS — As objeções do Bosi são de outra ordem, e não são as mesmas segundo o interlocutor, o que aliás é natural. Li bem

---

[3] *Machado de Assis: o enigma do olhar*, São Paulo, Ática, 1999. (N. da E.)

o livro anterior dele, *Dialética da colonização*,[4] onde impressiona o vigor com que a argumentação histórico-social, frequentemente de caráter marxista, é mobilizada contra o catolicismo oficial, para empurrar a Igreja para a esquerda. Já quando Bosi discute o ateu Machado de Assis e os seus intérpretes materialistas, ele sente necessidade de algo mais. São as contradições muito estimáveis de um católico de esquerda que eu admiro.

Esse algo mais o Bosi vai buscar na distância entre os moralistas franceses do século XVII, um dos moldes indiscutíveis da prosa machadiana, e a sociedade dividida em classes e funções, que engendra o materialismo social do século XIX. Para Bosi, o universalismo cristão dos moralistas preservou Machado do amesquinhamento próprio à experiência corrente de seu próprio tempo. No que depender de mim, o argumento devia funcionar ao contrário. Machado é moderno porque, entre outras coisas, mostrou a dignidade prestigiosa do "homem em geral" seiscentista funcionando como ideologia, e muitas vezes como ideologia comicamente barata, no quadro dos interesses oitocentistas. A base da melhor crítica é a atualidade.

FBS — *Uma das restrições do Bosi se refere à interpretação de* Dom Casmurro, *à visão historicizada, com dimensão de classe, que o John Gledson e você deram das relações entre Capitu e Bento. Você quer comentar?*

RS — Exato. Ao passo que Bosi, pelo contrário, vê em Capitu a astúcia milenar da mulher em busca de um bom casamento. Se for permitida uma intriga amistosa, eu gostaria que ele expusesse essa tese numa roda de militantes feministas. Até onde vejo, Bentinho é o perfeito "nhonhô" de família tradicional,

---

[4] São Paulo, Companhia das Letras, 1992. (N. da E.)

Sequências brasileiras

com os privilégios correspondentes e com a correspondente aversão à inteligência crítica, ou à independência na formação do juízo. Numa das incríveis formulações de autodenúncia involuntária que Machado põe na sua boca, o Casmurro se refere ao "grunhir dos porcos, espécie de troça concentrada e filosófica". Ao passo que a sua vizinha pobre, Capitu, pensa com a cabeça dela, não é supersticiosa nem reverente, entende o funcionamento da sociedade e age em consequência. A substância do conflito é essa, a que o ciúme serve de multiplicador. O que se ganha dissolvendo a fantástica sutileza social de Machado no antagonismo genérico entre homem e mulher? O sentimento da diferenciação histórica em curso — ela vá para onde for — é uma faculdade mestra do artista moderno.

[Entrevista a Fernando de Barros e Silva publicada em "Ilustrada", *Folha de S. Paulo*, 7 de agosto de 1999]

Tira-dúvidas

Marcos Falleiros — *A área de concentração à qual pertencemos no mestrado da Universidade Federal do Rio Grande do Norte (UFRN) tem como título "Literatura Comparada" — o que provoca muita discussão sobre o caráter bizantino da história desse método e sobre regras que parecem bastante ridículas em seus truísmos. Lembrando uma frase de Antonio Candido que diz que estudar literatura brasileira é estudar literatura comparada, eu fico pensando se, mais do que isso, fazer crítica literária não é estar sempre fazendo comparação, isso para não ampliar mais ainda a presença do pensamento analógico em qualquer atividade racional. Como você relaciona o seu trabalho com esse assunto?*

Roberto Schwarz — Quem estuda literatura brasileira inevitavelmente topa com o fato de que muitas das coisas que são feitas aqui foram feitas antes em outro lugar mais prestigioso. Assim, para estudar o processo efetivo da literatura brasileira, você não pode desconhecer isso: os gêneros não foram criados aqui. Este é um ponto inicial, que facilmente leva a crítica literária a uma posição cacete, que é a pesquisa das fontes feita com ânimo de denúncia, de modo a ficar duvidando da originalidade do autor brasileiro porque ele sempre veio depois. É um ângulo equivocado, que animou discussões azedas e agora ficou para trás. Hoje é raro alguém esperar que os autores brasileiros criem a partir do nada, ou a partir de uma tradição estritamente local, assim como ninguém mais pensa que os autores dos países que nos servem de modelo tenham começado do zero. Essa questão da originalidade absoluta felizmente parece não existir mais. Dizendo de maneira tosca, a literatura que foi feita aqui retoma uma literatura que foi feita antes em outro lugar. Primeiro ponto: isso não é necessariamente uma diminuição, como não é necessariamente — muito menos — uma vantagem. Segundo ponto: para bem ou para mal, a literatura feita aqui não sai igual aos modelos que ela adotou. Há um tema interessante aí. Se você estudar essa diferença junto com a diferença entre as sociedades respectivas, você logo vê que a literatura comparada tem o mérito, ou poderia ter o mérito, de desembocar numa visão mais complexa do que seja a sociedade contemporânea, sociedade contemporânea entendida como não apenas nacional, mas como um sistema mais ou menos articulado e muito desigual de sociedades. E de fato, uma das boas coisas da história literária, mesmo a mais comum, mesmo a de manual, é que sob certos aspectos ela é menos limitada do que os estudos sociais correspondentes, porque ela, como por definição, parte da história e da tradição ocidentais. No nosso caso ela sempre se refere a Portugal, à Renascença, ao Barroco, sempre há o século XIX europeu. Mesmo quando é de nível modesto, a história literária não tem como aceitar o confinamento nacional. Basta pensar na organização dos manuais do secundário, com seu capítulo geral sobre as escolas, digamos, sobre o Romantismo, seguido pelo capítulo sobre a sua realização entre nós. Em trabalhos de sociologia ou de história às vezes é como se o Brasil se esgotasse nele mesmo, como se o que acontece aqui dispensasse a consideração do resto. Em literatura, ainda quando um crítico diz de maneira pouco interessante, com intuito de desmerecer, que Alencar é devedor de Cooper ou de Chateaubriand, não deixa de estar referido a um âmbito que é mais amplo e complexo, onde há modelos estrangeiros, dívidas, autoridade, transformação, superação etc., no plano individual e também internacional. Mas é claro que esse comparatismo por assim dizer congênito dos estudos literários não garante que estes saiam bons. Enfim, há um certo tipo de confinamento da reflexão social, seja ao lugar, seja ao momento, uma coisa digamos empirista, que na história literária existe menos, porque ela tem como referência infusa uma tradição mundial e um quadro mundial de nações.

MF — *Mas eu esperava que você no fundo não concordasse muito com a literatura comparada, ou com certas metodologias de literatura comparada, quando elas fazem perder as especificidades que você encontra. Eu tenho um projeto de pesquisa, permanente, vinculado às minhas atividades na UFRN, cujo título é "Formas brasileiras", que toma como fundamento o ensaio "Dialética da malandragem" de Antonio Candido e o seu trabalho sobre Machado de Assis, onde inclusive aparece essa expressão ainda que não destacadamente, por exemplo, em* Ao vencedor as batatas. *O argumento do projeto é que a coerência teórica dos seus trabalhos de crítica literária obriga à busca expansiva da nota específica — para me valer do termo que você usou recentemente no* Le Monde[1] *— de qualquer manifestação cultural do país, que, no nosso caso, seria a literária e brasileira — o que seria perdido por determinados vieses da abordagem comparativista.*

RS — Se você fizer uma salada em que todas as obras do mundo estejam juntas, desconsideradas as tradições específicas — entre as quais as nacionais —, aí de fato você perde tudo. A

---

[1] "A nota específica", publicado em *Le Monde des Livres*, suplemento de *Le Monde*, número dedicado ao Brasil em 20 de março de 1998. Reunido depois em *Sequências brasileiras*, São Paulo, Companhia das Letras, 1999. (N. da E.)

reputação ruim da literatura comparada vem daí, dos casos em que ela compara tudo com tudo, arbitrariamente, sem levar em conta os contextos efetivos, necessários à configuração do específico e à percepção de seu peso. Mas uma vez que você construa os contextos devidamente, é claro que a comparação entre obras de línguas e de culturas diferentes pode ser do maior interesse, e muitas vezes indispensável. No caso brasileiro, ou de literaturas latino-americanas, a comparação é necessária à própria compreensão do que está em jogo. Como imaginar as nossas literaturas engendrando, suponhamos, o romantismo ou o modernismo a partir delas mesmas? Por outro lado é igualmente claro que, ao serem retrabalhadas nas circunstâncias locais, essas tendências e escolas passam por transformações que dizem algo a respeito das circunstâncias mudadas, e também algo a respeito delas mesmas, não devendo ser encaradas segundo o modelo normativo do erro ou da descaracterização. Algo terá sido engendrado, e se tiver perfil definido, com desdobramentos interessantes, trará elementos de uma forma nova, ligada à organização local da vida. O crítico tem que ter tino para avaliar a parte da influência externa e a parte da determinação pelo dinamismo interno ao contexto, e sobretudo para identificar e interpretar o alcance da novidade. As escolas e as formas não dizem a mesma coisa em casa e fora de casa, onde, aliás, também podem vir a estar em casa, mas de outro modo. Como estamos vivendo um momento de unificação do processo mundial, o desenvolvimento desigual e combinado nos vários âmbitos torna-se mais tangível, e mais evidente na sua relevância. Os descompassos internacionais vão deixando de ser matéria de riso ou vexame para aparecerem como o que são, aspectos drásticos do andamento da sociedade contemporânea, de suas diferenças internas.

 Você lembrou que o Antonio Candido diz que estudar literatura brasileira é estudar literatura comparada. Em certo plano, é uma afirmação que é verdadeira para todas as literaturas nacionais, que sem a comparação não se distinguiriam de outras. Mas o que estava em pauta, se não me engano, era um tipo particular de comparatismo, ditado pela condição de país novo, saído da condição colonial e desejoso de se dotar de uma cultura adiantada, peculiar mas semelhante à das nações que lhe servem de modelo. O tipo de comparatismo, enfim, que está implícito na ideia mesma da *Formação da literatura brasileira* e que é necessário ao autoconhecimento de países como os latino-americanos.

Nessa direção, o trabalho de Antonio Candido sobre *O cortiço* de Aluisio de Azevedo é um ponto alto.[2] O ensaio circula entre a pesquisa de influência, a comparação de formas, a comparação de sociedades, a reconstituição de contextos, a identificação de dinamismos latentes, a análise estrutural, a discussão estética, a crítica política, a desmistificação ideológica etc., sempre de maneira refletida, sem fetichismo terminológico e sem perder de vista os problemas em pauta. O importante é que a relação de valor entre os âmbitos — em especial entre as culturas nacionais, no plano artístico mas não só nele — está desautomatizada. O modelo francês não é sempre melhor que a imitação brasileira, o romance de uma sociedade menos complexa não é necessariamente inferior, o nacional pode ser tão ruim quanto o estrangeiro, o branco não é melhor que o negro, a ciência pode ser enfatuação e cegueira, a forma deliberada não vale mais do que a latente etc. As valorações, a distribuição dos prestígios, que formam parte da realidade, não podem ser desconhecidas, mas nem por isso precisam ser adotadas. São obvie-

---

[2] "De cortiço a cortiço", *O discurso e a cidade*, São Paulo, Duas Cidades, 1993. (N. da E.)

dades de que não é fácil tirar as consequências. Em países de formação dependente, a liberdade de espírito diante dos prestígios estabelecidos, em especial os internacionais, os da metrópole, é rara e exige uma espécie de coragem, que tem força de revelação.

Não vou agora resumir o ensaio, mas quero dar uma ideia do interesse das aproximações a que ele convida. Com base na análise da personagem central e do ritmo de sua ação, Antonio Candido pôde caracterizar um tipo de trabalho peculiar, próprio à transição brasileira do trabalho escravo ao trabalho livre. Trata-se de uma modalidade brutal e animalizada, de que a relativa dignificação europeia do trabalho está ausente, ou ainda, em que está presente a desqualificação do trabalho pela ordem escravista. Ela é correlativa de uma modalidade também peculiar de acumulação econômica muito primitiva, que determina o andamento do romance e é característica do país. Para retomar a palavra que você usou, está aqui um viés peculiar, com desdobramentos próprios no plano da forma literária, da configuração das classes, da ideia de trabalho etc., um viés a que estamos ligados historicamente e que existe como uma das variantes da sociedade contemporânea, no caso para desgraça nossa.

As comparações vão logo se impondo: com o romance de Zola, no qual, conforme explica Antonio Candido, as matérias se dispõem de modo diferente, devido à distância que na França separava o mundo do trabalho e o mundo da propriedade; com a "dialética da malandragem", discutida no ensaio vizinho no mesmo livro, em que a estrutura social brasileira aparece por outro ângulo, comparado, por sua vez, com a rigidez da lei puritana, apresentada na *Letra escarlate* de Hawthorne. Se entendermos a literatura brasileira como um sistema, são possíveis as comparações com a representação da pobreza em Machado de Assis, com a reconsideração da preguiça em Mário de Andrade, com o brutalismo de *São Bernardo*, com a utopia oswaldiana etc., as comparações internas compondo o sistema, as externas marcando as suas diferenças.

As aproximações precedidas de boa contextualização e análise estrutural são sempre aceitáveis e pertencem ao domínio acadêmico, digamos, geral. Mas há um mérito especial, para os brasileiros (e filobrasileiros), nas explorações críticas que buscam caracterizar os modos de ser formados no país, na sua literatura e na sua vida prática, para mal ou para bem, e tratam de considerá-los lado a lado com os seus congêneres no mundo. Estas formações, que mandam em nós e são nosso problema, além de serem capazes de expansão, também ela para mal e para bem, ficam postas à disposição de nossa imaginação. Ignorá-las seria cegueira para o valor das letras.

MF — *Isso tem relação com aquele ufanismo crítico que você atribui ao Oswald de Andrade no ensaio "A carroça, o bonde e o poeta modernista".*[3]

RS — Tem. O senso da própria peculiaridade pode ser ufanista, como pode ser deprimido ou lúcido. Em todos os casos ele é interessante, pelo que representa de esforço de orientação coletiva, que não se acomoda na constatação universalista e anódina.

MF — *Mas a verdadeira literatura de qualidade vai revelar isso, não simplesmente refletir, não é?*

RS — Vai configurar e explorar. Mas, para ser franco, não sei bem o que seja "simplesmente refletir". São termos que em princípio defendem a imaginação contra a simples constatação,

---

[3] *Que horas são?*, São Paulo, Companhia das Letras, 1987. (N. da E.)

o que está bem. Mas no curso geral do debate, acho que a expressão virou um espantalho com função conservadora, contrário à observação crítica.

MF — *É quando o artista consegue conscientemente desvendar aquilo de modo que ele não o apresente meramente de maneira temática, mas que o incorpore na construção formal?*
RS — Pode haver consciência, e pode não haver. O ensaio do Antonio Candido sobre *O cortiço* mostra, por exemplo, que Aluísio Azevedo procurou escrever um romance em dia com as teorias naturalistas, que hoje são difíceis de engolir, o que não impede o livro de continuar bom, por razões que não eram as do romancista. É que atrás da ideologia barata, da xenofobia, dos clichês deterministas sobre raça e clima, está o dinamismo da intriga, que imita o andamento da acumulação da riqueza e faz dele uma forma. É esse andamento que prevalece e requalifica o resto, lhe dando verdade; ou melhor, fazendo que a lógica do capital e o antagonismo de classe relativizem as oposições raciais, que no plano ostensivo, que era o da consciência do autor, pareciam ser as determinantes.

MF — *O que não exclui a qualidade do artista: inconscientemente ele teve sensibilidade.*
Francisco Mariutti — *Em relação a essa noção de trabalho que aparece em* O cortiço, *no Machado de Assis há um contraponto em que a brutalidade é de outra ordem. O Brás Cubas, o Bentinho têm uma noção e um modo específico de trabalho que pressupõem a escravidão e ao mesmo tempo não se confundem de modo algum com o trabalho dos escravos.*
RS — Brás Cubas não trabalha nem a tiro. Bentinho tem a banca de advogado, mas o trabalho não parece contar muito, comparado à propriedade. Mas em Machado há também os que

dão duro, como a Dona Plácida, que é uma figura que desola. Seria interessante a comparação com Paulo Honório, ou com João Romão, nos ítens da canseira insana, da falta de valor intrínseco do esforço, da falta de reconhecimento para este último, e também dos resultados... Todos têm a ver com o pano de fundo da escravidão. E há as personagens machadianas que trabalham duro e enriquecem: o cunhado Cotrim, ou o marido da Sofia Palha. Como a crítica partia do princípio de que Machado não tinha o olho realista, ninguém — antes do Faoro — olhou de perto. Mas o fato é que o padrão de enriquecimento mostrado pelo Machado é do maior interesse. Está lá o Cristiano Palha, que é um grande trabalhador, mas que enriquece porque tem olfato para as crises e porque depena o coitado do Rubião.

FM — *A ideia de trabalho do Palha é a especulação.*

MF — *Ele parece bem moderno, um executivão, assim, nosso contemporâneo.*

FM — *O Palha é moderníssimo.*

RS — E o Cotrim vai desde o contrabando de escravos até as negociatas em matéria de fornecimentos para a guerra do Paraguai. São tipos complementares, e a força está no conjunto, que é preciso reconstruir criticamente.

AFONSO HENRIQUE FÁVERO — *Roberto, quanto à visão do trabalho na obra literária, lembro-me de um ensaio seu sobre o livro do Cyro dos Anjos,* O amanuense Belmiro, *ensaio publicado em* O pai de família e outros estudos. *Lá no romance do Cyro existe um narrador em primeira pessoa, o próprio Belmiro, descendente de uma família que teve um passado rural importante, tratava-se de uma oligarquia, os avós eram poderosos etc. Mas Belmiro torna-se um "fazendeiro do ar", um sujeito contemplativo e sem posses que passa a viver num centro urbano, no caso a Belo Hori-*

zonte dos anos 1930, lá trabalhando como modesto funcionário público na Secção de Fomento Animal, numa atividade alienante.
Você acha que a situação de trabalho nesse romance está bem configurada? O seu ensaio demonstra que se o narrador fosse em terceira pessoa, a coisa não funcionaria bem. Então, assim como no caso de O cortiço, *em que o escritor atira no que viu e acerta no que não viu, conforme você acabou de falar, teríamos também no caso de* O amanuense Belmiro *um acerto meio inconsciente?*
RS — Acho que sim. Tenho uma boa história a respeito desse artigo. Ele foi escrito sob encomenda, para servir de prefácio para uma edição nova de *O amanuense Belmiro*. O editor, que era amigo do Cyro dos Anjos, levou para ele dar o visto. No meu modo de entender, o artigo valoriza e elogia o livro — mas não adere ao autor, ou melhor, faz da consciência limitada do autor-narrador um elemento da força e da verdade do romance.

AHF — *Começa pela epígrafe que você colocou.*
RS — O Cyro leu e disse: "É um trabalho interessante, mas eu prefiro que não saia".

MF — *Como era a epígrafe?*
RS — A epígrafe é do Adorno: "Grandes obras são aquelas que têm sorte nos seus pontos mais duvidosos".

MF — *E em relação ao Machado, como você vê o seu nível de consciência? Eu sempre senti nas suas colocações a defesa — por isso eu comecei a colocar essa ideia da consciência — de que o artista tem que ser consciente, e você está dizendo que nem tanto, mas eu sempre senti uma defesa do Machado, de sua parte, de que aquilo tudo que você desvenda na obra, era intencional, era consciente.*
RS — A ligação entre a intenção do autor e a qualidade das obras, e mesmo o sentido delas, é uma questão aberta, a exami-

nar caso a caso. Quando se fala de pessoas, a consciência clara é um valor, sem dúvida nenhuma. Em relação às obras, que não são juízos, mas configurações, o caso é outro. Você pode escrever grandes obras tendo consciência limitada a respeito, e pode escrever obras ruins tendo um grau considerável de clareza. Dito isso, a lucidez em arte é um tipo de superioridade, que o Machado tinha em alto grau, o que com certeza caracteriza a grandeza dele. Basta pensar na inteligência com que ele desqualifica uma figura tão ideal e acima de qualquer suspeita como o Bentinho. Ainda assim, a intenção do autor não é um dado absoluto, nem o único.

MF — *Mas há uma linha de antipatia ao Machado que faz aquele tipo de leitura que pode estar dentro do que você qualificou como sintoma de pequenez da mentalidade geral da nação. Eu acho que isso passa pelo Graciliano Ramos, o Lima Barreto, o próprio Mário de Andrade, como se o Machado fosse assim visto meio conivente e divertido com aquelas desgraças todas que ele apresenta, um sadismo. Aí é que entraria a pertinência de se verificar o seu nível de consciência artística. Você estava falando agora da Dona Plácida e eu me lembrei daquele trecho, que é tocante, falando do trabalho pesado que ela fazia: "para isso você veio ao mundo" é o que os pais iriam dizer a ela, nascida de uma relação conjugal ilícita, meio clandestina, quase também filha "de uma pisadela e um beliscão" como o Leonardo de* Memórias de um sargento de milícias.

RS — Mas é isso, não tenha dúvida. Ele refez uma cena do *Sargento de milícias* em registro retificado. Retificado pelo senso do real. A antipatia a Machado se ligava, e talvez ainda se ligue, à descrença com que ele encarava o futuro próximo. Sendo o mais civilizado de todos, ele tomava com distância a falação e a compostura por assim dizer primeiro-mundistas, o apego ao progresso material e cultural com que as classes bem-postas, muitas vezes bem intencionadas, faziam crer no seu empenho em consertar a fratura colonial da sociedade. Ele duvidava que na hora H a obrigação moral das classes proprietárias para com os sem-direito prevalecesse sobre o interesse econômico. Era uma visão pessimista do rumo que o relacionamento de classe na ex-colônia iria tomar. A muitos, que não prestavam atenção no que liam, isso pareceu uma estimável forma de elegância. A outros, que notavam do que se tratava, pareceu uma insuportável falta de coração, hombridade, patriotismo etc. A falta de solução à vista para o país, ou melhor, o ceticismo em relação às propostas que estavam sobre a mesa, causou e causa mal-estar e raiva. Uma das ousadias de Machado foi a subordinação descarada da psicologia, dos recessos da alma humana — funcionando como desculpas esfarrapadas — ao jogo dos interesses objetivos.

MF — *Um registro crítico, não é? É diferente da leitura que você faz em* Um mestre na periferia do capitalismo, *mas eu sinto ali uma traição do narrador representado no Brás Cubas, que, daquele tom irônico no deboche de sempre, parece ser afastado pela voz do autor, sensibilizado pela história da Dona Plácida, o que vai tornando o texto pungente. O que também negaria aquela leitura antipática a um Machado sádico, divertido com as desgraças.*

RS — Dureza nem sempre é maldade. A mim o episódio de Dona Plácida parece um momento alto de compaixão lúcida, sem as atenuações do sentimentalismo.

Airton Paschoa — *Retomando Graciliano, eu leio normalmente um pouco da obra dele, mas não conheço muito sua bibliografia crítica: é comum se falar na posição de classe do Graciliano? O Graciliano é visto como um autor comunista e como quase todos somos liberais progressistas, ou estamos no campo da esquerda, essa simpatia quase não permite avançar muito. Como você vê a posição de classe nele?*

RS — Também não tenho presente a bibliografia. Mas até onde sei esse assunto não foi estudado. Vai ver que estou sendo injusto aqui com o Marcos.

MF — *Puxar pelo traço autoritário, é um aspecto que eu não trabalhei de maneira nítida e afirmativa.*[4] *Eu menciono o Graciliano Ramos "major" Graça, filho do coronel, estabeleço relações de projeção entre os seus relatórios de prefeito e a narrativa de "fazedor" do Paulo Honório. Paralelamente, no dinamismo narrativo das páginas iniciais de* São Bernardo, *que o João Luiz Lafetá qualificou de "sumário narrativo", eu vejo um decalque do* Manifesto comunista *no que este tem de andamento textual eufórico e otimista com a burguesia empreendedora. Mas eu ainda vejo uma espécie de catarse desse autoritarismo, ou pelo menos, especialmente em* São Bernardo, *uma catarse do "hei de vencer", que era a base ideológica forte no ambiente familiar de Graciliano, com o pai falido e humilhado pelos parentes. De qualquer forma, a dureza do estilo dele — retórica, judicativa, extremamente adjetivada ao contrário do que se diz e do que o próprio Graciliano pensava —, a dureza seria também um resultado nordestino, homólogo à economia da fome e ao feitio da terra rachada. Mas eu acho extremamente rico aprofundar essa vertente.*

RS — O ponto aí é identificar posições de classe como componentes do estilo. Por exemplo, há as diferentes securas de Graciliano, João Cabral, também de Euclides, que podem polarizar com o lado molhado, molengo e gordão de Gilberto Freyre.

---

[4] Marcos Falchero Falleiros, "A retórica do seco", dissertação de mestrado, FFLCH-USP, 1990. (N. da E.)

Talvez dê para armar o sistema das posições de classe embutidas na escrita deles, que lidam com uma mesma região, e talvez ele, o sistema, diga algo de novo. Assim como não temos o costume de duvidar dos narradores, de identificar neles um ponto de vista particular e interessado, não temos também o costume de duvidar da dicção narrativa, cujo ponto de vista social pode ser uma parcialidade que muda tudo. Sem esquecer que as posições de classe, com os seus polos complementares, estão pouco especificadas e pouco analisadas na reflexão histórico-sociológica brasileira. Aí há território virgem. Qual é a posição de classe da prosa do Graciliano? Isso é algo que existe? Acho que sim, mas a resposta não é fácil. Quando você diz que o escritor era comunista, você não avançou nada. Se disser que o tom dele é "autoritário", pode estar certo, mas é insuficiente. Quais são, no caso, as demais classes da constelação? Quais as oposições? Quais as alianças? Qual a história do conjunto? Quais as relações de propriedade e trabalho envolvidas? As entonações podem pertencer à história local, mas a escrita pertence à evolução da prosa literária, que é local só em parte, e o conjunto compõe um problema, cujas tensões é preciso explorar. É uma ordem de questões pouco examinada. João Cabral é um escritor de vanguarda: isso quereria dizer que o universo das classes não existe na obra e na dicção dele?

MF — *Eu entendo o João Cabral como uma consequência do Graciliano Ramos, como que dando uma expressão estetizante a esse estilo nordestino, com toda essa caracterização histórica.*

RS — *É uma hipótese que vale a pena desenvolver.*

MF — *É interessante em relação a isso que o pessoal diz no meio acadêmico: "tal autor já está esgotado". Fica-se encaminhando dissertações de mestrado ou teses de doutorado para autores de pou-*

ca importância porque "tudo já foi dito sobre Drummond", "não faça mais teses sobre Drummond".

RS — É o contrário, na literatura brasileira há muito a descobrir, mesmo em relação às maiores figuras.

MF — *Há pouco eu tive que insistir com uma aluna para que ela continuasse a estudar o Guimarães Rosa argumentando com ela que não existe leitura definitiva. Ela já queria desistir porque "já há muitas teses". Mas na verdade as leituras ainda estão fracas.*

RS — Acho este um bom programa de trabalho para a crítica de esquerda. Tentar entender o que os estilos mais marcantes representam como posição de classe, como posição de classe objetivada na linguagem, mas levando em conta a complexidade das obras, com ânimo de procura e descoberta, não simplesmente para rotular. É claro que a posição de classe não é o dado final, pois ela pode ser questionada e requalificada pelo conjunto da obra. Mas ela é um dado cuja simples presença coloca a discussão estética no campo da relevância histórica, dos conflitos que contam.

MF — *Com toda a sutileza e minúcia da situação de classe que se reverteu em estilo.*

RS — É um programa que exige uma autoeducação apropriada, no espírito, digamos, de uma estilística histórico-sociológica. É preciso treinar a atenção para o caráter social das entonações, das angulações, dos procedimentos, das ideias etc., tanto no texto como na vida.

AP — *Você já deu um pontapé inicial quando falou do estilo desenvolvimentista do Mário de Andrade, um pouco nesse caminho, porque você tenta explicar esse gigantismo dele, essa associa-*

ção pronominal com o povo em busca de um Brasil melhor.[5] Acho que é um pouco nesse caminho que você fala de tentar procurar o estilo.

MF — *Mudando de assunto, eu acho que tanto a "Dialética da malandragem" quanto o seu trabalho, são trabalhos muito ligados à ideia de homologias estruturais do Lucien Goldmann. Como você situa isso?*

RS — Goldmann era lido e ensinado na faculdade. Na minha geração, que eu saiba, o goldmanniano era o Michael Löwy, que depois foi estudar com ele em Paris e até hoje, em crítica literária, é um discípulo fiel. Quanto à ideia de homologia estrutural, acho forçado reservá-la a Goldmann, embora o termo esteja ligado às teorizações dele. O esforço de ligar a ordenação do mundo estético às ordenações históricas reais é a própria base da crítica materialista com viés estrutural. Ele está em Marx, Lukács, nos frankfurtianos, como aliás no Antonio Candido e, através dele, no trabalho de vários críticos brasileiros das gerações seguintes. Talvez se possa dizer que Goldmann, competindo no ambiente do estruturalismo francês, que era anti-histórico, tenha tentado fazer melhor, com os instrumentos marxistas, que são históricos, o que os estruturalistas faziam à maneira deles.

MF — *Semelhante à "Dialética da malandragem"?*
RS — De fato, há um paralelo. Também o Antonio Candido — que é da mesma geração do Goldmann — desenvolveu um tipo de estruturalismo histórico para responder pela esquerda ao estruturalismo anti-histórico que se havia formado nas ciências sociais e na crítica literária. Imagino que a seme-

---

[5] Roberto Schwarz, "Outra Capitu", *Duas meninas*, São Paulo, Companhia das Letras, 1997. (N. da E.)

lhança se deva a esse contexto teórico-político em comum e não à influência. Não custa lembrar que o melhor do pensamento crítico da esquerda brasileira depende de alguma forma de estruturalismo histórico. Basta pensar em Caio Prado Jr. e Celso Furtado.

MF — *A propósito da polêmica sobre sua metáfora, "as ideias fora de lugar", houve na época do lançamento de seu livro* [Ao vencedor as batatas] *em 1977 uma série de contestações a respeito. Até recentemente, em 1995, numa aula inaugural do Alfredo Bosi, ele a retoma. Para quem é um estudante retrospectivo que começa com o seu texto e vai, por exemplo, para* Raízes do Brasil *do Sérgio Buarque, encontra ali a expressão "somos uns desterrados em nossa terra" e outros desdobramentos que me fazem ficar imaginando se você não tem uma dívida mais direta com* Raízes do Brasil.

RS — Com certeza não é minha a observação de que as ideias no Brasil estejam fora do lugar. Ela é o principal lugar-comum da reflexão crítica brasileira — conservadora — desde a Independência. O que o meu trabalho procura explicar é o porquê desse sentimento e de sua aceitação: a razão pela qual, dada a estrutura social brasileira e dada a sua inserção no concerto das nações, o ideário da nação moderna, em especial as ideias liberais, aqui parecem estar fora do lugar. A explicação conservadora, e às vezes do nacionalismo anti-imperialista, põem a culpa na importação de ideias alienígenas, a qual seria uma frivolidade antinacional. Bastaria não acompanhar o movimento das ideias do tempo para que tudo fosse autêntico e ficasse no lugar. Já a explicação dialética, pelo menos como eu a vejo, procura a causa em nossa estrutura social muito desequilibrada e autoritária, que faz que as ideias das sociedades que nos servem de modelo, e que são menos injustas, aqui deem a impressão de deslocadas. O x do problema não está na importação de ideias, mas na relação de classes em que ela se encaixa e que é preciso mudar. Quando o Sérgio Buarque dizia que nos "sentimos desterrados em nossa terra", estava dando a formulação definitiva a essa ordem de impressões, para criticá-la. A expressão está na primeira página de *Raízes do Brasil* e refere-se aos desajustes causados pela implantação da cultura europeia num terreno com características físicas muito diferentes. São problemas ligados ao período inicial da colonização, ao primeiro contato dos europeus com a terra americana. Mais adiante, no capítulo sobre a "Herança rural", Sérgio lida com "a incompatibilidade do trabalho escravo com a civilização burguesa e o capitalismo moderno". Aí já se trata de contradições históricas, interiores à sociedade e gerando os seus paradoxos próprios. Certamente devo muito a esse capítulo. Entretanto, como me deixei guiar pelo sistema das ironias machadianas, bem como pelas análises novas que Fernando Henrique Cardoso, Fernando Novais, Maria Sylvia de Carvalho Franco e Octavio Ianni estavam desenvolvendo na década de 1960, fui levado a inverter as ênfases e a acentuar não a incompatibilidade, mas a compatibilidade — naturalmente extravagante — entre escravidão, civilização burguesa e capitalismo.

AP — *De onde você acha que vem tanta dificuldade de entender o seu trabalho? É porque às vezes você espeta um pouco a crítica brasileira?*

RS — Não vejo a dificuldade em termos especialmente ligados a meu trabalho. A dialética incomoda e ofende o senso comum, que no frigir dos ovos é maniqueísta e agarrado a âmbitos estreitos. No meu caso, quer saber se as ideias estão ou não estão no lugar, e ponto.

MF — *Lembrando o que você falou na entrevista a* Movimento *publicada no seu livro de ensaios* O pai de família e outros estudos,[6] *sobre as ideias que a direita chamava de "alienígenas" em relação à aplicação do marxismo no Brasil, você dizia que havia uma situação permanente no país de dificuldade a propósito. Isso me interessou muito porque eu procurei ver como o Graciliano Ramos tentava equacionar marxistamente o Brasil na literatura que ele produziu. E de uma maneira não partidária, porque mesmo que ele tenha se filiado ao PC depois, já consagrado, ou que não tivesse se filiado, ele tinha um comportamento mental marxista, às vezes até bem simples, independente de linhas de conduta que ditassem "agora devemos pensar assim e assado".*

RS — De fato, o marxismo no Brasil deu resultados diversos, do muito ruim ao muito bom. Quando foi "aplicado" como uma teoria pronta, que além do mais tinha atrás dela a autoridade pretensamente científica dos partidos comunistas, empenhados na justificação política da URSS, deu errado. O caso clássico foi a adoção aqui dos esquemas da história europeia ligados à passagem do feudalismo ao capitalismo, quando na América Latina se tratava da passagem da colônia a uma espécie peculiar de independência, na órbita do novo capitalismo. O mérito realmente fundador de Caio Prado Jr. foi ter resistido ao primarismo da "aplicação" e ter reconstruído as categorias marxistas em espírito crítico, quer dizer, de acordo com a experiência histórica da ex-colônia. Quanto ao materialismo espontâneo, do tipo a que você se refere em Graciliano, ele pode ou não se ligar ao marxismo. O senso desabusado e esclarecido das necessidades materiais é uma grande coisa, mas não precisa sequer ser de esquerda.

FM — *Deixa eu voltar um pouco à questão do modo como é entendido o seu trabalho. Eu me lembro de que há uns dez anos eu*

---

[6] Aqui também reproduzida nas páginas 17-26. (N. da E.)

Tira-dúvidas

comentei com quem hoje tem qualquer coisa como cinquenta anos, a geração uspiana do Zé Miguel Wisnik, do Alcides Villaça, do Zenir Campos Reis, que eu estava fazendo um curso com você na Unicamp. Todos lembravam a mesma coisa: "Ah, o Roberto, a gente tinha muita simpatia pelo Roberto, por várias razões. A primeira: ele era o único professor que não usava terno. Tinha a proximidade da idade e... era de esquerda! Mas em compensação a gente não entendia nada do que ele falava". E eu fiquei impressionado com isso, para mim você é um professor super didático, o que eu leio é complexo, mas não oferecia dificuldades de entendimento para mim e, claro, afastava a hipótese: "não, eles eram burros, eu é que sou inteligente e compreendo". O que você pensa disso? Tem a ver com a maior divulgação dos textos de autores como Walter Benjamin, Adorno, nesse período de 1960 em diante?

RS — Eu sempre desejei ser claro, e espero ter progredido nessa matéria. É verdade também que naquele tempo os autores em que me inspiro não eram conhecidos, e hoje são.

AP — Uma vez alguém me falou de você assim: "Ah, o Roberto, um filho de Lukács!". E não é só o Lukács que entra, não é? Tem Adorno...

RS — A mania de rotular atrapalha e às vezes é sinal de falta de problema, ou de desinteresse pelos problemas em jogo. Quando eu estava na faculdade, os sociólogos se dividiam — digamos — em weberianos, funcionalistas e marxistas, e estes últimos em leninistas, luxemburguistas, lukacsianos etc. Quando no pré-1964 as coisas começaram a esquentar, as preocupações mudaram: vai ou não vai haver revolução? Quais são as classes progressistas? Quais são as saídas da direita? Quais são as alianças possíveis? São questões que agrupam de maneira mais substanciosa que a filiação a grandes nomes europeus, a figuras certamente ilustres, mas sem opinião nos tópicos que de fato estão nos interessando. Quando há objeto, o que importa é a explicação, e não a filiação. Assim, na época, quando Celso Furtado estava explicando o subdesenvolvimento e as dificuldades de sua superação, não ocorria perguntar se ele era marxista. Ou melhor, e para ser exato, ocorria sim, mas isso não tinha muita importância.

Voltando à sua pergunta, comecei a ler Lukács em 1959, Adorno em 1960 e Benjamin em 1961, sobre fundo de simpatias marxistas que vinham de antes, e graças também às boas livrarias alemãs que havia em São Paulo na época. Tinha notícia de Lukács por meus pais, que tinham frequentado as conferências dele em Viena, na década de 1920. Adorno era conhecido na faculdade como um dos autores de *The Authoritarian Personality*, uma pesquisa de psicologia social que era vista como exemplar pelo refinamento metodológico. Eu não sabia nada do crítico e filósofo. Quando comprei a *Dialética do esclarecimento*, foi pelo título, por gostar de dialética e de esclarecimento. Benjamin para mim era um desconhecido e comprei pelo índice, porque estavam lá Kafka, Brecht, Karl Kraus e um ensaio sobre o narrador, um assunto que estava me interessando. Com Lukács tive a noção do que pode a crítica dialética. Mas como eu gostava especialmente de Kafka e Brecht e aspirava a ser um escritor vanguardista, sempre guardei alguma distância em relação a ele e me sentia mais à vontade com os outros dois, que entretanto eu entendia menos, porque são mais difíceis. Além do que meus pais eram antistalinistas por experiência própria, de modo que havia uma parte em Lukács que nunca engoli. Não obstante, aproveitei muito os ensaios dele sobre o romance do século XIX. Enfim, os rótulos não esgotam os autores.

MF — *São formas de caipirismo. Com isso a gente volta ao traço específico da cultura brasileira. Lembrando que o narrador*

Tira-dúvidas

volúvel Brás Cubas teria um comportamento desse tipo, eu me lembrei da pergunta de Cristina Castilho, feita durante um curso que dei sobre a sua interpretação de Machado, que eu gostaria de retomar só por piada e também por provocação, porque pelo que sei você é amigo do Fernando Henrique Cardoso: ela em aula perguntou se o Fernando Henrique, com a história do "esqueçam o que eu escrevi" não seria uma nova versão da volubilidade do Brás Cubas.

RS — Acho absurda a onda que a imprensa fez com essa frase. O Fernando Henrique obviamente estava dizendo aos interlocutores que não repetissem na década de 1990 o que ele havia escrito na de 1960, porque os tempos já não eram os mesmos. Nada mais razoável. Ele tem muita consciência de ser um intelectual de valor e estou certo de que não passaria pela cabeça dele jogar fora o que escreveu. Não há nada errado em mudar. O questionável é o conteúdo da mudança.

MF — *Você não veria no caso nenhuma volubilidade de Brás Cubas?*

RS — Há muitas aproximações que se podem fazer entre a elite brasileira vista pelo Machado e a atual, de que o presidente é uma figura importante. Mas esse "esqueçam o que escrevi" é o gancho errado. Para falar com o Macaco Simão,[7] que não é governista, quem fica parado é poste. Mas voltando ao paralelo, uma das audácias machadianas foi enxergar na elite brasileira a fusão do traço europeizante e refinado com o traço incivil, proveniente da brutalidade da dominação de classe, com reminiscências coloniais. Essa combinação persiste no Brasil de hoje? O nosso programa de atualização capitalista poderia ser uma va-

---

[7] José Simão, colunista da *Folha de S. Paulo*. (N. da E.)

riante dela? Em que sentido? É por aí que seria possível procurar analogias.

AP — *No CEBRAP, quando você deu aquela palestra sobre o* Duas meninas, *você falou de como o crítico também está no seu tempo, que você abriu os olhos para o Machado depois do golpe de 1964. Você fala que há momentos históricos que realmente empurram para avanços culturais. Você acha que hoje com a modernização do capital e a globalização, pode ser que se chegue a um momento parecido?*

RS — 1964 foi notável pelo que veio depois, mas também pelo que veio antes. De 1962 a 64 o Brasil viveu um momento de pré-revolução, em que sobretudo os estudantes, mas também a cultura em geral, se realinharam em função de interesses populares, se abriram em direção deles, trocando as alianças de classe tradicionais. A vitória sobre toda sorte de emparedamentos de classe, a injeção de generosidade e inteligência trazida por essa inversão de alianças, pela recanalização dos fluxos culturais, alimentou a cultura brasileira por décadas, e algo dela dura até hoje. Entre outras coisas, foi isso que o pós-1964 tratou de abafar. No novo quadro, que deixava de ser amenizado pelo populismo anterior, a posição furiosamente antipopular de uma parte das classes mais civilizadas do país ficou nítida. De repente, a descrença machadiana já não parecia um cacoete literário ou de temperamento, distante da vida, para fazer figura de conclusão bem fundamentada na realidade do país.

As mudanças de hoje são diferentes. A tônica geral é dada, na escala do mundo, pela vitória do capital sobre o trabalho e pelas inovações técnicas. A derrota do trabalho afeta a esperança com uma profundidade de que dificilmente nos damos conta. Quanto às inovações técnicas, resta ver. Tenho amigos alemães que contam entusiasmados que o filho de catorze anos é um cidadão da Europa. Viaja pelo continente, é poliglota, passa horas por dia na frente do e-mail, conversando com amigos de toda parte. Isso dará em coisa nova? Há algo assim no Brasil? Que os assuntos e os currículos acadêmicos estão mudando, nós de letras sabemos. Basta pensar nos *cultural studies*. Vai haver também uma transformação conceitual, por exemplo uma revisão da história do Brasil à luz da globalização. Um exemplo interessante é o novo livro de Luiz Felipe de Alencastro, *O trato dos viventes*, que um dia desses ficará pronto.[8] O assunto é o período colonial. A ideia é que o processo econômico havia juntado o que o mar separava: o Brasil como unidade de produção, a África como unidade fornecedora de braço escravo. Daí um traço estrutural, que segundo o Luiz Felipe continuou decisivo até 1930: a mão de obra necessária à produção brasileira não se reproduzia aqui (já que depois dos africanos veio a imigração europeia), ou, por outra, a classe dominante brasileira até recentemente não se responsabilizava pela reprodução social da mão de obra necessária ao país, pois esta foi negociada com os escravizadores africanos ou com os governos europeus. Estaria aí uma das chaves para a inorganicidade nacional de que falava Caio Prado Jr. São esquemas audazes, muito sugestivos para quem se interesse, por exemplo, pela irresponsabilidade social de Brás Cubas.

Mas voltando à globalização, suponho que haja algo dela, e da correspondente desarticulação nacional, no interesse do Felipe pelos mecanismos fantasticamente antissociais do mercado colonial, antissociais a um extremo que só rindo. A continuação do tráfico negreiro fez esses mecanismos persistirem por um lar-

---

[8] O livro foi publicado em 2000: *O trato dos viventes: formação do Brasil no Atlântico Sul, séculos XVI e XVII*, São Paulo, Companhia das Letras. (N. da E.)

go momento no interior da nação independente, à qual imprimiram as feições bárbaras, que por sua vez, agora, antes de se terem extinguido, já estão ressurgindo com força. É como se a força civilizatória da nação não tivesse sido senão um interregno na história do capital.

O trato dos viventes sai vinte anos depois do grande livro de Fernando Novais, *Portugal e Brasil na crise do Antigo Sistema Colonial*,[9] com o qual se aparenta e ao qual dá continuidade em muitos pontos. Mas o Fernando, que concebeu os seus esquemas na crista e na crise do desenvolvimentismo, escreveu na perspectiva da superação nacional da ordem colonial. Ao passo que o Felipe, escrevendo mais tarde, está sob a impressão — recente — da imensa desproporção entre a força do mercado mundial e o projeto nacional. Essa comparação, que eu não saberia aprofundar, aponta para as modificações conceituais próprias ao novo momento.

Como fica, nesta perspectiva mudada, a ideia de formação da literatura brasileira? Antonio Candido estabeleceu e historiou, no âmbito de gravitação da independência política, o processo específico de uma acumulação literária nacional, ou seja, de um progressivo encadeamento interno de obras, escritores e públicos, com dinamismo próprio, que a certa altura — na obra de Machado de Assis — permitiu assimilar o influxo cultural externo com critério próprio. Por um lado, esse processo de criação de uma certa autonomia pôde se completar no nível dele mesmo. Por outro, é parte do curso geral das coisas em direção de algo como uma nação mais integrada, mais orgânica e mais dona de si. Aí, a instância decisiva naturalmente é a econômica,

---

[9] Fernando E. Novais, *Portugal e Brasil na crise do Antigo Sistema Colonial (1777-1808)*, São Paulo, Hucitec, 1979; 2ª edição: São Paulo, Editora 34, 2019. (N. da E.)

e o paralelo óbvio é com a obra de Celso Furtado — da mesma geração de Antonio Candido — onde está historiado o progresso do mercado interno. O processo se completaria no momento — futuro — em que as alavancas do mando econômico fossem interiorizadas. Ora, esse ponto de inflexão agora parece mais distante que antes, e não mais próximo, tanto que um dos últimos livros de Furtado tem título de *A construção interrompida*.[10] Como fica a construção literária, que se completou, no contexto da construção nacional que se interrompeu? São perguntas propriamente atuais, que vale a pena fazer. É claro que uma formação não deixa de existir por fazer parte de outra que se interrompeu. Entretanto, o seu alcance muda. Haveria nela uma parte de ilusão? Qual o seu significado num momento de desarticulação? Quais os seus papéis possíveis, como inspiração, crítica, ideologia, resistência etc?

AP — *Ou seja: é "o nacional por ilusão".*

FM — *Na semana passada você estava no lançamento de mais um número da revista* Praga. *Você não acha que, apesar do ambiente intelectual refinado, ali no debate se manifestou uma tendência muito forte hoje de se fazer crítica a questões políticas — por definição questões coletivas — de maneira muito personalizada, simplista, do tipo: "o Fernando Henrique é que é o problema"?*

RS — É complicado, e o caso do Fernando Henrique para os intelectuais de esquerda é particular. Vou responder de modo genérico, porque não lembro o suficiente do debate da *Praga*. Enumerando ao acaso, quais os prejuízos que a personalização da análise política traz à esquerda? Um consiste em atribuir a Fernando Henrique as dificuldades causadas pela etapa atual do

---

[10] Celso Furtado, *Brasil: a construção interrompida*, São Paulo, Paz e Terra, 1992. (N. da E.)

capitalismo mundial ou pela estrutura de classes do país. Com isso a oposição pode imaginar que ela, se chegar ao governo, não terá pela frente os mesmos constrangimentos. Ficam sem discussão a estreiteza da margem de manobra que a eventual vitória eleitoral daria à esquerda, e, sobretudo, a dificuldade verdadeira, que está na crise das propostas socialistas, a qual é histórico-mundial. Essa é a ordem de problemas a que o senso crítico e a imaginação dos anticapitalistas têm de se aplicar. Dito isso, não há como não discutir a passagem do intelectual de esquerda, com liderança, a artífice e líder de uma aliança de centro-direita, responsável por mais um ciclo de modernização conservadora. É um percurso paradigmático. Essa troca de campo representa — como pensam o presidente e os intelectuais que o acompanharam — um desbloqueio e um progresso para o país? E se a inversão de alianças tiver sido apenas uma nova vitória do capital? O sentido ideológico e cultural desse passo, com as suas consequências e justificações, vai fazer parte de nosso menu de discussão por um bom tempo, e está certo que seja assim.

MF — *Uma das coisas que eu acho muito ricas no* Ao vencedor as batatas, *ainda no capítulo sobre a importância do romance em Alencar, é essa nota 20, praticamente um ensaio, que fala do Walter Benjamin. É um aprofundamento, e em linguagem própria, sua, de "O narrador". É esclarecedor para a gente que tem acesso ao texto muito por certos elementos mais à tona, como a figuração do marinheiro e do agricultor sedentário para a narrativa oral, ou a diferença, que acaba mecanizada, entre narrativa oral e romance. Você faz uma síntese simultânea de todo o seu trabalho e do ensaio do Benjamin, para situar o José de Alencar, o que acaba mostrando como a literatura produzida nas nossas condições afinal de contas é mais complexa na sua singeleza e nos seus desencontros, porque ela está lidando com um elemento pré-burguês, que o Benjamin jogaria para a narrativa oral, e ao mesmo tempo está lidando com a importação do romance. Há certas passagens que eu gostaria de esclarecer. Por exemplo, essa: "Por uma dessas falsidades felizes da literatura romântica ele [Alencar] combina a veia popular autêntica ao romantismo moderno e restaurativo da evocação" (Tem uma categoria da evocação, eu gostaria de que você falasse sobre ela) "cujo ritmo respirado e largo constrói a simbiose de meditação e espontaneidade — a ligação profunda e natural com natureza e comunidade fingida na postura 'visionária'" (Essa expressão: postura "visionária") "— que é a poesia da escola e o sentimento do mundo que ela opõe à sociedade burguesa". Você cita também Hölderlin e faz uma série de observações que parecem ser complexas pela própria situação do Alencar, que está misturando a forma narrativa avançada do romance com a narrativa oral popular. Enquanto na Europa haveria mais fluência histórica na causação da forma romanesca, aqui o jogo da importação com o atraso cria mais complexidade, com resultados estéticos precários, no caso.*

RS — A combinação de oralidade popular e complexidade erudita é recorrente na literatura brasileira. A grande figura, aí, é Guimarães Rosa. Há um doutorado surpreendente nessa matéria, de um poeta e crítico mexicano, Héctor Olea, sobre o intertexto de Rosa.[11] O Héctor documenta a frequência quase inacreditável das alusões à Bíblia, a Platão, Plotino, Dante e outros clássicos, que vão ocorrendo quase que a cada frase. Fica a impressão — embora as intenções da tese sejam outras — que o método literário de Guimarães Rosa em certa parte consistia em tomar frases de clássicos e traduzi-las para o caipira, na linguagem e nas situações. Não deixa de ser uma solução ultradireta

---

[11] Posteriormente publicado com o título *O professor Riobaldo: um novo místico da poetagem*, São Paulo, Ateliê, 2006. (N. da E.)

para a dificuldade de ligar o local e o universal. A combinação de inflexões regionais mineiras e argumentos pertencentes à tradição filosófica a mais consagrada arma uma dessas diferenças de tempo e de âmbito que são, de alguma maneira, características do Brasil. A caução da oralidade, da fala do iletrado, oculta a audácia da montagem, que não é menos violenta que a prosa mais cubista de Oswald de Andrade. Há um verniz de naturalidade ocultando a extravagância da operação. Noutra conjuntura, há questões de mesma ordem na prosa de Alencar, sobretudo nos romances da vida de fazenda. A dicção desses livros tem algo do causo, ao mesmo tempo que é animada pelo sentimento romântico da natureza, do tempo, da catástrofe pendente, um sentimento cuja complexidade é outra. Mas o culto romântico da singeleza popular permitiu uma espécie de amálgama viável, em que a visão pulsante e abrangente da integração entre vida coletiva e natureza — uma façanha culta, ligada à recusa das parcialidades impostas pela vida moderna — toma a feição de uma sabedoria popular. Mas, para ser franco, estou mais lembrado de meu argumento que do romance de Alencar, de modo que não vou por a mão no fogo por estas observações. Seja como for, acho certo que a visão romântica da natureza em Alencar por momentos escorrega da distância nostálgica para o cartão-postal, e que esse deslizamento, entendido na sua comicidade, viria a ser uma solução brilhante explorada pelos modernistas.

MF — *Você termina o* Ao vencedor as batatas *falando no Machado de Assis como alguém que completava sua ascensão social na hora em que daria sua virada para a segunda fase. Ao mesmo tempo você sempre adverte contra o biografismo. E de fato é muito perceptível este andamento no Machado. Parece, como é típico de sua interpretação, que ele desmascara o deboche já com uma certa independência, dizendo: "olha, eu não vou ser mais aquele bonzi-*

nho bem intencionado da primeira fase, eu sei como a coisa funciona". Como fica a relação com o biográfico?

RS — A questão foi bem colocada por Sartre, na *Questão de método*. A certa altura, polemizando com o marxismo vulgar, ele diz que não há valor explicativo em afirmar que Valéry é um pequeno-burguês, pois há muitos pequeno-burgueses que não são Valéry, quer dizer, grandes poetas. Entre a complexidade das obras e a definição sumária das posições de classe de seus autores há uma grande desproporção, que sugere que é preciso entender o processo social como mais complexo, e não o processo artístico como mais simples. A pergunta certa, segundo Sartre, vai no sentido contrário ao senso comum materialista. Estudadas as obras em sua complexidade, elas permitem fazer boas perguntas ao contexto empírico, inclusive biográfico, em que nasceram e de que são uma superação no plano do imaginário. Passando ao caso brasileiro, não se trata de reduzir a força da obra machadiana à precariedade, à injustiça, ao atraso das condições nacionais, ou à rotina de uma vida de funcionário, mas ao contrário, de se deixar guiar pela obra notável para perguntar o que, num meio aparentemente tão pouco propício, ou numa biografia tão pouco inspiradora, permitiu que aquela ordem de superações fosse possível. As repostas podem ser interessantes.

AP — *E em poesia tem alguém do porte do Machado? É o Drummond?*

RS — De fato, Drummond é dos poucos escritores brasileiros que tenta dizer coisas difíceis. Outro dia participei do exame de qualificação da tese do Vagner Camilo, sobre Drummond e a política.[12] É um estudo sobre as relações entre o poeta e o

---

[12] Posteriormente publicada com o título *Da rosa do povo à rosa das trevas*, São Paulo, Ateliê, 2001. (N. da E.)

comunismo. Estão lá as promessas e as frustrações do engajamento político, sem banalização.

MF — *Você chama de "coisas difíceis" problemas que ele enfrentaria, de correr risco?*

RS — Não estava pensando no risco físico, mas no labirinto dos problemas. Nos bons escritores europeus, o esforço analítico e de conhecimento é grande, algo análogo à ciência de ponta, quando ela é aventurosa. Entrar a sério nos impasses da linguagem, da vida interior, ou da política, é coisa propriamente difícil. Entre nós, mesmo no caso dos bons, há uma certa complacência com a irrelevância, desde que ela seja literariamente bem conduzida. "Meter a faca do racicínio", como queria Machado, é raro.

FM — *A Maria Augusta Fonseca me falou de uma mesa-redonda de que você participou em Santa Catarina, onde você leu criticamente o livro do Caetano Veloso,* Verdade tropical.[13] *Isso vai ser publicado?*

RS — Li o livro dele com grande interesse e há muita coisa ali para discutir. Infelizmente não tenho cultura musical, de modo que não saberia retomar as questões no lugar em que tiveram mais peso, quer dizer, nas canções.

As qualidades são grandes mesmo. O senso de realidade de Caetano é amplo e agudo, da espécie que admiramos nos bons romances realistas. Os retratos de amigos, colegas e rivais são notáveis, a figura central — ele mesmo — é um herói problemático da maior atualidade e envergadura, os resumos dos debates estético-político-mercadológicos são muito substanciosos e vivos. Como depoimento sobre a oficina artística, ele não faz

---

[13] São Paulo, Companhia das Letras, 1997. (N. da E.)

má figura ao lado do que deixaram, nessa linha, Bandeira e Drummond. O tema central, que serve como critério de tudo, é a formação da música popular brasileira. A tese de Caetano é que João Gilberto explicitou e atualizou esteticamente uma linha evolutiva que vinha se formando a partir dos batuques da Bahia e do Rio e que agora, em sua nova feição joão-gilbertiana, passou a ter condições de interagir sem rebaixamento com o melhor da música popular contemporânea. O paralelo com a construção de Antonio Candido e com a posição que este confere a Machado de Assis é surpreendente. Eu não saberia entrar no mérito musical, mas o argumento mostra como é geral para o país o tema da formação. Há pouco tempo, Otília e Paulo Arantes publicaram um livro sobre o *Sentido da formação*,[14] onde repassam essa ordem de questões na literatura, na pintura e na arquitetura. O tema pelo visto está ficando maduro para um tratamento mais abstrato e amplo, que se não me engano o próprio Paulo tem em preparação.

Dito isso tudo, penso também que *Verdade tropical* se coloca mal em questões centrais. Quero citar duas de suas posições que para mim distorcem bastante a perspectiva e cortam um certo voo que se havia esboçado. Justificando-se com brigas e vaias levadas, que afinal de contas faziam mais parte do *show business* que da luta de classes, Caetano milita contra a esquerda como se ela, que estava sendo perseguida, estivesse ou tivesse estado no poder. Fica a impressão triste do rebelde com costas quentes, que além do mais minimiza a parte do esquerdismo em seu inconformismo social, que é uma das inspirações de sua arte e cuja matriz histórica está evocada com grande beleza nos

---

[14] Otilia Beatriz Fiori Arantes e Paulo Eduardo Arantes, *Sentido da formação: três estudos sobre Antonio Candido, Gilda de Mello e Souza e Lucio Costa*, São Paulo, Paz e Terra, 1997. (N. da E.)

capítulos iniciais, sobre a vida em Santo Amaro e Salvador antes do golpe de 1964. Outra limitação é o silêncio quase total sobre o custo, em rebaixamento, da mercantilização da cultura, que entretanto está escancarado quase que a cada página e cuja consideração aberta, ainda que não crítica, é uma das forças da obra. Faço esses reparos porque o livro tem intenção de explicar e indicar rumos.

[Entrevista a Marcos Falleiros, Francisco Mariutti, Afonso Henrique Fávero e Airton Paschoa realizada em março de 1999 e publicada em *Novos Estudos CEBRAP*, nº 58, novembro de 2000, com transcrição de Ector Pablo Dantas Beserra]

Ao vencedor as batatas 30 anos: crítica da cultura e processo social

ANDRÉ BOTELHO — Ao vencedor as batatas *trata do surgimento do romance no Brasil e do sentido por ele assumido entre nós. Gostaríamos que o senhor nos falasse sobre o processo de formulação do livro.*

ROBERTO SCHWARZ — O ponto de partida foi a impressão de que a ironia de Machado de Assis era muito brasileira. De modo geral, Machado era considerado o menos brasileiro dos escritores brasileiros. O maior, mas o menos brasileiro. Então, resolvi apostar na minha impressão contrária e estudar esse assunto, como tese de doutorado. Na época, a dialética estava em alta e um de seus focos — os focos da dialética mudam muito com o tempo — era a ligação do mínimo ao abrangente, do mais singular, como o estilo ou a ironia de um autor, à estrutura de uma sociedade e, no limite, à história do mundo contemporâneo. Havia uma frase do Sartre que na época me impressionou muito. Sartre dizia que no andamento do estilo de um bom autor de alguma maneira está presente a história mundial. No Brasil, então, essa ordem de preocupações tem um interesse suplementar, que é o da desprovincianização, porque a gente aqui tem o hábito de ver as nossas coisas como sendo nossas e nada mais. Assim, havia um interesse em dissecar a ironia de Machado e mostrar que a escrita não é apenas uma solução pessoal, mas que ela pertence a uma história mais ampla, nacional, e que, no limite, o seu alcance pode ser mundial. Do ponto de vista da ambição crítica era um pouco por aí. Este caminho na época estava sendo aberto por Antonio Candido, no seu ensaio sobre a "Dialética da malandragem". Este ensaio faz muitas coisas, que precisam ser vistas em conjunto. Ele toma o movimento característico de um romance considerado menor, as *Memórias de um sargento de milícias*, descreve o seu andamento, desliga-o das intenções do romancista — estas no caso não têm importância, pois o alcance da forma é objetivo, sem conexão com os propósitos do autor —, mostra a pertinência nacional desse movimento, ou seja, do balanço da malandragem, interpreta as suas muitas implicações, para no final dizer: "esse conjunto pode ser comparado, em espírito diferencial, ao romance do puritanismo norte-americano, *A letra escarlate* de Hawthorne". Antonio Candido estava abrindo um caminho, procurando maneiras consistentes de incluir uma obra brasileira na discussão cultural contemporânea mais ampla, ou mundial.

LÍLIA M. SCHWARCZ — *Ao mesmo tempo que brasileira, não é? Porque em "Dialética da malandragem" Antonio Candido tenta fazer uma espécie de arrazoado não só sobre o caráter nacional brasileiro, mas de que maneira a literatura poderia ser uma ponte relevante nesse sentido.*

RS — Isso. O Antonio Candido buscava uma caracterização brasileira que por si mesma já se inscrevesse no debate contemporâneo, que é brasileiro, mas também internacional. É um percurso que ficou sendo um modelo. Voltando à ironia de Machado, o que me impressionou particularmente foi o vaivém entre uma certa coisa um pouco empertigada, a linguagem ultra correta, a finura analítica, muita citação clássica, e, de outro lado, algo que não era isso, que vinha das relações sociais características do país. Enfim, um tom de classe marcado, que entretanto não costumava ser visto como tal. É a arte de Machado. Procurei, então, caracterizar essa arte como sendo a combinação de um tom de classe cosmopolita aos desvios característicos da sociedade brasileira. Esse foi o ponto de partida. Eu sentia que a ironia do Machado se alimentava do vaivém entre oficialismo e desvio brasileiro da norma. Obviamente era uma retomada da "Dialética da malandragem" do Antonio Candido, no âmbito de Machado de Assis. Meu esforço foi inicialmente fixar a caracterização estilística desse vaivém, que viria a ser o tema de *Um mestre na periferia do capitalismo* muitos anos depois. Mas a questão estava presente no começo. Fixar uma fórmula estilística — essa oscilação — e, em seguida, tentar explicá-la em termos brasileiros. Aí tive a sorte de que meus professores estavam fazendo trabalhos que ajudavam a desenvolver essa perspectiva. Havia, de um lado, o Fernando Henrique Cardoso, com *Capitalismo e escravidão no Brasil meridional*, que procurava mostrar que a escravidão — o desvio — não era o contrário do capitalismo — a norma internacional —, ao qual até certo momento ela foi útil. Portanto, a oposição entre capitalismo e escravidão não era o que parecia. Atrás da fachada liberal havia um mundo mental quase clandestino, sobretudo do ângulo europeu oficial. Ruminei bastante a tese de Fernando Henrique, mas faltava algo para chegar em Machado. Aí apareceu o livro de Maria Sylvia de Carvalho Franco.

AB — *O senhor leu o livro ou a tese?*
RS — Li a tese.

AB — *Em 1964 mesmo?*
RS — Acho que li antes da defesa. Provavelmente não assimilei na primeira leitura. O fato é que foi ali por 1970, quan-

do eu estava escrevendo "As ideias fora do lugar", que ela fez diferença na minha cabeça. Na verdade o que possibilitou fazer "As ideias fora do lugar" foi a combinação de Fernando Henrique e Maria Sylvia. Os dois não conversavam, mas os trabalhos deles eram involuntariamente complementares. O Fernando Henrique mostra que a escravidão era compatível com o capitalismo, que o capitalismo promovia a escravidão até um certo ponto, para depois deixar de promovê-la, claro. Com isso a escravidão deixava de ser um resíduo local e passava a estar inscrita no movimento geral da sociedade contemporânea. Tratava-se de fazer explodir o localismo. Analogamente, Maria Sylvia pegava o tema mais localista e confinado possível, que é o caipira, o homem livre e pobre, e mostrava que ele é complementar estruturalmente de um certo desenvolvimento do capitalismo, de um certo tipo de propriedade com objetivo econômico. Vendo com distância, essa era uma tendência da USP. O Antonio Candido ia por aí em literatura, Fernando Henrique fazia isso em relação à charqueada no Sul, Maria Sylvia em relação aos processos-crime de Guaratinguetá. Era o projeto coletivo da dialética que estava em andamento, pautando as pesquisas. Para a Maria Sylvia e para o Fernando Henrique ele era diretamente marxista, ligado à leitura recente de *O capital*. Para o Antonio Candido, que era mais velho e tivera militância socialista anterior, e sabia muito sobre os partidos comunistas e a União Soviética, a relação era menos direta. Ele assumia muito do programa intelectual marxista, que entretanto cumpria com outros meios e sem terminologia canônica. Como a leitura dele era excepcionalmente grande e variada, adquirida com independência, ele acabou elaborando algo como um materialismo histórico paralelo. Com todas as diferenças, entretanto, há um fundo de época em comum a todos esses autores e a setores inteiros da USP. De certo modo, o básico do meu livro foi o casamento dessas três perspectivas, mais o estilo de análise do Adorno.

LMS — *Poderia nos falar mais sobre a introdução da perspectiva do Adorno?*

RS — O Adorno desenvolveu uma ideia de forma paralela à do Antonio Candido, ou melhor, a do Antonio Candido é que é paralela à dele, que é anterior. Como é óbvio, são elaborações independentes. Enfim, em Adorno você tem a ideia de que ao fazer uma análise interna cerrada de uma obra de valor, você acaba descobrindo uma forma de organização que alude de maneira importante à história contemporânea. Esse é que é o ponto. É uma espécie de *parti pris* metodológico. Eu me entusiasmei muito com isso, de casar a análise estilística com a reflexão histórico-social. É o que Antonio Candido buscava fazer, especialmente em "Dialética da malandragem" e depois, logo em seguida, no ensaio sobre *O cortiço*. São ensaios de alto nível, os mais complexos e inventivos da crítica brasileira. Antonio Candido, que é sempre muito discreto do ponto de vista metodológico, nunca falou das implicações da perspectiva dele. Já Adorno, que disputava a hegemonia teórica em toda a linha, no campo da filosofia da música, da teoria estética e da teoria da sociedade contemporânea, refletiu amplamente sobre a questão e mostrou a conexão desse tipo de análise com a dialética e com o marxismo. Em Adorno há realmente um programa de fazer descobertas sobre a sociedade contemporânea a partir da análise estética. Esse é um ponto muito importante. Em suma, o meu ponto de partida foi esse: uma análise da escrita, do estilo da segunda fase do Machado, mais uma tentativa de localizar os seus elementos no Brasil do tempo. Ao historicizar esses elementos, para romper a carapaça localista, acabei dando com as "ideias fora do lugar", que nasceram do esforço de uma explicação estética. O ponto de partida da reflexão social no caso foi estético. Este ensaio teve um destino próprio, mais na área de ciências sociais, com um percurso diferente do resto do livro, que funcionou na área de letras. Os ensaios foram lidos separadamente. Mas eles foram concebidos de maneira bem...

LMS — *Casada. Articulada com o argumento geral?*
RS — Bem casada. Se você tomar o segundo ensaio de *Ao vencedor as batatas*, sobre a importância do romance de Alencar, ele retoma integralmente, agora no plano da história do romance, o esquema de "As ideias fora do lugar". Você tem uma forma literária europeia que é trazida para o Brasil, onde é saturada de matéria local, o que vai produzir uma série de inconsistências e contradições não desejadas. Tento interpretar as contradições, por um lado, como defeitos estéticos, que fazem que *Senhora* seja um livro limitado, mas, por outro lado, como reveladores do Brasil e como ponto de partida para um grande autor, que viria depois e seria Machado de Assis, que acaba inventando uma nova solução para a dificuldade. Assim, os defeitos são problemas para o autor seguinte, e vai se criando um fio interno, uma linhagem interna ao país...

AB — *Um processo de acumulação estética?*
RS — Uma acumulação, exatamente. O autor seguinte, se por milagre for crítico e agudo como Machado, vê os pontos fracos e os supera, inventando combinações e soluções superiores. Isso é a retomada estrita das "ideias fora do lugar" no plano da forma. A importação de uma forma foi criando impasses, assim como as ideias europeias contemporâneas, combinando-se à escravidão e ao paternalismo, haviam criado por sua vez. Então, os impasses em Alencar são dessa mesma ordem e podem ser estudados desse ponto de vista.

LMS — *Já era proposital então? Pergunto isso porque o senhor disse que a primeira ideia foi estudar Machado. O Alencar surgia como contraponto?*

RS — De acordo com a tradição dialética, eu queria acompanhar a gênese da problemática do Machado. O que aconteceu é que de fato o plano inicial mudou um pouco, mas não no essencial. Vocês sabem que os primeiros romances de Machado são fracos. Daí, o meu plano inicial era a) "As ideias fora do lugar"; b) Alencar e a importação da forma romanesca; c) um capítulo breve sobre os primeiros romances, e d) a grande fase. Tudo num volume só. Acontece que os romances do primeiro Machado praticamente não tinham sido estudados. Quando comecei a escavar um pouco mais, vi que ali havia um mundo, sem prejuízo de algo esteticamente diminuído. Então, o capítulo ligado a eles cresceu além do previsto. Para fins de tese, parei por ali mesmo, e as proporções do livro mudaram. O segundo volume ficou para depois. De fato, os romances da primeira fase são mais interessantes do que eu esperava. O processo de racionalização ou de civilização do paternalismo, que está lá, o anseio de tornar o paternalismo menos destrutivo, nada disso eu tinha presente quando comecei a pesquisa. Eu queria procurar os temas da segunda fase na primeira, só por honra da firma. Aí, de repente, descobri que ali havia muito o que estudar. São romances semi-ruins, mas ricos, tanto para a compreensão do Machado da segunda fase como para a compreensão do Brasil.

LMS — *Às vezes um mau romance é um bom documento. Michael Baxandall sempre deixou clara essa perspectiva: "Uma má tela — como documento de época — é muito melhor do que uma ótima tela". Alencar era mau documento, nesse sentido?*

RS — Machado achou que dava para evitar pontos fracos de Alencar, o que é um modo de corrigir, mas a correção não saiu boa por sua vez. O ângulo que me interessou foi o do acerto estético, ou também do desacerto estético, os dois com substância social. Procuro explicar as razões pelas quais o Alencar não dá certo, as razões pelas quais o primeiro Machado também não dá certo, e como isso vai criando um problema que o segundo Machado, de uma maneira realmente genial, soluciona. É claro que esse tipo de crítica depende de haver um bom escritor, um escritor que integre e supere os anteriores. Também neste sentido "Dialética da malandragem" é interessante, porque Antonio Candido mostra que a superação de impasses ou estreitezas, que faz a qualidade da prosa, o seu balanço, pode ocorrer de maneira meio inconsciente, rente ao sentimento da vida. É o trabalho artístico. O trabalho artístico é uma forma de pensamento fora do trabalho teórico. Manuel Antonio de Almeida não apontava para alturas intelectuais extraordinárias. Entretanto, ele solucionou um pedaço importante da problemática estética brasileira. Retomando a formulação de Baxandall, a diferença entre valor documentário e valor estético existe. Mas a qualidade artística não deixa de ser um *fait social*, como diz Adorno, e a forma, mesmo a mais sutil, não deixa de ter valor de documento histórico a seu modo, se for bem entendida.

LMS — *Aliás, Manuel Antonio de Almeida também publicou de uma maneira sem pretensões; como fascículos de jornal...*

RS — Sem pretensão, o que faz parte da incrível graça dele.

LMS — *Só para ter claro isso: aparece na introdução e no tratamento do Alencar e do Machado de Assis uma questão de fundo que surge aqui também, e que se repete no segundo livro* [Um mestre na periferia do capitalismo] *e no seu artigo "Nacional por subtração*".[1] *Trata-se da questão da falsa crítica à cópia. O tema da cópia e da falsidade da cópia (e nós estávamos conversando — faz pouco tempo não só da literatura, mas do pensamento social brasileiro). Esse é um tema antigo em nossa história do pensamento social. Silvio Romero, por exemplo, acusou sua geração anterior de copiar, mas ele mesmo foi ultrapassado pela ideia da cópia.*

RS — E copiou freneticamente.

LMS — *No momento da gestação de* Ao vencedor as batatas *esse tipo de debate sobre a questão da cópia foi importante?*

RS — A palavra cópia se tornou importante com Derrida. Na altura em que eu escrevi isso, o que eu tinha na cabeça era o deslocamento das ideologias.

LMS — *É o que você chama de nossas "esquisitices nacionais".*

RS — Aí tem um ponto que se presta a malentendidos. Esse ensaio não é uma crítica da cópia das ideias. É uma tentativa de explicar porque as ideias copiadas, ou melhor, porque as ideias importadas dão entre nós a impressão de postiças.

LMS — *No fundo são as mais verdadeiras.*

RS — Tratava-se de uma explicação estrutural de por que nos países periféricos as ideias adiantadas dão a impressão de postiças ou copiadas. O que não quer dizer que você possa não copiar. Não está disponível em um país como o Brasil não copiar. Só para um ignorante voluntário...

---

[1] Reunido em *Que horas são?*, São Paulo, Companhia das Letras, 1987. (N. da E.)

LMS — *Essa opção não se coloca, não é verdade?*
RS — É, não se coloca. Seria absurdo. O que é preciso é ter juízo na maneira de encarar as ideias contemporâneas e saber o que cabe e o que não cabe, o preço que se paga para adotá-las. Num país periférico, o que está ao alcance é ser judicioso na relação com o ultramoderno. Mas não está à disposição não se ligar com ele, sob pena de regressão. Os tempos mudaram muito e isso hoje parece evidente. Mas até a década de 1970, o desejo de uma cultura nacional "autêntica", anti-imperialista, sem mistura e sem dívida com o estrangeiro, era forte.

AB — *É curioso como, a meu ver — não só a meu ver —, sua tese foi a princípio pouco compreendida. Como o senhor pensa a leitura que a Maria Sylvia de Carvalho Franco fez do seu ensaio?*[2]
LMS — *Inspiradora e...*
AB — *Aliás, em* Sentimento da dialética na experiência intelectual brasileira,[3] *Paulo Arantes se refere à leitura feita pela Maria Sylvia do seu ensaio como um equívoco, ou um mal-entendido, na medida em que a sugestão de que "As ideias fora do lugar" estava repondo uma dualidade, de modo algum procede — e creio que tenha razão. É curioso, de outro lado, como a Maria Sylvia filia o seu ensaio ao Fernando Henrique Cardoso, à teoria da dependência. Corretamente, pelo que estamos percebendo.*
RS — Todos pertencíamos a uma corrente mais ou menos comum.

---

[2] Maria Sylvia de Carvalho Franco, "As ideias estão em seu lugar", *Cadernos de Debate*, nº 1, 1976. (N. da E.)

[3] Rio de Janeiro, Paz e Terra, 1992. (N. da E.)

AB — *Mas há diferenças substantivas entre o seu trabalho e o dela, não?*
LMS — *Por exemplo, na ideia de "favor". A Maria Sylvia reduziria o debate só à questão do capitalismo e à inserção do país como país marginal na lógica... E na sua interpretação que aparece aqui da ideia de favor ela surge como um modelo maior. Não é isso? Que não ficaria subsumido só...*
RS — Aqui há muitas perguntas. O destino do ensaio foi muito determinado pelo título, "As ideias fora do lugar". Muita gente que leu quis pôr as ideias no lugar. O que aliás mostra a que ponto o sentimento de que as ideias estão fora do lugar no Brasil é difundido. As pessoas gostariam de não sofrer desse deslocamento das ideias, que é expressão da ordem mundial. Mas não há como...

LMS — *Às vezes os alunos de ciências sociais acham que o título do seu livro é* As ideias fora do lugar!
RS — A seu modo, o título é uma piada. Procura nomear e sublinhar uma impressão, mas não para dizer que ela está certa. Que as ideias modernas estejam fora do lugar no Brasil é o maior lugar-comum do pensamento conservador brasileiro, e eu não ia repeti-lo. Desde a primeira constituição liberal, as pessoas diziam: "Isso não serve para o Brasil. São ideias estrangeiras. Tudo só no papel". Enfim, eu não ia escrever para dizer que as ideias liberais estavam fora do lugar num país com escravidão. O que tentei explicar foi por que razões, que são de classe, ligadas à iniquidade social do país, as pessoas sentem que elas, as ideias novas, estão fora do lugar. É a explicação — marxista — de uma impressão. Neste sentido, é um trabalho de crítico literário. Você tem uma impressão de superfície e o trabalho do crítico é explicar essa impressão.

LMS — *Muito próximo da "Dialética da malandragem", não é?*

RS — Sem dúvida. Voltando a Maria Sylvia e à objeção que ela me faz, de dualista: o dualismo não se suprime por um ato de vontade, ele é um dado geral do capitalismo em toda parte, é a sociedade cindida. Agora, se você é um espírito dialético, não para na dualidade e trata de revê-la dentro de um movimento mais amplo e de fundo. Entretanto, se você recusa a dualidade como ponto de partida, você não faz análise dialética. Aliás, não só dialética, vira tudo um mingau indiferenciado. Mas voltemos à questão do favor. Maria Sylvia, no trabalho dela, explica muito bem como o caipira, o homem pobre, depende do favor de um proprietário e que o proprietário, participando do âmbito do capital, tem uma margem de manobra que o homem pobre não tem. O proprietário pode se comportar em relação a seu dependente seja como um senhor à maneira antiga, com o qual há uma relação de reciprocidade moral, seja como um burguês moderno que não deve nada a ninguém, cada um por si. Isso colocava o dependente em uma situação de grande desvantagem, porque ele nunca sabia se ia ser tratado como uma pessoa com a qual há reciprocidade, há obrigações, ou como um estranho, que pode ser posto para fora, pode ser expulso da propriedade. Se estou bem lembrado, este é o núcleo da contribuição dela. Note que a relação entre dependente e propriedade rural, que existe — o latifúndio cria os pobres sem direitos —, é um lugar-comum da observação social brasileira. Em 1855 esse tema já estava formulado num livrinho de Lacerda Werneck. Depois, Nabuco discutiu a questão amplamente em *O abolicionismo*, com grande categoria. As reflexões de Caio Prado sobre o aspecto inorgânico da sociedade brasileira em boa parte também tratam disso. Então, a contribuição de Maria Sylvia não estava aí. Ela retomou o tema a propósito dos processos-crime de Guaratinguetá, e avançou na análise da relação, em cujos meandros morais e em cujo enquadramento histórico-mundial entrou. Foi esse o passo à frente, se não me engano, à parte a exposição de um universo muito interessante. Ao redescobrir essas relações no sistema de personagens de Machado, situado na corte, acabei trazendo para a capital o esquema que ela havia analisado na zona rural.

LMS — *No caso dela a análise limitava-se, em seu alcance, ao ambiente rural.*

RS — A questão reaparecia em posição central para o país, com o grau de abstração e a envergadura próprias ao grande romancista. Até aí penso que não há maiores diferenças, e o trabalho dela obviamente ajudou muito o meu. A diferença considerável vai se dever ao objeto. O romance de Machado, pelo estilo, vai abrir uma frente que no material de Maria Sylvia não podia existir. A inflexão setecentista da prosa, calcada em mestres franceses e ingleses, expõe a experiência brasileira aos padrões gerais da ordem burguesa. Com isso, a temática que Maria Sylvia estudou em versão rural é medida pelo metro da civilização dita adiantada, e mais — aí entra a grande imparcialidade machadiana —, ela não será só medida, como vai medir ela também. Aí há uma viravolta sensacional, propriamente uma façanha intelectual-artística. Vocês notem que só porque estava lidando com Machado é que pude entrar por essa seara. A passividade do Brasil diante dos padrões gerais da ordem burguesa é grande, até hoje. Até segunda ordem, o Brasil não é a medida da ordem burguesa, o Brasil é um efeito dela. Aí vem um grande autor e diz: "Bem, vamos desenvolver uma escrita em que um âmbito se reflita no outro e fica para o leitor a tarefa de situar-se e de dizer quem está certo — provavelmente nenhum dos dois".

LMS — *É possível dizer, então, que há aqui um deslocamento do argumento da "originalidade da cópia". Ou seja, na análise da Maria Sylvia não existiria possibilidade alguma de pensar que aqui teríamos algum modelo original.*
RS — São questões determinadas pelo objeto. Ela estava com um objeto passivo — nem o agregado nem o proprietário rural iam dizer o que pensavam do mundo contemporâneo — ao passo que eu lidava com uma obra que é um caso quase único no Brasil: um escritor que, sem ser regressivo, teve coragem de duvidar do padrão europeu. Isso os contemporâneos de Machado, mesmo os admiradores, sentiam só como uma espécie de ceticismo ou niilismo descabido. O Silvio Romero dizia: "Lá vem ele com essas fumaças de misticismo idiota, um desfibrado que não acredita em nada". Machado teve a ousadia e a isenção extraordinárias de dizer: "Bem, nossos modelos e juízes também são parte interessada e tampouco escapam do ridículo". Há parcialidade interesseira e ridículo dos dois lados. Aí o objeto empurra o crítico para ângulos diferentes. Então, eu não tenderia a ver divergências de fundo com Maria Sylvia, antes uma diferença de objetos. No essencial houve colaboração, a querela é secundária. Mas naturalmente é preciso perguntar o que ela acha. [*risos*]

AB — *Agora, considerando do ponto de vista teórico-metodológico "As ideias fora do lugar" também parece ter sido mal compreendido, o que ocorre já na leitura da Maria Sylvia de Carvalho Franco na medida em que o argumento dela parece ser: "as ideias não podem estar fora do lugar porque elas cumprem uma função social". Mas o que o seu ensaio está formulando é: "Sim, a despeito disso, no entanto, elas permanecem deslocadas porque há a historicidade própria da sociedade brasileira; ideias não funcionam com variáveis sistêmicas interligadas e intercambiáveis de modo independente dos seus contextos históricos".*

RS — Você tem toda razão. Maria Sylvia me atribui a ideia de que as ideias não têm função no Brasil. Isso nunca me ocorreu. Aliás, eu procuro explicar minuciosamente quais as funções que têm. Entre parênteses, essa opinião dela é também do Alfredo Bosi, que me faz a mesma crítica.

AB — *Do Bosi e do Carlos Nelson Coutinho, que também aponta os interesses de classe como mediação entre a importação de ideias europeias e a realidade brasileira.*[4]

RS — As ideias produzem efeito de deslocamento, sem prejuízo de terem função. Esses não são aspectos incompatíveis. Elas têm função e dão a impressão de estarem fora do lugar — ao mesmo tempo. Num momento de hegemonia liberal ascendente, a escravidão é um problema, mesmo que dê dinheiro e esteja adaptada localmente. Os deslocamentos são efeitos locais da ordem mundial.

LMS — *Elas também produzem significados sociais, não é mesmo?*

RS — É.

AB — *Ainda no plano da recepção, eu gostaria de perguntar sobre o Franco Moretti, que é um autor que tem utilizado bastante os seus trabalhos. A ideia de "mercados narrativos" que ele vem desenvolvendo no* Atlas do romance europeu *e também em artigos publicados na* New Left Review,[5] *como o senhor vê essa recepção?*

---

[4] Alfredo Bosi, "A escravidão entre os dois liberalismos", *Dialética da colonização*, São Paulo, Companhia das Letras, 1992; Carlos Nelson Coutinho, "Cultura brasileira: um intimismo deslocado, à sombra do poder?", *Cadernos de Debate*, nº 1, 1976. (N. da E.)

[5] Franco Moretti, *Atlas do romance europeu (1800-1900)*, tradução de San-

RS — O Moretti é um autor extremamente inventivo e está tentando criar modelos de história literária para a globalização. Ele se interessou pelo meu ensaio sobre Alencar, porque trata da viagem das formas e da problemática que essa viagem pode criar. Para ele veio a calhar. Aí há um pormenor talvez interessante. O John Gledson, que preparou uma edição inglesa de ensaios meus, resolveu incluir esse estudo sobre Alencar.[6] Achei um absurdo. "Mas para quê você quer publicar esse ensaio? Ninguém vai ler. *Senhora* é um romance de segunda categoria, não é traduzido, não interessa a ninguém, publique outra coisa." O John insistiu, disse que eu estava enganado e que o esquema da viagem da forma interessa muito. Daquele livro com certeza é o ensaio que mais chamou atenção e o Gledson é que viu certo.

LMS — *É mesmo. Mais uma vez o livro "menor", digamos assim, é que interessa mais para pensar a forma e não o particular?*

RS — Eu havia visto a imigração da forma como um problema da acumulação literária brasileira, ou da atualização cultural de uma ex-colônia. O Moretti, que está estudando esse tipo de migração de um modo geral e noutra escala, se interessou pelo ensaio. É que esse tema da viagem das formas é um tema importante.

LMS — *Que viaja mais.*

---

dra Guardini Vasconcelos, São Paulo, Boitempo, 2003; "Conjecture on World Literature", *New Left Review*, nº 1, jan.-fev. 2000, pp. 54-68; "More Conjectures", *New Left Review*, nº 20, mar.-abr. 2003, pp. 73-81; e "The End of the Beginning", *New Left Review*, nº 41, set.-out. 2006, pp. 71-86. (N. da E.)

[6] Roberto Schwarz, *Misplaced Ideas*, Londres, Verso, 1992. (N. da E.)

RS — É isso, um tema que viaja bem [*risos*]. Viaja melhor do que a análise da prosa, por exemplo.

LMS — *Viaja mais porque permite uma leitura mais universal (digamos assim) e menos pautada na própria experiência brasileira?*

RS — Moretti começou fazendo, entre outras coisas, uma espécie de comparatismo europeu, centrado na viagem das formas e dos gêneros pela Europa. A tragédia espanhola, a tragédia shakespeariana e o *Trauerspiel* alemão; o romance espanhol, inglês, alemão e francês etc. Um sistema, que é europeu, com especificações nacionais. Isso na Europa funciona muito bem, porque, como a Europa toda se movimenta do feudalismo para o capitalismo, ainda que em ritmos diferentes, as mesmas coisas acontecem com sentidos relativamente comparáveis nos diferentes lugares, um pouco antes e um pouco depois. Lukács, aliás, já havia visto assim a evolução do romance: o romance francês antes de 1848, o romance russo antes de 1905, e as próprias revoluções, são etapas que guardam correspondência. Enfim, esse movimento funciona bem sobre o fundo homogêneo da transição do feudalismo para o capitalismo. Quando você vai para o mundo das ex-colônias, não há o paralelo, porque a colonização é algo novo, de iniciativa europeia, mas que não repete a ordenação social da Europa. Aí a viagem das formas começa a criar o samba do crioulo doido, porque elas se "aplicam" a uma realidade de outra ordem, que é o que aconteceu no Brasil. Ando fuçando histórias literárias de países de que não sei nada. Você tem esse mesmo tipo de problemática na literatura japonesa, em fins do século XIX, na literatura coreana, na literatura hindu, na literatura turca, para não falar da russa, que é mais familiar. Há uma problemática da periferia e das ex-colônias. Quando aparecer alguém que saiba português, coreano, hindu e tal, ele vai enxergar e criar um objeto novo, que existe e está esperando formulação. Ou também, quando tudo estiver traduzido para o inglês, vai ser possível a comparação. Vai aparecer um conjunto disparatado, mas consistente à sua maneira, que é o correlato da situação de periferia. Voltando ao Moretti, que começou fazendo comparatismo europeu, ele agora está atrás de esquemas adequados à globalização. Aí ele se interessou por esse meu trabalho, que, pelo contrário, se ligava a questões de afirmação nacional, e que entretanto pode se integrar ao esquema dele. O curso das coisas não é linear.

LMS — *Roberto, ainda sobre esse tema da recepção da sua obra para outras áreas do conhecimento. O diálogo que o Rodrigo Naves em* A forma difícil[7] *estabelece entre o seu trabalho e uma reflexão sobre a história da arte no Brasil, particularmente a análise sobre Debret, seria também um outro deslocamento das ideias.*

RS — Tudo isso sai da ideia de formação do Antonio Candido. O livro do Antonio Candido, que manda estudar a retomada da tradição ocidental nas circunstâncias brasileiras, bem como o processo de acumulação e diferenciação que vai criando o que ele chama de sistema literário. O processo existe no campo literário, e também noutros campos, do cinema, da pintura etc., com as diferenças de cada caso. Rodrigo está atrás disso no campo da pintura. O esquema é muito produtivo: um período de acumulação, que permite a maturação de uma problemática própria e uma criação mais independente, mais equilibrada, menos exposta à influência sem critério, à macaqueação direta.

AB — *É a sua explicação sobre a relação entre forma estética e formação social.*

---

[7] São Paulo, Ática, 1996. (N. da E.)

LMS — *Apesar de que com o Rodrigo, no caso do Debret, se eu entendo bem, o que ele mostra é que a forma caminha mais difícil por conta da incompatibilidade entre o modelo e a realidade; já no caso do modelo neoclássico a escravidão é o limite para pensar...*
RS — É o objeto dele. Quer dizer, o Debret não é um grande artista, salvo melhor juízo. Ele seria uma espécie de Alencar, dentro desse esquema. O Debret teve que desistir em certa medida — o Rodrigo Naves mostra isso — da forma neoclássica para poder desenhar o que ele via aqui. Mas não se tornou um grande artista, o objetivo no caso aliás não seria esse. Mas poderia vir outro pintor depois, que aprofundasse os seus resultados, ou suas renúncias. Mas poderia também não aparecer. Porque não precisa aparecer, não é? Machado de Assis não precisava ter aparecido. Se ele não aparecesse, ou ficasse nos romances da primeira fase, todo o romance do século XIX brasileiro não passaria de médio. Com exceção de *Memórias de um sargento de milícias*, que é um momento brilhante, sem ser máximo. Aí aparece o milagre de um escritor que sintetiza os antecessores e dá um passo. Esse escritor sempre pode não acontecer. Aparece numa arte, noutra não.

AB — *Gostaria de ouvi-lo sobre sua análise da relação entre forma estética e formação social, análise que também aparece fortemente nas suas leituras da* Formação da literatura brasileira *do Antonio Candido, em especial sua discussão sobre correspondências e desencontros entre processos formativos distintos, mas mutuamente referidos — no caso, entre o bem-sucedido processo de formação da literatura com Machado de Assis e o da sociedade brasileira, marcada por um tipo de má-formação.*[8]

---

[8] "Sobre a *Formação da literatura brasileira*" e "Os sete fôlegos de um livro", *Sequências brasileiras*, São Paulo, Companhia das Letras, 1999. (N. da E.)

RS — Esse tipo de análise pressupõe alguma acumulação prévia, um acervo de observações compatíveis sobre algumas estruturas artísticas e a estrutura social. Os impasses da estrutura social existem sob forma de defasagem histórica, de brutalidade pura e simples, de iniquidade, impotência, ridículo, disparate e outras incongruências, e naturalmente contradição. A gente vai vivendo com o que está aí. Alguém vai pedir consistência ao país? Não está na ordem do dia, salvo em momentos de crise profunda. Agora, é da natureza do trabalho estético que você veja tudo de todos os ângulos e busque alguma integração. Faz parte da intensificação estética e da criação de consistência que todos os ângulos se reflitam uns nos outros e que se tirem as consequências do que se formou; que se avance, que se encontre uma forma superior, capaz de integração. A obra de arte, neste sentido, é um espelho mais consistente, que vai onde o cotidiano não chega. A rotação da prosa machadiana, que combina o mundo abafado do paternalismo às formulações lapidares — de cunho setecentista — sobre o egoísmo burguês, dá nitidez a desajustes que normalmente se perdem na trivialidade do dia a dia, se é que chegam a se esboçar. Tudo se torna problemático em novo grau. É claro que a sociedade não dá o passo equivalente. A sociedade fica na gelatina mesmo. Neste sentido, as obras consistentes anunciam passos que podem não ser dados. A sua problemática tem fundamento real, mas no ambiente favorável da imaginação a hélice gira muito mais, é muito mais livre. No poema tudo se reflete em tudo, o que a seu modo é uma radicalização, uma forma de consequência. Mas grandes observadores da vida social eventualmente podem fazer isso também. Nos grandes livros isso acontece, tudo se reflete em tudo e a realidade quase se estetiza. Acontece em Nabuco, Gilberto Freyre, para não falar em Marx.

LMS — *Essa é uma perspectiva da crítica literária muito específica da escola paulista. Mais especificamente da Universidade de São Paulo?*

RS — É sobretudo do Antonio Candido e dos que aprenderam com ele.

LMS — *Essa ideia que a produção literária tem algo a dizer sobre a sociedade, seus valores, suas identidades...*

RS — É uma coisa que vai na contracorrente da teoria literária metropolitana. O Antonio Candido deu esse passo na hora em que na França estavam jogando fora — mesmo a esquerda — o lado da referência. Foi realmente um passo de grande independência da parte dele. Mas a USP estava em veia de independência na época. Houve passos análogos em sociologia, em filosofia, em história, e talvez noutras disciplinas que não acompanhei.

LMS — *Muita independência mesmo, porque essa discussão ficou caricaturada entre os formalistas e os historicistas. Nesse momento o assim chamado "historicismo" era quase um mal, não acha?*

RS — A particularidade do Antonio Candido é que ele é formalista e historicista ao mesmo tempo.

AB — *Como o senhor diz: uma crítica que articula "filiação de textos e fidelidade a contextos".*

RS — Além de incluir a análise formal. A onda do estruturalismo foi grande, mas o trabalho que ficou — sem alardes de método — foi o do Antonio Candido. Sem os cacoetes de escola, são as análises mais estruturais e minuciosas, bem como inventivas, do período. O programa do estruturalismo histórico ficou parado no ar. Sartre diz no prefácio da *Crítica da razão dialética*: "A ressurreição do marxismo depende de se conseguir um estruturalismo histórico". No momento em que Lévi-Strauss estava afirmando que estrutura não tem nada ver com história, Sartre concluía que o marxismo só ressuscita se operar essa ligação. Em Antonio Candido ela está feita. É preciso dizer que quem realizou abundantemente esse programa, bastante antes, foram Adorno, Benjamin e Lukács, este quando não é stalinista. Noutras palavras, há uma franja marxista que levou isso a cabo, se explicou a respeito, mas não se impôs em grande escala. É um fato significativo, que ainda precisa ser explicado. Às vezes penso que o marxismo vai acabar se impondo como construção intelectual quando ele já não tiver nenhuma relevância prática. Se você olhar — é a minha opinião, claro — os grandes críticos do século XX, os julgamentos-chave, os mais interessantes, verá que têm ligação com o marxismo. Não são diretamente marxistas, ligados à militância política, mas são próximos. O marxismo autodenominado e de escola é, em geral, medíocre. Isso tudo é efeito do stalinismo. Criou-se uma espécie de maldição. Seja como for, passado o tempo, a crítica sem referência social e dialética sai bem diminuída da comparação com Adorno, Benjamin, com o "bom" Lukács, com Auerbach. Aliás, o lado esquerdo de Auerbach foi pouco visto e ainda está por ser explicitado. Moretti foi examinar os papéis dele em Istambul, do tempo da guerra, que ele passou lá, e descobriu que na primeira versão o subtítulo de *Mimesis* era "a dialética da representação na literatura do Ocidente", e não "a representação da realidade na literatura do Ocidente", como ficou na versão definitiva. Pode-se imaginar que depois da guerra, quando Auerbach resolve imigrar para os Estados Unidos, com o macartismo começando, ele tenha tirado a dialética do título... O fato é que o marxismo foi muito fecundo também fora de seus âmbitos imediatos.

AB — *Olhando hoje para* Ao vencedor as batatas, *pensamos em termos de um programa crítico-sociológico. O senhor mesmo já havia comentado noutras oportunidades e adiantou aqui também como o seu plano original já envolvia o que depois veio a ser* Um mestre na periferia do capitalismo. *Uma questão sociológica que me chama muito a atenção nesse desenvolvimento diz respeito à ambivalência ideológico-moral entre ideário burguês e paternalismo, inscrita na conduta dos grupos sociais, questão que, embora já estivesse presente nos primeiros romances, ganha destaque na "segunda fase" do Machado de Assis.*

RS — Em *Iaiá Garcia*, que é o romance da transição, a riqueza de análise social já é muito grande. A fenomenologia das relações de favor é impressionante. Procurei acompanhar analiticamente e descrever uma por uma — a acuidade e a sistematicidade do procedimento machadiano surpreendem a todo momento. Dito isso, é o universo intuitivo da reflexão social brasileira, do qual as construções sociológicas correntes dão conta. O leitor de Gilberto Freyre, Sérgio Buarque de Holanda e Caio Prado Jr. está em casa. Já com a segunda fase não é assim. Os termos do primeiro são complacentes demais, e os outros dois são demasiado progressistas para a configuração machadiana. O ceticismo ilustrado, sobretudo a compactação formal operada por Machado, que tornou tangível a complementaridade, ou melhor, a sincronia distante entre o padrão burguês ideal, o ângulo corrente dos países centrais e a nossa acomodação do escravismo liberal-paternalista, de ex-colônia, são de outra ordem. Esse é um *mix* que requer uma sociologia nova, que não está disponível, para a qual a crítica literária seria um indicador-chave. Como fica Dona Plácida, uma triste agregada, refletida nas prerrogativas descaradas de um proprietário à brasileira, refletidas na dicção breve e lúcida da análise setecentista e metropolitana do interesse individual, refletida na elegância autocomplacente da *Belle Époque*? Machado achou um modo, através da composição e da dicção características, de ativar esses espelhamentos interclasse, transatlânticos, entre matéria datada e estilo com outra data — mais a problemática moral e o sistema de diferenças do caso. Ele realmente rompeu as nossas limitações mentais correntes.

LMS — *O que é bonito também é o outro lado, não é Roberto? Ou seja, a comparação com o outro também leva à nossa própria estranheza. Como você diz no começo de seu livro, na sua tão famosa como polêmica introdução, "toda reprodução é sempre uma apropriação". O que o seu trabalho mostrava também é a possibilidade de se pensar dos dois lados. A tensão também é relevante nos dois lados. A apropriação também é um deslocamento.*

RS — Claro.

AB — *Pensando nos procedimentos estéticos da obra do Machado de Assis, lembro de um artigo recente no qual o senhor chama a atenção para o fato de que, ironicamente, a atual consagração internacional do Machado, sobretudo nos círculos universitários norte-americanos, parece estar implicando a sua descontextualização histórico-sociológica.*[9]

RS — Quero continuar este ensaio, para apontar o jogo de poder mundial atrás das interpretações. Uma, que leva em conta a história local e que diz que Machado é um grande autor porque soube se ligar profundamente à vida social do país. A outra, a qual desconhece a mesma história, mas também acha

---

[9] "Leituras em competição", *Novos Estudos CEBRAP*, nº 75, 2006, reunido posteriormente, em versão completa, em *Martinha versus Lucrécia: ensaios e entrevistas*, São Paulo, Companhia das Letras, 2012. (N. da E.)

que ele é um grande autor, dá outras razões. Machado é grande porque é uma variante — uma diferença — no cânone dos grandes autores internacionais. Uma interpretação ancora o valor de Machado na experiência local, e a outra no sistema de diferenças composto pelos clássicos da literatura universal. As abordagens, tão opostas, são complementares em certa medida, que é interessante explorar. São leituras separadas, que por momentos vão estar em guerra, porque uma vai reivindicar contra a outra. A inclusão de Machado na família dos grandes autores, onde ele tem posição própria, obviamente é um ganho. A linha interpretativa oposta dirá, na minha opinião, que é a história local que produz as peculiaridades que fazem diferença no sistema do cânone mundial. Peculiaridades que podem ser reconhecidas e valorizadas, mas não explicadas, sem referência à mesma história local. Num caso ficamos com a tradição das grandes obras e do diálogo dos gênios isolados; no outro com uma história local de luta pela desprovincianização artística e pelo reconhecimento mundial. Tudo está em explicitar a parte de verdade em cada posição, em especial na restrição que uma faz à outra.

LMS — *Uma história de formas reais, que são reiteradas no campo literário.*

RS — Exatamente, desde que essa reiteração de formas não seja entendida de maneira realista estreita.

LMS — *Talvez o único outro autor brasileiro — você me corrija — que tenha recebido esse estatuto de autor brasileiro no exterior é o Jorge Amado. Ao menos na França. Mas a recepção dele no exterior me parece que é em tudo diferente do que o que você apontava nos romances mais recentes do Machado de Assis.*

RS — O Jorge Amado, até onde eu sei, não teve uma consagração artística importante. Ou melhor, teve a consagração da máquina do Realismo Socialista, que esteticamente era regressiva.

LMS — *Ou então, é a consagração de um determinado Brasil, que se cria apenas para o exterior. Em tudo oposto ao do Machado.*

RS — Quem tem uma carreira internacional importante hoje, ligada ao feminismo, é Clarice Lispector. Mas eu não conheço o suficiente para palpitar.

AB — *Pensando agora em* Duas meninas, *os dois ensaios que compõem o livro, em parte talvez pela própria matéria de cada um deles, parecem apresentar respostas distintas à relação entre decadência econômica e fechamento da consciência social: em* Dom Casmurro, Capitu *é derrotada pelo sistema patriarcal em decadência; no caso do diário da Helena Morley, o senhor chama a atenção para o fato da decadência econômica de Minas Gerais ter criado, ao contrário de um fechamento do mundo, uma abertura. Então, você tem a prosa desataviada do diário, uma menina iluminista...*

RS — Capitu é derrotada. Mas o romance não é derrotado.

AB — *Como o senhor pensa essa problemática? Lembro que, em geral, na literatura sociológica brasileira é comum entender que a decadência econômica leva a um fechamento da consciência social...*

LMS — *E não a um campo de possibilidades.*

RS — O diário dela de fato tem um lado um pouco milagroso. Aconteceu uma coisa na contracorrente, inesperada, que foi um fechamento com abertura. Não sou conhecedor da história de Minas, mas os entendidos falam de Diamantina como de algo extraprograma. Drummond, por exemplo, na boa crônica que dedicou a *Minha vida de menina*... Por algumas razões, que agora não saberia resumir, a decadência econômica e urbana lá veio acompanhada de luzes mentais e alegria, e de certa atenuação dos antagonismos sociais. Drummond fala da cidade "chupista", em que se bebia vinho e onde a decadência do ouro não se tornou lúgubre. Foi uma cidade festeira, essas coisas existem. Voltando ao livro, além das surpresas de Diamantina houve o milagre de uma menina precoce, que se pôs a observar e a escrever antes de estar interessada em namorar e casar, capaz de bastante inconformismo, engraçada, um pouco protestante, entusiasta das cerimônias católicas, agudamente consciente de suas contradições etc. São várias as razões que fizeram de seu diário uma coisa luminosa. Se ela continuasse a escrever, é provável que não fosse interessante daquele jeito depois. O momento histórico privilegiado, beneficiado por certa indefinição, logo depois da Abolição e um pouco antes do trabalho assalariado propriamente dito, um lugar alegre, a menina genial na idade certa, uma conjunção irrepetível. Todo mundo conhece meninas geniais, só que...

LMS — *Elas crescem...*
RS — Os cadernos — que foram dar no livro — aconteceram só porque o pai, seguindo uma moda europeia, mandou escrever um diário. Ela pegou o jeito, gostou, foi aplaudida e se desenvolveu. O conjunto é de uma complexidade e ressonância interna — as correspondências incríveis entre as anedotas — próprias da grande literatura, sem prejuízo da singeleza. Já que estamos falando da sua qualidade literária, não custa notar que ela é — até onde vejo — superior a quase tudo na literatura brasileira do tempo. Essa opinião pareceu exagerada a vários colegas de letras, porque acham que os cadernos de uma garota, mesmo engraçada, não devem ser comparados ao trabalhos de autores ilustres. Sob esse aspecto, o diário de Helena Morley forma par

com *Memórias de um sargento de milícias*, um livro que também não tem a pompa da grande obra. A forma e a sua qualidade são objetivas, independentes da intenção e da pretensão do autor. Helena sequer sabia que estava escrevendo um livro, mas a qualidade, o sistema denso e variado das relações internas, está lá. O que importa é o que foi organizado e escrito. Nós os críticos, todos ilustrados e modernos, em princípio sabemos que a forma é objetiva, que a intenção do autor não é o que conta, gostamos de falar da *mort de l'auteur* etc., mas no frigir dos ovos, no dia a dia da avaliação, os bons continuam os de sempre. Vocês leiam os consagrados da época — com a exceção de Machado — e comparem com o diário. Esteticamente, não há comparação. Mostrem *Minha vida de menina* a um estrangeiro e ele imediatamente vai dizer que é genial. Mostrem os contemporâneos consagrados, e ele vai dizer que um é interessante, o outro precursor. Mas genial? O livro da Morley é feliz como as grandes obras de arte, essa é que é a verdade, a meu ver. Mas o principal não está aí. É que a superioridade estética nalgum nível traduz um acerto da atitude extraestética. A menina se situava melhor diante da matéria brasileira do que os literatos calejados, com que é boa ideia compará-la.

AB — *Sem intenção estética!*

LMS — *É o que os professores não engolem. Penso que assimilam como documento de época, como repertório cultural, repertório de época. Mas na prática: "Esse livro não passa de um diário e diário não é literatura", segundo essa visão.*

RS — Tudo está em dissociar complexidade ou alcance objetivos da intenção autoral. O *objet trouvé* é central para a arte moderna, e para a crítica moderna. Ele está lá, é uma coisa extraordinária, que entretanto não foi feita com essa intenção. É claro que a autora do diário, que já era adulta quando publicou os cadernos da menina, achou que aquilo tinha graça. Mas não terá pensado que fosse um grande livro. Já os literatos amigos do marido, quando o livro saiu, foram prontos no reconhecimento. Gilberto Freyre, Manuel Bandeira, Rubem Braga, Carlos Drummond, Elizabeth Bishop — um batalhão respeitável — todos disseram que era extraordinário. Georges Bernanos mandou uma cartinha: "A senhora escreveu um livro genial". Depois virou um presente para mocinhas e aí ficou.

LMS — *Impressionante. A última pergunta era só uma pergunta de curiosidade — eu acho que o senhor já adiantou um pouquinho. Quais são os novos projetos, os projetos em pauta?*

RS — Vou desenvolver o ensaio sobre a leitura nacional e internacional de Machado.

[Entrevista a André Botelho e Lília M. Schwarcz realizada em 24 de agosto de 2007, como parte das atividades do grupo "Pensamento Social no Brasil" no 20º Encontro Anual da ANPOCS (Associação Nacional de Pós-Graduação em Ciências Sociais)]

Sobre Machado de Assis

MIGUEL CONDE — *O senhor mostrou em seus estudos como Machado de Assis transformou certas características da elite brasileira, em especial a sua volubilidade ideológica, num princípio de composição formal que confere à sua ficção forte sentido crítico. Pensando nestes cem anos da morte de Machado, e nas homenagens que acompanham a data, como vê a incorporação desse artista fundamentalmente problematizador ao panteão dos heróis da nação? É possível entronizá-lo sem diluir o que há de incômodo em sua obra?*

ROBERTO SCHWARZ — Machado entrou para o panteão nacional em tempos de sua vida, mas como figura encasacada e conservadora. Os admiradores salientavam a excelência da sua prosa, a finura da psicologia, a universalidade dos temas, atributos que escapavam à precariedade da vida brasileira e casavam bem com a homenagem oficial. Havia também os leitores que não gostavam dele, para os quais essas mesmas qualidades indicavam o artista sem entusiasmo pelo país e pelo povo, o escritor com medo dos gramáticos portugueses, o imitador de modas estrangeiras que não nos diziam nada. É recente a descoberta do lado crítico e inconformista de sua arte, que explora os impasses sociais brasileiros com originalidade e penetração extraordinárias. Vai ser interessante ver, na hora do centenário, quais os aspectos que se impuseram.

MC — *Apesar de extremamente sofisticada, sua leitura de Machado como um crítico arguto do país talvez forneça uma chave de leitura mais facilmente utilizável nas salas de aula, por exemplo, do que outras que enfatizavam temas como o pessimismo, o ceticismo, a melancolia, ou (mais recentemente) questões ligadas à autoria e ao próprio livro. O senhor já pensou nesse possível desdobramento de seu trabalho, é algo que o preocupe e interesse?*

RS — Se entendi bem, você está dizendo que a combinação de análise estética e reflexão social convém melhor à sala de aula que as leituras universalistas, desinteressadas de tempo e lugar. É certo que a situação de ensino é um dos testes da crítica, mas por que restringir a questão a ela? Fica parecendo que a escolha entre as interpretações é questão de oportunidade didática, e não de acerto crítico. Qual das perspectivas esclarece mais o texto, entra mais a fundo na sua composição, explica melhor o seu valor artístico? Há competição entre as leituras e a resposta depende da discussão literária, dentro e fora da sala de aula.

MC — *Ainda pensando na questão da introdução de jovens leitores à obra machadiana, algo que certamente pode tornar difíceis os primeiros contatos é o conhecido arcaísmo da escrita de Machado. Por que, em sua opinião, essa filiação estilística aos escritores setecentistas se manteve tão presente na escrita dele? Se for possível fazer tal distinção, diria que é um aspecto fundamental para a força da sua composição, abrindo caminho para a digressão e o humor, ou é antes um elemento secundário, que envelheceu mal?*

RS — De fato, a escrita dos romances machadianos tem algo arcaizante e um pouco empertigado (a dos contos nem sempre). Silvio Romero a achava pedante, uma imitação desastrada dos humoristas ingleses, com pretensões pseudofilosóficas. Ao passo que Rui Barbosa, discursando no enterro do escritor, comparava a prosa dele à de Frei Luís de Sousa (século

XVII). Um contra e outro a favor, os dois estavam notando o caráter estilizado de sua escrita de ficção, apartada da linguagem comum. Se estamos falando de arte, é preciso perguntar pela função estética do arcaísmo, no interior das obras, sem atribuí-lo ao romancista em caráter pessoal, como falta de sintonia com o presente. No caso, a nota antiga ou clássica é uma entre outras, e aliás o seu cunho conciso e analítico tanto pode ser passadista como avançado. Seja como for, ela participa de uma mescla de estilos marcadamente moderna, que inclui o registro realista, a singeleza popular, a exposição quase teórica, o desrespeito à convenção artística etc. O conjunto contribui para montar a figura de um narrador culto e algo precioso, além de enciclopédico, um suprassumo de elegância social. Pois bem, esta personagem educada, civilizada e bem-falante, com toda a autoridade cultural e de classe que lhe é própria, se mostra à vontade e satisfeita no universo das relações sociais brasileiras, que a escravidão e as suas decorrências singularizam. Assim, a civilização não só não se opunha como se acomodava bem às nossas relações incivis e inaceitáveis, em princípio condenadas pelo mundo contemporâneo. A dissonância dizia muito de nossa classe dominante, mas também da própria civilização europeia, que não era o que parecia e se acomodava com o que condenava. Note-se que essas implicações de um arranjo estilístico têm alcance crítico notável, que naturalmente é preciso desdobrar.

MC — *Críticos estrangeiros tiveram papel importante na constituição dos estudos de Machado de Assis. Os mais conhecidos talvez sejam os trabalhos de Jean-Michel Massa, Helen Caldwell com seu* The Brazilian Othello of Machado de Assis *e John Gledson com seus minuciosos estudos das alegorias cifradas nos textos de*

Machado.[1] *Os trabalhos de Caldwell e Gledson, particularmente, têm afinidade com os seus.* Mas há também críticos como o português Abel Barros Baptista cujos estudos propõem interpretações distintas da sua, na medida em que argumentam que a situação nacional não é crucial para que se compreenda a grandeza de Machado de Assis.[2] *O senhor tem acompanhado essa produção, vê nela algum achado interessante? Acha que pode contribuir para que Machado seja mais lido em outros países?*

RS — Pela documentação e pelo espírito, os estudos de Massa e Gledson fazem parte — destacada — da crítica brasileira, embora um seja francês e o outro inglês. Já Caldwell e Barros Baptista são críticos "de fora", uma posição importante, com possibilidades próprias: procuram reconhecer a maestria de Machado em termos das obras clássicas do cânone mundial, sem levar em conta a literatura e a realidade nacionais. Esse ângulo está na ordem das coisas e tem seu papel no reconhecimento internacional do autor, e também no nacional, conforme os resultados. Caldwell virou de cabeça para baixo a interpretação de

---

[1] Jean Michel Massa, *A juventude de Machado de Assis, 1839-1870: ensaio de biografia intelectual*, Rio de Janeiro, Civilização Brasileira, 1971; Helen Caldwell, *The Brazilian Othello of Machado de Assis*, Berkeley/Los Angeles, University of California Press, 1960 [ed. bras., *O Otelo brasileiro de Machado de Assis*, São Paulo, Ateliê, 2002]; John Gledson, *The Deceptive Realism of Machado de Assis*, Liverpool, Francis Cairns, 1984) [ed. bras., *Machado de Assis: impostura e realismo*, São Paulo, Companhia das Letras, 1991]; *Machado de Assis: ficção e história*, São Paulo, Paz e Terra, 1986; *Por um novo Machado de Assis*, São Paulo, Companhia das Letras, 2006. (N. da E.)

[2] Abel Barros Baptista, *Autobibliografias: solicitação do livro na ficção de Machado de Assis*, Lisboa, Relógio d'Água, 1998; *A formação do nome: duas interpretações sobre Machado de Assis*, Campinas, Editora da Unicamp, 2003; *Três emendas: ensaios machadianos de propósito cosmopolita*, Campinas, Editora da Unicamp, 2017. (N. da E.)

Dom Casmurro, abrindo perspectivas inovadoras. Quanto a Barros Baptista, até onde vejo, ele é pouco dialético quando busca incompatibilizar a reflexão com base brasileira e a reflexão com base no Ocidente, para preferir a segunda. As duas têm que ser complementares, sem prejuízo da distância que as separa, na qual de fato se reflete a fratura do mundo, e não apenas o acanhamento local. A recomendação dele à crítica, de que não relacione a obra machadiana à sociedade e à literatura brasileiras, sob pena de empobrecê-la e impedir conexões de "alcance mais vasto", é ela mesma empobrecedora ao extremo. Por que excluir a hipótese — tão plausível — de que a originalidade do romance machadiano e da literatura brasileira tenham algo a ver com a peculiaridade da experiência histórica do país? Por que privar os brasileiros de se buscarem na obra de seu maior autor, ou de seus autores em geral? A renúncia à consciência histórica seria um passo à frente?

MC — *O senhor disse certa vez considerar um mistério que Machado de Assis não houvesse dado, como cidadão, mostras da inteligência crítica que exibe como escritor. Essa perplexidade se mantém ainda hoje? Ou há razões para que seja repensada a imagem de Machado como intelectual até certo ponto omisso fora de seus livros?*

RS — De fato, quanto mais nos aprofundamos na composição da obra machadiana, nas suas dimensões tácitas, mais encontramos aspectos inconfessados ou recalcados da realidade, sobre os quais ele não se pronunciou como pessoa civil. Ele foi um artista dos mais ousados, ao mesmo tempo que um homem prudente e pacato. Contudo, se o capítulo da prudência existe, ele não esgota o assunto. Não é igual pensar a realidade através da forma artística e refletir a respeito dela diretamente. Por exemplo, a combinação irônica de um estoque de formas e ideias europeias às relações sociais brasileiras diz coisas de um alcance extraordinário. A simples força da forma faz ver coisas que Machado possivelmente não soubesse dizer com a mesma envergadura num artigo de jornal ou num ensaio. São diferenças que é preciso não atropelar.

MC — *As máximas e citações tão frequentes nos textos de Machado de Assis parecem fornecer argumentos tanto aos que pretendem caracterizá-lo como observador algo melancólico e resignado de uma natureza universal do homem quanto aos que, em outra abordagem, enxergam nele um crítico agudo de contradições específicas de nossa sociedade no século XIX. Para os primeiros, as máximas e citações são marcas de atemporalidade sugerindo uma sabedoria sobre o homem que ultrapassa a contingência histórica. Para os segundos, são pelo contrário uma forma de tipificar (muitas vezes ironicamente) os narradores machadianos como homens letrados do Segundo Reinado. Há espaço para uma mediação entre as duas posições? O que a leitura atenta das máximas e citações pode nos revelar sobre Machado de Assis e sua obra?*

RS — É como você diz. A ficção de Machado está cheia de formulações lapidares emprestadas ou imitadas dos moralistas do século XVII francês, de celebridades renascentistas, da Bíblia etc., sempre referidas ao "homem em geral". A maioria dos críticos viu aí o compromisso machadiano com a natureza universal do homem, por oposição aos aspectos meramente circunstanciais da sociedade brasileira, dos quais se alimentava o pitoresquismo romântico. A minha impressão vai em sentido contrário. Se você olhar de perto, há sempre malícia e segunda intenção nas citações célebres, que estão deslocadas e torcidas de modo a expressar, pela impropriedade, as feições nada universais da sociedade brasileira, com suas particularidades que são problemas. Há uma extraordinária força de revelação de interesses locais, modernos a seu modo, nessa malversação deliberada do repertório universalista. Uma espécie de localismo e atualismo de segundo grau, obtida através da inadequação sarcástica das formulações universais e eternizantes.

[Entrevista a Miguel Conde publicada em "Segundo Caderno", *O Globo*, 14 de junho de 2008]

Degradação da desigualdade

MARCOS STRECKER — *O senhor pode adiantar resumidamente qual será a tese de sua conferência sobre Machado na FLIP (Festa Literária Internacional de Paraty)? É centrada em um conto ou livro em particular?*

ROBERTO SCHWARZ — Vou falar de *Dom Casmurro*. Como todo mundo sabe, esse romance é um quebra-cabeça refinadíssimo, inventado para não ter solução num certo plano, o que noutro plano é uma solução muito instrutiva. Capitu teria traído Bentinho, conforme ele mesmo sugere? A traição não será fantasia dele, que é um marido suspeitoso, desequilibrado pelo ciúme? Em quem acreditar? De quem duvidar? O adultério serve de isca. Atrás da curiosidade um pouco boba e malsã de saber se fulana foi ou não foi com beltrano, vão surgindo as questões da sociedade brasileira, que dão originalidade e altura artística ao conflito central.

MS — *Como explicar o interesse que Machado desperta ao mesmo tempo entre a crítica dos países centrais e periféricos?*

RS — A consagração de Machado nos Estados Unidos começou na década de 1950, quando os principais romances dele foram traduzidos. O reconhecimento da sua grande qualidade literária se deu sem levar em conta o Brasil ou a literatura brasileira, que pareciam não ter importância no caso.

Na mesma época, entre nós, a crítica dava uma virada em direção oposta. Ela começava a descobrir a ligação profunda de Machado com a literatura brasileira anterior e com as grandes linhas de nossa realidade. O que é mais, estas ligações passavam a ser consideradas como parte de sua maestria artística. Até então elas não haviam sido vistas e o escritor, embora muito respeitado, funcionara como um corpo estranho e um milagre em nosso meio.

Noutros termos, armou-se um problema. O leitor estrangeiro culto, conhecedor dos clássicos internacionais do romance, percebe que Machado faz parte da lista dos grandes. Para isso, não precisa do Brasil. Ao passo que uma parte dos leitores brasileiros, preocupada com as nossas peculiaridades e limitações, enxerga a força genial do escritor na profundidade com que soube configurar as questões locais, transcendendo o provincianismo. Ele entrava para aquela mesma lista dos grandes, mas por outra razão. O conflito entre as duas leituras tem substância histórica e merece ser discutido.

MS — *Como o senhor se sente com o relançamento de* O pai de família e outros estudos? *Seguindo as suas próprias palavras, quais são os "equívocos" mais significativos que o senhor apontaria em "Cultura e política, 1964-1969"? Ou os maiores acertos?*

RS — O livro está fazendo trinta anos. São ensaios escritos entre 1964 e 1978. O tema da modernização conservadora, que a ditadura trouxe ao primeiro plano, está presente em todos eles. Graças à abertura política ulterior, uma parte das matérias se tornou histórica, espero que sem perder o interesse. Com modificações, outra parte continua atual, pois ainda vivemos na sociedade que a ditadura produziu.

Os conceitos e as imagens estão no tempo, e a sua alteração ou refutação pelo curso das coisas pode ser tão interessante quanto a sua confirmação. Assim, por exemplo, a massa camponesa famélica de Nelson Pereira, Ruy Guerra e Glauber Rocha, intocada pelo consumo urbano, deixou de ser um eixo da imaginação. Noutro plano, há a volta à vida do liberalismo, que entregou os pontos em 1968, quando parecia esterilizado para sempre, mas mais adiante se casou ao consumismo e agora vai bem obrigado, fazendo estragos de novo tipo. Para concluir, a ideia de que a ditadura só reprimia e não transformava era falsa, como se verificou no momento da abertura, quando a esquerda quis retomar as ideias anteriores a 1964 e teve que constatar que aquele mundo não existia mais etc.

MS — *Em entrevista à* Folha de S. Paulo *em 2007, me parece que o senhor apontou uma "desigualdade social degradada" bem representada na arte pelo filme* Cronicamente inviável, *por* Estorvo,[1] *ou pelo minimalismo poético de Francisco Alvim. O senhor quer comentar?*

RS — No plano da cultura, a abertura política não foi o que se esperava. Sobretudo não foi o que ela mesmo esperava. Restabelecida a democracia, as forças que haviam lutado contra a ditadura descobriram, para sua surpresa, que não tinham muito a dizer diante da nova situação do mundo, em que o capital havia derrotado o trabalho de maneira avassaladora.

De lá para cá, por mais que se diga, o país foi governado pelo que havia criado de melhor: primeiro a fina flor da intelectualidade de esquerda, depois a liderança sindical do ABC e o PT. Não obstante, o debate intelectual seguiu morno, enquanto não se cristalizava um sentimento novo, incômodo em toda linha, em que, entretanto, o público mais adiantado julgou reco-

---

[1] Referência ao filme de Sérgio Bianchi, de 2000, e ao romance de Chico Buarque (São Paulo, Companhia das Letras, 1991), respectivamente. (N. da E.)

nhecer a realidade. Nem a urbanidade de Fernando Henrique nem a determinação com que Lula levou adiante o Bolsa Família convenceram a imaginação dos artistas, para os quais o espírito do período não estava aí.

Em São Paulo, até onde vejo, a discussão recuperou o gume com *Cronicamente inviável*, de Sérgio Bianchi. Este mostrava uma burguesia chateada de não viver em Nova York e revoltada com a falta de segurança em casa. Noutras palavras, os beneficiários da situação brasileira a achavam uma porcaria e se sentiam prejudicados. Do outro lado estavam os trabalhadores, impregnados do imaginário antissocial dos patrões e querendo viver como eles, completando a degradação. Acossados em todas as frentes, pelo desemprego, pela criminalidade, pela prostituição, pelo terror e pela manipulação política, os pobres espernavam como podiam, sem projeto de luta coletiva. Formando o denominador comum aos dois campos, a disposição generalizada para o trambique.

Para voltar à sua pergunta, ambos os polos da relação estão degradados e até segunda ordem não acham inspiração regeneradora. A atual euforia, ligada à alta mundial das *commodities*, vai fazer diferença?

MS — *Qual sua opinião sobre o sucesso de* Tropa de elite, *especialmente como contraponto a* Cidade de Deus?

RS — A novidade e a revelação de *Cidade de Deus* — mais o romance do que o filme — é o ponto de vista narrativo, interno à vida dos bandidos. Como esta é violentíssima e quase anônima, o leitor não se identifica com ela, embora a veja por dentro e fique estatelado. Também em *Tropa de elite* o ponto de vista é interno, mas agora à ação da polícia. Estimulado pela farda, pela empatia com os atores, que são astros, e pela missão justiceira, o espectador pode se identificar à violência desvairada e aprovar inclusive a tortura. Ao que parece é o que aconteceu com boa parte do público. É verdade também que o espectador sem queda para os prazeres sádicos pode encarar os heróis com distância horrorizada, como anti-heróis. Nesse caso, ele vê a polícia dividida entre a corrupção e o enlouquecimento, o que não é banal e não deixa de ser instrutivo.

Se estou bem lembrado, Eugênio Bucci observou que os bandidos de *Cidade de Deus* têm muito de empresários. Em *Tropa de elite*, dependendo do ângulo, os fanáticos da justiça vão mais longe que os piores malfeitores. São exemplos da desigualdade degradada, ou das afinidades de fundo entre os polos sociais, pelas quais você perguntou.

[Entrevista a Marcos Strecker publicada em "Ilustrada", *Folha de S. Paulo*, 28 de junho de 2008]

Sobre Antonio Candido

MARIA AUGUSTA FONSECA — *Quais os conceitos que consideraria centrais e mais fecundos na obra crítica e historiográfica de Antonio Candido?*

ROBERTO SCHWARZ — Até onde vejo, Antonio Candido nunca foi fanático de conceitos, nem aliás de métodos. No seu trabalho a acuidade estética e a reflexão histórica pesam mais que a teoria abstrata, a qual qualificam segundo a circunstância. Sem prejuízo da bibliografia atualizada, a relação independente com as inovações conceituais de Europa e América do Norte é um dos segredos da sua inteligência crítica. Contrariando os nossos hábitos novidadeiros, ele submete as teorias em voga à verificação da experiência cultural acumulada no país, que não é posta de lado, ou melhor, que é valorizada como um fator de conhecimento. Em particular nos estudos sobre matéria brasileira, estas verificações têm valor estratégico, pois trazem à luz o desajuste entre as categorias hegemônicas do momento, elaboradas nos países centrais, e as nossas realidades periféricas. A substância estética e social-política destes desajustes tem interesse profundo — desde que sejam assumidos —, seja para a autoconsciência dos brasileiros, seja para a compreensão dos desníveis gerais da sociedade moderna.

Também em relação aos conceitos que ele próprio cunhou, Antonio Candido foge à rigidez. A ideia da redução estrutural, por exemplo, que comanda os seus ensaios mais ambiciosos, é uma resposta muito bem achada para a questão talvez mais espinhosa da crítica moderna, a saber, a relação interna e nunca automática entre literatura e vida social. É uma elaboração de ponta, que poderia comportar uma discussão separada e erudita, no quadro das teorias da mimese. Sublinhando as noções principais, trata-se de entender o processo de estruturação mediante o qual o artista configura, a partir de dados externos, uma generalidade que é anfíbia, tanto organizando a obra como esclarecendo o real. A obra que resulta dessa estruturação é autônoma, regida por uma regra própria, ao mesmo tempo que fala do mundo.

Mas não é por aí que vai o crítico. À discussão teórica centrada em conceitos mais ou menos isolados, separados de sua esfera real de atuação, ele prefere a interpretação em funcionamento, cujos problemas e resultados (que são valiosos também fora do campo literário) vão surgindo passo a passo. É como se na prática opinasse que as discussões doutrinárias, com seu universalismo implícito e distância do objeto, ficam aquém da complexidade e do interesse do trabalho crítico.

Por este lado o roteiro dos ensaios, com suas etapas muito diversas, cujo encadeamento é sempre uma surpresa, talvez seja mais elucidativo do que a indicação dos conceitos principais.

MAF — *Neste sentido, que obra ou que ensaio lhe parece exemplar? Por quê?*

RS — Se for para escolher, fico com "Dialética da malandragem" e "De cortiço a cortiço", em que está realizado o principal do projeto de Antonio Candido. São ensaios inovadores em muitas frentes, cuja envergadura, apesar do prestígio, não foi devidamente avaliada. Talvez porque ficaram confinados ao campo acadêmico dos estudos brasileiros, que entretanto eles desprovincianizaram de maneira decisiva. Como a nossa ideia de adiantamento é reboquista, mais ligada ao rótulo que à coisa, foi pouco notada a concepção nova de forma que propunham. Sem incorrer em reducionismo, esta desenvolvia um modo materialista de articular os planos estético e social. O seu impulso teórico se contrapunha às tendências internacionais em voga, basicamente antirreferenciais, ao mesmo tempo que abria espaço para a experiência artística e histórica local, que era puxada para um âmbito de debate mais relevante, a que não estava acostumada. A razão desses avanços não era nenhum ufanismo, mas o sentimento analiticamente consolidado do caráter internacional das coisas locais, e — mais surpreendente — do valor destas para uma visão compreensiva da atualidade em sentido amplo. Tratava-se de tirar o país do limbo artístico a que parecia condenado pelo atraso e de lhe reconhecer a capacidade de gerar formas à altura do tempo. O sentido agudo da condição periférica impunha às concepções universalistas ou hegemônicas do presente uma diferenciação *sui generis*.

À primeira vista, nem as *Memórias de um sargento de milícias* nem *O cortiço*, objetos respectivamente dos dois ensaios, se qualificam como livros maiores. Pelo contrário, a despretensão de um e os chavões naturalistas do outro saltam aos olhos. A renovação crítica no caso consistiu em apontar neles uma dinâmica de fundo despercebida até então, de grande alcance, que estava para além das intenções do autor, podendo contrariá-las. Observe-se o interesse deste passo, em que livros bons mas marcados por limitações são transformados em obras notáveis, graças às verdades que os achados do crítico souberam desentranhar de sua organização, inclusive de seus ritmos.

A certa altura Antonio Candido observa que a violência social de *O cortiço* é maior do que supunha o romancista. Ao indicar o descolamento entre as intenções do escritor e o significado da ficção, ele confere a esta uma espessura e uma autonomia de tipo novo, que se transmitem também à leitura, tornada muito mais ativa (e moderna). Se os propósitos do artista deixam de ter a última palavra, esta passa para dentro do texto, cuja forma ou movimento interno lhes redefine o alcance e até o sentido. Analogamente o crítico adquire independência, pois passa a estar a serviço da obra — com a sua compleição voluntária e involuntária — e não do autor. Por aí, Antonio Candido se filia à tradição da dialética não dogmática, para a qual a configuração literária prevalece sobre as convicções autorais.

Embora contrária ao senso comum, não é uma ideia difícil. Mal ou bem, o trabalho da estruturação que impõe a sua consistência ao artista, escapando ao projeto explícito deste e às suas limitações, é uma experiência corrente. Trata-se da ideia materialista de forma, para a qual as intenções não são tudo. Estas não evoluem no vácuo, ou melhor, são afetadas e reconfiguradas pelos materiais sobre os quais trabalham, que são portadores de energia histórica por sua vez e as historicizam de torna-viagem. Controlado ou descontrolado, este refluxo sobre os propósitos do autor é parte plena da forma artística nesta acepção. Dito isso, observe-se que nos dois romances estudados por Antonio Candido a dissociação entre intenção e resultado tem um eixo particularmente brasileiro, com problemas de classe próprios. Os movimentos de fundo que o crítico estuda articulam dimensões da sociedade nacional que, além de inconfessadas, a distinguem de seus paradigmas europeus e a tornam problemática num sentido diferenciado. São por assim dizer segredos históricos, ligados aos arranjos sociais peculiares à ex-colônia, os quais se mostram dotados de potência estruturante. Digamos que a noção materialista de forma, com antena para a contradição entre forma e materiais, tem oportunidade particular em sociedades dependentes, de periferia, induzidas pela ordem geral das coisas a pensar em si mesmas com categorias que não se aplicam bem a seu caso.

Passo a passo, estes ensaios transformam a leitura de livros importantes da literatura brasileira, dando-lhes nova altura: rediscutem a sua relação com os modelos internacionais; identificam um vínculo inédito e de fundo, mais ou menos inconsciente, com o processo social do país; apoiados nessa afinidade, exploram a sua consistência formal, com resultados literários e extraliterários de sumo interesse; em veia comparatista, por fim, refletem sobre o significado contemporâneo da experiência configurada nos romances. São operações muito diversas entre si, que entretanto nada têm de arbitrário. O seu conjunto responde em profundidade e objetivamente a necessidades da crítica em países como os nossos. Dependendo sempre de invenção e longe de qualquer pitoresquismo, há um fio ligando por dentro a originalidade da crítica, a originalidade das obras e a singularidade das experiências históricas.

MAF — *Na sua opinião, a perspectiva de Antonio Candido tem vigência crítica no cenário atual?*
RS — No essencial a obra de Antonio Candido foi escrita nos anos 50 e 60 do século passado, com vigoroso propósito de superação e síntese. Por um lado afirmava o primado da forma na discussão literária, em oposição à historiografia positivista, ao marxismo vulgar e ao sociologismo, influentes naquela data. Por outro, em oposição ao formalismo, buscava estabelecer o substrato social da própria forma, a qual situava. No conjunto tratava-se de desdogmatizar a reflexão de esquerda e de ganhar para ela os acertos da análise formal, geralmente cultivada em espírito antipolítico ou conservador. O terreno dessa discussão era internacional, com polos no New Criticism americano, na crítica inglesa, nos debates francês e italiano. Devido às barreiras que a

Sobre Antonio Candido

Segunda Guerra Mundial impôs à circulação das ideias, ficavam faltando as posições do marxismo heterodoxo alemão, com as quais as convergências são notáveis. Basta pensar nas formulações paradoxais de Adorno sobre a autonomia da arte, vista como fato social, ou sobre a forma, vista como conteúdo histórico sedimentado. Quanto ao Brasil, Antonio Candido livrava do acanhamento provinciano ou localista os traços de sua feição cultural, reinterpretando-os no quadro da atualidade, como problema. A procura da articulação produtiva entre as condições da ex-colônia e a modernidade fazia parte da luta contra o subdesenvolvimento, com sua aposta no dinamismo interno do país, que estava devendo um passo de autossuperação. Sob esse aspecto, há um paralelo instrutivo a ser feito com o melhor da sociologia e da economia política do período.

Passados os anos, o conjunto destas posições foi submergido, mas não refutado, pela maré pós-moderna. Saíram de cena a negatividade, a dialética e suas promessas de transformação, e entraram as teses do fim da história. A expansão avassaladora do capital, que deixou de ter limite externo, tornando-se global, mudou a paisagem. Entretanto será verdade que a qualidade estética, a consistência interna, o *close reading*, a substância social da forma, as problemáticas nacionais das ex-colônias e a própria ideia de crítica perderam a razão de ser? Embora o horizonte polêmico seja outro, só um cego não nota que estas exigências permanecem vivas, sob pena de regressão intelectual. Cabe às novas gerações retomar o assunto.

[Entrevista a Maria Augusta Fonseca publicada em *Literatura e Sociedade*, vol. 14, nº 11, 2009]

Retrato de grupo

Como era o ambiente intelectual em sua casa durante sua adolescência?
Minha mãe era bióloga e meu pai advogado, com ambição de romancista. O ambiente era voltado para os livros e muito discutidor. Quando eu tinha quinze anos, meu pai morreu, de modo que algo disso foi interrompido. Ele deixou pela metade um romance sobre a emigração. Minha família veio ao Brasil fugindo do nazismo.

O Anatol Rosenfeld assumiu um pouco o papel de seu mentor intelectual.
Ele era amigo do meu pai e passou a jantar em nossa casa uma vez por semana. Acompanhava um pouco a minha vida escolar, conversava comigo e me indicava leituras.

Certa vez o senhor ressaltou a qualidade do seu curso secundário.
Deve ser um mal-entendido. Se eu tive um ou dois professores bons ao longo do secundário inteiro foi muito. Tanto que acabei desenvolvendo uma contradição: no ginásio só me dava com os maiores cafajestes, enquanto em casa tentava ser intelectual. Eu era esportivo, maníaco por natação e andava com uma roda nada estudiosa. Fiquei muito dividido até entrar na univer-

sidade. Isso também tem a ver com vida de imigrante. A vida europeia dos meus pais foi cortada pela guerra. Eles custaram a fazer uma roda no Brasil, de modo que fiquei sem o ambiente que normalmente teria numa situação mais integrada. Passei a conviver com intelectuais só na faculdade.

No seu texto sobre Rosenfeld, que está no livro O pai de família e outros estudos, *o senhor fala das dificuldades de adaptação dele como imigrante e menciona que ele chegou a experimentar uma certa animosidade pelo fato de ser alemão e judeu. Isso teve um impacto forte sobre o senhor?*

Forte não, mas era presente, sem dúvida. Uma das minhas primeiras lembranças, de quando eu devia ter uns três anos, é de estar no bonde falando alemão com a minha mãe e ouvir o berro de um cidadão: "Alemão, volta para casa!", ou qualquer coisa assim. No clube, aqui e ali acontecia de me chamarem de judeu. Meu pai, que além de judeu era ateu, tinha muito presente que os judeus alemães não opuseram resistência à deportação. Ele me dizia que se alguém me xingasse de judeu eu deveria brigar, mesmo que fosse maior do que eu. Não era fácil, porque eu era um menino pequeno.

Seu pai teve algum engajamento político aqui no Brasil?

Não. Em Viena, nos anos 1930, os meus pais eram ligados ao Partido Comunista, de que foram se apartando à medida que os processos de Moscou começaram a ganhar nitidez. Eles tinham amigos que foram para a União Soviética ajudar na construção do socialismo e que, uma vez lá, foram presos sob as alegações mais absurdas. Tanto meu pai como minha mãe eram experientes politicamente e tinham ideias claras sobre o stalinismo, de modo que desde pequeno vivi numa casa onde ele era assunto.

Qual foi o caminho que o levou às ciências sociais?
De início eu queria fazer medicina e estudar psicanálise, mas o meu pai morreu e os meios da família não davam para estudos tão longos. Quando estava cursando o clássico comecei a pensar em fazer faculdade de letras, de filosofia ou de ciências sociais, e pouco antes do vestibular o Rosenfeld me aconselhou a ir à USP e assistir a algumas aulas para ver o que mais me interessava. Assisti a uma aula de letras calamitosa, uma aula de filosofia que não me animou e uma aula de política muito boa, da Paula Beiguelman. Aí me decidi a fazer o vestibular para ciências sociais.

O senhor gostou do curso?
Gostei. Como sempre, muita coisa era fraca, mas havia meia dúzia de cursos que realmente valiam a pena. Era muito estimulante. E isso não só nas ciências sociais. A faculdade estava num momento brilhante.

Quais professores o senhor destacaria?
A Paula Beiguelman, que dava cursos muito bem preparados e exigentes. As aulas de sociologia do Antonio Candido eram incrivelmente claras e organizadas. O Fernando Henrique Cardoso ainda era muito moço, mas tratava a sociologia conservadora com malícia, em cumplicidade com os alunos de esquerda, que ficavam felizes da vida. O Lourival Gomes Machado, que ensinava política, dava aulas em parte improvisadas, o que era didático por uma via inesperada. O Aziz Simão era um professor interessante, cujo curso ensinava muito. Ele passou um trabalho de aproveitamento com uma lista de leituras grande sobre a formação do mercado interno no Brasil. Capinei uma bibliografia considerável sobre o adensamento das relações so-

ciais durante a Colônia, li direitinho o Celso Furtado, enfim, foi um curso que fez a minha cabeça.

O senhor foi aluno do Florestan Fernandes?
Não fui. Mas vou confessar um pecado. Eu implicava com a linguagem dele. O Florestan era uma das estrelas do curso e todo mundo o lia e fazia optativa com ele no quarto ano. Como estava mais interessado em literatura, fiz optativas nas áreas de estética e de literatura brasileira, já começando a encaminhar a minha saída das ciências sociais. Mas assisti a algumas aulas dele, que eram abstratas e tinham uma sobrecarga de terminologia especializada.

Nesse período seu interesse maior já era a literatura? A influência de Antonio Candido, quando começou?
No terceiro ano de faculdade comecei a sentir que não afinava com a linha principal do curso de ciências sociais, mais inclinada para a pesquisa empírica, e que o meu assunto talvez fossem as letras. Fui visitar o Antonio Candido, que estava ensinando literatura em Assis, para chorar as mágoas da minha pouca afinidade com a sociologia. Aí combinamos que eu faria uma pós-graduação em letras no estrangeiro e na volta trabalharia com ele. Fiz optativas na área e depois uma pós-graduação nos Estados Unidos em literatura comparada e teoria literária.

Antes disso, quando estava no segundo ano publiquei um artiguinho sobre *O amanuense Belmiro*[1] no suplemento literário da *Última Hora*. Uma amiga sapeca mostrou ao Antonio Candido, dizendo que eu achava o artigo dele — o próprio Antonio

---

[1] Reunido posteriormente em *O pai de família e outros estudos*, São Paulo, Paz e Terra, 1978. (N. da E.)

Candido tinha um artigo sobre o mesmo romance — parecido com o meu [*risos*]. Eu não tinha dito isso, e se disse foi de piada, mas ele achou graça, leu, gostou e me convidou a colaborar no suplemento literário do *Estadão*, o que comecei a fazer quando estava no terceiro ano da faculdade. Foi assim que começaram as nossas relações.

Isso foi depois da publicação de Formação da literatura brasileira, *que o senhor já tinha lido.*
Formação saiu em 1959 e eu li imediatamente, claro. Mas o artigo do Antonio Candido sobre *O amanuense Belmiro* estava em *Brigada ligeira*, que era um livro inencontrável na época. Fui desenterrá-lo na Biblioteca Municipal para ler.

Naquele tempo o pessoal da Faculdade de Filosofia ia à Biblioteca Municipal com muita frequência.
Eu ia regularmente e fiz grandes amizades por lá. Na biblioteca os alunos da faculdade se encontravam com o pessoal da intelectualidade boêmia, que não cursava a universidade e era bastante diferente. Era uma turma que lia muito existencialismo em espanhol, enquanto o pessoal da faculdade lia em francês e se achava mais sério. Havia aí uma espécie de competição. A turma que não fazia faculdade bebia firme, e a turma da faculdade bebia menos. Em geral o pessoal da faculdade tinha a vida mais arranjada, porque os pais escoravam; enquanto os que não faziam faculdade tinham uma vida mais irregular, às vezes beirando a pobreza. Alguns se viravam como *office boys*, andavam de gravata e pobremente vestidos, com ternos escuros e sapatos muito gastos. A moda ainda não era a de hoje. Enfim, era um pessoal que não tinha conseguido ir para a faculdade e que lia e poetava como podia, alguns muito bem. Depois a grande maioria sumiu. Um que não sumiu foi o Manoel Carlos, que tinha

uma vitalidade fantástica e nesse tempo passava apertado, interessado em teatro e fazendo pontas. Ele era um leitor fanático, sabia os romances românticos brasileiros de cor — além de Dostoiévski, Kafka e Rilke —, quando por sorte a TV Tupi começou a encomendar dele adaptações literárias. O Manoel Carlos se fechava em casa às dez da noite, punha uma garrafa de uísque do lado e às seis da manhã do dia seguinte saía com os capítulos prontos. Ele era um desocupado, mas a televisão adivinhou que era uma fera para trabalhar.

Nesse momento o senhor tinha algum engajamento político?
Eu me considerava socialista desde menino. Como os meus pais eram antistalinistas, eu sabia algo sobre Stálin e chateava o pessoal do Partido Comunista com perguntas incômodas. No secundário eu andava sempre na beira dos grupos políticos para atormentá-los com o antistalinismo. Na verdade eu era cético em relação à política e preferia a literatura, embora interessado e próximo de políticos com quem ficava implicando. Quando entrei na faculdade é que isso mudou. Esse foi o momento da Revolução Cubana, que mudou o clima de uma maneira geral.

Foi esse esquerdismo que o aproximou do grupo que viria a ser o do Capital?
Não, o grupo do *Capital* foi outra coisa. Eram jovens professores assistentes — eu era aluno — que resolveram montar um seminário interdisciplinar para estudar Marx, por razões que seria interessante cavoucar um pouco mais. O grupo, que mal ou bem era composto por alguns dos assistentes mais vivos da faculdade, sentiu que Marx era o autor do momento. Os seminários de leitura de *O capital* na época ainda não eram a moda que vieram a ser depois. Aliás, Marx praticamente não era ensinado e não era um nome bem visto. Quer dizer, era bem visto

em privado: o Antonio Candido se considerava mais ou menos marxista, mas não para efeito de sala de aula; mesma coisa para o Florestan. Na sala de aula era a sociologia clássica, era Max Weber, Émile Durkheim, Karl Mannheim. Pois bem, a certa altura os professores da nova geração começaram a apostar suas fichas em Marx, que eles mal conheciam. Isso é um fato histórico interessante, que tem a ver, na minha opinião, com a radicalização do desenvolvimentismo, com o pressentimento de que a sociedade iria mudar e de que, em vez das sociologias do equilíbrio, conservadoras, era hora de apostar numa sociologia da transformação e num sociólogo que, por assim dizer, não fazia parte do *establishment*. Estudando Marx o grupo adquiria uma especialidade diferente — uma bandeira ao mesmo tempo científica e histórica — e começava uma luta para conquistar espaço. Os jovens assistentes encaminhavam uma espécie de luta de geração, cujo adversário secreto talvez fosse o professor titular, no caso o Florestan. A geração de Fernando Henrique, José Arthur Giannotti, Octavio Ianni tinha um vago projeto de influir no pedaço — sendo que o pedaço era relativamente ocupado —, e Marx fez parte dessa ambição. É claro que tudo isso são suposições sobre o aspecto secundário das coisas. O certo é que subitamente o Brasil começou a ter lugar para o marxismo, e as sociologias mais conservadoras, mais de equilíbrio social, começaram a parecer antiquadas, porque havia um processo de radicalização em curso. Progressismo, anti-imperialismo, terceiro-mundismo, socialismo e marxismo estavam se interligando de modo historicamente novo.

Mas como o senhor entrou para o grupo do Capital?
Sem falar de mim particularmente, foi um sinal precoce do tino político do Fernando Henrique. Ele teve a ideia de levar alguns bons alunos para o seminário, o que era uma coisa inespe-

rada, porque em geral professor era uma coisa e aluno outra. Com isso criava-se uma espécie de liga intergeracional com os mais moços.

Num texto sobre o seminário incluído em Sequências brasileiras,[2] *o senhor aponta uma certa indiferença do grupo em relação ao valor da arte moderna, inclusive a brasileira, e o preço alto que se pagou por esse descaso. O senhor poderia falar um pouco mais sobre isso?*

Isso vale para o grupo, mas também vale de maneira importante para o próprio Departamento de Ciências Sociais, exceção feita ao Antonio Candido, evidentemente. Havia por parte do Florestan uma espécie de birra com o modernismo, e isso se transmitiu aos assistentes. Uma birra que talvez fosse uma certa rivalidade — não sei até que ponto consciente — quanto ao papel dominante na vida cultural de São Paulo. Quer dizer, havia um certo desejo de filiar à faculdade a vida intelectual paulista moderna. Desse ponto de vista, é óbvio que o modernismo atrapalhava, porque era inegável que ele também tinha modernizado alguma coisa, para dizer o mínimo. Havia um desejo de mostrar que Mário de Andrade era um folclorista amador, enquanto outros eram folcloristas profissionais, com formação técnica; havia um certo desprezo pelo lado piadista do modernismo; havia o desejo de impor jargões científicos, que se opunham à prosa literária. Enfim, coisas desse tipo, e acho que alguns setores da faculdade pagaram um preço alto por isso. O próprio Florestan certamente pagou, porque inventou uma língua que o separava da língua corrente e fez com que os textos

---

[2] "Um seminário de Marx", *Sequências brasileiras*, São Paulo, Companhia das Letras, 1999. (N. da E.)

dele fossem desnecessariamente inacessíveis. Mais tarde, quando virou político, ele mudou e passou a procurar uma prosa com mais capacidade de comunicação. Quando a reflexão social corta o vínculo com a língua viva ela se prejudica muito.

O senhor poderia retomar um pouquinho o clima das reuniões do grupo?
A cada sessão alguém se encarregava de expor vinte páginas do livro. A discussão em seguida era minuciosa e levantava todas as questões de que éramos capazes, sem os limites do marxismo oficial. Depois havia um jantarzinho. O clima geralmente era animadíssimo, a conversa muito viva e muito política. Havia bastante rivalidade, que durante um tempo foi simpática e depois foi se tornando incômoda, porque as pessoas começaram a se odiar um pouco.

Era uma rivalidade nas interpretações da obra?
Só em parte. Acho que as rivalidades mais fáceis de superar seriam estas [*risos*]. Mas as pessoas do grupo se conheciam bem e tinham projetos comuns. Como eu disse, o pessoal tinha um certo apetite de poder em relação à universidade, a qual queriam puxar para a esquerda. Era um grupo de amigos e colegas em que se discutia quem iria suceder a quem em qual cadeira, o que nem sempre era simpático. Em suma, um grupo intelectual e de combate ao mesmo tempo. Mas o mais interessante não estava aí, estava na aposta científico-política. A apresentação das teses de doutoramento do grupo devia ser uma espécie de prova de fogo para o marxismo, porque a ideia era fazer teses que além de marxistas fossem melhores do que as outras. E o grupo se saiu relativamente bem. Quer dizer, as teses que produziu se impuseram pela qualidade, chegaram a criar uma certa pauta, mas em fim de contas é preciso reconhecer que não eram trabalhos fan-

tásticos, porque ali ninguém desbancou Caio Prado Jr., ou Sérgio Buarque de Holanda, ou Gilberto Freyre. O marxismo brilhou, mas não de forma avassaladora.

Era uma geração que não visava a erudição. Todos ali trabalhavam um problema com energia e inventividade, mas não se estavam formando grandes *scholars* (acho que estou sendo injusto com o Fernando Novais), o que acabou sendo um limite. Seja como for, as pessoas do seminário elaboraram uma maneira original de analisar o Brasil. Foi uma intuição relativamente coletiva, que a meu ver, no seu núcleo, não é menos interessante que a dos clássicos brasileiros. Algo muito original, que foi dar na teoria da dependência e que teve repercussão mundial. Só que o grupo, em parte porque não era de *scholars*, nem de escritores, não produziu as obras-primas de reflexão social marxista a que aspirava. O Fernando Henrique tinha um ângulo analítico, em relação ao Brasil, da maior produtividade, escreveu livros evidentemente bons, mas sem o acabamento necessário ao clássico. *Dependência e desenvolvimento na América Latina* se mede facilmente com os grandes da reflexão social brasileira como originalidade de concepção, atualidade, capacidade de influir no mundo, mas literariamente não está à altura de suas próprias intuições sociológicas e neste sentido não se completou. Não digo isso para botar defeito numa obra por cuja inteligência tenho grande estima e com a qual tenho muita dívida, mas para mostrar a complexidade objetiva do trabalho intelectual.

Como o senhor resumiria essa intuição original do Brasil?
A ideia básica era estudar as peculiaridades sociais, políticas e econômicas do Brasil — em especial as formas de exploração e dominação — e colocá-las, como mediadoras, no contexto do capitalismo mundial. Isso não era corrente entre nós. De modo geral, os estudos sobre as peculiaridades brasileiras eram voltados

para o Brasil, e os estudos sobre o mundo contemporâneo eram voltados para o mundo contemporâneo. O seminário, em particular o Fernando Henrique, desenvolveu a ideia de que é preciso articular a estrutura de classes interna, que do ângulo "civilizado" era uma anomalia, com o movimento geral da atualidade e enxergar nessa articulação um problema, seja histórico, seja político, seja teórico. Surgia a noção da funcionalidade moderna do atraso, o qual se reproduz em vez de desaparecer. Isso foi o início de um certo tipo de reflexão sobre o Brasil ligada aos primórdios da globalização. Outro dia eu li um *paper* dele que diz que a teoria da dependência foi o início daquilo que agora é a teoria da globalização, e ele tem toda a razão, ainda que a teoria da globalização achate as análises internas; mas ali foi um momento interessante em que se tentou metodizar a relação entre a análise interna e o movimento geral do presente. Isso foi algo muito inventivo e politicamente importante, porque dizia, por um lado, que a ordem do mundo contemporâneo não se impõe diretamente ao país, sem passar pela mediação das relações sociais internas, e, por outro, que não adianta analisar a dinâmica das relações sociais internas sem ver a sua articulação com o movimento geral da atualidade. Foi realmente uma mediação entre a peculiaridade do país, no que esta tem de mais brutal, e o movimento do mundo moderno. Essas órbitas andavam separadas na reflexão social, de modo que a sua articulação foi um grande passo à frente, um passo de desalienação, ou de dialética. Quem fez isso de maneira mais metódica foi o Fernando Novais, mas em relação ao século XVIII, que fica longe, e é claro que nessa matéria, quando se trata de afirmar a vitalidade do marxismo, é a análise da sociedade contemporânea que é a prova dos nove. O Fernando Henrique fez o trabalho, mas à maneira de um escorço.

Poderíamos ver no seu próprio trabalho um desdobramento dessa questão?

Meu trabalho se apoia nesses achados do seminário. Fui aluno atento dos meus professores, e aproveitei o que pude do Fernando Henrique, da Maria Sylvia de Carvalho Franco, do Fernando Novais, do Giannotti, sem falar no Antonio Candido, que fazia algo muito diferente mas parecido no fundo, especialmente em "Dialética da malandragem". Havia um processo em curso na faculdade e é interessante pensar no conjunto dessa produção como uma obra coletiva. Algumas dessas pessoas não se bicavam e, se você dissesse que tinham feito trabalhos complementares, não ficariam satisfeitas. Mas a verdade é que daria para mostrar que tudo aquilo está interligado e se articula.

Nesse momento o senhor já pensou que o esquema do seu próprio trabalho seria esse?

Não. Na época eu ficava indo para lá e para cá entre as diferentes posições, até que a certa altura, quando o meu trabalho ficou mais bem configurado na minha cabeça, entendi que a Maria Sylvia e o Fernando Henrique, que certamente não colaboravam, haviam feito trabalhos complementares. Isso foi uma descoberta que fiz por intermédio do Machado de Assis, porque achei na obra dele uma problemática que permitia articular os dois. Assim, o caráter coletivo desses trabalhos me apareceu depois, através de um terceiro assunto. Passado o tempo, os antagonismos parecem secundários e no essencial há confluência.

O Antonio Candido é de uma geração anterior e não fazia parte do grupo. Como esse tipo de preocupação comum aparecia para ele?

A geração é anterior, a referência teórica é outra, mas o momento é o mesmo. Em "Dialética da malandragem", por exemplo, você tem a descrição minuciosa de uma narrativa brasileira, que é confrontada, sem preconceitos, a uma forma canônica da literatura ocidental — o romance picaresco —, sendo que a discrepância ajuda a interrogar o presente do país e do mundo. Quer dizer, é a mesma preocupação de colocar as peculiaridades nacionais na atualidade do mundo e de fazer que um âmbito se espelhe no outro a bem da reflexão. O Antonio Candido não faz isso a partir de um esquema marxista — e isso mostra que talvez o esquema marxista não fosse tão importante —, mas as preocupações eram comuns a todos.

Na sua produção ensaística é muito clara uma postura intelectual de recusa dos recortes disciplinares. O senhor faz uma reflexão sobre a questão literária em que busca o valor cognitivo da ficção, uma reflexão em que a teoria literária e as ciências sociais são postas em diálogo numa forma de articulação que é muito peculiar.

Em 1961, o Antonio Candido fez uma pequena intervenção no Congresso de Crítica Literária de Assis, a que assisti, na qual ele marcava posição. A tese — sumariamente — era que a análise interna da obra literária nos leva a descobrir estruturas que também existem no mundo externo, às vezes sem serem conhecidas. Dentro de minhas possibilidades, procurei adotar esse programa. É a famosa questão da mediação entre o interno e o externo, que se tornou a preocupação teórica central do Antonio Candido. Como discutir o significado social da arte sem cair no sociologismo ou no marxismo vulgar? Tratava-se de inventar um formalismo com significado social, que não pudesse ser acusado de reducionismo. Embora Antonio Candido tenha explicado e praticado esse ponto de vista de maneira luminosa, jamais vai se livrar da pecha de sociologista, que é desses carimbos de que a ignorância gosta. Há pessoas em cuja cabeça não entra que alguém possa discutir sem crime a relação entre literatura e sociedade. "Falou de sociedade, é sociologista" — o que é uma maneira realmente muito primitiva de encarar o assunto e de transformar em defeito o que é avanço da reflexão. Mas essa objeção, cuja inépcia é desarmante, vai acompanhar o Antonio Candido até a morte. E a mim também [*risos*], sem querer me comparar. O essencial desse formalismo está na precedência metodológica da obra, que é o ponto de partida. Tudo está na atenção total a ela, em que o crítico, apoiado em tudo o que sabe, tenta adivinhar, descobrir e definir o nexo formal sem preconceito de espécie nenhuma, inclusive sem ajuda da terminologia linguística (o Antonio Candido às vezes flerta um pouco com o vocabulário linguístico, mas no essencial do trabalho essa terminologia não entra). O crítico supõe que essa forma, cuja caução é dada só pelo material (incluída aí a linguagem) e por suas relações, tem a ver com o mundo. Ainda assim essa é uma questão em aberto: quer dizer, ele — o crítico — descobre ou não a relação e, caso descubra, terá feito um achado. É uma perspectiva que, ao contrário do reducionismo, leva a arte extremamente a sério e faz da análise dela um caminho do conhecimento. O estudo da forma leva a resultados novos em relação à realidade, enquanto na posição reducionista a arte serve apenas como ilustração redundante de resultados anteriores, obtidos mediante uma reflexão sociológica, ou econômica, ou psicológica, enfim, pré-estética. Essa inversão é uma viravolta importante e na verdade é o antirreducionismo. Ela soluciona um impasse secular da crítica brasileira e situa-se — discretamente — na ponta do debate internacional. Antonio Candido desenvolveu essa sua posição em atrito com o marxismo vulgar, em atrito com os momentos sectários de Georg Lukács e depois em atrito com o estruturalismo de tipo linguístico e a-histórico, do qual diverge. Há convergência com a tradição da dialética heterodoxa alemã, à qual entretanto ele ainda não tinha acesso no momento em que elaborou o seu ponto de vista. Penso particularmente no estilo de análise de Theodor Adorno e Walter Benjamin, e do próprio Lukács quando não é dogmático.

E do Erich Auerbach.

Não, Auerbach é diferente. O Antonio Candido com certeza leu *Mimesis* cuidadosamente, mas a direção da análise é outra. O grande livro de Auerbach é construído como uma história ocidental da apresentação literária da realidade, com foco na mescla e na separação dos níveis de estilo. No ponto de fuga há uma certa convergência entre mescla de estilo e democracia, por oposição à separação dos estilos, que seria aristocrática. Assim, não está em pauta a peculiaridade de uma sociedade individual. É diferente de Antonio Candido, que nos seus grandes ensaios, especialmente naquele sobre as *Memórias de um sargento de milícias*, ou naquele sobre *O cortiço*, descobre a relação entre uma estrutura formal e uma estrutura social particular, brasileira no caso. Quando Auerbach centra a atenção na questão dos níveis de estilo, ele conta com o chão da história europeia, que é relativamente homogênea, a despeito das diferenças de ritmo. Então a nacionalidade não é importante para ele, muito embora ele seja um praticante das filologias nacionais e lamente a morte delas. O chão moderno dele, repetindo, é a história europeia, que de um jeito ou de outro é a história da passagem geral do feudalismo para a ordem burguesa. Nesse sentido o caso brasileiro é diferente, porque a ex-colônia não tem as mesmas categorias sociais, nem os mesmos períodos, a começar pela Idade Média. Assim, uma análise auerbachiana no Brasil, caso não faça os ajustes do caso, pressupõe uma ordem social que não existe. A mescla de estilos entre nós significa outra coisa, que é preciso e é possível especificar. Sem esse cuidado, ela leva a generalidades universalistas do tipo "modernização", "racionalização", "democratização". Quando você trabalha em países periféricos, os esquemas da história europeia, inclusive os marxistas, não podem ser aplicados tais e quais. E o Antonio Candido é mestre justamente nesse ponto: ele procurou — e encontrou — estruturações nacionais peculiares e periféricas como fundamento da forma.

Pensando no trabalho que o senhor desenvolveu sobre Machado de Assis durante um longo período, a pergunta que fica é a seguinte: se houvesse uma aposta na escolha de um autor do século XX, sobre qual autor poderia recair essa aposta de uma análise com todo esse conjunto de mediações?

Penso que todos os grandes escritores brasileiros do século XX comportam análises desse tipo. Oswald de Andrade, Mário de Andrade, Carlos Drummond de Andrade, Guimarães Rosa, todos. Não vejo limitação nesse sentido, e lamento, quanto a mim mesmo, ter me concentrado tanto em Machado de Assis e não ter tentado fazer algo mais desenvolvido em relação a nossa literatura moderna. Fiz um pouco, claro. Modéstia à parte, penso que o meu ensainho sobre Oswald[3] abre alguma perspectiva nessa direção. Acho que não há nada de importante na literatura brasileira que escape à fórmula geral do desenvolvimento desigual e combinado do capitalismo. A questão aí é de quebrar a cabeça e especificar, de não ser colonizado nem convencional, de atentar para a diferença do país e vê-la como parte da atualidade.

Numa entrevista em 1997, o senhor comenta que se impôs um ritmo de trabalho enlouquecido em Yale e que ao voltar para o Bra-

---

[3] "A carroça, o bonde e o poeta modernista", *Que horas são?*, São Paulo, Companhia das Letras, 1987. (N. da E.)

sil "desenlouqueceu" do lado acadêmico para enlouquecer do lado político. Como foi isso?
De fato os dois anos de pós-graduação que fiz nos Estados Unidos foram duros. Trabalhava-se demais na universidade, e de uma maneira que eu achava despropositada, sem contar que a escola era quase exclusivamente masculina, o que também não era ameno. Líamos mais ou menos 120 páginas por dia, e a carga de *papers* era muito grande. Os americanos desenvolveram uma técnica de descrição de texto ligada ao New Criticism que permitia escrever vinte páginas corretas quase sem ideias. Mesmo assim não era fácil. No meu caso, quando cheguei aos Estados Unidos eu já era, entre aspas, um intelectual, já publicava artigos em jornal, de modo que não me conformei com a situação ginasiana. Me esforcei quanto pude, espremi os miolos e para cada trabalho tratei, mal ou bem, de escrever um ensaio (depois publiquei a melhor parte em *A sereia e o desconfiado*). Quando voltei ao Brasil me aconteceu algo inesperado. Achei tudo tão lerdo que me vi tentado a continuar no ritmo que lá havia me parecido um sacrifício horrível. A alienação tem braços compridos. Mas aí veio a efervescência política, que me pôs outras ideias na cabeça.

Mas por que a escolha de ir para Yale?
Eu tinha acabado de me graduar no curso de ciências sociais e queria ir para a Alemanha a fim de estudar com o Adorno. A bolsa alemã demorou, e a americana veio. Escolhi Yale porque alguns dos grandes nomes do New Criticism, como René Wellek, Cleanth Brooks e William K. Wimsatt estavam lá. Acontece que eles já estavam velhinhos e davam cursos pouco interessantes. O que mais aproveitei foram os cursos de American Studies, que não tinham cartaz, mas confrontavam a literatura e a civilização norte-americana do século XIX, o que era um

modelo que tinha interesse para um crítico brasileiro. Mas o principal naturalmente foi ver os Estados Unidos de perto, a prepotência do império, o peso de uma grande universidade conservadora, inclusive algumas amostras de macartismo. O meu marxismo se consolidou lá, de birra.

Quando terminei o mestrado voltei para o Brasil, em maio de 1963. A radicalização política aqui já estava em andamento. Lembro que no avião abri um *Correio da Manhã* e vi a coluna do Otto Maria Carpeaux atacando os Estados Unidos com uma violência que me deixou de queixo caído. Fazia dois anos que eu não lia jornal brasileiro, e percebi que estava voltando para um país diferente. O nacionalismo anti-imperialista e o esquerdismo haviam avançado e o Carpeaux praticamente tinha deixado de ser crítico literário para ser um comentarista político incisivo...

E ao voltar o senhor se vinculou à política? Em algum momento o senhor pertenceu a um grupo político oficial?

A política estava em toda parte, talvez mais viva fora do que dentro das organizações propriamente ditas. Não havia necessidade de entrar num partido para participar. Quando o tempo fechou, isso naturalmente mostrou ser uma fraqueza, pois a radicalização difusa era maior do que a capacidade de ação efetiva. Não faltavam oportunidades de colaborar com a conscientização, cujos objetivos e adversários pareciam autoevidentes. Isto valia para os sindicatos, os sindicatos rurais, a universidade, o secundário, o teatro, o cinema, a poesia, a música popular, a alfabetização — enfim, era um processo geral, com uma vivacidade e uma euforia que hoje são difíceis de imaginar. O socialismo era uma promessa, e não um palavrão.

Em diversos escritos, o senhor exalta a importância desse período de 1962 a 1964 como um período de pré-revolução ou de in-

tensa agitação política, social e intelectual. Para o senhor esse período teve efetivamente essa dimensão profunda?
Teve. Naquele momento o Brasil entrou em movimento. A estrutura social indefensável parecia abalada, em vias de mudar diante de nossos olhos, as pessoas tomando consciência, as conversas e questões se tornando mais inteligentes, e todo o arsenal de lugares-comuns e banalidades sobre o país se dissolvendo. Houve de fato uma intelectualização e uma esquerdização do debate, uma extraordinária clarificação sociológica.

Em 1964 o senhor estava dando aula na USP. Qual era o clima ali após o golpe?
A expectativa era de repressão pesada, todo mundo tirando livros de casa, queimando papéis, com medo do telefone etc. Para nossa surpresa, entretanto, a universidade não sofreu muito neste primeiro momento, quando o golpe visou sobretudo o movimento popular. Expulsão, cadeia e tortura vieram quatro anos depois, a partir do AI-5, em 1968.

Foi quando o senhor saiu do país por causa da sua militância.
A minha militância era modesta, mas na época não havia proporção entre o que o cidadão fazia e o risco que ele corria. A polícia passou em casa um par de vezes e felizmente não me encontrou. Numa delas explicou à minha mãe que eu tinha comprado um canário e não tinha pago. Aí achei que era hora de ir embora. Saí de casa no final de 1968, vários amigos me abrigaram por algum tempo e em abril de 1969 fui para a França.

Ali o senhor logo começou a escrever "Cultura e política, 1964-1969"?
Chegando, conheci a Violeta Arraes Gervaiseau, que foi o anjo bom de muita gente no exílio. Ela me recomendou ao res-

ponsável pelos assuntos brasileiros no *Le Monde*, que queria um artigo sobre a situação cultural do Brasil, um texto de quatro páginas para entregar em uma semana. Em vez disso levei seis meses para escrever "Cultura e política" em quarenta páginas. Falhei com o jornal, mas para mim foi uma grande experiência literária. Nos anos anteriores eu tinha levado uma vida intelectual participante e intensa, indo a peças, filmes e passeatas, participando na faculdade e discutindo tudo. Estava atualizado, com o país na cabeça, quando de repente, por uma viravolta, me achei sem pressões nem obrigações pela frente — e sem nenhuma documentação. Eu recapitulava o que tinha visto, refletia a respeito e escrevia. Sempre tive saudade dessa liberdade literária e muitas vezes me perguntei se voltaria a escrever alguma coisa assim, só com experiência, e aliás experiência altamente conflitiva, de interesse coletivo. São circunstâncias que não se repetem.

O senhor já tinha planos de fazer doutorado no exterior ou foi a contingência?

Foi contingência pura. A tese para mim foi muito benéfica, porque nas circunstâncias difíceis da imigração faz diferença ter ou não ter um projeto de trabalho. Os que não tinham ficavam conspirando, tentando derrubar a ditadura lá de Paris, falando, falando e perdendo o pé. Quem tinha projeto — desde que não precisasse trabalhar demais para sobreviver — tocava a vida e fazia alguma coisa. Por sorte, minha mãe tinha uma reparação de guerra na Áustria, mais ou menos um salário mínimo francês, que ela me passou. Com isso eu vivia apertado mas não passava mal. Dava para estudar e fazer a tese.

O senhor começou o projeto sobre Machado de Assis lá?

Não, levei daqui o assunto e algumas ideias, sobretudo a

convicção de que o humorismo tão cosmopolita de Machado tinha a ver com as particularidades nada cosmopolitas do escravismo brasileiro. A caracterização do humorismo já estava na minha cabeça, faltava a conexão com o Brasil. Eu ruminava a tese do Fernando Henrique sobre capitalismo e escravidão, e não achava a ponte. Aí reli o livro de Maria Sylvia sobre os homens pobres na sociedade escravocrata e tive um estalo: os dois trabalhos fixavam faces complementares de um mesmo processo, descreviam dois aspectos da liberdade incivil que têm as nossas classes dominantes em relação a seus dependentes. Em versão analítica, tratava-se das ambiguidades que o humorismo machadiano explora e dramatiza do ângulo social dos de cima. O esquema das "ideias fora do lugar" e de todo o meu trabalho machadiano estava pronto — quando aconteceu um imprevisto.

No meu plano inicial, os romances da primeira fase iam dar um capítulo pequeno, só para constar. Eu os achava de pouco interesse, cacetes e moralistas — o que artisticamente eles são. Fariam uma transição meio anódina entre o romance urbano de Alencar e os grandes livros da segunda fase, que seriam o verdadeiro assunto. Ao reler os primeiros romances, contudo, agora afiado por uma visão mais estrutural e menos complacente do clientelismo brasileiro, me dei conta de que ali havia um mundo original, que não havia sido visto. Nem por isso os livros ficavam bons, mas o seu interesse crescia muito e mostravam a consistência espantosa da evolução machadiana, do escritor mediano ao artista extraordinário. Aí estava a dialética entre conteúdo, forma, sociedade e classe que é o cerne da crítica marxista. Com isso me demorei muito na ficção inicial e acabei publicando em separado *Ao vencedor as batatas*, no qual o grande Machado, o da maturidade, não entrava.

Nesse período o senhor retomou contato com os seus amigos da época do seminário, que estavam formando o CEBRAP. Qual foi a notícia que o senhor teve da fundação do centro?

Eu sabia que havia se fundado uma casa de estudos mais ou menos marxista, que fazia oposição dentro do possível e que tentava criar condições para que os expulsos da universidade continuassem a ter vida intelectual. Era uma iniciativa do maior valor. Mas eu não sabia muito mais do que isso. Na França, na época, havia pouca notícia sobre a atividade oposicionista no Brasil e parecia que tudo tinha acabado. Quando saiu *Opinião*, acho que em 1972, foi entusiasmante, era a prova de que havia vida intelectual no país, que havia insatisfação, que os argumentos interessantes estavam do lado da esquerda. Sempre que o Fernando Henrique e o Giannotti vinham a Paris, eu os encontrava e tentava saber das coisas. A intensidade e a qualidade do debate em circuito fechado era notável. Na época publiquei "As ideias fora do lugar" nos *Estudos CEBRAP*.

Em certa ocasião o senhor se referiu à defesa da sua tese de doutorado — Ao vencedor as batatas —, *que foi em 1976, e mencionou que a banca teve um certo estranhamento quando da apresentação da tese, mas que depois a acolheu. Qual foi esse estranhamento?*

Poucos dias antes da defesa, um membro da banca — uma figura ilustre — mandou avisar que a tese era inaceitável e precisava ser reescrita, sob pena de ser demolida na arguição. Como eu estava seguro de conhecer o assunto melhor do que ele, finquei pé e disse que defenderia o trabalho em público. Para evitar constrangimentos, meu orientador organizou uma pré-arguição, sem público. O professor fez as suas objeções, a que fui respondendo sem dificuldade, até que ele se demitiu da banca. Pouco depois houve a arguição normal, em que fui aprovado facilmente. Até onde posso avaliar, o fundo de tudo era a má vontade de um católico de direita, incomodado com um trabalho marxista.

Por que o senhor resolveu voltar para o Brasil?
Nunca tive dúvida a esse respeito. Não achava que a ditadura fosse eterna, e aliás não procurei emprego estável na França. Aproveitei minha estada para estudar o Brasil e, paradoxalmente, para me abrasileirar. Como eu era de São Paulo, talvez com a suficiência do paulista, acabei me abrasileirando bastante na Europa, onde circulavam políticos e intelectuais do Brasil inteiro, além dos asilados e refugiados. Paris, e em especial a casa de Violeta Gervaiseau, era um ponto de encontro da oposição nacional, com gente do Nordeste, do Sul, do Rio, e também socialistas de outras partes do mundo. Em 1977, vim ao Brasil para dar uma assuntada, correu tudo bem, e em 1978 voltei de vez.

Por que o senhor não foi para o CEBRAP quando voltou ao Brasil? Sua relação com a casa sempre existiu, mas isso nunca se formalizou.
Quando cheguei, o Fernando Henrique gentilmente me ofereceu uma salinha no CEBRAP, para que eu tivesse onde estacionar. Mas a minha ambição era mesmo ficar em casa, estudar, dar minhas aulas e fazer o mínimo de burocracia possível. Nem por isso deixava de ir ao CEBRAP pelo menos uma vez por semana, para saber das coisas e ver os amigos. Naqueles anos estavam lá o Fernando Henrique, o Paul Singer, o Chico de Oliveira, o Giannotti... Pessoas com posições muito diferentes discutindo com uma franqueza realmente notável, que hoje é até difícil imaginar. O debate estava próximo da pesquisa, passavam estrangeiros informados, coisas que fazem muita falta.

Como se iniciou sua participação na revista Novos Estudos?
Não lembro de quem partiu o convite, mas fiquei entusiasmado. Entre 1967 e 1968 eu havia sido do comitê de redação da revista *Teoria e Prática*, e tinha gostado da experiência. Participei da *Novos Estudos* desde o início, em 1981.

O senhor fez o editorial do primeiro número, intitulado "Amor sem uso", que termina com a seguinte frase: "A situação é péssima, excelente para fazer uma revista". Qual era exatamente essa situação?
Durante o período da ditadura a vida intelectual se recolheu às catacumbas. Quando começou a abertura, houve a expectativa de que as obras-primas, a ciência e a arte que tinham ficado no porão iriam aparecer, com toda a autoridade do que havia sido reprimido e injustiçado. A verdade é que algumas tentativas intelectuais de resistência foram muito bem sucedidas, o que criava esperanças quanto à redemocratização. O jornal *Opinião* e a revista *Argumento* haviam vendido e repercutido muito, a editora Civilização Brasileira teve um alcance notável, e o próprio CEBRAP era uma grande promessa.

A revista anterior do CEBRAP era um arquivo científico de oposição, completamente austero: pelo formato e pelas circunstâncias, que impunham limites, era para uso de poucos. No momento em que pareceu haver condições para criar uma revista pública, capaz de influir politicamente, a expectativa foi grande por parte dos cebrapianos e do mundinho em volta. Houve verdadeiras disputas ideológicas para definir os novos rumos. O Pedro Paulo Poppovic, por exemplo, que era experiente na área da mídia e vinha da editora Abril, queria fazer uma revista mensal que fosse para as bancas de jornal e chegasse ao grande público. Certamente havia no CEBRAP um vago apetite nessa direção. Mas a verdade é que o Pedro nos sobrestimava: nenhum de nós era jornalista, de modo que não estávamos preparados para tornar realidade uma revista do tipo que ele desejava. A outra posição, à qual eu me filiava, era mais vanguardista. Nós queríamos ser vanguarda em política e em estética, menos interessados no grande público do que na qualidade de ponta, na aposta no futuro. Também era uma ilusão, porque o momento era outro e as vanguardas estavam acabando, em estética e em política: o início dos anos 1980 era o tempo de Ronald Reagan, Margaret Thatcher e da derrota mundial da esquerda, que começava. Então, como não estávamos em condições de fazer uma revista mensal de grande alcance, nem de fazer uma revista de vanguarda, acabamos fazendo uma revista semiacadêmica de bom nível, que pôs em circulação muitos trabalhos de qualidade.

A New Left Review *foi um modelo para a* Novos Estudos*?*
Não, o modelo da *New Left* estava muito à esquerda. Nosso comitê de redação não era como o dela, radicalmente político e sem compromissos institucionais. Além do que a ditadura ainda estava aí. Mas traduzimos muitos artigos seus, com os quais parte da redação simpatizava. Nosso comitê acomodava posições políticas diferentes, e acabou gerando uma revista que, em política, era semiaudaciosa e semiprudente, o que na verdade correspondia à nova situação, à situação da abertura, que contrariamente àquilo que havíamos imaginado não era uma situação de radicalização. Então fomos sendo reeducados pelo novo período e fomos nos conformando com a nossa verdadeira estatura, só que isso levou algum tempo e bastante atrito. A revista acabou encontrando a sua fórmula estável bem mais tarde, com o Rodrigo Naves como editor. A revista que se inspirou diretamente na *New Left* foi a *Teoria e Prática*, em 1968, que era financiada do bolso do comitê de redação, durou três números e foi fechada pela polícia no quarto.

Em 1982 o senhor organizou para a revista um dossiê sobre os pobres na literatura brasileira, que depois virou livro.[4] *Como surgiu essa ideia?*

Eu achava e acho que a relação dos escritores — ou, mais tecnicamente, dos narradores ou da *persona* do poeta — com os pobres é uma das chaves secretas da literatura brasileira. Ela pode ser descrita como uma relação de classe. Seja como for, eu queria colocar em circulação este assunto. Achava também que havia um grande potencial nos professores de letras de esquerda, que estava espalhado e perdido. Resolvi então propor um dossiê (eu já tinha a ideia de fazer um livro depois) que aproveitasse esse potencial em algo mais organizado, que talvez fosse capaz de ser uma intervenção. Como era a época do espontaneísmo, decidi que não ia me meter nos artigos, e isso foi um erro da minha parte, porque o livro — à parte os trabalhos excelentes, que viraram obrigatórios — traz também artigos fracos. Teria sido muito melhor se eu tivesse pedido às pessoas que reescrevessem, desenvolvessem, repensassem etc. Editar um pouco os textos também teria ajudado. Mas o livro teve boa repercussão e hoje é bastante solicitado, de modo que há uma hipótese de reeditá-lo.

No seu ensaio sobre o seminário de Marx, o senhor aponta a possibilidade de "reconstituir um caminho que levou da Faculdade de Filosofia da rua Maria Antonia e do grupo de estudos [sobre Marx] ao governo do país". O senhor ainda acha isso?

Eu escrevi isso com bastante ironia. Na parte final do artigo procurei sugerir algumas relações, mas nunca supus que o

---

[4] Roberto Schwarz (org.), *Os pobres na literatura brasileira*, São Paulo, Brasiliense, 1983. (N. da E.)

marxismo estivesse na Presidência da República, evidentemente. Dito isso, não há dúvida que um certo estilo de análise marxista ajudou o Fernando Henrique durante um bom período e permitiu a ele dar passos decisivos. De certo modo a ida dele à presidência não desmentiu e até confirmou a sua teoria anterior, da possibilidade de um "desenvolvimento dependente associado". Só que lá atrás, quando ele formulou a teoria da dependência, ela era crítica e se destinava basicamente a esclarecer a esquerda, para que não desse murro em ponta de faca, ou para que reconhecesse, por exemplo, que o capitalismo passara a ter interesse em criar indústrias no país. Depois, a esquerda deixou de ser o interlocutor privilegiado, os ouvintes e aliados passaram a ser o outro campo e o marxismo se dissolveu numa espécie de clarividência política geral.

No final do primeiro mandato de Fernando Henrique, o senhor ressaltou que o horizonte do governo FHC era uma atualização capitalista.
Não há nisso nenhuma descoberta. Está lá escrito, no programa eleitoral. Nem haveria objeção, se o presidente não tivesse um passado de esquerda notório. A atualização capitalista, com seu custo e suas contradições, é uma aspiração ampla, inscrita na situação de país retardatário. Se acontece de ela ser conduzida por chefes do campo até então oposto (Lula incluído), instala-se uma nova geleia geral, ou confusão dos espíritos, muito característica da atualidade. O que na minha opinião se pode dizer é que o intelectual de esquerda, diante da vitória do capital em nosso tempo, faria melhor aprofundando a análise crítica e guardando distância do poder, além de fazer oposição onde tenha sentido. Se puder inventar superações, mesmo parciais, tanto melhor. Colaborar, só com muito juízo.

O senhor participou do PT desde a fundação do partido? Como avalia o governo Lula?

Fui ligado ao PT desde o começo. Nestes últimos anos me afastei porque passei a achar politicamente pouco interessante. Votei no Lula todas as vezes e não me arrependo, mas não sinto desejo de participar das discussões internas do partido tais como elas acontecem agora. Não avalio mal o governo Lula, como aliás não avalio mal o governo Fernando Henrique. Acho que são governos que têm pé e cabeça, ao contrário dos anteriores, que não tinham direção. São bons governos de atualização capitalista, com iniciativas importantes, que fazem mais ou menos o que está na ordem do dia. Sem desconhecer as diferenças, e correndo o risco de me enganar muito, acho que no futuro Collor, FHC e Lula serão vistos como formando um mesmo bloco, determinado pela globalização, na qual a posição relativa do Brasil melhorou consideravelmente, o que sempre alivia e abre novas perspectivas. O que me parece errado é adotar uma visão rósea do curso geral do capitalismo porque o Brasil está com o vento a favor ou porque temos amigos no governo. A irracionalidade e a destrutividade do capitalismo estão aí, visibilíssimas na crise e no despropósito da mercantilização total, e é nestas dimensões que o marxismo finca a sua crítica, mesmo que no momento não faça muitos adeptos.

O senhor não considera que a partir do início dos anos 1990 houve algum avanço mais significativo em termos de integração social?

Houve e não acho certo desconhecer ou desmerecer a proteção social começada por FHC e muito ampliada por Lula. Mas ela não cancela as razões para ser anticapitalista. Aliás, a desintegração social também avançou muito, e talvez o aspecto mais significativo e "moderno" seja este.

Voltando a Machado de Assis, de uns tempos para cá ele foi retomado de vários pontos de vista por muitos autores, a exemplo do crítico português Abel Barros Baptista e de Sidney Chalhoub, que escreveu sobre o Machado historiador.[5] *O senhor vê alguma novidade nessas releituras do Machado?*

O Chalhoub inspira-se nas originalidades da obra de Machado para pesquisar a história do Brasil, o que é um bom programa. A surpresa mesmo é o Barros Baptista, para quem a vinculação de Machado à experiência histórica brasileira desserve o romancista, além de ser um erro crítico, pois provincianiza a sua obra, em lugar de universalizá-la. Desse ângulo, o escritor seria grande porque sua obra representa um conjunto de semelhanças e diferenças em relação ao cânone clássico da história do romance e não porque transpõe e formaliza uma experiência histórica nova e peculiar. Acho a posição esteticamente retrógrada, além de irreal, mas ela tem êxito no Brasil, o que mostra a vontade que muitos professores têm de morar no cânone, e não em seu tempo.

O Machado tem sido muito celebrado, mas o senhor também vem sendo objeto de comemorações ultimamente. Hoje o senhor já é visto como uma figura estabelecida.

Você quer dizer, como uma múmia? [*risos*]

Não. Quero dizer que o senhor já tem o seu lugar na história do ensaísmo do Brasil, e as pessoas reconheceram isso. Eu queria perguntar como o senhor se sente sendo objeto dessa atenção.

---

[5] Sidney Chalhoub, *Machado de Assis historiador*, São Paulo, Companhia das Letras, 2003. (N. da E.)

Não ofenda a minha modéstia. Em todo caso eu fico sem jeito, mas agradecido.

[Entrevista a Angela Alonso, Henri Gervaiseau, Flávio Moura e Ismail Xavier publicada em *Retrato de grupo: 40 anos do CEBRAP*, São Paulo, Cosac Naify, 2009]

Um narrador camaleônico

FLÁVIO MOURA — *O senhor leu a entrevista de Caetano à Folha?*[1] *O que lhe pareceu?*
ROBERTO SCHWARZ — Ele mudou de assunto. Em vez de comentar o meu artigo,[2] que é o que estava em pauta, Caetano falou da Coreia do Norte, da União Soviética, de Cuba, da USP, da esquerda obtusa, de Mangabeira Unger etc. Parece piada.
Ao contrário do que a entrevista faz supor, não escrevi para pegar em Caetano o rótulo de direitista, e muito menos de esquerdista, mas de herói representativo e problemático. Procurei acompanhar de perto a sua prosa, concatenar e compactar as suas posições, de modo a tornar visíveis as questões de fundo que estão lá e não são óbvias. Tomei o cuidado de sempre apresentar as próprias formulações de Caetano, para que o leitor possa refletir a respeito e tirar conclusões com independência. É o que Brecht chamava de apresentar os materiais.
Como crítico literário, sou sensível à força estética do livro, naturalmente para analisá-la. No caso, fazem parte inseparável

---

[1] Entrevista de Caetano Veloso a Paulo Werneck, "Ilustríssima", *Folha de S. Paulo*, 15 de abril de 2012. (N. da E.)

[2] "*Verdade tropical*: um percurso do nosso tempo", *Martinha versus Lucrécia*, São Paulo, Companhia das Letras, 2012. (N. da E.)

dela as atitudes mais controvertidas do autor, tais como a autoindulgência desmedida, o confusionismo calculado e os momentos de complacência com a ditadura (os militares tomaram o poder "executando um gesto exigido pela necessidade de perpetuar essas desigualdades que têm se mostrado o único modo de a economia brasileira funcionar", *Verdade tropical* (1997, p. 15), o que não exclui a simpatia pela guerrilha. É ler para crer. À maneira dos romances narrados em espírito de provocação — por exemplo as *Memórias póstumas de Brás Cubas* — *Verdade tropical* deve muito de seu interesse literário a certa desfaçatez camaleônica em que Caetano, o seu narrador, é mestre. Penso não forçar a mão dizendo que a representatividade histórica do livro passa por aí. E o seu caráter problemático também, já que o quase romance não deixa de ser um depoimento.

FM — *O senhor vê algum fundamento na cobrança de Caetano para que a esquerda se manifeste sobre temas como a Coreia do Norte?*

RS — É claro que a reflexão informada e crítica sobre as experiências do "socialismo real" é indispensável à esquerda, e aliás ela existe. Adorno, que Caetano absurdamente menciona como inimigo da liberdade, é uma grande figura dessa reflexão no campo estético. Dito isso, penso que no caso o interesse pela Coreia do Norte é sobretudo cortina de fumaça para não falar de meu livro.

FM — *O livro de Caetano é de 1997. Seu ensaio vem à tona quinze anos depois. Há alguma razão especial para esse intervalo?*

RS — Logo que o livro saiu, vi que era notável à sua maneira e merecia discussão. Como não tenho pressa, levei quinze anos para sentar e escrever. Ainda assim, espero não ter perdido o bonde.

FM — *Há semelhanças temáticas evidentes entre o ensaio sobre Caetano e um de seus ensaios mais influentes, "Cultura e política, 1964-1969". Em que medida o novo texto aprofunda os argumentos sobre a Tropicália ali expostos e em que medida se distancia deles?*

RS — "Cultura e política" foi escrito em 1969, na hora pior da ditadura e logo após a eclosão da Tropicália. *Verdade tropical*, de Caetano, que reapresenta aqueles tempos, foi publicado trinta anos depois, em pleno triunfo neoliberal. Já "Um percurso de nosso tempo", redigido em 2011, tem a ver com a crise atual do capitalismo. São três momentos distintos.

A Tropicália de fim dos anos 1960 debochava — valentemente — do Brasil pós-golpe, quando a ditadura buscava conjugar a modernização capitalista ao universo retrógrado de "tradição, família e propriedade". A fórmula artística dos tropicalistas, muito bem achada, que juntava formas supermodernas e internacionais a matérias ligadas ao atraso do país patriarcal, era uma paródia desse impasse. Ela alegorizava a incapacidade do Brasil de se modernizar de maneira socialmente coerente.

Era uma visão crítica, bastante desesperada, de muito interesse artístico, à qual se misturava certa euforia com a nova indústria cultural, que estava nascendo. Ao retomar o assunto em 1997, nos anos FHC, Caetano atenuou o anterior aspecto negativo ou crítico e deu mais realce ao encanto dos absurdos sociais brasileiros, tão "nossos". Um tropicalismo quase ufanista e algo edificante. Em meu ensaio procurei acompanhar e discutir estes deslocamentos.

FM — *Como se transformou a percepção que o senhor tinha dos fenômenos culturais no fim dos anos 1960 em relação à perspectiva que o senhor adota hoje? Em outros termos: qual a diferença entre fazer crítica dialética hoje e nos anos 1960 e 1970?*

RS — A crise atual — de que não estamos tomando muito conhecimento no Brasil — veio precedida pela derrota das tentativas práticas bem como das ideias da esquerda. Assim, não faltam contradições agudas, mas elas parecem não apontar para lugar nenhum, ou só para mais do mesmo. A crítica dialética naturalmente não pode fingir que sabe uma resposta, mas não tem por que acatar como positiva uma realidade que é evidentemente negativa, nem tem porque renunciar à busca de superações. As contradições estão aí, fermentando.

FM — *Não é uma novidade auspiciosa que o Brasil possa não tomar muito conhecimento da crise atual?*

RS — Desconhecer uma crise mundial, só porque ela não está nos tocando no momento, é sempre uma ignorância, sobretudo para intelectuais.

FM — *O livro* [Martinha versus Lucrécia] *traz uma conferência feita em 2009 sobre as "ideias fora do lugar", uma de suas formulações de maior destaque. Depois dessa palestra, o crítico Alfredo Bosi lançou livro em que volta ao tema*[3] *— e no fim de seu ensaio, o senhor inclui uma nota de resposta a Bosi. Prestes a completar quarenta anos, a tese das ideias fora do lugar ainda rende discussão. A que o senhor atribui essa longevidade?*

RS — Suponho que ela se deva à existência real do problema, que surgiu com a Independência, no século XIX, e até hoje teima em não desaparecer. A uns, as ideias dos países centrais, que nos servem de modelo, parecem o remédio para todos os males; a outros, uma importação postiça e "fora do lugar", que precisa ser recusada — o que os condena a perder o contato com

---

[3] Alfredo Bosi, *Ideologia e contraideologia*, São Paulo, Companhia das Letras, 2010. (N. da E.)

o pensamento do mundo contemporâneo. Como entender a questão? Procurei comentá-la e sobretudo esclarecer os mal-entendidos ligados a esse título de ensaio, que teve sorte e ficou conhecido, mas causou bastante confusão.

FM — *O nome do livro,* Martinha versus Lucrécia, *faz referência a um dos ensaios nele incluídos, sobre a recepção da obra de Machado de Assis no exterior. Nesse texto o senhor procura mostrar como a suposta "universalidade" de Machado está justamente na finura com que ele lida com a matéria local.*

RS — É essa a questão que tentei estudar. O reconhecimento de Machado no estrangeiro é crescente e não precisou da reflexão sobre o Brasil para ocorrer. O escritor entrou para o cânone dos grandes do Ocidente, onde ocupa um lugar diferenciado, sem necessitar da referência a seu país. Ao passo que no Brasil se formou uma tradição crítica para a qual Machado é extraordinário justamente porque soube inventar uma forma adequada à nossa peculiaridade histórica e social. São explicações opostas para a grandeza de um mesmo escritor. Como entender essa diferença? Quais as suas implicações? São os problemas que meu ensaio explora, examinando de mais perto e politizando a oposição clássica entre o local e o universal, agora recolocada em termos da ordem mundial contemporânea.

FM — *O senhor não argumenta com base nos grandes romances, como seria de esperar, mas com base na prosa da crônica. Vai nisso alguma intenção particular?*

RS — De fato, há uma crônica, "O punhal de Martinha", em que Machado dramatiza a questão do local e do universal com uma graça notável, antecipando cem anos de debate crítico. Procurei analisá-la com cuidado igual ao que merecem os grandes romances, e penso que o resultado surpreende. Aí está, no plano modesto da crônica, uma variante do narrador das obras-primas machadianas, dilacerado entre a irradiação da Europa e os cafundós do Brasil, que aliás podem estar na capital. Trata-se de um mal-estar característico, ou, também, do despeito histórico-mundial das elites progressistas de um país periférico. Por inesperado que isso seja, o ar de família com os manifestos modernistas de Oswald e com o clima do tropicalismo salta aos olhos.

FM — *Em conferência recente, Antonio Candido afirmou que a crítica literária acadêmica se tornou uma atividade muito segura. A nova geração de pesquisadores se dedicaria apenas aos autores consagrados, ignorando a produção literária mais recente. O senhor concorda com a afirmação de Candido?*

RS — Se entendi bem, ele estaria valorizando o momento de risco intelectual, de escolha a descoberto, sem o qual a crítica literária se rotiniza ou reduz ao informe publicitário. Mas posso ter entendido mal.

FM — *Por um lado, o seu livro é uma coletânea de ensaios circunstanciais. Por outro, há bastante unidade entre eles, que conversam entre si e parecem concebidos dentro de um mesmo propósito. É deliberado?*

RS — Agradeço a pergunta. É claro que os ensaios têm assunto, origem e forma muito diversa. Mas há a matéria brasileira em comum, com sua estrutura que atravessa os tempos e acaba determinando um conjunto de questões consistentes, retomadas e variadas nos diferentes trabalhos e sugerindo aprofundamentos que valeria a pena perseguir. Para mim mesmo, as correspondências entre a crônica machadiana, a poesia minimalista de Francisco Alvim, a visão pau-brasil e as montagens tropicalistas, por exemplo, vieram como uma surpresa.

Seja como for

Noutro plano, os ensaios fazem ver uma coleção de percursos intelectuais e artísticos de nosso tempo, em contraste muitas vezes agudo, cujo conjunto convida a pensar. Aos pedaços, são contribuições para o autoexame de uma geração.

[Entrevista a Flávio Moura publicada em "Ilustríssima", *Folha de S. Paulo*, 22 de abril de 2012]

A lata de lixo da história

Sylvia Colombo — *No final da década de 1960, o teatro tinha presença no debate político, haja vista a montagem de* O rei da vela, *de Zé Celso. Será possível algo de mesmo tipo nos dias de hoje?*

Roberto Schwarz — O clima participante e irreverente não era só do teatro. Ele estava também no cinema, na canção e nas artes visuais, sem falar na agitação estudantil. O movimento popular do pré-1964, que fora calado à força, persistia na memória tanto da esquerda como da direita, pondo pimenta na discussão. Juntaram-se naquele final de década a luta contra a ditadura, o sentimento do atraso brasileiro, o experimentalismo estético e o espírito meia-oito, ligado às revoluções libertárias que estavam pipocando no mundo. Ou seja, havia um combate em muitas frentes, difusamente anticapitalista, em sintonia com a linha avançada mundial. A combinação era vibrante, além de subversiva. Ela foi derrotada em política, ou melhor, à força bruta, mas era culturalmente imbatível e alimentou a maior parte do que se fez de bom nos decênios seguintes. O quadro hoje é outro, mas a dimensão coletiva está dando sinais de vida. Resta ver como o teatro vai lidar com isso.

SC — *Ainda em relação ao teatro, o senhor considera que naquele tempo, quando* A lata de lixo da história *foi escrita, a relação entre a universidade e as diferentes artes era mais ativa e fecunda?*

RS — Se entendi bem, você está sugerindo que de lá para cá a universidade perdeu contato com a vida artística e se isolou. Com sua licença, vou discordar. Naquele tempo o contato era ocasional, uma iniciativa de umas poucas vanguardas. Hoje ele está institucionalizado. A universidade está em toda parte, e as próprias artes estão dentro dela, onde são ensinadas em departamentos especializados. O que faz falta de fato é o espírito crítico. É verdade que nos anos 1960 houve a confluência, muito brilhante, ou também a confrontação, entre vanguardas estudantis, estéticas, intelectuais e políticas. É certo também que um dos lugares naturais para esses encontros era a universidade. Entretanto, não acho que a razão principal dessas aproximações, ou dos afastamentos posteriores, esteja em atitudes tomadas pela universidade ela mesma. Foi a força geral do processo que promoveu a fusão e, mais tarde, a separação. Quando a estrutura de classes de um país entra em movimento, tudo o mais responde, para bem ou para mal.

O que fez diferença foi que em 1969, depois do AI-5, o movimento cultural perdeu os mínimos de liberdade necessários, passando a viver confinado, sob censura e ameaça policial permanente. Os contatos entre a universidade, a vida artística e a política se reduziram a muito pouco e, se acaso continuaram a frutificar, foi na clandestinidade ou dentro da cabeça de intelectuais semi-isolados. A minha *Lata de lixo* foi escrita nessas circunstâncias, começada no Brasil e concluída na Europa. Não tem o menor cabimento idealizar as condições daquele momento. Mais adiante, quando veio a abertura, nos demos conta de que o período da ditadura havia criado enquadramentos novos, que mudavam a situação e não foram embora com os militares. Agora o que aprisionava a inteligência e a criatividade não era mais a repressão policial, mas o avanço paralelo da burocratização e da mercantilização, ou seja, o aprofundamento do capitalismo. São essas as causas, até onde vejo, do presente pouco inspirador que está por trás de sua pergunta.

SC — *No prefácio à peça, o senhor diz que ela é uma adaptação de* O alienista, *escrita de olho no golpe de 1964 e no AI-5 de 1968. Por que lançar mão de Machado de Assis? Não é estranho usar um conto cômico para falar de uma ditadura?*
RS — De fato, é esquisito, mas tem cabimento. Como se tratava de contornar a censura, o recurso a *O alienista* era oportuno, pois seria incômodo para os censores ficar contra uma das obras ilustres da literatura brasileira. Além disso, havia a incrível adequação. *O alienista* conta a instalação de uma ditadura "modernizante" em Itaguaí — um mini-Brasil —, seguida duma rebelião popular e de um período de terror total. Para concluir, caído do céu, um final feliz que deixa tudo como antigamente, como se nada tivesse acontecido. Em fins de 1968, que é quando *A lata de lixo da história* foi concebida, as primeiras três etapas do conto já se haviam cumprido. Só faltava o *happy end*, sarcástico e completamente inverossímil, que ficava para um futuro sem data. Também a prosa do conto, com sua estranha mistura de futilidade provinciana e terror policial, se adaptava ao presente. Em versão mais truculenta, a autossatisfação idiota da direita vencedora em 1964 era uma réplica do que Machado havia percebido muitos anos antes. Com sua licença, vou contar uma anedota ilustrativa. Outro dia fui assistir a um documentário, o *Cidadão Boilesen*,[1] que reconstitui a vida de um executivo que na época do terror se envolveu com a repressão e a tortura, inclusive metendo a mão na massa. Na saída do cinema ouvi uma conversa de mãe e filha, em que uma dizia que aquele homem, pelo jeito um conhecido da família, era horrível, en-

---

[1] Dirigido por Chaim Litewski, 2009. (N. da E.)

quanto a outra respondia que o filme era injusto, que Boilesen era um cavalheiro e que era um prazer estar com ele em festas de sociedade. Nada mais machadiano que esta comédia macabra. Basta pensar nos parágrafos iniciais de "Pai contra mãe", onde um senhor muito civilizado, além de protobrechtiano (quer dizer, maldosamente didático), explica a utilidade dos instrumentos de ferro necessários ao funcionamento da escravidão.

SC — *Na sua* Lata de lixo *há bonecos de escravos espalhados pelo palco, que vão apanhando ao acaso das circunstâncias. Já em* O alienista *praticamente não há escravos. O que significa essa diferença?*

RS — De fato, na obra inteira de Machado há poucos escravos. Quando aparecem, entretanto, eles são uma presença aguda, que desequilibra o quadro decoroso e bem-falante em que decorre a vida das classes altas, com suas pretensões de civilidade. Para dar um exemplo, em *Dom Casmurro* a certa altura Bentinho arrisca uma conversa nostálgica com um ex-escravo, a quem pergunta se lembra dos velhos tempos. A resposta vem brevíssima, abrindo uma perspectiva infinita: "Alembro". A meu ver, a crítica não se compenetrou suficientemente do caráter de classe do sarcasmo machadiano. Foi esse escândalo desqualificador que procurei fixar através da presença dos bonecos e das surras periódicas a que são submetidos, a troco de nada, sem maior conexão com a intriga e o diálogo. Sobre esse pano de fundo mudo e brutal, à vista de todos mas não comentado, as veleidades científicas de Simão Bacamarte e as artimanhas políticas das classes bem-postas mudam de caráter, adquirindo uma tonalidade grotesca. Embora não tenhamos mais escravidão, a desigualdade insustentável entre as classes faz que o esquema continue vivo.

SC — *O senhor não forçou a mão ao colocar o levante popular no centro da intriga? Afinal de contas,* O alienista *gira em torno das teorias da loucura de Simão Bacamarte.*

RS — No conto de Machado, a pacata Itaguaí é abalada por duas revoluções modernizantes. Uma científica, que desemboca na ditadura do doutor Simão. Outra social, vagamente calcada na Revolução Francesa e oposta à primeira. A ideia machadiana de ambientar episódios de inovação científica e de luta social moderna nos cafundós do Brasil naturalmente era satírica. Respondia a nossos complexos de ex-colônia e ao anseio de pular para a linha de frente do mundo. Os leitores, até onde sei, se interessaram mais pelas teorias da loucura, que de fato organizam o primeiro plano do conto e têm a vantagem de estar na moda, graças a certo ar de família com os temas do celebérrimo Foucault. Mas a dinâmica da revolução num fim de mundo, com seus fluxos, refluxos e líderes oportunistas, não é menos interessante. Se a referência dominante forem as teorias da loucura, a revolução aparecerá como um exemplo a mais de maluquice. Se a dominante for a rebelião popular, as teorias de Bacamarte aparecerão como elementos no jogo do poder, o que é mais sutil (e igualmente foucaultiano). As duas leituras são possíveis e o melhor é balançar entre elas. Para as finalidades de alusão a 1964, a ênfase na luta social, entre cômica e tétrica, prometia mais.

[Entrevista a Sylvia Colombo publicada em "Ilustríssima", *Folha de S. Paulo*, 18 de maio de 2014]

Declaração de voto

Claudio Leal — *Como você avalia essa onda de violência e o sentimento crescente de medo político na sociedade brasileira, num momento em que candidatos com propostas autoritárias recebem grandes votações? O que você diria a quem acredita em saídas autoritárias para o Brasil?*

Roberto Schwarz — Se o Bolsonaro vencer, teremos um macarthismo. Virão medidas econômico-sociais antipopulares (quer dizer, mais antipopulares ainda), acompanhadas de perseguição a esquerdistas e democratas. Os lados melhores da civilização brasileira, ligados à luta contra a desigualdade, a opressão e os preconceitos de toda ordem, serão atacados. Assistiremos à volta do que o Brasil tem de obscurantista, para dar cobertura à liberdade completa do capital. Um esquema *à la* Pinochet, só que democraticamente eleito.

A exasperação causada pela crise econômica e pela frustração das promessas petistas liberou uma belicosidade retrógrada, contrária ao uso da razão e desejosa de descontar a sua raiva no lombo dos que procuram ver claro. Se depender da direita, teremos uma sociedade em que os trabalhadores trabalham mas não têm representação política, enquanto os intelectuais fecham o bico e os artistas exaltam a pátria. Para concluir, pensando em amigos da vida inteira, eu diria que neste momento a neutrali-

Declaração de voto

dade entre Haddad e Bolsonaro é um erro histórico de grandes proporções.

[Entrevista a Claudio Leal publicada no site de *Bravo!*, 16 de outubro de 2018]

Cultura e política, ontem e hoje

A propósito de Machado de Assis, você nota que às vezes surgem obras que sintetizam a história de um país ainda sem história cultural consistente, que então se nutre de modelos estrangeiros como o europeu. Foi o caso do Brasil após a Independência, mas também o caso das repúblicas latino-americanas que, depois de se livrar da Espanha, continuaram a olhar para a Europa em busca de modelos. Neste sentido, você acha que podemos ler a literatura de Machado não só como uma "alegoria do Brasil" mas também das aspirações das elites latino-americanas, sempre questionadas por um entorno neocolonial?

A obra de Machado de Assis sempre foi um problema para a nossa crítica. Durante muito tempo ela foi vista como um corpo estranho na literatura brasileira. Fugindo à voga do romantismo patriótico e pitoresco, posterior à Independência, ela pareceu pouco nacional a muitos leitores, para não dizer estrangeirada e sem sangue nas veias. Também o seu gosto pela análise, em prejuízo da aventura, apontava nessa direção. Já aos contemporâneos naturalistas, fixados nas fatalidades de raça e clima, ela parecia alheia ao novo espírito científico. Para eles, um romance brasileiro não seria moderno sem os ingredientes apimentados da mestiçagem e do trópico. Ainda assim, por razões difíceis de explicar, Machado era reconhecido como o maior escritor do país e o único com estatura universal. Uma síntese desse paradoxo se encontra num ensaio injusto e agudo de Mário de Andrade, que não incluía nenhum de seus romances entre os dez melhores de nossa ficção (!), embora se orgulhasse do compatriota genial, que o mundo ainda iria reconhecer como um dos grandes.[1] Hoje há certo consenso quanto à extraordinária acuidade social e nacional de seus contos e romances, sem falar em seu alcance crítico e modernidade estética.

A viravolta se deu devagar e passo a passo. Em 1935 Augusto Meyer publicou um conjunto de pequenos artigos que mudavam o quadro. Em lugar do mestre da língua e do decoro, um tanto engravatado e insosso, que merecia o aplauso do *establishment*, entrava um Machado perverso, um moderníssimo "monstro cerebral", próximo de Dostoiévski, Nietzsche e Proust.[2] O prosador arquicorreto, amigo dos clássicos, a quem nunca faltava uma citação de Aristóteles, Santo Agostinho, Erasmo, Pascal, Schopenhauer etc., etc., na verdade escondia um escritor de ponta, dos mais irreverentes. Meyer arrancava Machado à companhia dos literatos oficiais e convencionais e o aproximava dos grandes espíritos do tempo, o que ajudava muito a perceber a sua genialidade, mas tornava mais difícil ainda entender a sua relação com o acanhamento da cultura nacional.

O problema seria solucionado por Antonio Candido, num capítulo de síntese sobre a nossa ficção romântica. A tese do Machado universalista, influenciado pelos grandes da literatura ocidental, mas indiferente às letras e realidades locais, era posta em xeque. Ao contrário da voz corrente, Candido observava que o

---

[1] Mário de Andrade, "Machado de Assis" (1939), *Aspectos da literatura brasileira*, Martins, São Paulo, s/d. (N. da E.)

[2] Augusto Meyer, "Machado de Assis" (1935), *Machado de Assis, 1935-1958*, Rio de Janeiro, São José, 1958. (N. da E.)

romancista havia estudado e aproveitado em detalhe a obra de seus predecessores brasileiros, figuras secundárias, muito menores do que ele, mas cuja contribuição foi substantiva.[3] Este ponto é central.

Sob o signo da cor local e de sua magia, a ficção romântica havia cumprido um programa de incorporação literária das regiões, dos costumes e das realidades sociais do país, recentemente emancipado. Tratava-se de um programa patriótico e quase sociográfico, o qual em pouco tempo produziu uma pequena tradição de romances mais ou menos estimáveis, que satisfaziam o gosto de um público pouco exigente embora sequioso de identidade nacional.[4] Pois bem, com memorável tino crítico Machado soube enxergar nesses livros provincianos um substrato de outra ordem, com possibilidades diferentes, de grande literatura, o qual iria explorar. Algo como um negativo da modernidade, à qual eles aludiam por contraste e, bem pesadas as palavras, por ingenuidade e pelo que deixavam a desejar, projetando um avesso insuspeitado. Por inesperado que isso fosse, a trivialidade amável do localismo romântico trazia latente um fundo poderoso, o complexo tão brasileiro do liberal-escravismo clientelista, com seu labirinto próprio, sem nada de ameno. Este fazia ver — desde que os óculos fossem machadianos — uma inserção diferenciada no presente do mundo. Em suma, as relações sociais não burguesas da ex-colônia (escravidão, dependência pessoal direta, pseudo ordem burguesa), bem como a sua elaboração pela prosa romântica, forneceram a Machado uma argamassa histórica densa, de imprevista repercussão contemporânea,

---

[3] "Temas e expressão", em Antonio Candido, *Formação da literatura brasileira: momentos decisivos (1750-1880)*, São Paulo, Martins, 1959. (N. da E.)

[4] "Visão do país", em *idem, ibidem*. (N. da E.)

que lhe permitiu a aventura de sua obra moderníssima. Difícil e profundamente dialética, essa conexão é um dos segredos da literatura machadiana. O prosador erudito, impregnado de clássicos e cosmopolitismo elegante, que havia monopolizado até então as atenções da crítica, não desaparecia, mas era sobredeterminado, com infinita ironia, pelo conjunto das relações sociais locais em que se banhava, que eram tudo menos requintadas. Nesta dissonância surpreendente, a estreiteza provinciana adquiria um relevo e uma profundidade notáveis, que eram uma qualidade nova, de alto humorismo, além de exata socialmente (próxima talvez da comicidade russa). Encasacado em seu repertório culto e europeizante, evoluindo numa situação retardatária, marcadamente de segunda classe, a que não faltava o elemento bárbaro, o narrador machadiano transformava-se em personagem emblemática e problemática, na verdade um grande achado realista. Reconfigurado pelo contexto, encenava uma comédia ideológica original, característica da vida na periferia da ordem burguesa, ou melhor, nas sociedades em processo de descolonização.

Assim, voltando a suas perguntas, Machado não começava do zero. Quando escreveu as *Memórias póstumas de Brás Cubas*, seu primeiro grande livro, em 1880, ele dava continuidade a quarenta anos de tentativas ficcionais anteriores — resta ver, é claro, que tipo de continuidade. Com mais e menos talento, os seus antecessores haviam escolhido e fixado um acervo de paisagens, situações características, tipos sociais interessantes, conflitos de classe, timbres de prosa e humor, pontos de vista narrativos, modelos estrangeiros etc. Tomadas em si mesmas, essas opções iam do desastrado ao divertido, do banal ao curioso, do conformista ao irreverente, mal ou bem colocando em perspectiva e formalizando algum aspecto da realidade local. O conjunto é modesto e representa o esforço de autoconhecimento e autofiguração de uma sociedade nacional incipiente, que procurava a si mesma por meio da imaginação romanesca. Talvez não seja injusto dizer que a atenção que esses livros ainda hoje merecem do leitor exigente se deve a seu papel na preparação da obra machadiana — preparação naturalmente involuntária.

Com efeito, Machado não só levou em conta esses romances medianos, como enfiou neles a "faca do raciocínio" — expressão sua —, para lhes testar a substância, tanto social como artística, e tirar as consequências do caso, como escritor que não aceitava ser iludido. Com perspicácia absolutamente fora do comum, que até hoje deixa boquiaberto, ele pôs à prova da realidade e da consistência interna o trabalho literário de seus confrades, o qual retificava. Entusiasmo patriótico, santidade das famílias, ordem social, normalidade psíquica, soluções de linguagem e forma, importação de modas literárias, ideias correntes, certezas do progresso, tudo foi examinado criticamente, estabelecendo um patamar de consciência inédito no país (embora não reconhecido) e raro em qualquer parte. Digamos então que a continuidade refletida com uma tradição de segunda linha lhe permitiu dar um passo extraordinário, uma superação crítica em grande estilo, paradoxalmente moderna, que talvez seja a sua maior lição como artista pós-colonial.

Ainda em relação à sua pergunta, o salto qualitativo de que falamos tem vários ensinamentos contraintuitivos: 1) a força negadora e superadora da grande literatura pode ter uma dívida importante com as limitações do universo artístico a que ela se opõe; 2) em países periféricos, a invenção formal não nasce da recusa dos modelos metropolitanos, mas de sua verificação crítica pela experiência local, a qual se transcende e universaliza através desse confronto; 3) talvez seja verdade que a produção artística de países na periferia tenda a adquirir uma dimensão suplementar de alegoria nacional, já que a experiência de incompletude e inferioridade relativa é um fato ubíquo da vida nesses países, experiência inescapável, que tinge os seus esforços de superação e neste sentido os alegoriza. Entretanto, em romances de tipo mais ou menos realista, a substância do trabalho artístico está na incorporação e transfiguração de relações reais, que lhes dão o peso representativo, que só secundariamente participa do convencionalismo da abstração alegórica; 4) de fato, o narrador machadiano passeia o seu refinamento cosmopolita pelo ambiente pitoresco da ex-colônia, entre relações atrasadas e bisonhas, sem proporção com a envergadura e a complexidade dele próprio, o que pode ser visto como um emblema das elites latino-americanas, que nalguma medida compartilham essa situação. Mas por quê "alegoria"? Ele não é a figura convencionada de uma entidade abstrata — suponhamos a Justiça, a Indústria, a Finança, o Brasil — e sim a síntese de uma condição histórica real, apreendida num lance de gênio. Dito isso, esta apreensão é apenas a metade da proeza. A outra metade, maliciosa ao extremo, está na transformação desse narrador — uma personagem decididamente criticável — em princípio formal, em gerador da invenção literária e em organizador da ficção.

Você afirma no seu último livro, Martinha versus Lucrécia, *que tanto o Tropicalismo quanto a Antropofagia de Oswald de Andrade eram programas estéticos do Terceiro Mundo. O que você quis dizer com isso? Por outro lado, mas também nesse contexto, você não acha que é um pouco injusto com Oswald de Andrade ao aproximá-lo tanto do Tropicalismo? Afinal, a Antropofagia dele vestiu-se de vermelho e* O rei da vela, *apesar do que se fez depois, era uma peça de crítica da burguesia e de sua aliança com o capital estrangeiro.*

A poesia antropófaga de Oswald de Andrade, que é piadista desde o título, tem uma fórmula simples e genial no seu minimalismo. Trata-se da contraposição a seco, em espírito de montagem vanguardista, de imagens representativas do Brasil moderno e arcaico, escolhidas a dedo pela vivacidade do contraste. Muito dissonante, com algo de blague e disparate, o resultado é visto como alegoria humorística do país, captado em seu afã comovente de superar o atraso. Como o procedimento artístico é de ponta, impregnado da irreverência da revolução literária europeia, o conjunto respira otimismo e leveza, e como que promete uma colaboração feliz, para não dizer utópica, de seus três tempos desencontrados — pré-moderno, moderno e revolucionário — que convivem dentro do poema.

Em 1967, quarenta anos depois, também o Tropicalismo acopla o ultrapassado e o ultramoderno, a data vencida e o *dernier cri*, ou melhor, justapõe imagens tomadas ao antigo Brasil patriarcal e técnicas do pop internacional mais recente. O ar de família com a antropofagia oswaldiana é evidente, com uma diferença. Enquanto em Oswald o entrechoque dos tempos é a promessa de um futuro nacional alegre, em que passado e modernidade se integram sob o signo da invenção e da surpresa, no Tropicalismo ele é a encarnação do absurdo e do desconjuntamento nacionais, de nossa irremediável incapacidade de integração social, enfim, do fracasso histórico que seria a nossa essência. Como diz o próprio Caetano Veloso, a propósito de seu momento mais radical, nunca a canção popular no país havia chegado a tal grau de pessimismo. Em perspectiva histórica, tratava-se — a meu ver — de uma formalização poderosa e sarcástica da experiência social-política de 1964, quando a contrarrevolução conjugou a modernização capitalista à reiteração deliberada das iniquidades sociais de sempre, as quais reconfirmava. A imagem-tipo do Tropicalismo encapsulava a experiência tão desconcertante, e latino-americana, do progresso que repõe o atraso em lugar de superá-lo. Poesia em pílulas, como em Oswald, mas cuja substância era uma espécie de reincidência no erro, contemplado com repulsa e fascinação — o famoso Absurdo Brasil.

Assim, Antropofagia e Tropicalismo são programas estéticos do Terceiro Mundo, que respondem às questões da modernização retardatária. Oswald com certa euforia, no início do processo desenvolvimentista, e Caetano com desencanto estridente, quando as perspectivas do nacional-desenvolvimentismo parecem se fechar. A captação da energia histórica é vigorosa nos dois casos — vestida de vermelho ou não —, que por isso mesmo são momentos incontornáveis de nosso debate cultural. Como observa Hans Magnus Enzensberger, é mais fácil transformar o subdesenvolvimento em arte do que superá-lo.[5] A observação é interessante, mas, como notou Vinicius Dantas, também a crise do Primeiro Mundo é mais fácil de transformar em arte que de superar.

Talvez possamos utilizar a descrição da literatura de Machado de Assis como capaz de "caracterizar e sintetizar o momento histórico de um país" para pensar o filme Terra em transe *estreado por Glauber Rocha em 1967. Muitos críticos literários e culturais da esquerda coincidem em qualificá-lo de profético quanto ao que viria a acontecer no Brasil após o AI-5, mas também na América Latina com o assassinato de Che Guevara no mesmo ano de 1967 e o início das ditaduras militares do Cone Sul. Glauber inspirou-se em Che Guevara para imaginar a personagem de Paulo Martins e inclusive teve a ideia de fazer outro filme sobre os últimos anos do guerrilheiro argentino em conjunto com Cuba.*

Até onde vejo, o foco de *Terra em transe* está na crise de 1964, quando o vasto processo da democratização brasileira foi

---

[5] Hans Magnus Enzensberger, *Tumult*, Berlim, Suhrkamp, 2014, p. 196 [ed. bras., *Tumulto*, São Paulo, Todavia, 2019]. (N. da E.)

derrotado pela direita civil-militar, com apoio americano. O filme está vivo até hoje graças à coragem e à exaltação operística com que enfrenta os impasses da esquerda. O autoexame se faz através da figura de Paulo Martins, um poeta-jornalista sequioso de absoluto, criado entre as benesses da oligarquia e convertido à causa popular e à estratégia do Partido Comunista. Deliberada e impiedosamente problemática, a personagem se debate entre os chamados do erotismo, da revolução, do privilégio, da disciplina partidária e da morte, a cujo encontro vai na cena final, de metralhadora na mão. Entre esperanças, lutas, discussões políticas violentas, contradições, traições e recuos, o conjunto encena um percurso intelectual em direção à luta armada. A caminhada com certeza é representativa daquele momento, mas o achado que torna profundo e enigmático o filme depende de mais outra dimensão. Desde o começo, há um baixo-contínuo popular que destoa da ação, composto por tambores, cantos e danças rituais, pela massa mestiça e miserável, subalterna, alheia à discussão política entre os brancos, vivendo outro tempo. É o aspecto tropicalista de *Terra em transe*, em que os procedimentos vanguardistas do filme, bem como a sua intriga moderna, se contrapõem com incongruência ostensiva ao substrato de relações coloniais que continua vivo no país. É um descompasso de alcance histórico-político incalculável, codificado na realidade brasileira e também continental, na estética tropicalista e, de outro modo, na ficção de Machado de Assis. Quanto à semelhança entre Paulo Martins e Guevara, posso estar enganado, mas não me convence.

Falando do crítico literário ou cultural como um "metapensador", como você disse em alguma oportunidade, a nossa região apresenta desafios e problemáticas diversas das examinadas por Antonio Candido em uma obra como "Literatura e subdesenvolvimen-

to"[6] *ou por você em "Cultura e política, 1964-1969", mas são desafios e problemáticas herdados daquele intenso momento histórico que vocês analisam nessas reflexões. Você gostaria de comentar?*

"Literatura e subdesenvolvimento" faz pela literatura o que os outros clássicos da teoria do subdesenvolvimento fizeram para a economia e a sociologia. É um ensaio para ler e reler. É dessas raras reflexões que organizam a experiência cultural de um país e de um continente. No essencial estuda a superação da velha e acomodada "consciência amena do atraso", que vinha da Independência e do Romantismo e para a qual o progresso era algo que chegaria naturalmente, mera questão de tempo. No polo oposto a esse otimismo provinciano e quase infantil, de ex--colônia, irá surgir a "consciência agônica" desse mesmo atraso, visto como catástrofe contra a qual é preciso lutar com urgência. Noutras palavras, o sentimento autocomplacente do "país novo", cheio de promessas mas conservador no fundo, cede o passo à consciência realista do "país subdesenvolvido", com adversários externos e internos e para o qual o futuro é um problema. A inflexão começa por volta de 1930 e se aprofunda nos anos de 1950. No Brasil a sua primeira manifestação foi o romance do Nordeste, que trouxe a miséria e o atraso da região ao debate nacional. No decênio de 1950 o problema ganhou dimensão conceitual na teoria do subdesenvolvimento, com desdobramentos em todos os planos da vida, que de repente se descobria subdesenvolvida de A a Z. Como começava a ensinar Celso Furtado, o subdesenvolvimento não é uma etapa transitória, que precede o desenvolvimento pleno, mas um estágio e um modo de viver que tendem a se reproduzir ou agravar caso nada seja feito. Na esfera da cultura, por exemplo, o sonho dorminhoco e regressi-

---

[6] Ensaio reproduzido em Antonio Candido, *A educação pela noite e outros ensaios*, São Paulo, Ática, 1987. (N. da E.)

vo da originalidade nacional absoluta, que no limite exigia a "supressão de contatos e influências", tem de ser substituído pela constatação sóbria mas polêmica da dependência e, no melhor dos casos, da interdependência generalizada, que leva ao questionamento estético-político em toda a linha. É claro que o abandono das ilusões iniciais de autarquia tem algo de progresso crítico, apontando para um horizonte menos iludido, ou mais relacional, em que a originalidade almejada resulta da influência recíproca e livre entre as nações. Por outro lado, é claro também que este horizonte é ilusório por sua vez, pois as realidades do imperialismo e de nossas estruturas sociais inaceitáveis, postas em evidência pela teoria do subdesenvolvimento, fazem da reciprocidade universal um voto pio. No passo seguinte, o enfrentamento continuado com a iniquidade das estruturas e do imperialismo tende a criar o intelectual revolucionário, cuja figura assinala um novo patamar.

Por sua vez, "Cultura e política, 1964-1969" recapitula a movimentação intelectual e artística do primeiro período da ditadura em seguida ao golpe da direita. Dentro de muita diversidade, a franja avançada das artes — arquitetura, cinema, teatro, canção, artistas plásticos — bem como do movimento estudantil e da própria discussão política havia reagido com valentia ao truncamento do processo democrático que apontava para o socialismo. Em todas estas esferas a interrupção antidemocrática foi recebida como um acinte, uma volta a formas de vida mesquinhas e superadas, que seria grotesco tolerar. A indignação correspondente esteve na base das posições artísticas do período, e também da passagem duma fração dos estudantes à luta armada, sem falar noutros setores dispostos a enfrentar algum grau de ilegalidade. Nesta linha, refletindo sobre as razões da derrota de 1964, uma parte da esquerda responsabilizou pelo desastre a política de conciliação de classes recomendada pelo Partido Comunista, que havia naufragado sem luta, a despeito da amplitude do movimento. Muito convincente até segunda ordem, a crítica de esquerda empurrava à radicalização em todos os campos, seja estéticos, seja políticos, desembocando na alternativa ainda não testada, a oposição pelas armas. A opção parecia uma vitória da consequência sobre a acomodação e prometia abrir horizontes históricos novos — que em seguida provariam ilusórios por seu turno, com a vitória brutal mas relativamente fácil da ditadura, que triunfava sobre a esquerda pela segunda vez. À derrota da conciliação seguia-se a derrota da radicalização, deixando por terra o socialismo e anunciando o que talvez seja o horizonte contemporâneo, de capitalismo sem alternativa à vista.

Tanto "Literatura e subdesenvolvimento" como "Cultura e política" tinham a possibilidade da revolução como uma de suas coordenadas. Os dois ensaios foram publicados em 1970, inicialmente no estrangeiro, pouco depois de decretado o AI-5, que conferiu à ditadura a sua feição mais tenebrosa. Na esfera política, talvez se possa dizer que a luta armada se bateu por um imenso campo popular, rural e urbano, desassistido e em boa parte analfabeto (50% à época), o qual contudo não tomou muito conhecimento do que se passava. A implantação rarefeita, para não dizer mínima, que tornava improvável o apoio social à luta, se traduziu também na qualidade intelectual de seus escritos ou panfletos, que lidos hoje dão uma impressão terrivelmente irreal. Não assim no âmbito da cultura, onde a despeito da derrota política os resultados foram excelentes e duradouros. Aqui, o mesmo desejo revolucionário de ruptura vanguardista e inclusão popular teve eco profundo, de outra densidade. A revolução consistia em forçar a estreiteza da cultura burguesa, em reinventar as formas culturais e artísticas com vista na massa dos excluídos e semiexcluídos, a saber, segundo a circunstância, os estudantes pobres, os trabalhadores urbanos e mesmo o povo rural. Esta aspiração convergia com o espírito meia-oito internacional, com tendências profundas do modernismo brasileiro, que a seu modo havia visado algo parecido na década de 1920, além de responder à realidade social do país, à qual dava visibilidade, com resultado artístico muito bom. Sem prejuízo da derrota política, o movimento cultural do período, com as suas ousadias formais e temáticas, tornava presente o valor da radicalidade estética e extraestética. A vitória da direita não impediu que as posições da esquerda daquele período alimentassem o melhor da cultura brasileira de então até hoje, cinquenta anos depois. Dito isso, é claro que o atual aprofundamento da mercantilização e o enquadramento consumista-miserabilista dos antigos excluídos são adversários quase invencíveis, que requerem respostas novas.

[Entrevista a Bruna Della Torre de Carvalho Lima e Mónica González García publicada em "Ilustríssima", *Folha de S. Paulo*, 22 de julho de 2018; a ser republicada em *Diálogos Sur-Sur: década de 1960 y transformaciones culturales en Brasil y las Américas. Homenaje a Roberto Schwarz*]

Cultura e política agora

CLAUDIO LEAL — *No ensaio "Cultura e política, 1964-1969", o senhor avalia que "no conjunto de seus efeitos secundários, o golpe [de 1964] apresentou-se como uma gigantesca volta do que a modernização havia relegado". Numa eleição democrática, o atual presidente saiu vitorioso com um discurso de defesa da ditadura militar e hostil às políticas sociais e identitárias dos antecessores. Essa revanche histórica da extrema direita evidencia falhas políticas do PSDB e PT, partidos centrais nas últimas duas décadas?*

ROBERTO SCHWARZ — Há bastante em comum entre a vitória eleitoral de Bolsonaro, em 2018, e o golpe de 1964. Nos dois casos, um programa francamente pró-capital mobilizou, para viabilizar-se, o fundo regressivo da sociedade brasileira, descontente com os rumos liberais da civilização. Ao dar protagonismo político, a título de compensação, aos sentimentos antimodernos de parte da população, os mentores do capital fizeram um cálculo cínico e arriscado, que não é novo. O exemplo clássico foi a viravolta obscurantista na Alemanha dos anos 1930. Aceitando e estimulando o nazismo, a grande burguesia alemã deflagrou um processo incontrolável, ao fim do qual já não se sabia quem devorava quem. Não custa rever, a propósito, *Os deuses malditos* de Luchino Visconti. Pode ser que Bolsonaro não chegue lá, mas não terá sido por falta de vontade.

Em 1964 houve um golpe de força, em 2018 uma eleição. É duro admitir que a defesa da ditadura e o ataque a políticas sociais bem-sucedidas possam ganhar no voto — mas podem. Onde foi que PSDB e PT erraram, a ponto de abrir caminho para a extrema direita? Não faltam explicações, nas quais os adversários se culpam mutuamente. Já o bolsonarismo considera a ambos farinha do mesmo saco: são exemplos temíveis de estatismo e marxismo cultural, ou seja, de comunismo. Obviamente a acusação é paranoica, mas ainda assim ela talvez ajude a entender alguma coisa. PSDB (então MDB) e PT cresceram no movimento histórico da redemocratização e tinham na reparação da "dívida social" da ditadura o seu programa. Caberia ao Estado incluir os excluídos, melhorar o salário mínimo vergonhoso e providenciar os serviços sociais indispensáveis, de modo a tornar decente e mais solidária a sociedade. Do ponto de vista eleitoral eram bandeiras imbatíveis, e estava na ordem das coisas que os dois partidos dominassem durante décadas. E não obstante...

Deixando de lado os erros que certamente os partidos cometeram, há uma hipótese mais pessimista para a virada à direita. A sequência de superações que durante algum tempo deu a sensação de que o país decolava rumo ao Primeiro Mundo pode ter chegado a seu limite, respeitadas as balizas da ordem atual. Esgotada a conjuntura internacional favorável, em especial a bonança das *commodities*, o dinheiro necessário a novos avanços desapareceu, interrompendo o processo de integração nacional e seu clima de otimismo. A inversão da maré, ajudada por técnicas recém-inventadas de propaganda enganosa, transformou aprovação em rejeição num passe de mágica, aliás assustador. Na falta de organização política para aprofundar a democracia, ou melhor, a reflexão social coletiva, é possível imaginar que os novos insatisfeitos, os favorecidos pelas políticas esclarecidas anteriores, refaçam o seu cálculo e coloquem as fichas na aposta anti-ilustrada. Num quadro de crescimento frustrado, procuram garantir a qualquer preço os ganhos já alcançados, e passam, quanto ao futuro, para o salve-se-quem-puder. Com sorte, a opção é reversível.

CL — *Em 1969/1970, seu ensaio observava "a combinação, em momentos de crise, do moderno e do mais antigo". Há uma permanência disso no convívio entre as pautas moralizantes e militaristas do grupo de Bolsonaro e o apelo à modernização através de reformas liberais apoiadas por empresários e pelo mercado financeiro?*

RS — As situações se repetem, mas não são iguais. Nos anos 1960, no contexto da Teoria da Dependência, falava-se muito em "reposição do atraso", para designar uma constante de nossa história. Nos momentos de crise aguda de modernização, quando parecia que o país, para adequar-se ao presente, iria superar a desigualdade abissal em suas relações de classe, aparecia uma solução modernista-passadista, que permitia ao capitalismo atualizar-se e à sociedade continuar gozando da sua desigualdade de sempre. Aí estava a nossa incapacidade (ou inapetência) para a autorreforma, a chamada "reposição do atraso", ou "modernização conservadora", uma agonia bem captada pelo Tropicalismo na época.

Pois bem, parece claro que hoje vivemos um novo capítulo dessa história, com o casamento de conveniência, além de esdrúxulo, entre a nova reforma liberal da economia e as pautas arcaizantes do bolsonarismo. Dito isso, os tempos são outros. Mal ou bem, em 1964 esquerda e direita prometiam a superação do subdesenvolvimento, horizonte com que hoje ninguém mais sonha. Também quanto ao refluxo do atraso estamos pior. Cinquenta anos atrás, quem marchava com Deus, pela família e a propriedade eram os preteridos pela modernização, representativos do Brasil antigo, que lutava para não desaparecer, mesmo sendo vencedor. Era como se a vitória da direita, com seu baú de ideias obsoletas, fosse um acidente e não bastasse para desmentir a tendência favorável da história. Apesar da derrota do campo adiantado, continuava possível — assim parecia — apostar no trabalho do tempo e na existência do progresso e do futuro. Ao passo que o neo-atraso do bolsonarismo, igualmente escandaloso, é de outro tipo e está longe de ser dessueto. A deslaicização da política, a teologia da prosperidade, as armas de fogo na vida civil, o ataque aos radares nas estradas, o ódio aos trabalhadores organizados etc. não são velharias nem são de outro tempo. São antissociais, mas nasceram no terreno da sociedade contemporânea, no vácuo deixado pela falência do Estado. É bem possível que estejam em nosso futuro, caso em que os ultrapassados seríamos nós, os esclarecidos. Sem esquecer que os faróis da modernidade mundial perderam muito de sua luz.

CL — *Como o senhor avalia o retorno de casos de censura estatal a peças, exposições, livros e filmes, sob motivação religiosa ou mera retaliação política?*

RS — Até onde sei, no período Fernando Henrique, Lula e Dilma não se ouvia falar de censura, pela primeira vez em nossa história. Sob esse aspecto fazíamos parte do mundo civilizado.

Numa fração pequena, a cultura era governada segundo seus próprios critérios, auxiliada pelo Estado, ao passo que na parte dominante ela era comandada pelo mercado. Do ponto de vista da própria cultura, a proporção entre estas faixas era insatisfatória, mas, ainda assim, muito melhor que a intervenção autoritária e religiosa que se prepara agora.

Constatada a desgraça, não custa notar que nossa liberdade cultural sempre teve um caráter gritante de prerrogativa de classe. Salvo os grande momentos de exceção, o seu foco estava mais na atualização com a moda dos países dominantes que no ajuste de contas com os abismos de classe em que vivemos. Para enxergar um lado produtivo no retrocesso presente, digamos que o confronto forçado com as novas religiões, o novo autoritarismo, a nova meia-cultura não deixa de ser uma ocasião histórica para sair de nossa modernidade às vezes rasa e alcançar uma atualidade substantiva. Seria o momento, por exemplo, para que nosso agnosticismo saia do armário e conquiste seu direito de cidade.

CL — *Segundo o Relatório da Desigualdade Global, da Escola de Economia de Paris, o Brasil é o país democrático com a maior concentração de renda no 1% do topo da pirâmide. Entretanto, fortaleceu-se eleitoralmente uma maré conservadora em que o combate à desigualdade social não está no centro da agenda pública. Como explicar esse paradoxo?*

RS — Vou responder indiretamente, com a citação de um trecho de Luiz Felipe de Alencastro, que dá dimensão histórica e social ao problema. "A escravidão legou-nos uma insensibilidade, um descompromisso com a sorte da maioria que está na raiz da estratégia das classes mais favorecidas, hoje, de se isolar, criar um mundo só para elas, onde a segurança está privatizada, a escola está privatizada, a saúde" (1996). Para uma colocação mais ampla, que acho de leitura obrigatória, veja-se outra passagem do mesmo Alencastro, em *Encontros* (Azougue Editorial, 2019, p. 37).

[Entrevista a Claudio Leal publicada em "Ilustríssima", *Folha de S. Paulo*, 17 de novembro de 2019]

II

Apresentação a *Teoria e Prática*

Uma revista, se não é de doutrina, deve ter caráter, e não programa. Deve ser segura e imprevisível como um bom ensaio, que começa onde valha a pena, e navega e combate em curso incerto, ao sabor do interesse e do raciocínio cerrado. Nossa revista não tem, portanto, um programa; tem convicções, que declara ao leitor:

— A conjugação de interesse e raciocínio é subversiva, tanto para a objetividade acadêmica, desinteressada e desinteressante, quanto para os interesses vigentes, incompatíveis com o raciocínio crítico. Queremos raciocinar sobre o que interessa, reabilitar o raciocínio e clarificar os interesses.

— Não basta saber filosofia e literatura, nem economia e política. É preciso escrever sobre umas conhecendo as outras. Só assim os livraremos do lero-lero grã-fino de nossos literatos e da fala cifrada em que nossos economistas escondem as novas do capital.

— Infelizmente, escrevemos para uma fração da fração alfabetizada e bem-posta do país. Poderíamos escrever para uma fração maior. Entretanto, a miséria e o despreparo nacional não tornam mais simples as questões da prática ou teoria, cuja simplificação tem parte no que aconteceu em 1964. Os que não sabem ou não costumam ler não serão, naturalmente, nossos leitores, mas são a nossa referência: definem limite, situação e tarefa da palavra escrita, que se não sabe deles não sabe de si nem serve.

— Nossa miséria é a verdade da economia, da política e dos valores eternos das nações capitalistas avançadas. Quer dizer: é a verdade também da nossa política e das classes nela representadas, que mudam, mas não de natureza, por serem nacionais.

— E pela milésima vez: no processo de produção social de sua vida os homens entram em relações determinadas, necessárias, independentes de sua vontade — as relações de produção. O modo de produção da vida material condiciona, genericamente, o processo da vida social, política e espiritual. Não é a consciência dos homens que determina a sua existência, mas sim a sua existência social que determina a sua consciência.

[Texto escrito com Ruy Fausto para o primeiro número da revista *Teoria e Prática*, em 1967. A revista teve três números e a impressão do quarto foi interrompida por uma visita policial à gráfica. Circulou entre 1967 e 1968, e era organizada por Sérgio Ferro, Ruy Fausto, Emir Sader, João Quartim de Moraes, Lourdes Sola e Roberto Schwarz. Entre outros, a revista publicou textos de André Gorz, Theodor W. Adorno, Isaac Deutscher, Jean-Claude Bernardet, Augusto Boal, Gianfrancesco Guarnieri, Gilda de Mello e Souza, Anatol Rosenfeld, Ferreira Gullar, Bento Prado Jr., Zulmira Ribeiro Tavares, Ruy Mauro Marini, Paul Singer, José Arthur Giannotti e Michel Löwy]

Amor sem uso

O esforço de estudar e entender a atualidade é grande no Brasil de hoje. Nunca tanta gente dedicou tanta boa vontade e tempo a conhecer o país e a criticar os seus rumos. É só ver o volume do que se fala, canta, filma, pinta, pesquisa, escreve etc., de olho sempre voltado para as contradições sociais. Entretanto, a despeito da qualidade e da intenção engajada de muitos desses trabalhos, é fato que o conjunto não soma, ou soma pouco. Faltaram talvez iniciativas e espaços em que estes saberes, que são consideráveis, pudessem cruzar, atravessar barreiras de classe e profissão, influir uns nos outros, e produzir a indispensável densidade de referências recíprocas. Aliás, o sucesso excepcional das reuniões da SBPC (Sociedade Brasileira para o Progresso da Ciência) é a melhor prova dessa ausência. Assim, os esforços são muitos, mas correm paralelos uns aos outros, sendo raras as transfusões críticas. São estas, todavia, que injetam energia social no estudo e o transformam em algo mais que ganha-pão ou mania, em algo coletivo.

Enfim, é até possível que neste mesmo momento em que nos queixamos, os elementos necessários a uma verdadeira cultura nacional estejam reunidos entre nós: uma reflexão numerosa, realista, diversificada nos gêneros e nas experiências, espalhada pelo território e pelas classes sociais, e resolutamente crítica.

As ocasiões e, sobretudo, os hábitos de confronto é que estão fazendo falta.

Em parte, a causa desse isolamento social dos estudos esteve na ditadura. Ao desbaratar os trabalhadores em 1964, e separá-los da vida social pelo medo, ela rasgou o tecido interclasse de assuntos, de ideologias, de retórica e de experiência comum que se havia elaborado antes, e cuja espessura, seja dito entre parêntesis, até hoje confere uma espécie de superioridade literária aos políticos veteranos. As ligações do processo intelectual foram cortadas naquela data. Contudo, e contrariamente ao que seria de esperar, a massa e o valor da reflexão social de lá para cá não pararam de crescer. Dadas as circunstâncias, entretanto, esses esforços tiveram de circular em âmbito apenas acadêmico, o que lhes prejudicou não só o alcance, como também a prosa, a qual se esclerosou no nós-com-nós dos especialistas. A brisa ajudando, são limitações que se desfazem depressa.

Entretanto, não foi só a ditadura que separou os intelectuais do movimento popular. O próprio crescimento do capitalismo, de que aquela foi parte, fez outro tanto. A multiplicação das instituições acadêmicas e dos mídia, que acompanhou este crescimento, absorveu a faixa mais competente da intelectualidade, que muitas vezes sem trocar de convicção, e sequer de assunto, viu seus conhecimentos e habilidades reduzirem-se a trunfos de carreira profissional, sem mais. Onde a ditadura "apenas" cortava e interrompia, a expansão capitalista alterava as perspectivas. Assim, apesar de alguma prosperidade, também aqui a insatisfação é grande. A dose de baixeza que se tornou rotina na universidade de agora e nos mídia, sem falar na degradação de profissões liberais inteiras, do ensino secundário e da administração pública, chama à revolta. Mostra o destino que está tendo o estudo entre nós, e aponta para a luta social como a única — não há nenhuma outra — chance de regeneração.

Amor sem uso

Uma produção intelectual grande, importante, dispersa, desejosa de participação, e descontente da participação que lhe deram. A situação é péssima, excelente para fazer uma revista.

[Publicado como abertura da revista *Novos Estudos CEBRAP*, nº 1, dezembro de 1981]

Os pobres na literatura brasileira: apresentação

O leitor vai achar aqui estudos de todo tipo, unidos por uma questão comum: como se define e representa a pobreza nas letras brasileiras?

Um primeiro contingente desses trabalhos foi publicado numa revista voltada para assuntos políticos e econômicos.[1] A ideia era trazer — ainda que em escala mínima — a influência antissimplista e antidogmática da literatura ao debate sobre as classes sociais.

Algum tempo atrás, um plano destes seria recebido como conteudismo e cegueira para os valores propriamente estéticos. Hoje, depois do banho formalista dos últimos anos, a desconfiança parece que perdeu a razão de ser. O contrassenso de usar a ficção como documento bruto se desprestigiou. Entretanto, nem por isso a questão da realidade deixou de existir, e se de fato a insistência na forma, na primazia da organização sobre os elementos de conteúdo serviu para distinguir a linguagem artística das demais, ela também permite o confronto e algo como uma competição entre as linguagens, devolvendo à literatura a

---

[1] *Novos Estudos CEBRAP*, São Paulo, vol. 1, nº 2, abril de 1982.

Os pobres na literatura brasileira: apresentação

dimensão de conhecimento que ela evidentemente tem. Basta não confundir poesia e obra de ciência, e não ser pedante, para dar-se conta do óbvio: que poetas sabem muito sobre muita coisa, inclusive, por exemplo, sobre a pobreza.

Embora a lista de autores estudados venha da Colônia aos nossos dias, não houve intenção de amarrar uma História, nem de ser exaustivo. Ao propor o tema a eventuais colaboradores, não procurei fixar pontos de vista em comum, e deixei por sua conta as definições e a escolha dos ângulos críticos. Num livro escrito a sessenta mãos o interesse tem de estar na diversidade de critérios, e nas surpresas.

Porque tantos autores? Simplesmente (e sem intenção de fazer espírito) porque os críticos e os professores de letras hoje são muitos, o que é um fato novo, com impasses visíveis e possibilidades inexploradas. As teses, os especialistas e as verbas multiplicaram-se nos últimos anos, sem vantagem tangível para a crítica nova. O mais provável é que este crescimento quantitativo se esgote no interior da própria máquina de suscitar e anular pensamento que é a universidade. Haverá possibilidade de socializar um pouco a força de pesquisa e de reflexão dos professores, de chamá-la às questões estéticas que a realidade propõe, e que, contrariamente ao preconceito, são importantíssimas? Uma vez que prefácios existem para divagar, penso em algo como o esforço de crítica que neste momento está fazendo uma ala numerosa e notável de economistas, que nos permite seguir de olhos abertos as desgraças que o futuro, o regime e outros economistas nos preparam.

Terminando, valha lembrar que as crises da literatura contemporânea e da sociedade de classes são irmãs, e que a investida das artes modernas contra as condições de sua linguagem tem a ver com a impossibilidade progressiva, para a consciência atualizada, de aceitar a dominação de classe. Assim, num sentido que não está suficientemente examinado, a situação da literatura diante da pobreza é uma questão estética radical.

[Publicado em Roberto Schwarz (org.), *Os pobres na literatura brasileira*, São Paulo, Brasiliense, 1983. Do volume participaram, entre outros, Alexandre Eulalio, Vilma Arêas, Silviano Santiago, Alcides Villaça, Walnice Nogueira Galvão, Antonio Arnoni Prado, Beatriz Resende, Davi Arrigucci Jr., Iumna Simon, Alfredo Bosi, José Paulo Paes, Haroldo de Campos e João Luiz Lafetá, num total de 36 colaboradores]

Autobiografia de Luiz Gama

A carta de Luiz Gama a Lúcio de Mendonça[1] é um documento que merece reflexão. Não apresentaremos o autor, já que ele apresenta a si mesmo. Basta acrescentar alguma coisa sobre as suas *Primeiras trovas burlescas* (1859), onde a sátira à sociedade imperial e sobretudo às suas presunções de brancura alcança uma franqueza possivelmente única na literatura brasileira.

> Se negro sou ou sou bode,
> Pouco importa. O que isto pode?
> Bodes há de toda a casta,
> Pois que a espécie é mui vasta...
> Há cinzentos, há rajados,
> Baios, pampas e malhados,
> Bodes negros, bodes brancos,
> E, sejamos todos francos,
> Uns plebeus e outros nobres,
> Bodes ricos, bodes pobres,
> Bodes sábios, importantes,
> E também alguns tratantes...

---

[1] Em Sud Mennucci, *O precursor do abolicionismo no Brasil: Luiz Gama*, São Paulo, Nacional, 1938.

Seja como for

Aqui, nesta boa terra,
Marram todos, tudo berra.
Nobres Condes e Duquesas,
Ricas Damas e Marquesas,
Deputados, Senadores,
Gentis homens, vereadores;
Belas Damas emproadas,
De nobreza empantufadas;
Repimpados principotes,
Orgulhosos fidalgotes,
Frades, Bispos, Cardeais,
Fanfarrões imperiais,
Gentes pobres, nobres gentes,
Em todos há meus parentes.
Entre a brava militança
Fulge e brilha alta bodança;
Guardas, cabos, furriéis,
Brigadeiros, coronéis,
Destemidos marechais,
Rutilantes generais,
Capitães de mar e guerra,
— Tudo marra, tudo berra.
Na suprema eternidade,
Onde habita a Divindade,
Bodes há santificados,
Que por nós são adorados.
Entre o coro dos anjinhos
Também há muitos bodinhos.
O amante de Siringa
Tinha pelo e má catinga;
O deus Midas, pelas contas,
Na cabeça tinha pontas;

Jove quando foi menino,
Chupitou leite caprino;
E, segundo o antigo mito,
Também Fauno foi cabrito.
Nos domínios de Plutão,
Guarda um bode o Alcorão;
Nos lundus e nas modinhas
São cantadas as bodinhas.
Pois, se todos têm rabicho,
Para que tanto capricho?
Haja paz, haja alegria,
Folgue e brinque a bodaria;
Cesse, pois, a matinada,
Porque tudo é bodarrada!

Em palavras de Silvio Romero, "era um quase negro, que não tinha pejo de sua raça", donde o ponto de vista vivo e certeiro. Voltando à carta, ela mostra — à maneira ágil do folhetim romântico — uma vida rocambolesca e um destino excepcional. Pensando melhor, entretanto, se nota que mesmo os episódios mais surpreendentes decorrem das grandes linhas da sociedade brasileira. Como no bom romance realista, a peripécia inesperada põe a nu a lógica e as virtualidades de uma formação social, mostrando o que há de regra na exceção, de normal no exótico. O percurso biográfico incrível, o escândalo das situações, dos problemas morais e ideológicos, fazem ver um mundo *sui generis*, pressentido e recalcado. O nosso europeísmo de fachada, para inglês ver — e não o europeísmo exigente — fizeram que só em mínima parte estas relações fossem exploradas e superadas na reflexão crítica. Por esse lado, a carta faz pensar na literatura brasileira que podia ter sido e não foi. Assim, há uma dificuldade autêntica em entender o amor extremoso do pai que vende o filho como escravo para escapar a um aperto de dinheiro. Qual o sentido atrás das lágrimas copiosas com que se separam uns dos outros o menino e a família do negociante de africanos que o havia comprado e agora o revendia? O que significaria a estima votada a Luiz Gama pelo seu proprietário seguinte, o negociante e contrabandista alferes fulano de tal, que mais tarde seria preso por matar de fome alguns escravos em cárcere privado? O leitor das *Memórias póstumas de Brás Cubas* estará lembrando o cunhado Cotrim, que contrabandeava com escravos e os mandava surrar no calabouço até sangrarem, ao mesmo tempo que era pagador meticuloso, pai amantíssimo e destacado filantropo. Humor negro à parte, são situações reais, com problemática afetiva e ideológica própria, na qual se explicita, na parte pouco publicada, o significado humano da organização social do Império. A beleza da carta depende de certo culto do humorismo objetivo, à vontade na contradição, humorismo a que a mão leve e o *understatement* acrescentam a insolência. Vista a enormidade do real, para quê enfatizar? Por exemplo, apesar da "infeliz memória", o filho não cala a galhardia do pai, nem lhe recusa o prezado qualificativo de "revolucionário de 1837"; no outro extremo, o orgulho pelas iniciativas insurrecionais da mãe não o impede de reconhecer que ficaram sem efeito. A apresentação dela é soberba: "Luiza Mahin, pagã, que sempre recusou o batismo e a doutrina cristã". No mesmo espírito de objetividade afrontosa os títulos de nobreza, os nomes de famílias ilustres, as patentes militares e os tratamentos de respeito e consideração vêm na companhia das baixezas inerentes à rotina do Império liberal-escravista, produzindo um tipo de ironia atroz e reveladora: "A portaria de [minha] demissão foi lavrada pelo dr. Antônio Manuel dos Reis, meu particular amigo, então secretário de polícia, e assinada pelo exmo. dr. Vicente Ferreira da Silva Bueno, que, por este e outros atos semelhantes, foi nomeado desembargador da relação da Corte". A prosa desdenha o comentário e deixa à história o encargo de transformar títulos de glória em estigmas e vice-versa: "por turbulento e sedicioso" fui demitido "a bem do serviço público".

São Paulo, 25 de julho de 1880

    Meu caro Lúcio,
    Recebi o teu cartão com a data de 28 do pretérito.
    Não me posso negar ao teu pedido, porque antes quero ser acoimado de ridículo, em razão de referir verdades pueris que me dizem respeito, do que vaidoso e fátuo, pelas ocultar, de envergonhado: aí tens os apontamentos que me pedes e que sempre eu os trouxe de memória.
    Nasci na cidade de São Salvador, capital da província da Bahia, em um sobrado da rua do Bângala, formando ângulo interno, em A quebrada, lado direito de quem parte do adro da Palma, na Freguezia de Sant'Ana, a 21 de junho de 1830, por as sete horas da manhã, e fui batizado, oito anos depois, na igreja matriz do Sacramento, da cidade de Itaparica.
    Sou filho natural de uma negra, africana livre, da Costa Mina (Nagô de Nação), de nome Luiza Mahin, pagã, que sempre recusou o batismo e a doutrina cristã.
    Minha mãe era baixa de estatura, magra, bonita, a cor era de um preto retinto e sem lustro, tinha os dentes alvíssimos como a neve, era muito altiva, geniosa, insofrida e vingativa.
    Dava-se ao comércio — era quitandeira, muito laboriosa, e mais de uma vez, na Bahia, foi presa como suspeita de envolver-se em planos de insurreições de escravos, que não tiveram efeito.

Era dotada de atividade. Em 1837, depois da Revolução do dr. Sabino, na Bahia, veio ela ao Rio de Janeiro, e nunca mais voltou. Procurei-a em 1847, em 1856 e em 1861, na Corte, sem que a pudesse encontrar. Em 1862, soube, por uns pretos minas que conheciam-na e que deram-me sinais certos, que ela, acompanhada com malungos desordeiros, em uma "casa de dar fortuna", em 1838, fora posta em prisão; e que tanto ela como os seus companheiros desapareceram. Era opinião dos meus informantes que esses "amotinados" fossem mandados por fora pelo governo, que, nesse tempo, tratava rigorosamente os africanos livres, tidos como provocadores.

Nada mais pude alcançar a respeito dela. Nesse ano, 1861, voltando a São Paulo, e estando em comissão do governo, na vila de Caçapava, dediquei-lhe os versos que com esta carta envio-te.

Meu pai, não ouso afirmar que fosse branco, porque tais afirmativas neste país, constituem grave perigo perante a verdade, no que concerne à melindrosa presunção das cores humanas: era fidalgo; e pertencia a uma das principais famílias da Bahia, de origem portuguesa. Devo poupar à sua infeliz memória uma injúria dolorosa, e o faço ocultando o seu nome.

Ele foi rico; e, nesse tempo, muito extremoso para mim: criou-me em seus braços. Foi revolucionário em 1837. Era apaixonado pela diversão da pesca e da caça; muito apreciador de bons cavalos; jogava bem as armas, e muito melhor de baralho, amava as súcias e os divertimentos: esbanjou uma boa herança, obtida de uma tia em 1836; e, reduzido à pobreza extrema, a 10 de novembro de 1840, em companhia de Luiz Cândido Quintela, seu amigo inseparável e hospedeiro, que vivia dos proventos de uma casa de tavolagem na cidade da Bahia, estabelecida em um sobrado de quina, ao largo da praça, vendeu-me, como seu escravo, a bordo do patacho "Saraiva".

 Remetido para o Rio de Janeiro, nesse mesmo navio, dias depois, que partiu carregado de escravos, fui, com muitos outros, para a casa de um cerieiro português, de nome Vieira, dono de uma loja de velas, à rua da Candelária, canto da do Sabão. Era um negociante de estatura baixa, circunspeto e enérgico, que recebia escravos da Bahia, à comissão. Tinha um filho aperaltado, que estudava em colégio; e creio que três filhas já crescidas, muito bondosas, muito meigas e muito compassivas, principalmente a mais velha. A senhora Vieira era uma perfeita matrona: exemplo de candura e piedade. Tinha eu dez anos. Ela e as filhas afeiçoaram-se de mim imediatamente. Eram cinco horas da tarde quando entrei em sua casa. Mandaram lavar-me; vestiram-me uma camisa e uma saia da filha mais nova, deram-me de cear e mandaram-me dormir com uma mulata de nome Felícia, que era mucama da casa.

 Sempre que me lembro desta boa senhora e de suas filhas, vêm-me as lágrimas aos olhos, porque tenho saudades do amor e dos cuidados com que me afagaram por alguns dias.

 Dali saí derramando copioso pranto, e também todas elas, sentidas de me verem partir.

 Oh! eu tenho lances doridos em minha vida, que valem mais do que as lendas sentidas da vida amargurada dos mártires.

 Nesta casa, em dezembro de 1840, fui vendido ao negociante e contrabandista alferes Antônio Pereira Cardoso, o mesmo que, há oito ou dez anos, sendo fazendeiro no município de Lorena, nesta Província, no ato de o prenderem por ter morto alguns escravos a fome, em cárcere privado, e já com idade maior de sessenta a setenta anos, suicidou-se com um tiro de pistola, cuja bala atravessou-lhe o crânio.

Este alferes Antônio Pereira Cardoso comprou-me em um lote de cento e tantos escravos; e trouxe-nos a todos, pois era este o seu negócio, para vender nesta Província.

Como já disse, tinha eu apenas dez anos; e, a pé, fiz toda viagem de Santos até Campinas.

Fui escolhido por muitos compradores, nesta cidade, em Jundiaí e Campinas; e, por todos repelido, como se repelem cousas ruins, pelo simples fato de ser eu "baiano".

Valeu-me a pecha!

O último recusante foi o venerando e simpático ancião Francisco Egidio de Souza Aranha, pai do exmo. Conde de Três Rios, meu respeitável amigo.

Este, depois de haver-me escolhido, afagando-me disse:

"— Hás de ser um bom pajem para os meus meninos; dize-me: onde nasceste?

— Na Bahia, respondi eu.

— Baiano? — exclamou admirado o excelente velho. — Nem de graça o quero. Já não foi por bom que o venderam tão pequeno".

Repelido como "refugo", com outro escravo da Bahia, de nome José, sapateiro, voltei para a casa do senhor Cardoso, nesta cidade, à rua do Comércio nº 2, sobrado, perto da igreja da Misericórdia.

Aí aprendi a copeiro, a sapateiro, a lavar e a engomar roupa e a costurar.

Em 1847, contava eu dezessete anos, quando para a casa do senhor Cardoso, veio morar, como hóspede, para estudar humanidades, tendo deixado a cidade de Campinas, onde morava, o menino Antônio Rodrigues do Prado Júnior, hoje doutor em direito, ex-magistrado de elevados méritos, e residente em Mogi-Guassu, onde é fazendeiro. Fizemos amizade íntima, de irmãos diletos, e ele começou a ensinar-me as primeiras letras.

Em 1848, sabendo eu ler e contar alguma cousa, e tendo obtido ardilosa e secretamente provas inconcussas de minha liberdade, retirei-me, fugindo, da casa do alferes Antônio Pereira Cardoso, que aliás votava-me a maior estima, e fui assentar praça. Servi até 1854, seis anos; cheguei a cabo de esquadra graduado, e tive baixa de serviço, depois de responder a conselho, por ato de suposta insubordinação, quando tinha-me limitado a ameaçar um oficial insolente, que me havia insultado e que soube conter-se.

Estive, então, preso trinta e nove dias, de 1º de julho a 9 de agosto. Passava os dias lendo e às noites, sofria de insônias; e, de contínuo, tinha diante dos olhos a imagem de minha querida mãe. Uma noite, eram mais de duas horas, eu dormitava; e, em sonho vi que a levavam presa. Pareceu-me ouvi-la distintamente que chamava por mim.

Dei um grito, espavorido saltei da tarimba; os companheiros alvorotaram-se; corri à grade, enfiei a cabeça pelo xadrez.

Era solitário e silencioso e longo e lôbrego o corredor da prisão, mal alumiado pela luz amarelenta de enfumarada lanterna.

Voltei para a minha tarimba, narrei a ocorrência aos curiosos colegas; eles narraram-me também fatos semelhantes; eu caí em nostalgia, chorei e dormi.

Durante o meu tempo de praça, nas horas vagas, fiz-me copista; escrevia para o escritório do escrivão major Benedito Antônio Coelho Neto, que tornou-se meu amigo; e que hoje, pelo seu merecimento, desempenha o cargo de oficial-maior da Secretaria do Governo; e, como amanuense, no gabinete do exmo. sr. conselheiro Francisco Maria de Souza Furtado de Mendonça, que aqui exerceu, por muitos anos, com aplausos e admiração do público em geral, altos cargos na administração, polícia e judicatura, e que é catedrático da Faculdade de Direito, fui eu seu ordenança; por meu caráter, por minha atividade e por meu comportamento, conquistei a sua estima e a sua proteção; e as boas lições de letras e de civismo, que conservo com orgulho.

Em 1856, depois de haver servido como escrivão perante diversas autoridades policiais, fui nomeado amanuense da Secretaria de Polícia, onde servi até 1868, época em que "por turbulento e sedicioso" fui demitido a "bem do serviço público", pelos conservadores, que então haviam subido ao poder. A portaria de demissão foi lavrada pelo dr. Antônio Manuel dos Reis, meu particular amigo, então secretário de polícia, e assinada pelo exmo. dr. Vicente Ferreira da Silva Bueno, que, por este e outros atos semelhantes, foi nomeado desembargador da relação da Corte.

A turbulência consistia em fazer eu parte do Partido Liberal; e, pela imprensa e pelas urnas, pugnar pela vitória de minhas e suas ideias; e promover processos em favor de pessoas livres criminosamente escravizadas; e auxiliar licitamente, na medida de meus esforços, alforrias de escravos, porque detesto o cativeiro e todos os senhores, principalmente os Reis.

Desde que fiz-me soldado, comecei a ser homem; porque até os dez anos fui criança; dos dez aos dezoito, fui soldado.

Fiz versos; escrevi para muitos jornais; colaborei em outros literários e políticos, e redigi alguns.

Agora chego ao período em que, meu caro Lúcio, nos encontramos no "Ipiranga", à rua do Carmo, tu, como tipógrafo, poeta, tradutor e folhetinista principiante; eu, como simples aprendiz-compositor, de onde saí para o foro e para a tribuna, onde ganho o pão para mim e para os meus, que são todos os pobres, todos os infelizes; e para os míseros escravos, que, em número superior a quinhentos, tenho arrancado às garras do crime.

Eis o que te posso dizer, às pressas, sem importância e sem valor; menos para ti, que me estimas deveras.

Teu Luiz

[Publicado em *Novos Estudos CEBRAP*, nº 25, outubro de 1989]

Sobre *Modernidade periférica*

Para se ter uma ideia da amplitude da reflexão que Beatriz Sarlo apresentou aqui, recomendo muito aos colegas brasileiros que leiam o livro dela, *Una modernidad periférica: Buenos Aires 1920 y 1930*.[1] É um livro que mostra, sobre o fundo da modernização da cidade de Buenos Aires, diferentes linhas de modernização da vida artística e da vida intelectual. O livro é interessante nele mesmo, e tem, além disso, uma enorme importância para os brasileiros interessados no modernismo. A cada página há sugestões, inclusive para os eventuais candidatos a tese. O estudo acompanha tanto aspectos sociológicos, como aspectos formais da modernização em Buenos Aires, e examina os possíveis desencontros nessas relações. Assim, podemos ter avanços formais com assuntos antigos, ou assuntos novos com formas passadas. Umas vezes a combinação resulta boa, outras vezes não. Desse modo, vemos o processo de modernização em sua complexidade, e em relação a uma grande capital de periferia.

Dito isso, vou expor brevemente algumas impressões que o livro me causou e que podem talvez servir de ponto de partida para uma discussão. Desculpem-me fazê-lo de maneira um pou-

---

[1] Buenos Aires, Nueva Visión, 1988 [ed. bras.: *Modernidade periférica: Buenos Aires, 1920-1930*, tradução de Júlio Pimentel Pinto, São Paulo, Cosac Naify, 2010]. (N. da E.)

Sobre *Modernidade periférica*

co desordenada. Como vocês viram, a exposição de Beatriz trata de artistas muito modernos. Entretanto, a sua atualidade, hoje, depende de outra coisa; depende do *envelhecimento* desses artistas tão modernos. Lendo o trabalho senti vivamente isso: nós temos, relativamente nova, a impressão hoje de que esses artistas são de um outro tempo muito recuado. Não sei até que ponto essa foi a intenção da Beatriz, de apresentar esses artistas de certo modo por sua fragilidade. São artistas que tiveram visões enérgicas e adiantadas do futuro, visões essas que, entretanto, à luz do que vem acontecendo nos últimos anos, aparecem muito rarefeitas, tênues e, para dizer tudo, muito ingênuas.

Penso que essa é uma experiência bastante geral de nossos dias em relação aos artistas modernistas: da relativa ingenuidade do seu projeto de reforma frente ao que estava efetivamente em jogo. Para dizer de maneira simples, reformar a sociedade agora parece bem mais complicado do que se imaginava.

Assim, por exemplo, quando vemos Le Corbusier, num gesto grandioso, dizendo que a cidade está virada para cá, mas devia estar virada para lá... não há dúvida de que há uma espécie de grandeza de artista nisso. Mas há uma boa dose de loucura também. De qualquer maneira, a grandeza do gesto é complementar da sua completa inviabilidade. A mesma coisa com o arquiteto Wladimiro Acosta, que resolve solucionar o problema do trânsito, numa grande metrópole capitalista, botando o pessoal para morar no andar de cima e trabalhar no andar de baixo. Assim subiriam e desceriam escadas e não precisariam circular na cidade. Enfim, é uma ideia engenhosa, é uma ideia engraçada, mas, evidentemente, está muito longe da complexidade das questões que essas soluções pretendiam resolver.

De maneira diferente, há uma espécie também de insuficiência na visão de Roberto Arlt que, paradoxalmente, parece ser, dos três, o mais colado à realidade, sendo que, como artista, parece ser o mais primitivo. Entretanto, parece que é o que mais adivinhou. Mas também no caso dele há um lado frágil, o lado um pouco barato da utilização de ciência e tecnologia ao sabor da imaginação descabelada, o que dá também uma grande impressão de insuficiência diante do que estava em jogo.

Essa tenuidade, então, que aparece vivamente nos três personagens, hoje, nós a percebemos no conjunto da revolução modernista, naturalmente em uns casos mais, em outros casos menos. Esse sentimento em relação à reforma radical, em relação ao utopismo em estética, talvez se possa ver como uma espécie de desconfiança em relação à negatividade, uma desconfiança que é nova, que evidentemente tem data; ela é nossa contemporânea, e tem a ver com a falência das revoluções de tipo bolchevique, com a falência das planificações de tipo central; ou, para dizer de outra maneira, tem a ver com o sentimento que hoje temos de que a realidade social é mais complexa do que foi dito até aqui, e que não é com gestos simples, com traços geniais, que ela pode ser resolvida. Isso, naturalmente, afeta e abala a própria ideia de invenção genial que anima as simplificações modernistas.

Creio que, na exposição de Beatriz, no que ela conta desses três artistas interessantes, podemos ver em ação esse déficit da arte moderna. O que não quer dizer, entretanto, que tenhamos alguma coisa melhor para pôr no lugar dela. Talvez a situação mais corrente hoje seja que as pessoas que gostam de arte continuem sentindo a superioridade imbatível dos artistas modernistas, mas sintam, ao mesmo tempo, que eles, estando mais à altura que todos, assim mesmo não estiveram à altura da dificuldade da situação moderna.

Dizendo a mesma coisa de outro ângulo, Beatriz mostra muito o preço dos acertos, ou seja, não há ganhos líquidos na sua exposição. Não há acertos que não tenham contrapartida negativa. Assim, a elegância e a grandiosidade do gesto de Le

Sobre *Modernidade periférica*

Corbusier têm como outra face a sua relativa vacuidade, a sua relativa inviabilidade. A impregnação social mais forte da ficção de Arlt tem como contrapartida uma espécie de vulgaridade literária. A saturação de mundo contemporâneo que está no trabalho literário dele pesa de algum modo também negativo e traz um elemento de vulgaridade. Esse tipo de raciocínio cria, na exposição de Beatriz, um movimento surpreendente, imprevisto. Nós nos dizemos: "Bem, esse raciocínio vai criticar alguma coisa", mas constatamos em seguida que não critica; ou: "Esse raciocínio vai aprovar alguma coisa", e logo vemos que não aprova. Em dado momento, Beatriz observa que os três artistas têm em comum a ausência de nostalgia. Para quem não é de temperamento nostálgico, isso parece que é um mérito, parece que a radicalidade do novo vai dispensar a nostalgia; entretanto, na frase seguinte, vamos ver que essa ausência de nostalgia significa também falta de senso histórico; a ausência de nostalgia é também um inconveniente. De modo mais geral, o radicalismo inovador, o radicalismo utópico, que sem dúvida é um prestígio e um valor modernista, aparece igualmente como uma forma de cegueira para o presente.

Um outro exemplo desse mesmo tipo: a certa altura, Beatriz observa que no caso desses três artistas não há mito nacional cruzando com a modernidade. Isso, para quem tenha na cabeça a hipótese do fascismo, naturalmente aparece como mérito; aqui, a modernidade está livre dos constrangimentos nacionais, o que é positivo. Acontece, porém, que a mesma modernidade faz parte também da mesma insensibilidade para a problemática local; funciona como uma espécie de universalismo vazio.

Há então um tipo de movimento em que uma coisa que parece positiva não é positiva e tem um acompanhamento negativo, ou algo que é negativo tem um acompanhamento positivo. Pois bem, esse tipo de movimento que aparece o tempo todo na exposição é muito atual e está no limiar de se tornar uma espécie de solução literária interessante, em que se apanha uma situação intelectual e ideológica muito contemporânea e real. Tem-se a impressão de que está em gestação um tipo de dialética mais complexa, que circula num universo menos simples, que não é tão diretamente repartido entre positivo e negativo.

Mudando um pouco de ângulo, em certo momento que já lembrei aqui, Beatriz assinala que há um traço comum aos três artistas: eles não são nostálgicos em relação ao passado argentino. Isso, sobretudo para quem tenha lido o livro de Beatriz, os distingue fortemente de uma outra parte da cultura de vanguarda argentina que elabora as experiências tradicionais da oligarquia. Então se poderia imaginar que o radicalismo transformador desses três artistas tem a ver com a ausência de concessão à oligarquia, certa indiferença ao elemento de tradição na sociedade argentina. E, intuitivamente, parece muito verossímil que quem não tem vínculo com o setor conservador da sociedade está mais habilitado a dar passos radicais em estética e arquitetura. Entretanto, há aqui um problema interessante. Como todos sabemos, quando o modernismo arquitetônico ou urbanístico não se associa ao radicalismo político, talvez especialmente na América Latina, ele tende a se associar justamente com os ricos e com o Estado e pode perfeitamente funcionar da maneira mais conservadora. (Por razões, digamos, acidentais, vou com frequência ao Paraguai. Lá é muito claro: a arquitetura moderna e a pintura abstrata são trunfos de legitimação, comprovações, atestados de modernidade que dão a si mesmos os privilegiados, partes da classe dominante que de moderna não tem absolutamente nada.)

Assim, a modernidade pode, por um lado, se associar à falta de vínculo com a oligarquia, com a classe dominante tradicional, mas pode também perfeitamente se casar a ela, depen-

Sobre *Modernidade periférica*

dendo das circunstâncias. Para quem pensa no Brasil então, nem se discute: Brasília e o lugar onde estamos são bons exemplos.[2] Na exposição tão matizada de Beatriz, há um termo com sinal sempre positivo, que não é posto em questão; esse termo é a história do presente. De diferentes maneiras o inconveniente do radicalismo, da visão programática, da crítica, em nome do futuro, do utopismo, de todas essas formas enérgicas de projeto, define-se por aí. O inconveniente está em impedir a contemplação despreocupada e sem preconceitos do presente; ou, para voltar à outra expressão, a absorção no futuro é incompatível com a história do presente.

Essa polarização entre história do presente e visões vivamente projetivas evidentemente se justifica no caso desses três artistas, onde o empenho enérgico no futuro e a visualização à luz quase que exclusiva do futuro fazem que quase nada do presente passe. O caso extremo é o gesto grandioso de Le Corbusier que diz: "O presente não convence; vamos virar a cidade". E põe outra cidade no lugar da primeira. Trata-se de uma negação, para usarmos o vocabulário da dialética, que de determinada não tem nada. É simplesmente uma recusa que não conserva nada daquilo que está negando. Contudo — e é esse o ponto — se aceitarmos sem reserva essa esquematização, acabaremos tendo uma ideia de história do presente na qual o futuro não interfere. Ou por outra, se a visão do futuro é sempre um esquecimento em relação ao presente, a história do presente mais completa é aquela que não se perde em sonhos, em coisas futuras, digamos.

Penso que aqui há uma questão que vale a pena discutir. Os motivos pelos quais hoje estamos ressabiados em relação ao vanguardismo, seja artístico, seja político, são óbvios e muito le-

---

[2] O seminário que deu origem ao livro *Literatura e história na América Latina* foi sediado pelo Memorial da América Latina, em São Paulo. (N. da E.)

gítimos. Mas nós podemos passar da conta no respeito a esses motivos. Penso, por exemplo, numa discussão que tive há pouco tempo com um filósofo de esquerda, obcecado pelo risco totalitário, e que dizia, então, no debate: "Vamos deixar de ter projetos, nada de projetar, nada de totalizar". Como vocês sabem, o grande crime contemporâneo — segundo dizem — é a totalização; nada de totalizar, nada de especular sobre o futuro, vamos ficar cada um refletindo a partir de sua posição, sem globalizar, sem tentar um passo adiante de nosso limite. Os motivos dessa posição filosófica são óbvios, ela evita o risco da virtualidade totalitária de toda globalização. Mas, se pensarmos um pouquinho, poderemos imaginar a situação seguinte: cheios de escrúpulos, os filósofos de esquerda deixam de globalizar, deixam de ver o conjunto, porque há sempre o risco de exorbitar. E quem então vai continuar olhando o conjunto? Os comerciantes, os capitalistas, os políticos de direita — porque, evidentemente, é impensável uma pessoa ocupada do capital que não tente globalizar. O capitalista tem que especular sobre a situação da Bolsa, a situação do mercado, a situação internacional, tem que adivinhar as tendências — enfim, a globalização é o pão-nosso-de-cada-dia do homem de negócios. Então, atualmente há no ar uma espécie de purismo de esquerda; nós não incluímos os astros em nossos projetos, e, com isso, naturalmente, quem totaliza, quem nos inclui em seus projetos, será o setor da sociedade que não é de esquerda. Não há dúvida de que, em nome do futuro, do programa rígido, do projeto artístico de vanguarda, se pode deixar de ver o presente. Parece-me, porém, que a solução para essa falha é ver o presente de maneira mais complexa, sem deixar de considerar o futuro como parte da visão do presente.

Finalmente, para terminar, vejamos que os episódios que Beatriz nos apresentou aqui, sobretudo no caso dos dois arquitetos, podem ser considerados de vários ângulos. Por um lado, são episódios pitorescos da história artística de Buenos Aires. Nesse sentido, eles parecem muito soltos, acidentais, no contexto. Mas há um outro ângulo, que Beatriz igualmente lembra. Trata-se do seguinte: se deixarmos de tomar esses episódios como anedotas da vida artística de Buenos Aires e os considerarmos como parte da expansão do modernismo, isto é, se nós pensarmos que Le Corbusier é um arquiteto francês, percorrendo o mundo, de preferência países pobres — não, está errado, a Argentina não é pobre —, mas países, digamos, onde havia margem para construir uma Brasília, teremos um fato interessante do movimento internacional da arquitetura e da história geral da modernização do mundo. Penso que esse é um ponto em que vale a pena insistir. Esse tipo de episódio pode ser visto em termos locais, quando então toma uma feição mais anedótica, mas também pode ser considerado como parte da modernização, nessa altura praticamente universal, porque agora estamos vivendo um momento da universalização do capitalismo. Desse ponto de vista eles são menos anedóticos, e Acosta e Le Corbusier aparecem como ponta de lança de um movimento internacional. Dessa maneira, um episódio de história local, que poderia ser apenas pitoresco, passa a afirmar-se como algo muito substantivo, desde que o vejamos nesse outro contexto, o da história mundial, que, de certo modo, é hoje o contexto mais real desse tipo de episódio, sem se perder de vista a contradição com o outro contexto.

[Publicado em Ligia Chiappini e Flávio Wolf de Aguiar (orgs.), *Literatura e história na América Latina* (São Paulo, Edusp, 1993), em seguida ao ensaio de Beatriz Sarlo, "Arlt: cidade real, cidade imaginária, cidade reformada", e junto a comentário de Antonio Candido]

Na montanha russa do século

Anatol Rosenfeld morreu há quarenta anos, em 1973, tempo mais do que suficiente para que um professor de literatura seja esquecido. Não foi o caso dele, cuja obra continua viva, especialmente no meio teatral, onde os seus estudos sobre o teatro épico, os escritos de Brecht e o movimento cênico dos anos 1960 e 70 se tornaram clássicos e fazem parte da dieta intelectual da nova geração. Com menos presença, mas qualidade igual, os demais ensaios sobre literatura também continuam a ser lidos, sendo que alguns são bibliografia obrigatória. Penso particularmente nas "Reflexões sobre o romance moderno" e no trabalho sobre "Mário e o cabotinismo", ambos publicados em *Texto/contexto*, um dos bons volumes de ensaio em nossa literatura. Hoje, graças à tenacidade da editora Perspectiva, a obra completa de Anatol está editada e disponível.

Para evitar a nota acadêmica, que não combinaria com os fatos, quero começar pelas circunstâncias desfavoráveis, ou melhor, catastróficas, em que se deu a vinda dos intelectuais refugiados ao Brasil. Quando chegou, em 1937, Anatol — que era judeu e de esquerda — tinha 25 anos, acabava de escapar por pouco a uma intimação da polícia nazista, que podia significar a morte, e deixava para trás, provavelmente para sempre, um doutorado semifeito sobre o romantismo alemão, na Universidade de Berlim. Também a hospitalidade brasileira, que mais adiante seria generosa, inicialmente foi relativa, sem contar que o país, naquele ano de 1937, se estava tornando por sua vez uma ditadura, embora incomparavelmente menos drástica do que a europeia. Na época, a orientação oficial quanto aos imigrantes era aproveitar o braço estrangeiro na lavoura, possivelmente para proteger da concorrência o emprego dos trabalhadores já instalados nas cidades. E de fato Anatol começou trabalhando na enxada, numa fazenda no interior do estado de São Paulo, onde seu serviço consistia em arrancar pragas de uma plantação de eucalipto novo. Como ele mesmo gostava de contar, a tarefa era um problema, pois ele não sabia distinguir entre a muda da planta e a praga que devia eliminar.

Esse desperdício de qualificações, que não custa comparar com o proveito que os norte-americanos tiraram da imigração europeia, não era um caso isolado. Tanto que meu pai, que também era um intelectual imigrante, em 1939 foi encaminhado para carregar bananas no porto de Santos, proposta que ele teve o bom senso de não aceitar. Já Anatol, sendo moço e sem família, e querendo mudar de vida depois do que o nazismo lhe ensinara sobre a moral das classes médias alemãs, não recusou a experiência. Na fazenda, fez amizade com a professora da escola rural, que lhe deu aulas de português e o ajudou a encontrar outro trabalho na cidade. Em seguida Anatol foi lustrador de portas no Paraná, depois do que se tornou caixeiro-viajante, ocupação em que conheceu o interior do Brasil de alto a baixo, além de ganhar bem. Era conhecido como o caixeiro das duas malas, uma de mercadoria e outra com os livros de que precisava para retomar os estudos.

Quando achou que tinha economias suficientes, Anatol deixou cair a posição comercial que havia conquistado, com a qual poderia enriquecer, e tirou dois anos livres. Alugou um porão na casa de outro imigrante judeu em São Paulo, que por seu lado se dividia entre uma representação comercial e o piano. Anatol mobiliou o porão com o mínimo, uma cama, uma mesa, uma lâmpada de relojoeiro, tábuas montadas sobre tijolos, servindo de estante para os livros, algumas cadeiras de pau, e lá passou um bom tempo enfurnado, em regime de dedicação integral, estudando para retomar a vida intelectual interrompida. A civilidade com que recebia visitas e mantinha a conversação nessas condições precárias beirava o inverossímil. São fatos interessantes, que dão uma ideia do desapego material e da determinação prática, ou melhor, da clareza de objetivos com que Anatol agia, traçando um itinerário só dele. Estava começando a sua carreira de jornalista na *Crônica Israelita* de São Paulo, nos inícios da década de 1940.

Que eu saiba, Anatol não deixou testemunho escrito de seu trabalho na enxada. Lembro de uma única frase, que não consegui localizar, em que garantia que não era fácil. Já sobre a sua temporada como caixeiro-viajante ele deixou meia dúzia de crônicas sumamente interessantes, seja pela visão meio humorística da vida comercial no interior, seja pelo que revelam de sua própria personalidade, incomum e admirável. Como elas são pouco conhecidas, quero apresentá-las a vocês. Encontram-se numa coletânea póstuma, que reúne poesia, crônica, sátiras e um conto longo, chamada *Anatol Rosenfeld "on the road"*.[1]

A primeira delas é um convite à viagem, mas um convite *sui generis*, animado por segundas intenções. Quem tem a palavra é um apaixonado pelo Brasil profundo, que se dirige aos citadinos acomodados, os quais pensam conhecer o país, quando só conhecem duas ou três de suas cidades principais. Com espí-

---

[1] *Anatol Rosenfeld "on the road" (ficção)*, organização de Nanci Fernandes, São Paulo, Perspectiva, 2006.

rito de professor de geografia, ou de guia de viagem, o cronista explica que quem só conhece a orla costeira não tem ideia da hinterlândia, que quem conhece o Sul não sabe como é o Norte, que em matéria de economia, de vegetação ou cultura há vários Brasis. Que sabe do Brasil quem só viaja de avião entre as capitais? É preciso viajar de trem, tomar a Noroeste em Bauru e percorrer o Mato Grosso.

No caminho fiquem alguns dias em Aquidauana e Miranda. Excursionem pelos campos. Depois prossigam até Porto Esperança e Corumbá. Tomem ali o naviozinho de rodas e vão até Cuiabá; depois, de caminhão, até Diamantino. Olhem um mapa. Isto é viajar! Peguem a jardineira em Campo Grande e vão até Ponta Porã, na fronteira do Paraguai, sim senhor, e se atolarem no caminho devido a uma chuva tropical, tanto melhor! Assim é que se conhece um país!

O leitor terá notado, espero, que aos poucos o convite à viagem muda de tom e vai adquirindo uma nota de provocação, uma ênfase antiturística, contrária ao conforto, para não dizer terrorista, que culmina na louvação já francamente agressiva do ônibus debaixo do aguaceiro, encalhado no lamaçal, na fronteira com o Paraguai.

O sentido dessa mudança de clima literário se esclarece no parágrafo seguinte, quando entendemos que o destinatário do escrito não é o brasileiro em geral, mas o leitor da *Crônica Israelita*, quer dizer, um membro da pequena comunidade judaica de São Paulo, de cujas preferências sociais Anatol, então com vinte e oito anos, discretamente discordava. Não há dúvida que o cronista exortava o leitor a percorrer o Brasil, mas o objetivo de fundo talvez fosse outro, de âmbito mais específico e de ordem mais irônica. O que ele queria é que seus leitores saíssem da trilha burguesa "que os leva, infalivelmente, a Campos do Jordão, a Águas de São Pedro e àquela ilhazinha em frente a Santos que começa com a letra 'G', cujo nome me escapou no momento, de certo devido a algum lapso freudiano. Não se entreguem à rotina dos balneários", prossegue o cronista, "no dia em que um balneário tornar-se rotina, ele perde o seu sentido de balneário, que é o de escapar à rotina". Assim, atrás dos bons conselhos de um entusiasta de viagens percebe-se a caracterização crítica de uma comunidade de imigrantes bem-sucedida, voltada para si mesma e esquecida do país e do mundo, ávida de ascensão social e de balneários da moda, em especial o Guarujá — a ilhazinha em frente de Santos, que começa com a letra "G" —, que dava a nota nas colunas mundanas. Na promessa final, que é também uma estocada, Anatol assegura aos leitores que em Porto Esperança, no Mato Grosso, eles poderão "aprender jogos de baralho bem diversos, com os quais nunca dantes sonharam". É como se a rotina abastada do carteado, o ritual do *bridge* e do buraco em que a colônia se comprazia, se devesse à falta de alternativas menos burguesas; como se ela, a ordem burguesa, fosse um vício triste, que uma boa aventura no barro, na fronteira com o Paraguai, pudesse curar. Tomando distância e imaginando a situação, digamos que um jovem intelectual que escapara por pouco ao enlouquecimento da Europa, ou ao salve-se-quem-puder da perseguição antissemita, tentava corrigir com seus conselhos meio sinceros e meio maldosos uma comunidade de refugiados como ele, a qual se reaburguesava o mais rápido que podia, fechando-se em si mesma como se nada tivesse acontecido.

De outro ângulo, observemos que esta crônica nos mostra Anatol diante de seu primeiro público brasileiro, uma comunidade de imigrantes recentes, quase sem contato com a vida intelectual do país. Mais adiante, graças à criação do "Suplemento

Literário" de *O Estado de S. Paulo*, em 1956, onde Anatol foi titular da coluna "Letras Germânicas", o seu público seria bem mais amplo e diverso, composto pelos brasileiros interessados em literatura alemã, especialmente a literatura moderna e suas ousadias. Assim, depois de um bom tempo de obscuridade, o intelectual de primeira linha escapava à estreiteza endogâmica da vida no interior da comunidade judaica de São Paulo. Nos anos 1960, por fim, Anatol encontraria um público na sua medida, superando o papel de divulgador de alto nível que fora o seu até então. Além de orientar de maneira fecunda a assimilação de Brecht entre nós, uma contribuição que tem consequências até hoje, o crítico havia se enfronhado na vida teatral brasileira, que nas imediações do golpe de 1964, um pouco antes e um pouco depois, atravessava um grande momento de combatividade e invenção artística. No bojo da agitação social formara-se uma liga avançada de artistas, estudantes e intelectuais, engajados no debate estético-político do teatro de ponta, ao qual Anatol se integrava com brilho e posição própria. Várias das questões europeias dos anos 1930, que haviam forçado a emigração da comunidade judaica e da inteligência de esquerda, voltavam a colocar-se, por um momento como esperança, em seguida como pesadelo. Solidamente plantado em sua experiência alemã, e agora brasileira, Anatol se havia tornado uma referência, um intelectual oposicionista de envergadura nacional.

Voltando às crônicas, a mais interessante delas chama-se "Corumbá, a cidade branca". Perdida nos confins do Mato Grosso, uma localidade pequena é despertada de seu sono tropical pela chegada do progresso. O cronista a encara por uma diversidade vertiginosa de prismas, ela mesma fazendo parte da modernização galopante. Em espaço breve, sucedem-se anotações de cientista social espantado, filósofo, economista, viajante comercial, freguês queixoso de hotéis e restaurantes de quinta categoria, comentador das religiões que rivalizam na praça, admirador do colorido racial das mulheres do interior do Brasil, historiador da civilização contemporânea, a qual está em curso também naquele fim do mundo, e o que mais for. A sucessão dos enfoques produz paradoxo sobre paradoxo, desmentindo chavões, relativizando certezas e abrindo perspectivas inesperadas sobre o presente, sempre superando preconceitos e nunca se fixando numa posição à custa das demais. A nota peculiar é dada pela suspensão do juízo, um verdadeiro exercício intelectual, uma disciplina do espírito que permite ao filósofo explorador, ou ao estrangeiro esclarecido, ou ao caixeiro-viajante de ampla cultura colocar à prova o arsenal corrente de conhecimentos e lugares-comuns, que não resistem ao teste da realidade, mesmo que esta seja tão remota e historicamente desprestigiada quanto Corumbá. Posso estar enganado, mas em matéria de livros que poderiam ter sido, tenho a impressão de que esta crônica delineia um espaço original e substantivo na literatura brasileira, uma apreciação imparcial, além de irônica, dos saltos recentes da correnteza do progresso, especialmente no interior, a qual se acelerava naqueles anos de 1940. O leitor lamenta que o experimento tenha ficado em esboço, como tentativa mais ou menos isolada, sem os desdobramentos que dariam substância a um ângulo dos mais interessantes, que a ficção e a teoria social brasileira ainda estão devendo.

Dito isso, os leitores machadianos talvez tenham sentido no procedimento de Anatol um formato conhecido. Com efeito, o narrador dos grandes romances de Machado também circula, suspendendo o juízo, entre os pontos de vista da alta cultura europeia e os aspectos ínfimos e relegados da realidade local. É claro que não estou sugerindo que Anatol tenha imitado a técnica literária do romancista, que naquela altura ele dificilmente conheceria. Mas há de fato alguma convergência no andamento da prosa dos dois autores, que exploram humoristicamente a distância entre o repertório sistematizado da cultura ocidental e o aspecto peculiar e pitoresco das relações sociais do país. Digamos que o extraordinário Machado de Assis teve a percepção plena, que realizaria na sua obra, da tensão entre nossa experiência local e as construções intelectuais hegemônicas de seu tempo, que ficavam postas em questão. É possível que muito tempo depois algo de parecido se tenha imposto a um refugiado atento e sem prevenções como Rosenfeld, organizando-lhe o curso da escrita.

A Corumbá do início da crônica é uma cidadezinha plantada no Pantanal brasileiro, "cujos dias são devastados por um sol furioso e cujas noites parecem cavernas fechadas, ressoando ao zunir de nuvens de mosquitos". A sua vida está sob o signo da luta encarniçada entre civilização e natureza, "no limiar exato entre disciplina humana e moleza entorpecida, entre a ação criadora e o abandono ao clima tropical", antagonismos em que o primeiro termo se relaciona ao segundo como o superior ao inferior. O leitor estará reconhecendo, por um lado, os pares conceituais da antropologia filosófica, que opõem a consciência à existência opaca, a capacidade histórica ao magma informe. Por outro, ele sente-se no universo do romance naturalista, com seus determinismos simples, em que a pujança do trópico derruba a vontade dos homens e impede a formação de uma sociedade moderna. São dualismos algo rasos, saturados de preconceito de classe e ideologia burguesa do trabalho, para não dizer de racismo tácito, que entretanto servirão de ponto de partida ao andamento verdadeiramente magistral da crônica. À maneira de Thomas Mann, a dialética da apresentação vai ironizar e desmentir aquelas oposições iniciais, em que estão resumidas e exaltadas muitas das valorações caras aos habitantes brancos e ricos do hemisfério Norte, ou por outra, caras ao imperialismo.

O primeiro chavão a ser desmentido é o da superioridade racial. O inglês loiro, que chegara vestindo terno de casimira e carregando uma pasta de couro debaixo do braço, pouco tempo depois dorme na rede em mangas de camisa, de boca aberta e calça amassada, o cachimbo caído no chão, derrotado pelo calor. Nesse primeiro *round*, o determinismo do clima leva a melhor sobre o determinismo racial e parece intransponível. Em seguida, entretanto, vem a constatação inesperada de que, a despeito das condições do ambiente e da derrota das raças superiores, há sim um progresso febril em Corumbá. Porém, nova surpresa, nem por isso a vida melhora, pois num estado como Mato Grosso, onde os bifes por assim dizer crescem nas árvores e a natureza está em toda parte, não há carne para comer, nem legumes, nem leite, e os ovos são mais raros do que diamantes, sem falar nos hotéis, que são mocambos mas custam mais caro do que um hotel relativamente luxuoso em Ribeirão Preto, Campinas ou Uberaba. Assim, o progresso não só não se deve às raças superiores e ao clima temperado, como é causador de desordem e não corresponde ao que se espera dele, conforme pôde observar em primeira mão o caixeiro-viajante estrangeiro e reflexivo. Mas qual então a sua natureza e quais as suas causas?

A cidadezinha minúscula, "que parecia esquecida no seu abandono tropical, está fazendo negócios. O dinheiro corre como nunca. Os preços sobem como bambu ou como o mercúrio no termômetro, da noite para o dia. Ganham-se cobres como que por encanto". Mais uma vez, contudo, as causas não são as mais óbvias. "O milagre não se realizou por ter sido encontrado ouro ou petróleo, nem se poderia dizer que a guerra tenha sido a causa principal deste *boom*, que pegou como uma epidemia." Os motivos do milagre são menos evidentes, ou de uma ordem mais impalpável ou abstrata — nem clima, nem raça, nem riqueza natural. Eles são ligados ao tráfego, a causas geográficas e técnicas. Corumbá tinha uma posição no mapa que subitamente se tornou privilegiada, perto da fronteira com a Bolívia, com grandes perspectivas em função duma hipotética estrada de ferro que ainda iria ser construída, o que aliás trouxe para a cidade a sede da Comissão Mista encarregada da construção. Além disso a evolução da aviação comercial era intensa, e as grandes linhas transcontinentais passavam a fazer escala na cidade. Em resumo, sem ter explicação nas teorias correntes nem cumprir o que prometia, o progresso era outra coisa, algo a adivinhar e decifrar. Embora o número de lojas aumentasse e se inaugurasse uma sala de cinema, e também uma torre com relógio elétrico, que apitava as horas e atrapalhava a sesta, o que os novos tempos ensinavam aos cidadãos sonolentos é "que o tempo é uma matéria-prima preciosíssima, mesmo quando não produz outra coisa senão juros", o que não deixa de ser um anticlímax.

Paradoxalmente, acompanhando a modernização, que em princípio seria laica, vem a multiplicação das religiões. Com os negócios chegam sabatistas, batistas, metodistas, adventistas e espíritas, enchendo o ar com variados acentos do inglês, castelhano e português, e provocando uma discussão violenta sobre o dia de descanso fixado por Deus: seria o domingo ou seria o sábado? Os recursos da disputa são citações da Bíblia. "Os novos escolásticos baseiam seu pensamento na Revelação, de acordo com a qual o sol gira ao redor da terra, mas no entanto servem-se, para viajar, de aviões, produtos da ciência, segundo a qual a terra gira em torno do sol. Talvez eles pensem como aquele árabe, que perguntou a um inglês qual seria a força que haveria de segurar um avião no ar. 'Gasolina!', respondeu secamente o inglês. 'Não!', replicou serenamente o árabe, 'Alá!'".

As relações entre religião e capitalismo são mesmo um assunto controvertido, e a distante Corumbá iria infligir outras derrotas às teorias mais consagradas sobre o assunto. Aqui não são os puritanos, como queria Max Weber, nem os judeus, como queria Werner Sombart, que dão o impulso à acumulação do capital. São os sírio-libaneses, descendentes católicos dos árabes. Inacreditavelmente trabalhadores, suando atrás do balcão e manejando a arma do metro de medir tecidos, são eles que derrotam a adversidade do clima, bem como as predestinações raciais e religiosas, acumulando dinheiro rapidamente e montando fábricas de seda em São Paulo. Qual a mola que os move? O sonho de triunfar em São Paulo, o prazer do trabalho, *l'art pour l'art*, ou simplesmente o espirito de concorrência? O rol dos motivos possíveis faz rir, como a disputa entre as seitas, sobre o dia do descanso, mas a perplexidade é real. Seja como for, os sírios representam um fator importante no progresso geral da cidade, ao mesmo tempo que continua de pé o mistério da acumulação e do regime bárbaro de esforço que esta supõe. Assim, sem prejuízo da ironia e da mão leve, a crônica passou em revista e colocou em perspectivas contraditórias um bom número de ideias consagradas sobre o que se poderia chamar de progresso num país retardatário.

Fechando o círculo, há os changadores, ou carregadores, que são os representantes mais típicos do estilo da vida em Corumbá. Antes de aceitar um serviço, eles "costumam perguntar se as malas não são muito pesadas".

> Visivelmente aceitam o trabalho como um castigo mandado por um deus furioso, não como a essência da vida. Depois de terem carregado duas ou três horas as malas mais leves encontráveis em Corumbá, eles descansam na sombra, rolando um cigarro de palha e, finalmente, dirigem-se a passos lentos e despreocupados para casa: ganharam hoje o bastante para viverem até amanhã. Qualquer

que seja o "Alá" que eles adoram, Ele não os deixará cair, mesmo se a gasolina acabar.

Dependendo do ponto de vista, estes trabalhadores são a própria encarnação dos vícios do trópico. Rosenfeld entretanto os apresenta com inequívoca simpatia, pela distância que guardam das ofuscações do progresso, da acumulação de riquezas e da mitificação do valor do trabalho. Num sentido nada desprezível, eles são as figuras mais civilizadas de Corumbá, o que Mário de Andrade, autor de *Macunaíma*, entenderia perfeitamente.

Concluindo, peço licença para transcrever um breve depoimento que dei há quinze anos sobre Rosenfeld:

> A liberdade intelectual do Anatol era surpreendente. O segredo estava nas coisas deprimentes que ele não fazia: não passava a perna nos outros, não vivia atrás de vantagens, não cortejava os influentes, não negociava elogios, tinha horror à autopromoção, não se deslumbrava com a celebridade alheia, nem com a própria. Em contrapartida tinha uma clareza nada convencional quanto ao que vale a pena. O pessoal que confunde liberdade com baixaria achava o Anatol quadrado.

[Publicado em *Piauí*, nº 85, outubro de 2013]

Prefácio à *Lata de lixo*

No final da década de 1960, a "lata de lixo da história" era uma expressão difundida, levemente fanfarrona. Designava o depósito de velharias ao qual, com sorte, seriam jogados os políticos, as práticas e as teorias responsáveis por formas caducas de opressão. Capitalismo e stalinismo iriam embora de braço dado, no mundo e no Brasil, varridos pelo progresso da história e pelos estudantes libertários. Entretanto, como se verificou em seguida, o curso das coisas não foi o esperado, até pelo contrário. E como o sistema dos opressores se reciclou e venceu em toda linha, a expressão — tão simpática — saiu de moda. Ainda assim, se consultarmos a nossa experiência e nosso íntimo, talvez convenhamos que ela, a lata, não perdeu a razão de ser, nem deixou de falar à imaginação. Por expressar o que devia ter sido e não foi, achei que era um bom título para uma chanchada política.

A ideia de transformar *O alienista* de Machado de Assis numa sátira à ditadura de 1964 estava no ar. Havia um paralelo óbvio entre o terror espalhado por Simão Bacamarte — o cientista maluco e sinistro que infelicitava a pacata Itaguahy — e o regime antipopular dos militares, com seus ministros da Fazenda que metiam medo e disciplinavam o país para o capital. Nelson Pereira dos Santos percebeu as possibilidades artísticas da comparação, da qual tirou um filme agoniado e interessante, o *Azyllo muito louco*. Em espírito parecido, houve tentativas

Prefácio à *Lata de lixo*

também de adaptação para o teatro, entre as quais a minha. O que todos procurávamos era o respaldo de um clássico nacional acima de qualquer suspeita, além de remoto no tempo, que deixasse desarmada a censura e possibilitasse a crítica ao Estado policial.

O paralelo funcionava como uma via de duas mãos e tinha efeitos retroativos. Não era só o velho Machado que emprestava personagens e situações para falar da repressão em nosso presente. O caminho inverso também valia, sugerindo uma leitura menos convencional do mestre e, através dele, do passado brasileiro. O festival de desfaçatez armado por nossas elites logo em seguida ao golpe, com sua salada de modernização, truculência e provincianismo, ensinava a reconhecer aspectos até então recalcados da ironia machadiana. Esta aparecia a uma luz nova, muito mais ferina e política, de incrível atualidade. Noutras palavras, as revelações sociais trazidas pelo golpe de 1964 desempoeiravam o maior de nossos clássicos.

Comecei a escrever *A lata de lixo* em dezembro de 1968, pouco antes da decretação do AI-5, que afundou o país em anos de terror. Estava escondido em casa de amigos, cuja biblioteca era boa, e resolvi aproveitar o tempo. Além do *Alienista*, tirei da estante *O príncipe* de Maquiavel, e sentei para trabalhar. A gravidade do momento era brutal, mas ainda assim a grossura dos generais arrancava riso, uma risada algo histérica, em que se misturavam o medo e a angústia. O clima era de pastelão macabro. Para exemplificar, quando o general-presidente foi à TV para explicar o seu horroroso e histórico AI-5, parecia não ter familiaridade com o texto à sua frente, pelo qual ia tropeçando como podia. Enquanto isso, nas grandes capitais do mundo, e também entre nós — o ano era 1968 —, a irreverência e o espírito libertário estavam em alta. Por contraste, as figuras caricatas que passavam a mandar e desmandar no Brasil ficavam ainda

375

mais deprimentes e exasperantes. Para completar a liquidação, a oposição liberal à ditadura vacilava entre a prudência apavorada e a adesão oportunista, sem abrir mão das belas palavras. Mal ou bem, procurei dar forma teatral a essa cacofonia, casando decoro e pancadaria, grã-finismo e cretinice, cálculo e primarismo etc.

Por forte que fosse, a pressão das circunstâncias não determinava as soluções artísticas diretamente. A escolha e a discussão estética estavam na ordem do dia. Entre 1964 e 68, a resistência cultural havia respondido com agilidade ao retrocesso político, inventando espetáculos incisivos, de grande repercussão, e produzindo algumas obras-primas. Teatro, canção, cinema e artes plásticas desenvolviam atitudes e formas sob medida, inconformistas em toda linha, valorizadas pela alusão inteligente ao presente nacional, o que não excluía a atualização cosmopolita. Como o momento era coletivo, a referência mútua fazia parte do jogo. Quando partia para o trabalho seguinte, o artista encontrava pela frente um leque intensamente debatido de obras recém-saídas da oficina, de um colega ou de um rival, a retomar, a contestar, a superar. As questões de arte dividiam e agrupavam, e tinham pé no risco político, que lhes emprestava a chispa especial. Englobando tudo, em linha reta ou quebrada, prosseguia o impulso do pré-1964, com sua combinação de luta contra o subdesenvolvimento e busca do socialismo.

O desacato à convenção artística dava a tônica febril ao período. Era um insulto deliberado ao gosto dos conservadores, que tinham saído às ruas em 1964, marchando por "Deus, pátria e família", e agora estavam no poder. Como as artes do espetáculo — o teatro, o cinema e a canção — estavam defasadas em relação à literatura, ou melhor, não tinham passado pela revolução modernista de 1922, o escândalo que provocavam tinha a estridência da vanguarda em seu primeiro dia. Atrás da expe-

Prefácio à *Lata de lixo*

rimentação formal naturalmente estava o ânimo de revolucionar a sociedade ela mesma, como aliás apontavam os adversários de direita. Dito isso, as novidades não eram só de linguagem, mas também de assunto, o que foi menos comentado. A temática do subdesenvolvimento marcava época e modificava a fundo a autocompreensão do país. O desemprego e a fome de Zé da Silva, o analfabetismo de 50% da população, o beletrismo dos doutores, a falta de vaga nas faculdades, a indústria precária, a extensão do latifúndio, a força do imperialismo americano etc. já não eram questões isoladas. As dificuldades ligavam-se por dentro, ou melhor, compunham um problema avançado, que cabia aos progressistas encarar em seu conjunto. Cheio de desdobramentos políticos e estéticos, o significado do atraso nacional se transformava, adquirindo uma relevância nova, muito mais ampla que a anterior. Com perdão da brevidade, ele, o atraso, deixava de ser visto inocentemente, como um resquício de tempos remotos, que dizia respeito só aos brasileiros. Tornava-se parte funcional — além de significativa — da ordem mundial moderna, que progredia e se reproduzia através dele, e não levava à sua superação. Em vez de se extinguir, a distância entre atrasados e adiantados se reafirmava em novos patamares, ensinando uma visão menos crédula, ou mais sarcástica e aguerrida do progresso. Segundo uma fórmula corrente na época, tratava-se do desenvolvimento do subdesenvolvimento, que tinha o futuro pela frente e não seria coisa do passado. Um desenvolvimento que, salvo viravolta de fundo, era e continuaria sendo sub. O argumento era contraintuitivo, mas fulminante.

Assim, as figuras pitorescas ou vexaminosas que alimentavam o nosso complexo de ex-colônia, tais como a miséria popular, o zé-ninguém sem eira nem beira, desprovido de quaisquer garantias civis, o político populista malandro, a dominação pessoal direta, o mau-gosto calamitoso das classes dominantes, o general-ditador de óculos escuros etc. trocavam de contexto, para ganhar novo alcance. Saltavam fora de seu confinamento provinciano e se inseriam no presente problemático do mundo, de cujos desequilíbrios internacionais e de classe passavam a ser indícios polêmicos, esteticamente valiosos. Muito dialeticamente, as matérias do atraso terceiro-mundista, chavões inclusive, facultavam uma transfiguração de ponta, na qual se reconhecia a atualidade em sentido pleno, planetário, gerando um tipo particular de vanguardismo. De diferentes maneiras, com margem para antagonismos inconciliáveis, a arte de Glauber Rocha, Augusto Boal, Zé Celso, Chico Buarque, Caetano Veloso, Gilberto Gil, Joaquim Pedro de Andrade e outros — sem esquecer as antecipações de Oswald de Andrade — se alimentou dessa redefinição vertiginosa, que fez a ponte entre a nossa realidade segregada, ou exótica, e o movimento geral da sociedade contemporânea, num lance forte de desalienação. A seu modo e com alguma supervisão de Brecht, *A lata de lixo da história* ligava-se a este quadro.

De lá para cá, muita coisa mudou, mas nem tudo.

[Publicado em *Piauí*, nº 91, abril de 2014, e em *A lata de lixo da história* (1977), São Paulo, Companhia das Letras, 2014, 2ª edição]

Dança de parâmetros

a Davi Arrigucci Jr.

"Entra cantando, Apolo, entra cantando."

Machado de Assis

A poesia das páginas iniciais de *Esaú e Jacó* (1904) é especial. O segredo, até onde vejo, está no andamento digressivo da prosa, que sujeita um episódio trivial, impregnado da atmosfera brasileira de ex-colônia, a uma inesperada sucessão de contiguidades. Como quem não quer nada, à maneira solta da crônica de jornal, o narrador vai e vem entre uma cena da vida privada fluminense, os hábitos de passeio dos demais moradores da cidade, algo da vida inglesa do tempo, um pouco de Grécia antiga e outro tanto de escravidão negra e mestiçagem. Surgidas ao acaso da narrativa, é claro que estas vizinhanças em aparência disparatadas não têm nada de casual. O seu conjunto forma uma trama de referências bem calculada, a cuja luz a vida dos brasileiros civilizados parece encontrar a sua medida.

O romance começa com duas mulheres subindo o morro do Castelo. Mal começaram a subida, entretanto, já na terceira frase, antes ainda que elas tenham feito o que quer que seja, o narrador as deixa de lado e observa que "muita gente há no Rio de Janeiro que nunca lá foi, muita haverá morrido, muita mais nascerá e morrerá sem lá por os pés". Através da digressão, que interrompe o fio incipiente da intriga, as duas anônimas se veem contrastadas com um sem-número de conterrâneos, passados, presentes e futuros. Quem são eles? Qual o sentido da comparação? Será favorável? Desfavorável? Por um lado, como sabiam os leitores, o morro não era frequentado por todo mundo e menos ainda pela gente bem-posta. Por outro, ter ido a um lugar que muita gente ignora ou evita não deixa de contar como uma superioridade, pois "nem todos podem dizer que conhecem uma cidade inteira". Embora não esteja dito que as anônimas conhecessem o Rio de Janeiro de fio a pavio, é certo que elas se aventuraram onde muita gente nunca esteve e que, em plano rarefeito, o cotejo as mergulhava em cheio na efervescência urbana — discretamente configurando uma situação de simultaneidade moderna. Assim, entre as donas, a muita gente "que nunca lá foi"[1] e os raros que conhecem tudo da cidade, se é que estes existem, se estabelece um jogo virtual, ligeiramente cômico, da ordem do diz-que-diz, do comentário mútuo, da discriminação e da competição, que é ele mesmo um achado. Com risco de exagerar, digamos que no plano dos pronomes há uma dança abstrata das mais sutis, um cotejo entre as duas, a muita gente e os nem todos, apontando para o caráter fluido e dividido da cidade, para a indiferença, os vetos e o interesse recíprocos. Em chave implícita, além de minimalista, são frações da capital do país que rivalizam a propósito de um bairro habitado pelo povo pobre, o qual faz parte íntima do conjunto, a despeito da separação.

Antes ainda que termine o parágrafo, o episódio — quase inexistente — adquire um raio maior, para não dizer planetário, por efeito de uma intercalação intempestiva: "Um velho inglês, que aliás andara terras e terras, confiava-me há muitos anos em Londres que de Londres só conhecia bem o seu clube,

---

[1] Machado de Assis, *Esaú e Jacó*, Rio de Janeiro, Garnier, 1988, p. 19.

e era o que lhe bastava da metrópole e do mundo".[2] A que vem aqui este inglês de anedota, que torce o nariz para o planeta, não sem antes percorrê-lo todo, e que além do mais não reaparecerá ao longo do livro? Ele seria um símile amplificado das donas audaciosas, que vão onde outros não foram? Ou seria do outro partido, para o qual as "terras e terras" não valem o clube do costume? Impossível saber. Perto de suas andanças, em que vagamente ecoam a superioridade e as dimensões do Império Britânico, e, por tabela, a posição secundária do Brasil, a ida das duas mulheres ao morro é pouca coisa. É claro que a comparação, meio humorística, não teria ocorrido a elas. É mais outra digressão do narrador, o conselheiro Aires, que por sua vez é um diplomata viajado, dono de uma prosa ultrarrefinada, além de afetada, que na ocasião nos faz saber que frequenta ambientes exclusivos em Londres. Seja como for, embora o paralelo faça sorrir, a comparação está feita. Curiosamente, a despeito da ironia, ela não desqualifica a aventura fluminense das duas senhoras, a qual sai de seu enquadramento brasileiro e é erguida ao mesmo mundo e tempo do inglês *globe trotter* — a cena contemporânea —, sem prejuízo da grande distância geográfica e social. Embora não pareça, o mundo é um só e pode despertar curiosidade em todos os seus pontos, mesmo os remotos. O morro do Castelo, a cidade inteira do Rio de Janeiro e a ordem internacional cuja metrópole é Londres são cenários imbricados, o que literariamente era e é uma proeza.

Natividade e Perpétua — assim se chamam as senhoras, aliás irmãs — sobem o morro para consultar uma vidente. Meio às escondidas, com o véu baixado sobre o rosto, elas procuram a casa da cabocla do Castelo, cujos poderes sobrenaturais naquele momento davam o que falar na cidade. Desejam conhecer o

---

[2] *Idem, ibidem.*

futuro presumivelmente grande dos gêmeos de Natividade, nascidos há pouco mais de um ano. — Depois do parágrafo algo impalpável que já comentamos, mais de sugestões que de figuras, que evitava denominar a matéria das tensões sociais, entram em cena os contrastes de raça, cultura, religião e classe, além do nome próprio das personagens. As cores agora são francas, por oposição à tenuidade e à abstração eufemística que dominavam nas linhas iniciais. Sem meias palavras, o povo do morro é pobre, composto de crianças, lavadeiras, crioulos, soldados, padres, lojistas etc., ao passo que as freguesas da adivinha, que preferem não ser identificadas, pertencem à chamada boa sociedade do Rio de Janeiro. Diante da diversidade tensionada do real, os pronomes indefinidos — os alguns, nem todos, a muita gente — funcionam como paráfrase discreta, ligeiramente irônica, ou como álibi para a desigualdade. Generalizando, digamos que esse vaivém entre os registros abstrato e concreto, entre o pronome e a coisa, entre a impessoalidade e a pessoa física, a que se prende um humorismo próprio, é um procedimento constante da prosa machadiana, em que ressoa uma experiência histórica. O seu suporte de fundo é a discrepância entre a paisagem social da ex-colônia, marcada pelo colorido pré-burguês, retardatário a seu modo, além de exótico, e a idealização engomada da civilização europeia moderna.

Tratando-se de gente fina, que se queria superior à ignorância popular, a visita à cabocla podia ser um passo em falso. Natividade e Perpétua sabiam disso e consideravam que estariam "perdidas" se fossem descobertas — "embora muita gente boa lá fosse".[3] Esta última ressalva, que para as duas senhoras significava uma atenuante, para o leitor avisado funciona como uma piscadela do conselheiro Aires, que faz saber aos atentos que a so-

---

[3] *Idem, ibidem*, p. 24.

ciedade carioca era menos esclarecida do que pretendia. Veja-se neste sentido o marido de Natividade, um banqueiro que escarnece das "crendices da gente reles" ao mesmo tempo que ele próprio faz uma consulta espírita, naturalmente autorizada por leis científicas.[4] Com a arrogância de menos, a posição das irmãs é igualmente representativa: "Tinham fé [na cabocla], mas tinham também vexame da opinião, como um devoto que se benzesse às escondidas".[5] De passagem, note-se a malícia com que a prosa do conselheiro mescla a terminologia católica da fé, da devoção e da bênção à esfera da religiosidade afro-brasileira. Em suma, as duas senhoras precisavam passar despercebidas, a) para não se verem misturadas ao povo do morro, já que pertenciam às classes distintas da sociedade, e b) para não serem mal vistas em sua própria classe social, que entretanto era menos evoluída do que se dizia. Diferentemente da consulta espírita do banqueiro, a visita à cabocla deixava transparecer afinidades com o fundo popular do país, cuja composição cultural e social miscigenada, herdada da Colônia, era justamente o que interessava à classe alta esconder. Completando a desfeita aos esquemas aprovados, observe-se ainda que nas circunstâncias o objeto da curiosidade não era o mundo popular, com sua gente mestiça e religião bárbara, mas sim as duas senhoras, que faziam figura exótica no ambiente. "Uma crioula perguntou a um sargento: 'Você quer ver que elas vão à cabocla?' E ambos pararam à distância, tomados daquele invencível desejo de conhecer a vida alheia, que é muita vez toda a necessidade humana."[6] Sem alarde, o deslocamento da iniciativa, ou melhor, do "invencível desejo de co-

---

[4] *Idem, ibidem*, pp. 35 e 47.

[5] *Idem, ibidem*, p. 20.

[6] *Idem, ibidem*, pp. 19-20.

nhecer a vida alheia", faz diferença, contrariando as precedências de classe implícitas, por exemplo, no enfoque naturalista da época. Por um momento, a narrativa adota a ótica dos de baixo, ao passo que a marca do exotismo se aplica aos de cima. O procedimento desautomatiza a hierarquia corrente e torna mais arejado o quadro, ao qual confere a dimensão policêntrica do conflito social. Graças a transformações pequenas mas decisivas, o que pode parecer uma simples crônica da periferia pobre da cidade, com seu pitoresco unilateral e sem surpresa, ganha a liberdade da verdadeira literatura.

No mesmo espírito de impertinência velada, a narrativa anota que a sala da adivinha é simples, com paredes nuas, sem nada que sugira o sobrenatural — "nenhum bicho empalhado, esqueleto ou desenho de aleijões" —, salvo "um registo da Conceição colado à parede", que entretanto não assusta. Rindo para dentro, com isenção esclarecida, de livre-pensador, o conselheiro não faz diferença entre a imagem da Virgem Imaculada e os demais "petrechos simbólicos" da superstição. Em seguida, depois de relativizar o mistério cristão, alinhando-o entre outras formas populares de credulidade, o narrador troca o rumo das comparações e enaltece a religiosidade do povo, agora posta em paralelo com os costumes da Grécia antiga. "Relê Ésquilo, meu amigo, relê as *Eumênides*, lá verás a Pítia chamando os que iam à consulta [...]".[7] Também aqui o propósito é de confundir o leitor bem-pensante, que olha de cima a sacerdotisa do morro. Não há dúvida que o conselheiro estava sugerindo que o Rio de Janeiro da cabocla — um caso de polícia, segundo certo desembargador[8] — poderia ter algo em comum com a Atenas de És-

---

[7] *Idem, ibidem*, p. 20.

[8] *Idem, ibidem*, p. 37.

quilo. Nesse caso, o nosso vergonhoso atraso popular teria virtualidades clássicas, e chegaria talvez a ser o berço de uma civilização? É uma sugestão lisonjeira, que se opõe ao pessimismo pseudocientífico das teorias naturalistas, da raça e do meio, que condenavam o nosso povo à inferioridade. Dito isso, a comparação tem também um ponto de fuga oculto, menos favorável, que num livro tão maquinado precisa ser levado em conta. Nas *Eumênides*, os augúrios horrendos da Pítia precedem uma viravolta triunfal, a instituição da justiça propriamente humana na cidade; interrompe-se o ciclo bárbaro e interminável das vinganças de sangue e abre-se uma nova era. Ao passo que as palavras da cabocla anunciam o contrário: os gêmeos de Natividade, que mal ou bem alegorizam a vida política do país, brigarão por toda a eternidade, a propósito de tudo e de nada, numa rivalidade de classe alta, sem sentido e medíocre. Cabe ao bom leitor, que segundo Aires é dotado de vários estômagos, como os ruminantes,[9] decidir se a aproximação com a Grécia clássica é um gesto de reivindicação nacional, um sarcasmo dirigido ao *establishment* ou as duas coisas.

 O discernimento com que é conduzida a cena em que Natividade consulta a vidente é admirável, sem concessão ao sobrenatural nem desprezo ilustrado pela vida popular — uma posição que em cem anos não envelheceu. O transe da cabocla é descrito sobriamente, com leve estilização clássica, longe do exotismo ou sensacionalismo. "Agitava-se agora mais, respirando grosso. Toda ela, cara e braços, ombros e pernas, toda era pouca para arrancar a palavra ao Destino".[10] Até onde vejo, não há aqui intenção de desmistificar, mas tampouco de fazer crer. De

---

[9] *Idem, ibidem*, p. 126.

[10] *Idem, ibidem*, p. 22.

fato, as palavras ulteriores da adivinha não têm nada de inexplicável, uma vez que só profetizam o que a própria Natividade sugeria ou deixava entrever. Nem por isso são invencionices, pois traduzem o que os olhos da cabocla, "lúcidos e agudos", ou também "opacos", que "entravam pela gente" e "revolviam o coração", lutavam por adivinhar.[11] Neste sentido, a ironia que cerca o capítulo não se refere à vidente, que afinal de contas faz bem o seu ofício, mas à sua freguesa da alta roda, um tanto envergonhada de estar ali, que paga para saber de antemão o que não podia deixar de acontecer, ou seja, que os filhos dos ricos serão ricos e importantes. Avançando um passo, Natividade leva a superstição ao ponto de chamar simpática a cabocla, na esperança de captar a sua boa vontade e melhorar o destino dos gêmeos... Já de outro ângulo ela é tão bruxa quanto a vidente, de quem não tira os olhos, "como se quisesse lê-la por dentro", e com a qual luta de igual para igual.[12] Quer que lhe diga "tudo, sem falta", tudo, naturalmente, o que ela própria deseja ouvir.[13] Tomando recuo, digamos que a cabocla, o morro com seus populares, a senhora da alta roda e o narrador cosmopolita compõem uma situação cheia de complexidade real e literária, em que as imensas distâncias que separam os polos da sociedade brasileira se relativizam, criando um espaço comum. As posições sociais afastadas, os interesses contrários e as crenças incompatíveis se determinam mutuamente, ao contrário do que supõe o dualismo ilusório, para não dizer estúpido, entre civilizados e bárbaros, que estava em voga naquele começo de século e até hoje nos persegue.

---

[11] *Idem, ibidem*, p. 21.

[12] *Idem, ibidem*, p. 22.

[13] *Idem, ibidem*, p. 23.

Concluída a consulta, ouve-se o pai da cabocla na peça ao lado, cantando uma toada do Norte.

> Menina da saia branca
> Saltadeira de riacho
> Trepa-me neste coqueiro
> Bota-me os cocos abaixo.
> Quebra coco sinhá,
> Lá no cocá
> Se te dá na cabeça,
> Há de rachá
> Muito hei de me ri
> Muito hei de gostá,
> Lelê, cocô, naiá.[14]

Na primeira quadra, em português culto, a sinhá manda a menina — presumivelmente uma negrinha — subir no coqueiro para botar abaixo os cocos. Na sequência, em língua de preto e com sadismo alegre, a menina diz que se acaso um coco rachar a cabeça de sinhá, muito há de rir, muito há de gostar. "Lelê, cocô, naiá".

Completa-se o desfile dos assuntos fortuitos, que entretanto dimensionam o quadro. Aí está, como um comentário oblíquo sob forma de cantiga, um ponto de vista saído da escravidão, recém-abolida no momento em que se escrevia o romance.

[Publicado em *Novos Estudos CEBRAP*, nº 100, novembro de 2014]

---

[14] *Idem, ibidem*, p. 23.

Uma prosa excepcional

A palavra afiada reúne entrevistas, ensaios e cartas de Gilda de Mello e Souza (1919-2005).[1] São escritos que estavam espalhados em publicações e arquivos de difícil acesso, e que agora, graças ao trabalho de Walnice Nogueira Galvão, chegam a um público mais amplo. Em cada um dos gêneros há peças memoráveis, que são leitura obrigatória para os interessados em cultura brasileira.

Um dos tópicos salientes do livro é o impacto que teve a criação da Faculdade de Filosofia, com seus professores europeus, na São Paulo da década de 1930. Outro tópico é a figura de Mário de Andrade, em cuja casa brasileiríssima a autora — sua prima — viveu a juventude e sobre o qual o seu depoimento é insubstituível. O leitor atento notará convergências entre o brasileirismo de combate praticado pelo artista e as novidades discretas mas radicais trazidas pelos professores de fora. Nos dois casos assistimos à desprovincianização de São Paulo e, por extensão, do Brasil, um movimento de fundo de que a autora se sente testemunha e protagonista.

---

[1] Gilda de Mello e Souza, *A palavra afiada*, organização de Walnice Nogueira Galvão, Rio de Janeiro, Ouro sobre Azul, 2014.

Uma prosa excepcional

Comentando a surpresa causada pelos professores franceses, que lhe revelaram o que deve ser uma aula moderna, Gilda observa que não tinham vergonha de consultar as suas notas enquanto falavam, que as aulas tinham um plano previamente redigido e que a bibliografia era moderna, além de lealmente franqueada aos alunos. Tudo muito diferente da exposição tradicional, de corte romântico, baseada na improvisação e no brilho fácil, com suas fontes "cautelosamente escamoteadas da classe". Com franqueza tranquila, desprovida de agressividade, Gilda lembra que este segundo modelo dominava na Faculdade de Direito. Muito breve e instrutiva, a comparação é um bom exemplo do poder de síntese e de revelação que as suas entrevistas frequentemente têm.

Além do prestígio da língua e das ideias francesas, Gilda lembra o veneno sutil do marxismo e da psicanálise, que as aulas também traziam. Como conciliar isso tudo com a rotina patriarcal na casa de Mário, "com os serões familiares, com o bordado, o tricô, as meias cerzidas, a roupa engomada"? Sem falar no ambiente muito católico, na frequência periódica à igreja e no hábito semanal da costura dos pobres... A certa altura, refletindo sobre o abalo trazido pelas ideias de fora, ou pelo afrancesamento maciço, Gilda se pergunta pelos anticorpos que salvaram a sua geração de cair no estrangeiramento. A resposta, inesperada e esclarecedora, vem na lista de obras excelentes produzidas no Brasil na década de 1930.

O que nos salvou foi termos testemunhado essa explosão de vigor. Daí em diante foi bem mais fácil encarar a diferença brasileira, objetivamente, sem humilhação ou paranoia, através da "pauta" (*grille*) europeia, que a Faculdade de Filosofia estava nos fornecendo. A minha geração se formou na encruzilhada dessas duas influências.

São observações propriamente dialéticas, que superam a alternativa estéril entre nacionalismo e cosmopolitismo, observações aliás que merecem ser ruminadas.

Outro ponto alto do livro está na descrição do grupo de estudantes que logo adiante criaria a revista *Clima* e daria ao país alguns de seus críticos de peso, como Lourival Gomes Machado, Decio de Almeida Prado, Paulo Emílio Sales Gomes e Antonio Candido, sem esquecer a própria Gilda. A camaradagem no interior do grupo era grande, animada pelo entusiasmo com as aulas, por certa afinidade nas origens sociais e pelas simpatias esquerdizantes. Na bonita formulação da autora, "a partir de certo momento creio que só conseguíamos nos divertir se estivéssemos juntos". Para Gilda, que vinha do interior e queria escapar ao destino feminino tradicional, a oportunidade era extraordinária. "Era a primeira vez que via o grupo feminino e masculino se defrontando no espaço neutro das tarefas escolares, onde a disputa intelectual se faria com grande *fair-play*, sujeitando todos às mesmas regras."

Dito isso, ao mesmo tempo que reconhece a atenuação da desigualdade entre os sexos na faculdade, Gilda observa que o preconceito masculino tomava novas feições e não desaparecia. Este é o tema talvez mais ácido do livro. Avessa aos lugares-comuns sobre o progresso e o atraso, menos interessada em levantar bandeiras que em ser fiel à sua experiência, Gilda não disfarça as dificuldades envolvidas no processo da modernização, em particular para as mulheres. Assim, os passos da emancipação feminina que mal ou bem estava em curso não vão simplesmente, ou linearmente, da sujeição à liberdade, como quer o chavão. No percurso das primeiras gerações de universitárias encontramos, para dar um exemplo, "a curiosa relação sadomasoquista de que são vítima as mulheres que decidem se cultivar". O progresso, noutras palavras, não vinha sem custo. Vários dos melhores achados do livro, bem como a qualidade de sua prosa, têm a ver com essa atitude reticente, que busca a verdade nos meandros do processo, antes que nos seus mitológicos pontos de partida e de chegada.

A presença de Mário de Andrade no livro é central. Ele é o destinatário de uma dezena de cartas de Gilda, extremamente interessantes, e o objeto de vários ensaios e entrevistas. A sua inserção simultânea no Brasil antigo e no vanguardismo artístico internacional é vista de perto, no dia a dia. Assim, por exemplo, o andar térreo da casa em que mora Mário pertence ao interior paulista do século XIX, com sua atmosfera católica, ao passo que no primeiro andar está o *studio*, com os quadros modernistas, as estantes Bauhaus e a livralhada de um intelectual atualizado. Noutro ensaio, aliás muito notável, assistimos à amizade profunda e produtiva, cheia de diferenças, entre o escritor experimental e um seu parente tradicionalista em gramática. Analogamente, veja-se ainda o apego pormenorizado de Mário pela culinária brasileira, cujos requintes encerram para ele uma sabedoria de vida inestimável. São exemplos da importância que tinha a tradição para o artista revolucionário, que não pensava deixá-la para trás, mas ativá-la com os meios da vanguarda, abrindo-lhe o futuro. Os desdobramentos estéticos destas observações biográficas, em que o desejo modernizador tem feição imprevista, não foram ainda explorados.

A certa altura, comentando a carreira de Cacilda Becker, que pertencia à sua geração, Gilda observa que ela soube passar da velha escola do estrelismo, então dominante no teatro brasileiro, para outra mais avançada, em que o principal era o espetáculo visto no conjunto. Este seria o resultado de um trabalho em equipe, no qual a música, o cenário, os papéis menores e a direção não contavam menos que o ator principal. Algum tempo depois, sob a direção de encenadores estrangeiros que acabavam de chegar ao país e ensinavam essa concepção, Cacilda subiria ao nível dos grandes intérpretes do tempo. Há aqui um paralelo possível com a evolução do grupo de Gilda na faculdade, a quem os professores de fora também ensinaram o padrão atualizado de trabalho, favorecendo a eclosão de uma geração de críticos de primeira linha. O percurso da própria Gilda, de menina do interior a intelectual adiantada, pode ser aproximado dessas transformações. Por fim, sem desconhecer a desproporção, digamos que o salto pioneiro que Mário dera duas décadas antes, em contato com o vanguardismo europeu, havia desbravado essa mesma perspectiva e os conflitos correspondentes. São especulações, ou painéis involuntários, que o livro faculta em quantidade — uma verdadeira mina para o leitor que não seja preguiçoso.

Para concluir, transcrevo um trecho que dá ideia da qualidade literária do ensaísmo de Gilda. Trata-se da divisão de papéis entre homens e mulheres na família.

> Eu, por exemplo, como já assinalei, vinha de um meio burguês e em certos aspectos culto, mas onde a cultura fora sempre privilégio exclusivo do grupo masculino. Entre as figuras femininas da minha família — algumas excepcionais como iniciativa e inteligência — não consegui encontrar nenhuma que tivesse se distinguido por qualquer pendor intelectual. Desde o século passado, minhas tias e avós viveram dobradas sobre os trabalhos domésticos: primeiro afeitas às duras lides rurais, fiando o algodão, cosendo a roupa dos filhos e do marido, distribuindo entre os escravos as tarefas diárias; mais tarde, na cidade, ajudando o marido a ampliar a modesta receita doméstica, através das encomendas de doces, tricô e trabalhos de agulha. E mesmo quando me lembrava de minha mãe, normalista e

civilizada, era para surpreendê-la ambientada às tarefas rudes da fazenda, criando galinhas, engordando porcos, formando o seu pomar afamado, saindo de baixo de chuva para atender doentes, aplicando com dedicação nos filhos dos colonos os ensinamentos médicos que havia adquirido com talento ao cuidar de seus próprios filhos. À noite, nos serões familiares, à luz fraca da fazenda, era meu pai que, descansando, relia os velhos livros de solteiro, em suas belas edições encadernadas. Minha mãe, nunca a surpreendi lendo nada além dos jornais. Comentava as notícias políticas com paixão e injustiça, investia com violência contra o governo e voltava apaziguada às costuras, que, de tempos em tempos, nos enviava para São Paulo, junto com os caixotes de frutas, os ovos, a goiabada cascão, as recomendações de preceito.

Cresci admirando essas mulheres fortes, trabalhadeiras, desprendidas, sem direito ao sonho e capazes de sustentar a luta quando a casa caía. Não lembro de nenhuma que fosse leitora inveterada de romances, poetisa ocasional ou autora anônima de contos para revistas.

Quando decidi me cultivar, arrostando as consequências de uma carreira intelectual, tive de pôr entre parênteses as existências conformadas que haviam povoado a minha primeira mocidade.

[Publicado em *Pesquisa FAPESP*, nº 222, setembro de 2014]

Artes plásticas e trabalho livre

Sérgio Ferro acaba de lançar um livro pesquisado e complexo, que condensa uma vida de reflexão sobre as artes plásticas e a sociedade capitalista.[1] Como tenho a mesma idade do autor, sei o custo de escrever depois dos setenta, procurando na medida do possível não baixar o nível. Com amizade e admiração, tiro o chapéu para ele.

O título do livro, *Artes plásticas e trabalho livre*, contrapõe noções de ordem muito diversa, que parecem não ter nada a ver uma com a outra. Entretanto, esse título nos leva ao centro das preocupações de Sérgio, que são tanto estéticas como sociais. O trabalho livre aqui deve ser entendido em duas acepções. Uma, digamos, libertária, que tem parte com a utopia, em que o trabalho está sob o signo da liberdade e polemiza com a opressão social.

Na outra acepção, filiada à crítica marxista, o adjetivo "livre" está em sentido sarcástico e paradoxal, sobretudo de privação e desconexão, no polo oposto à plenitude que a palavra li-

---

[1] Sérgio Ferro, *Artes plásticas e trabalho livre: de Dürer a Velásquez*, São Paulo, Editora 34, 2015.

berdade parece prometer. Aqui o trabalho é dito livre quando está separado de tudo que não é ele próprio, desembaraçado por assim dizer da riqueza das relações sociais, ou, ainda, quando não tem vínculo social algum que o proteja do capital. Ele é a única propriedade com que conta o trabalhador, que foi apartado à força de suas condições de realização material e até de subsistência — reduzido a uma situação de absoluta precariedade.

Ou seja: por oposição ao servo da gleba, que historicamente o precedia, o trabalhador livre não dispõe de meios de produção ou de outra propriedade qualquer, nem de garantias, não lhe restando outra saída senão vender a sua força de trabalho no mercado, sob forma de mercadoria. Livre e solto, ele está condenado a ser vítima da exploração. Aí está, resumindo muito, a figura do trabalho assalariado, que é um dos pilares da alienação moderna.

O título da obra de Sérgio sugere, pois, uma ligação de fundo entre as artes plásticas e estes dois significados do trabalho livre, cuja contradição é justamente o problema a entender: o trabalho livre na perspectiva do artista, e não só dele, e o trabalho livre na perspectiva do capital.

Historicamente, a questão não se apresenta de maneira simples. No plano das motivações evidentes — sempre acompanhando o argumento do autor — pintores e escultores buscavam distinguir-se dos artesãos das corporações de ofício, para escapar à pecha que marcava o trabalho manual, destino das classes dominadas. Tratava-se de inventar um tipo de trabalho a que o estigma da sujeição social — o trabalho dos inferiores, que recebem ordens e obedecem regras — não se aplique. O objetivo era "Tornar a sua atividade — a pintura e a escultura — uma arte 'liberal', como a poesia e a música, isto é, alçá-la a uma posição nobre, socialmente respeitável e, sobretudo, mais lucrativa [...]". Em suma, era preciso desmanualizar e espiritualizar as artes plásticas, transformá-las, como diria Leonardo da Vinci, em *cosa mentale* — uma coisa mental, acima da materialidade rude do trabalho propriamente dito.

Sérgio estuda três soluções técnicas funcionais para essa escalada, as quais formam um pequeno sistema, cuja dialética interna é sumamente interessante. A primeira das soluções seria o virtuosismo de Dürer, uma espécie de superartesanato, de artesanato elevado ao quadrado, que tornaria inconfundível o artista e garantiria a diferença entre a sua obra de gravador — altamente intelectualizada — e a produção mais esquemática e convencional, e menos pretensiosa, de seus colegas de ofício, os mestres das corporações. Dito isso, por mais que sublinhasse a diferença, o virtuosismo não deixava de ser trabalho por sua vez. O engenho extraordinário causaria admiração, mas não suprimia as marcas da atividade física e da condição inferior que lhe era associada.

Uma resposta diferente ao problema seria apresentada por Leonardo da Vinci, com sua teoria e prática do "liso". Como a palavra indica, o ideal do liso apontava para "uma pintura ou escultura desprovidas de qualquer vestígio do processo produtivo". Mais especificamente, a pincelada devia desaparecer, ou tornar-se invisível, e com ela seriam disfarçados e apagados os rastros da mão do artista e da condição de trabalhador. A obra, ou melhor, a perfeição, se apresenta como fruto do espírito, e não do ofício, que é obliterado.

O liso entretanto não ocultava apenas o processo material da produção, mas também a individualidade do pintor ou escultor, que deveria desaparecer atrás da objetividade por assim dizer divina de sua obra. Ora, diante do mundo exacerbadamente personalista e arrogante de príncipes, papas, *condottieri* e demais mecenas, a ocultação de si implicada no liso parecia insatisfatória por sua vez. Por outro lado, e aí a dificuldade, não haveria risco em identificar e devolver ao primeiro plano a mão do artista? Não seria o mesmo que recair no desprestígio da condição subalterna de artesão, que acabava de ser superada? A terceira solução, cujo representante máximo seria Michelangelo, seriam a *sprezzatura* e o *non finito*. *Sprezzatura* se pode traduzir por desprezo, desdém, pouco caso, fastio, displicência, coisa feita sem grande empenho. Tratava-se de transferir para o campo artístico os atributos da naturalidade elegante da nobreza, cujos modos distintos e superiores não deviam trair esforço. Certa negligência na pincelada não só representaria a transposição pictórica dessa superioridade de classe, como acentuaria a individualidade do artista, que se afirmava superior e desapegado inclusive em relação à atividade dele próprio, cuja natureza de trabalho se disfarçava.

Vistas no conjunto, são três respostas das artes plásticas ao desafio colocado pela desigualdade social que tomava formas novas. É claro que todas as respostas têm desdobramentos que vão além do impulso inicial e não se podem reduzir à motivação sociológica. O traço comum entretanto existe, e não é difícil perceber nelas, nas respostas, o anseio geral de ascensão social e de distanciamento em relação ao mundo do trabalho artesanal antigo, para não dizer de aproximação das artes às classes dirigentes. É uma evolução significativa, de grande interesse, mas nada que entusiasme o leitor igualitário. Paralelo a essa tendência, contudo, como um fio vermelho que vem do Renascimento aos nossos dias, há um outro curso, de espírito muito diverso, que para Sérgio é o principal e é o foco de sua reflexão.

Repisando um pouco, digamos que o pintor e o escultor buscavam afastar-se do mundo pautado e repetitivo, e sobretudo inferiorizado socialmente, do trabalho dos artesãos. Na face complementar da moeda estava o desejo de ser reconhecido como igual pela gente graúda. Isso no plano dos desígnios mais ou menos conscientes. Num plano menos consciente, mas fundamental e apontando para o futuro, vem a novidade: a recusa das regras do ofício levava à invenção, e o que é mais, a uma invenção que reage a seu próprio andamento, criando uma dinâmica nova, antitradicionalista, inacessível às prescrições artesanais. Este é o princípio das obras únicas e autônomas, autodeterminadas, que estarão no centro da reflexão sobre arte nos Tempos Modernos.

Também na outra frente, do desejo de equiparação com os de cima, a suscetibilidade pessoal aguçava a repulsa a qualquer espécie de sujeição. Assim, amarrada ao trabalho material, que era da natureza inescapável das artes plásticas, formava-se uma combinação de rebeldias estéticas e sociais. Esta engendrava, talvez sem o saber, como um subproduto, algo que se poderia chamar de trabalho livre propriamente dito, um trabalho autônomo, que no interior da prática artística se opunha a tudo que lembrasse subordinação. Em âmbito restrito, pintura e escultura estavam criando o exemplo de um trabalho novo, contrário ao trabalho livre entre aspas, então nascente, trabalho "livre" que na verdade era heterônomo e seria o padrão das relações sociais na era capitalista que se abria. As artes plásticas nesse sentido têm uma relevância incomparável, e o livro de Sérgio, que formula e ressalta esse aspecto, se deseja uma homenagem máxima a elas.

A ênfase nos termos *sprezzatura*, liso e virtuosismo, tomados ao vocabulário propriamente técnico, mostra a preferência de Sérgio pela cozinha artística e seus macetes. São simpatias materialistas, que enxergam mais verdade nas conversas de ateliê, sobre fatura, que no universo vasto e prestigioso das referências teológicas, filosóficas, científicas e culturais que a pintura renascentista assimilou, e que Sérgio chama de enxerto — um enxerto ideológico, que facilita o entendimento meio espúrio

Artes plásticas e trabalho livre

com os mecenas e as classes dirigentes. Essa valorização do clima de oficina, em detrimento da sala de visitas, tem algo a ver com a explicitação dos procedimentos teatrais praticada por Bertolt Brecht, que também via na revelação do que se passa nos bastidores da encenação um ato de desmistificação e de clareza rebelde, por oposição à névoa das aparências burguesas. Dito isso, o anti-ilusionismo é apenas um aspecto do materialismo de Sérgio. O outro e principal é a articulação negativa, como já vimos, do trabalho autodeterminado das artes plásticas ao trabalho heterônomo que nascia e seria uma das realidades centrais de todo o período capitalista até hoje. Aqui temos uma construção materialista em sentido profundo, em que uma das esferas principais da cultura é ligada por dentro, criticamente, ao andamento sócio-econômico de nossa sociedade no seu todo. Em escala maior ou menor e a despeito de sua pompa e glória, a pintura clássica seria atravessada por essa negatividade, a que deve a sua força.

Para singularizar o trabalho de Sérgio no campo dos materialismos marxistas, digamos que estes costumam dar uma descrição ampla da pintura, escultura e arquitetura de um período e aproximá-las da história social correspondente. Ao passo que Sérgio isola o impulso que lhe parece crucial e procura entendê-lo como a negação polêmica da viga mestra que sustenta a ordem econômico-social moderna. Em lugar do painel abrangente, que convida à contemplação, a busca da pedra angular, que permitiria derrubar o edifício. Neste sentido, as artes plásticas, cujo ânimo último estaria na emancipação do trabalho, seriam desde sempre um pressentimento da revolução. Pensando no vasto leque dos materialismos que hoje disputam a praça, seria o caso talvez de dizer que o de Sérgio tem o seu critério na desalienação do trabalho (menos que na apropriação social dos resultados e da riqueza da produção capitalista).

Note-se enfim que um livro como este que estamos saudando dificilmente teria sido escrito no Brasil, pela familiaridade longa e pormenorizada que supõe com obras europeias de difícil acesso. Neste sentido ele é fruto da longa estada de Sérgio no Velho Mundo, que começou pelo exílio político em 1972. Seria o caso então de dizer que se trata de um livro europeu? Sem muita certeza, eu gostaria de sugerir, para terminar, que ainda nos anos de 1960, quando o marxismo brasileiro era na sua grande maioria nacional-desenvolvimentista, Sérgio se rebelou contra o fatalismo etapista que era convicção geral na época. Onde os arquitetos progressistas adiavam para mais adiante a solução do problema da moradia popular, que só poderia vir com a industrialização ainda incipiente, Sérgio e seu grupo tomaram o partido da urgência presente e se negaram a esperar. Em lugar de uma remota arquitetura industrializada em grande escala, optaram pelos famosos experimentos em forma de oca, baratos e simples, modernos à sua maneira, compatíveis com a autoconstrução popular. Os arquitetos de esquerda tinham a obrigação de responder ao problema do momento e de inventar soluções, mesmo que a indústria ainda não estivesse aí. O que importava era atender ao povo pobre e democratizar o processo de trabalho, cruelmente explorador, mesmo que as soluções ficassem longe dos processos produtivos mais adiantados. Estava postulada a possibilidade de um trabalho autodeterminado e inventivo que passava mais ou menos à margem do desenvolvimento das forças produtivas modernas. Vocês dirão se me engano ao ver aqui uma afinidade com o interesse de Sérgio pelo surgimento do trabalho autônomo nas artes plásticas da Renascença, um processo relativamente apartado da parafernália teológico-político-filosófico-científica que o acompanhava. Algo do marxismo antietapista e urgente dos jovens arquitetos dos anos 1960 pode ter migrado para os esquemas de história da arte renascentista que Sérgio desenvolveu depois. Neste sentido, *Artes plásticas e trabalho livre* não seria um livro só europeu, e daria continuidade a um impulso gerado na América Latina.

[Texto lido no debate que acompanhou o lançamento do livro de Sérgio Ferro no Centro Universitário Maria Antonia, em 5 de março de 2015, e publicado em *Piauí*, nº 104, maio de 2015]

Merquior

Quando conheci José Guilherme Merquior, em 1969, ele era um jovem secretário de embaixada em Paris. Diplomata formado no período democrático, anterior ao Golpe, ele não se curvava às restrições impostas pela ditadura e tratava de manter a amizade e a conversa com intelectuais de esquerda, com os quais tinha interesses e bibliografia em comum. No ambiente policial que reinava, essa independência, certamente honrosa, requeria alguma coragem.

Com o tempo, Merquior evoluiu para o ataque à esquerda, cujas ideias entretanto o interessavam vivamente, levando-o a posições paradoxais. Assim, em plena ditadura, ele publicou um panorama das posições estético-sociais de Marcuse, Benjamin e Adorno, cheio de assuntos avançados, que para os militares seriam tabu. Era um atrevimento, mas um atrevimento com cobertura, pois a tese do trabalho era que esses autores representavam o atraso, bem ao contrário de Heidegger — o que salvo engano invertia tudo.

Com estratégia parecida, sempre em nome da razão, Merquior polemizava contra o marxismo, a psicanálise e a arte moderna, numa espécie de crítica ao pensamento crítico e à negatividade, ou seja, a tudo que apontasse para além da ordem burguesa. Resultava daí uma espécie desconcertante de guerrilha a favor do *establishment*, ou de conformismo combativo.

A massa de referências artísticas, teóricas e históricas que Merquior mobilizava em seus estudos fazia dele um caso à parte em nossa crítica. Não estávamos acostumados a ver os nossos autores submetidos a uma reflexão tão numerosa e cosmopolita. Pode ser que houvesse alguma desproporção entre esse aparato conceitual imponente e os resultados da análise, mas não há dúvida que a leitura da crítica de Merquior ajudava e que ele foi uma das figuras centrais de minha geração.

Dito isso, a literatura e as ideias para ele contavam mais que o resto. A sua conversa inesgotável, sempre interessante e civilizada, que jorrava como uma força da natureza, era um espetáculo memorável.

[Publicado em "Ilustríssima", *Folha de S. Paulo*, 23 de agosto de 2015]

O diretor do Museu Lasar Segall

Vou ser breve. Para entender a pessoa de Maurício Segall é preciso, na minha opinião, considerá-lo como um pacote explosivo de tensões. Por um lado, descendente de uma família rica e filho de Lasar Segall, um dos grandes pintores de nosso tempo. Por outro, comunista convicto e radical, numa acepção nobre, que vai além da filiação partidária e que a evolução histórica do comunismo deixou sem base. Esta bomba de contradições é tornada mais potente por um temperamento vulcânico, à moda russa, e pelo desejo exasperado de integridade e de coerência. Tudo isso misturado, mais a extraordinária energia física, fizeram dele um homem evidentemente de exceção.

O seu aspecto grão-burguês aparecia na naturalidade com que mandava e na sobriedade *no nonsense* com que considerava as questões de interesse material. A verdade é que entre o materialismo de proprietário e a clareza do administrador de esquerda, responsável pelo governo de uma instituição, havia mais coisas em comum do que costumamos admitir. Por sua vez, a devoção ao acervo pictórico do pai, tratado como um patrimônio da humanidade, da cidade ou da nação, e não da família, não tinha nada de burguês. A generosidade com que Maurício e o irmão financiaram o museu, ao qual doavam as suas coleções Segall, de grande valor, além de imóveis e dinheiro, pertence a um mundo surpreendente, sem mesquinharia, em que a arte conta mais do que a propriedade. Quanto à vertente comunista, ela se manifestava na concepção mesma do museu. A orientação pró-moderna mas antimercantil, empenhada na deselitização da cultura, bem como a organização democrática, em que os funcionários têm voz e iniciativa, apontavam para além do capitalismo. Chegados aqui, não há como não mencionar que esses aspectos avançados da posição de Maurício e do museu foram historicamente derrotados pelo curso geral do mundo, que tomou o rumo do aprofundamento da mercantilização, inclusive e notadamente da cultura.

Para dar uma ideia do teor de conflito nas posições de Maurício, vou contar uma anedota. Estávamos os dois passeando na praia, quando chegamos a um conjunto de pedras enormes, que o acaso havia equilibrado de maneira esplêndida. Cometi a imprudência de observar que o conjunto, embora sem assinatura de artista, competia com a escultura moderna. A resposta veio amarga e exaltada: o arranjo natural das pedras era superior a qualquer obra de arte, pois era acessível a todo mundo, sem o ranço elitista de museus e exposições, e sem o esnobismo e a competitividade de todo trabalho artístico. Por um momento breve mas lancinante, aí estavam as injustiças da sociedade de classes, que não perdoam, anulando o trabalho de vida inteira do criador de um museu modelo de democracia. Frente à beleza das pedras e à inaceitável desigualdade social, que subitamente se traduziam em raiva da arte, a dedicação meticulosa e amorosa à obra do grande pintor Segall ficava mal parada. Tivemos que espichar o passeio para que Maurício recuperasse a calma.

Para concluir meu depoimento quero falar na solidariedade de Maurício com os amigos perseguidos pela ditadura, solidariedade da qual eu mesmo me beneficiei para sair do Brasil. Enquanto não foi agarrado pela repressão, Maurício ajudou de

Seja como for

muitas maneiras a luta contra a ditadura, às vezes com risco de vida. Com sua perícia no volante e energia de touro, ele perguntava pouco e estava sempre disponível para fazer a longa viagem de automóvel de São Paulo à fronteira do Uruguai, para ajudar alguém a fugir. Dezesseis horas de ida, três de descanso e mais dezesseis de volta — e a vida continuava.

[Gravado em homenagem a Maurício Segall, no Museu Lasar Segall, em 2017, e publicado em "Ilustrada", *Folha de S. Paulo*, 2 de agosto de 2017]

Antonio Candido (1918-2017)

1. Homenagem

Boa tarde a todos. Vocês vão dizer se estou enganado, mas a morte do Antonio Candido mexeu com as pessoas. Quem esteve no velório sentiu no ar uma comoção especial, que ia além da tristeza pela perda de um homem querido e admirado. Apesar dos quase 99 anos, a morte dele foi algo como a gota d'água que faz entornar o copo, no caso um copo de insatisfação política. Como me observou o André Singer, aqui presente, as pessoas estavam sentindo que era urgente fazer alguma coisa. A mesma pressão aparece nas palavras de uma amiga, que acordou deprimida na manhã seguinte: o Brasil está esse horror, mas tinha o Antonio Candido; agora que não tem mais, como ficamos? Marina de Mello e Souza, filha do Professor, deu uma declaração aos jornais que também ia no sentido dessa indignação. Falava na decepção da geração de seu pai, que havia acreditado num futuro mais igual, mais decente, mais voltado para o bem comum.

Tudo isso é um pouco surpreendente, pois quem conheceu Antonio Candido sabe que ele era um homem sobretudo discreto, que não gostava de aparecer nem mandar. No sentido convencional, o contrário de um político. Não obstante, está claro também que ele era agudamente político, só que de um modo pouco usual, digamos construtivo. Em vez do papel de porta-bandeira, ou de agitador na linha de frente, ele preferia a atuação de base, a função modesta de professor que ajuda os alunos a progredir, que dá aulas ao mesmo tempo acessíveis e extraordinárias, que organiza seminários para melhorar o nível de seu partido político, que faz propostas inovadoras de organização universitária, nas quais se evitam as irracionalidades cometidas anteriormente etc., etc. À sua maneira, essa combinação rara entre modéstia, funcionalidade e alto nível não deixava de ser uma política — uma espécie de socialismo sem promessas mirabolantes — que as pessoas acabavam por reconhecer e admirar como tal. Uma política inteligente, real, afastada de rótulos, alheia ao espalhafato, diferente do padrão dominante e talvez insatisfeita com ele. Uma política sem os vícios da política, por assim dizer.

Para dar uma ideia do que estou falando, vou lembrar uma conversa de cinquenta anos atrás. Meio ao acaso, Antonio Candido explicava a Walnice Nogueira Galvão e a mim, que éramos seus assistentes, alguma coisa de seus planos para o Departamento de Teoria Literária, que estava começando. Dizia o professor a Walnice, que sabia bem o inglês, que ela poderia acompanhar de perto a crítica inglesa e norte-americana, enquanto eu, que sabia alemão, acompanharia a discussão alemã, e ele ficaria com a parte italiana e francesa. Assim o nosso departamento estaria a par dos desenvolvimentos da crítica em cinco países capitais, ou, noutras palavras, o departamento ficaria atualizado com o estado da arte no mundo. Acho essa história significativa a mais de um título. Estão aí a valorização do trabalho planificado, coletivo, a noção de que a universidade se insere num processo internacional e que é preciso vencer a nossa situação de retardatários — tudo ideias avançadas, contrárias aos costumes estabelecidos.

Antonio Candido (1918-2017)

No imediato — estou falando dos anos 60 do século passado, quando a luta contra o subdesenvolvimento estava na ordem do dia — tratava-se de superar certo provincianismo dos departamentos de letras, onde os estudos literários se faziam em âmbito absurdamente limitado, sem abertura para o pensamento contemporâneo. É claro que sempre havia um ou outro professor informado, mas essa era uma façanha individual dele, não um padrão obrigatório da pesquisa. Por outro lado, os poucos professores que se interessavam por alguma corrente crítica estrangeira tendiam a fazer dela algo como uma franquia, que promoviam e a qual defendiam contra todo o resto, como uma panaceia, na verdade um elemento de poder acadêmico. Assim, quase à maneira de representantes oficiais de uma marca, existiam os adeptos da nova crítica americana, da estilística espanhola, do formalismo russo, das várias modalidades de marxismo, do estruturalismo e do pós-estruturalismo franceses etc. Pois bem, ao propor que o departamento estivesse em dia com o conjunto da crítica contemporânea, na sua diversidade, Antonio Candido buscava fugir dessas diferentes formas de exclusivismo, em que reconhecia modos mais modernos de atraso cultural ou de deslumbramento colonizado. Vocês me objetarão que a ânsia de atualização em toda linha e o decorrente ecletismo não deixam por sua vez de ser um aspecto da situação colonizada, de falta de assunto próprio. É verdade, mas a objeção não atinge o trabalho de Antonio Candido, como já já vou indicar. Pelo contrário, ela conduz a um dos traços originais e inovadores da atividade literária dele, como crítico e como professor.

Jorge Luis Borges, no seu ensaio sobre "O escritor argentino e a tradição", nota que a falta de uma grande tradição nacional às vezes empurra os escritores latino-americanos a buscar apoio noutras tradições mais ilustres. Mas nota também, contrariamente aos patrioteiros, que esses empréstimos podem não ser uma desgraça, pois as tradições estrangeiras, justamente por nos serem alheias, obrigam menos à reverência e deixam espaço para uma certa liberdade. "Creio que os argentinos, os sul-americanos em geral, estamos em uma situação análoga [à de judeus e irlandeses]; podemos manejar todos os temas europeus, manejá-los sem superstições, com uma irreverência que pode ter, e já tem, consequências afortunadas." Paulo Emílio Sales Gomes faz uma observação paralela, igualmente aguda, quando se refere à nossa "incapacidade criativa de copiar". Porque não temos tradição própria imitamos, mas como não sabemos imitar bem sai outra coisa, uma diferença involuntária que é ela mesma criativa, inovadora a seu modo. Essa transformação produtiva do precário em distância, ironia e inovação, esboçada por Borges e Paulo Emílio, está no centro de vários momentos altos de nossa cultura, e também do trabalho de crítico e professor de Antonio Candido. Para um balanço magistral desses problemas, ver do próprio Professor, "Literatura e subdesenvolvimento", um ensaio para ler e reler.

Nos anos 1970, Antonio Candido animava um seminário de pós-graduação em que se repassavam as teorias críticas modernas. Na época eu estava fora do Brasil, de modo que me baseio no que me contaram a respeito as colegas Salete de Almeida Cara e Berta Waldman, e também Jorge Schwartz. Os seminários discutiam, entre outros, textos do formalismo russo, dos estruturalistas, de Adorno, o *Literatura e revolução* de Trótski. Além de apresentá-los, Candido estimulava os alunos à experimentação, a tentar trabalhos que adotassem essas perspectivas, de modo a aproveitar o que nelas fosse sugestivo. Entre parêntesis, a abertura para a diversidade das teorias não deixava de ser também uma abertura para a diversidade dos alunos, que assim tinham oportunidade de escolher e de manifestar as diferenças entre os seus temperamentos intelectuais. O pressuposto talvez fosse que toda abordagem mais ou menos consistente apanha algo de seu objeto e, por isso, não é de se jogar fora. Uma posição antidogmática, parecida com a de Riobaldo em *Grande sertão: veredas*, que dizia se aproveitar de todas as religiões, desde que ajudassem a viver. Por outro lado, como as várias teorias e metodologias são incompatíveis, além de estarem em guerra aberta, frequentemente ridícula, a tolerância com todas inevitavelmente tem algo de ironia e ceticismo, contrário às pretensões absolutistas de cada uma delas em particular. Espero que vocês estejam reconhecendo aqui algo da irreverência especial que Borges julgava possível a nós sul-americanos. Para dar um exemplo, a propósito do marxismo, tão exigente em matéria de engajamento, Candido dizia de si mesmo que em momentos de ditadura ele se considerava marxista a 90%, mas que, em momentos de luta de classe menos acirrada, o seu marxismo descia a 50%. Ou ainda, comentando os rigorismos metodológicos em geral, ele gostava de dizer que método, ao menos em parte, é questão de bossa. Procurando um nome para essa sua política no campo controvertido das teorias literárias — um nome menos pejorativo ou mais simpático do que o termo "ecletismo", que era má palavra — Antonio Candido falava em crítica "integradora", comandada pelas exigências do texto analisado, o que aliás é muito razoável.

Dito isso, vamos voltar a nosso ponto de partida, à criação de um departamento de teoria literária no Brasil, nos anos 1960 e 70, quando o país lutava contra o subdesenvolvimento e procurava se dotar de uma universidade moderna. A nossa situação não era a de Europa e Estados Unidos, onde a disputa entre as teorias literárias estava em curso e dizia respeito sobretudo à modernização do ensino das letras. Havíamos chegado tarde à discussão, de que desejávamos participar, mas cujos termos já estavam definidos quando passamos a nos interessar por eles. O prato vinha feito. Daí a eventual irreverência ou distanciamento — quando não a reverência embasbacada — a que se referia Borges diante das tradições canônicas e alheias: nós sul-americanos saberíamos manejá-las sem superstição, saberíamos escolher livremente entre elas, justamente porque não eram nossas. Essa liberdade de escolha e certo recuo, que lhe corresponde, estavam bem representados no programa de estudos de nosso departamento, o que aliás atendia a uma reivindicação antiga do modernista Mário de Andrade, que afirmava, contra o conservadorismo nacionalista, o direito dos artistas à atualização estética. Digamos entretanto que a liberdade de escolha e a irreverência a que Borges se refere apontam apenas metade do problema. Asseguram que não somos europeus ou norte-americanos, uma vantagem aliás lamentada por muita gente, mas ficam mudas no capítulo do que efetivamente somos, ou acumulamos — pois mal ou bem não podemos deixar de ser alguma coisa. Surge aqui uma possibilidade diferente, à qual Borges não se refere, que é a de verificar — repito, verificar — aquelas tradições dominantes — os seus termos, as suas formas — pela nossa própria experiência histórica, mais ou menos recalcada, de ex-colônia e subdesenvolvidos, que passaria a ter voz no capítulo. É o que ocorre nos dois ensaios mais audaciosos e complexos de Antonio Candido, "Dialética da malandragem" e "De cortiço a cortiço", que são grandes passos à frente, em que formas e conceitos da tradição ocidental são examinados à luz da matéria brasileira, que os relativiza e lhes impõe as inflexões de uma história particular. Notem aqui a inversão contra-hegemônica, para não dizer descomplexada. Agora a tradição ocidental tanto mede a matéria brasileira como é medida por ela por sua vez, à qual presta contas, o que é novo. Neste movimento de vaivém, a experiência brasileira se transcende e universaliza, além de identificar-se em sua originalidade, que pode ser positiva, mas também negativa, ou mesmo odiosa. Trata-se da intuição de dimensões profundas e efetivas do processo social, que Antonio Candido reconheceu nos romances de Manuel Antônio de Almeida e Aluísio Azevedo, a que deu desdobramento crítico. Noutro plano, digamos que a busca modernista do caráter nacional de nossas letras encontrava um prolongamento ensaístico em chave analítica e sem mitos. Não vou exemplificar, porque isso nos levaria longe.

Recapitulando, quando uma bela tarde Antonio Candido dividiu, certamente com humor, o essencial da crítica do mundo entre nós três — Walnice, ele e eu — ele agia como o intelectual progressista que, dentro das condições mais modestas, numa salinha com três cadeiras, quer criar um departamento à altura do tempo, um departamento que escape ao atraso local e traga o presente do mundo ao país e à nossa universidade. No mesmo passo, ele ampliava o leque das escolhas disponíveis para os nossos estudantes, que deixavam de ser presa do provincianismo sem opção. Dito isso — e acrescentando uma dimensão inédita ao estudo das teorias estrangeiras — havia ainda o pulo do gato, guiado pela imersão refletida e metódica na realidade do país. Criava-se um segundo polo, que reequilibrava o quadro, a que conferia uma espessura histórica nova. Num conjunto pequeno mas decisivo de ensaios, a partir de meados dos anos 1960, Antonio Candido dava o empurrão inicial a um processo de verificação crítica em que o Brasil, através de seu espelhamento literário na insuficiência — com relação a nós — das ideias e das formas dominantes, que era preciso conhecer, toma consciência da peculiaridade de sua figura e de seus problemas.

Tudo isso pode soar abstrato e excessivo. Entretanto, se vocês forem ao campo da economia e da sociologia, vão encontrar um movimento análogo. Também as teorias do subdesenvolvimento e da dependência, formuladas na época por Celso Furtado e Fernando Henrique Cardoso, dizem que as conceituações americanas e europeias sobre o desenvolvimento não dão conta do movimento real de nossa sociedade, a qual alcança a sua figura mais complexa e combativa na descoberta crítica dessas inadequações, que fazem parte de sua situação no mundo.

Enfim, para voltar à terra e concluir, quero recordar uma frase de que Antonio Candido gostava: o melhor mesmo, dizia ele, é nascer burro, viver ignorante e morrer de repente. As duas primeiras coisas ele sabia que não tinha conseguido. A terceira, quase, pois ele morreu lúcido e depressa.

Obrigado pela atenção.

2. Nota biográfica

Antonio Candido foi a figura central da crítica literária brasileira a partir dos anos 40 do século passado. Muito jovem, assinou um rodapé semanal na grande imprensa, tornando-se rapidamente um nome nacional. São artigos que até hoje se leem com interesse, pela qualidade da prosa e pelo discernimento com que acompanharam o dia a dia da produção, seja brasileira, seja europeia ou norte-americana. A sua posição estética avançada, a militância antifascista e o antistalinismo compunham uma atitude minoritária e esclarecida, que a passagem do tempo não fez envelhecer. Em seu momento, quando a ditadura Vargas perseguia a esquerda e quando os comunistas, embora perseguidos, perseguiam por sua vez, a posição de Antonio Candido exigia coragem. Assim, por exemplo, ao saudar a autobiografia de Trótski em 1943, com um ensaio chamado "Uma vida exemplar", o jovem crítico corria risco de represália pelos dois lados. Não custa lembrar que "trotskista" na época era uma dos insultos mais pesados da língua. Dito isso, a posição estética e política não basta como caracterização, pois havia ainda as ne-

Antonio Candido (1918-2017)

cessidades próprias da nação periférica e atrasada, para as quais a teoria literária não tinha nome. Cabia ao crítico desprovincianizar o Brasil, sem nacionalismo obtuso nem ofuscação subalterna diante da cultura dos países centrais. As tarefas da desprovincianização da cena cultural seriam uma das tônicas específicas e permanentes de seu trabalho.

Pelo lado paterno, Antonio Candido descendia da pequena oligarquia rural de Minas Gerais, carregada de arcaísmo político e econômico. Pelo lado materno, vinha de uma família bem situada de funcionários e médicos do Rio de Janeiro, então a capital nacional e o que havia de mais civilizado. A intimidade de Antonio Candido com as duas esferas — mal ou bem, os eixos do Brasil — era absoluta, traduzida num imenso repertório de anedotas vivas e esclarecedoras. Tratava-se de uma forma de conhecimento inegável mas singular, que transmitia a seu trabalho crítico, em especial os ensaios sobre ficção brasileira, uma qualidade intransferível, uma capacidade de contextualização apropriada e requintada que os debates acadêmicos sobre método não captam.

Antonio Candido formou-se em ciências sociais em 1941, numa das primeiras turmas da recém-criada Faculdade de Filosofia da Universidade de São Paulo. A época do autodidatismo, que havia impregnado a cultura nacional desde os inícios, começava a terminar. Com grande acerto e alguma sorte, os organizadores da nova universidade tinham convidado para ensinar uma incrível equipe de jovens franceses então desconhecidos. Assim, deram aula na Faculdade de Filosofia Roger Bastide, Claude Lévi-Strauss, Fernand Braudel, Jean Maugüé, Pierre Monbeig, Martial Guéroult, entre outros. O choque da novidade com certeza foi grande. No que toca a formação de um jovem crítico literário, digamos que o juízo de gosto teria de mudar de base: deixava de argumentar apenas em termos de cultura geral, para apoiar-se também nas novas ciências humanas. A ligação do debate ao dínamo da pesquisa acadêmica, com suas várias frentes em evolução, produzia um estilo novo de raciocínio estético, mais afim com os requisitos intelectuais do tempo.

O trabalho central de Antonio Candido, com irradiação também fora do campo literário, é a *Formação da literatura brasileira: momentos decisivos* (1959). Trata-se de um estudo fundador, que não só historia a formação da literatura nacional — isto é, a formação de um sistema literário *nacional* — como a transforma em objeto de reflexão, com pertinência para a compreensão do mundo contemporâneo. No plano da análise das obras, o livro renova a leitura de todos os autores de que trata, que não são poucos. No plano da conceituação geral, concebe um modelo sóbrio e sem mitos do que seja a passagem da condição colonial à condição de país independente no plano da cultura. O interesse desse modelo para a análise da descolonização é grande.

A formação de uma literatura nacional, contraposta à ordem da Colônia, configura uma estrutura histórica de grandes proporções, que não começa nem termina com a independência política oficial, nem se esgota em ideias correntes. Uma vez reconhecido, o conjunto forma um período distinto e um objeto unificado, com lógica própria e questões específicas. Embora cada caso seja um caso, a problemática tem generalidade. Os objetivos, os paradoxos e as ilusões do processo, revelados e estudados por Antonio Candido, são parte pouco conhecida mas importante do mundo contemporâneo. Para uma síntese magistral, ver o seu "Literatura e subdesenvolvimento" (1970).[1]

---

[1] Antonio Candido, *A educação pela noite e outros ensaios*, Rio de Janeiro, Ouro sobre Azul, 2006.

Antonio Candido (1918-2017)

O tino histórico para as diferenças que separam a literatura da ex-colônia de seus modelos europeus é um dos trunfos da obra de Antonio Candido. Com grande imparcialidade, este anota e analisa as discrepâncias, que podem representar inferioridades estéticas, mas também superioridades. O original nem sempre é superior à imitação, e esta, mesmo involuntariamente, pode ser inovadora. A descoberta — a palavra não é excessiva — das peculiaridades estéticas e espirituais ligadas à descolonização abre um mundo *sui generis*. Embora guardando as denominações da matriz europeia, as escolas literárias e as tendências do espírito têm outro funcionamento, solicitando um tipo original de comparatismo. A semelhança nos termos e a diferença nos conteúdos cria uma situação historicamente característica do mundo periférico, a cujo deslindamento Antonio Candido dedica alguns de seus principais ensaios. Vejam-se em particular "Dialética da malandragem" (1970) e "De cortiço a cortiço" (1991).[2] Sem propósito de receita, estes trabalhos inventam um roteiro de operações críticas que faz justiça à complexidade e à originalidade da situação de ex-colônia.

Antonio Candido viveu muito tempo e tinha uma memória extraordinariamente exata e viva das muitas coisas lidas, presenciadas e ouvidas. O conjunto era bem repertoriado, como um fichário de pesquisador. Como ele conservou até o fim a sua agilidade mental, estava sempre reprocessando o que sabia, examinando velhas anedotas, comparando os tempos, os lugares e as leituras, chegando a novas conclusões. Essas recapitulações tinham viés moderno e crítico, pois eram atravessadas pelo partido sistemático que ele havia tomado pelos oprimidos, fossem

---

[2] Ambos retomados em Antonio Candido, *O discurso e a cidade*, Rio de Janeiro, Ouro sobre Azul, 2004.

eles os pobres, as mulheres, os negros, os subdesenvolvidos. Sem quixotismo, era a certeza de que o conhecimento vivo depende dessa dimensão, sem a qual não sabemos das coisas. A completa ausência de vulgaridade, que era outro traço marcante de Antonio Candido, ligava-se a esta antipatia pela opressão.

[A "Homenagem" foi lida na mesa "Homenagem a Antonio Candido: o professor em sala de aula", em 26 de maio de 2017 na FFLCH-USP; junto com a "Nota biográfica", foi publicada em *New Left Review*, nº 107, set.-out. 2017, e em *Antonio Candido 100 anos*, volume organizado pelo autor e por Maria Augusta Fonseca, São Paulo, Editora 34, 2018]

Pensando em Paul Singer

Ouvi falar do Paulo pela primeira vez através de amigos comuns, quando eu tinha uns quinze ou dezesseis anos, por volta de 1954. O tópico da conversa era a posição dele diante do Estado de Israel, recém criado. Contrariando o grupo sionista ao qual pertencia e do qual acabaria saindo, Paulo achava que os judeus de esquerda deviam lutar pelo socialismo no país em que viviam. Ou seja, ele preferia participar da política brasileira a emigrar para Israel. Essa atitude aberta, internacionalista, que não se curvava ao exclusivismo judaico, fazia diferença e me marcou. Outra opção do Paulo que fez marola foi trabalhar em fábrica, dedicar-se ao sindicalismo e participar intensamente, como metalúrgico, de uma grande greve em 1953. No ambiente pequeno-burguês da imigração judaica, preocupada com a carreira social dos filhos, ou, no melhor dos casos, com a contribuição para um Israel socialista, era um caminho inusitado, além de aventuroso, que falava à imaginação.

Vindo ao presente, todos que ouviram uma exposição do Paulo, ou leram algum artigo dele, de análise econômica ou política, sabem que se trata de um escritor e expositor de clareza fora do comum. A argumentação é lúcida, sólida e tranquila, confiante na evidência da razão, sem um pingo de demagogia ou fanatismo. A própria conversação do Paulo, a quem não ocorreria agredir ou embrulhar o interlocutor, tem algo desse espírito. A sua combinação inesperada de tolerância e firmeza é como que um modelo, que dá vontade de imitar, um ideal de democracia. São atributos raros em geral e particularmente preciosos na esquerda, onde a falta de objetividade e as brigas despropositadas são frequentes. É certo que a clareza do expositor depende de domínio do assunto e capacidade de concatenação, qualidades por assim dizer acadêmicas. Entretanto, ela tem também um substrato extra-acadêmico, no terreno da definição pessoal. Ela deriva de certo equilíbrio, de certa coragem bem resolvida das próprias convicções, que sustenta a inteligência em meio ao conflito e a torna confiável.

Quero dar dois exemplos, que parecem não ter nada a ver com o assunto, e que entretanto o ilustram bem. Por ocasião da guerra das Malvinas, em 1982, trabalhava no CEBRAP um pesquisador argentino que era refugiado da ditadura, a qual havia assassinado familiares seus. Não obstante, tomados de exaltação nacionalista e anti-imperialista, ele e seu grupo de compatriotas solicitavam a adesão dos colegas brasileiros à guerra de seu país. Como havia perplexidade, os brasileiros convidaram os companheiros argentinos a discutir a sua posição. No auditório, os argentinos, que eram talvez cinco, ocupavam a mesa, enquanto os brasileiros na plateia seriam oitenta. Pois bem, a certeza patriótica e o ardor dos expositores eram tamanhos e tão desconcertantes que, quando acabaram de falar, ninguém no público ousou abrir a boca. Silêncio total, até que o Paulo, com a sua tranquilidade e bom senso, além de coragem, tomou a palavra e lembrou que também no fascismo havia unanimidade e fervor, e que por si sós estes não provavam nada. A situação se descongelou e fluiu para uma discussão relativamente produtiva. Era a cabeça clara do Paulo desmanchando o poder do fanatismo.

Noutra ocasião, menos mortal mas também dramática, o PT discutia, no Sindicato dos Químicos, a atitude a tomar diante das acusações, ou talvez revelações, do "mensalão". Se estou lembrado, a linha geral do debate era defensiva, um pouco medíocre, de negação indignada das afirmações do campo adversário e de acusação à imprensa burguesa. Com calma e sem complacência, numa fala muito brilhante, que para mim foi histórica, o Paulo mudou o ângulo da discussão, colocando o dedo na ferida. Dizia ele que a inegável importância que o dinheiro grosso passara a ter na política do partido indicava que militantes que não soubessem levantar fundos para as suas campanhas já não teriam condições de se candidatar a postos eletivos. O partido havia entrado para um novo período e mudado de rumo, ponto final.

São episódios que ilustram — espero — o valor político da clareza, a qual quero saudar na figura verdadeiramente especial de Paul Singer.

[Lido no debate "Os dilemas da democracia brasileira: homenagem a Paul Singer", realizado em 20 de abril de 2018 na FFLCH-USP, e publicado em *Piauí*, nº 140, maio de 2018]

Albert Hirschman

Um dos traços inesquecíveis de Hirschman era o seu modo de participar de seminários. Ele intervinha tarde e não disputava a palavra. Falava pouco, baixo, como se falasse com ele mesmo, o que imediatamente determinava o silêncio geral. O que dizia era sempre sutil e tendia para o paradoxo, puxando o assunto para um lado inesperado, que renovava a conversa. Nas questões políticas, fugia das polarizações batidas e tinha uma habilidade diabólica para imaginar possibilidades imprevistas, mais verossímeis do que as certezas do consenso. Neste sentido, a sua especialidade era colocar em dúvida o antagonismo entre esquerda e direita e apresentá-lo como pouco realista, além de cego para saídas históricas menos custosas. Digamos que por meio da imaginação e da inteligência tentava escapar à simplificação das posições extremas, e também à mediocridade do caminho do meio. É claro que este centrismo superador, se é possível dizer assim, se prestava à discussão por sua vez. Seja como for, penso que o seu grande interesse pela América Latina e pelas questões de seu desenvolvimento tinham algo a ver com esse estilo de pensamento, amigo do que ainda está incompleto. Hirschman aliás afinava muito com Celso Furtado e Fernando Henrique Cardoso, nos quais percebia tentativas tanto teóricas como práticas de escapar ao conservadorismo da direita e ao esquematismo da esquerda.

Uma variante extraordinariamente simpática e calorosa destas posições encontrava-se em sua mulher, Sarah, para a qual a informalidade e o sentimento comunitário dos latino-americanos formava um contrapeso com valor próprio ao conservadorismo anglo-saxônico, ao decoro acadêmico norte-americano e às hierarquias bem estabelecidas da cultura europeia.

Para concluir, quero lembrar que Hirschman tinha um interesse muito vivo por questões de arte, sobretudo moderna, e que, sendo um poliglota consumado — além do alemão, ele falava bem inglês, francês, espanhol e italiano —, gostava de problemas de tradução, aos quais se dedicava com espírito lúdico. Eram dimensões por assim dizer extraprograma, que compareciam na conversa a qualquer momento e que acrescentavam à sua figura de grande cientista social uma surpreendente dimensão imaginativa.

[Texto inédito, lido em abril de 2013 por Lilia M. Schwarcz no seminário organizado pela Universidade de Princeton em homenagem a Albert Hirschman (1915-2012)]

Peripécias de um doutoramento

Paris, 1.VII.1976

Caro professor,
Por favor não caia da cadeira, mas quem lhe escreve ainda não é doutor. Em suma, M. Teyssier[1] achou inaceitável o meu trabalho e mandou adiar a defesa.[2] Protestei, e houve uma movimentada reunião, na qual o dito cujo procurou demonstrar aos colegas Massa e Cantel[3] que eu não sabia o que dizia, enquanto eu tratava de insinuar que ele não entendia o que lia. A vitória sorriu aos austríacos, e o ilustre normalista se demitiu da ban-

---

[1] Paul Teyssier (1915-2002), professor na Universidade de Paris-Sorbonne. (N. da E.)

[2] A tese foi depois publicada em livro com o título *Ao vencedor as batatas: forma literária e processo social nos inícios do romance brasileiro*, São Paulo, Duas Cidades, 1977. (N. da E.)

[3] Jean-Michel Massa (1930-2012), professor na Universidade de Rennes e autor de *A juventude de Machado de Assis* (São Paulo, Editora Unesp, 2009, 2ª edição). Raymond Cantel (1914-1986), estudioso do profetismo na obra de Padre Vieira e também da literatura de cordel, professor nas universidades de Poitiers e Paris (Sorbonne Nouvelle). (N. da E.)

ca, na qual será substituído por M. Leenhardt,[4] que é um espírito mais simpático. Mas a defesa com isso tudo ficou para a *rentrée*, em meados de outubro.

O detalhe da fofoca: dia 21 terminei a redação da conversinha preliminar, em que o candidato explica à banca a intenção geral do seu trabalho. A defesa estava marcada para 25, e a preocupação maior do momento eram as comidas que se comeriam depois. Reinavam a paz e a tranquilidade, e para completá-las telefonei à Walnice,[5] para confirmar a vinda dela no dia seguinte. No fim da tarde entretanto acho um *pneumatique*[6] na caixinha postal. É o secretariado das teses, dizendo que tem a honra de me comunicar que a defesa ficava adiada para uma data ulterior, e que eu telefonasse a M. Cantel. É o que faço, pensando nalgum imprevisto burocrático ou de saúde, e com uma vaga apreensão por causa do francês da tese, que não está bom. M. Cantel me pergunta se recebi a carta dele. Digo que não, mas que recebi um *pneu* da secretaria, adiando a defesa. O próprio confirma, e diz que tem más novas para mim, que estão explicadas numa carta que com certeza eu receberia no dia seguinte. Ocorria que M. Teyssier havia achado inaceitável o meu trabalho, e que eu precisaria *"remanier des parties entières"* antes de apresentá-lo. Cantel e Massa também faziam muitas reservas, mas eram de opinião que podia passar. O Teyssier é que estava irredutível. Perguntei se era questão de francês. Não era, se fosse

---

[4] Jacques Leenhardt, diretor de estudos na EHESS (École des Hautes Études en Sciences Sociales), em Paris. (N. da E.)

[5] Walnice Nogueira Galvão, integrante, com o autor e Antonio Candido, do núcleo inicial do Departamento de Teoria Literária e Literatura Comparada da FFLCH-USP. (N. da E.)

[6] Espécie de telegrama. (N. da E.)

só isso bastava corrigir na hora. O melhor era eu esperar a carta do dia seguinte e pedir um *rendez-vous* ao Teyssier. Ele Cantel me telefonaria daqui a alguns dias para marcar um encontro e discutir as modificações necessárias. Isso dito, *désolé* e *au revoir*. Primeiras reações: Grecia achou que era uma nota 10, pois a uma bosta não falta jamais o reconhecimento dos doutos. Além do que, a tese do Walter Benjamin também havia sido recusada a seu tempo. Já Dona Kathe ficou preocupada, achando que a vida do filho a continuar assim acabaria sendo difícil. O filho por sua vez ficou balançando entre as duas. É claro que confio mais no meu trabalho que no juízo da banca, mas é fato constatado também que desperto simpatias sobretudo enquanto não há verbas, empregos ou títulos à vista. Enfim, passei uma noite inquieta.

Dia 22: de manhãzinha chega a carta do Cantel, que mais parece um elogio invertido. Diz que o trabalho é de natureza pouco comum e que a escrita inquietou a banca. O tom da carta é conciliador e bonzinho, mas o fato é que a tese ficava em suspenso. Especulações (que se verificaram erradas): lembrei que o Audubert[7] me havia dito que o Teyssier é católico, de direita e inteligente. Ora, como o Cantel me parecia o contrário ponto por ponto (nuns pontos mais, noutros menos!), achei que estaria intimidado pelo outro, que teria mais autoridade intelectual. Assim, o fundo da questão seria no pior dos casos antipatia ideológica, e, no melhor, exigências formais que eu não havia cumprido (introdução, conclusão, bibliografia). Telefonei ao Pierre Clastres para me aconselhar, o qual me diz que desmarcar uma

---

[7] Albert Audubert (1929-2006), linguista francês, professor na Universidade de São Paulo entre 1960 e 1974. Após retornar à França lecionou na Universidade de Bordeaux e foi prefeito de La Chapelle-aux-Saints pelo Partido Socialista, entre 1979 e 1985. (N. da E.)

tese assim em cima da hora é inadmissível, e me manda falar a um amigo escolado em questões burocráticas, para ver o que é possível fazer. Em seguida, telefonei ao Massa em Rennes, que não estava, e só voltaria de noite, e telefonei ao Teyssier, que estava dando exame e não podia atender. A secretária mandou chamar de novo no fim da tarde. Fui almoçar com D. Kathe, conferenciamos um pouco, e tomei o ônibus para buscar a Walnice no aeroporto. As minhas novidades eram mais avassaladoras que as dela, de modo que só agora estou tomando conhecimento das coisas que ela tinha para contar. Quando voltamos à Rue Rollin, já estava na hora de telefonar a M. Teyssier. Este foi perfeitamente acessível e cordial, e marcou a entrevista para a hora e o dia da tese, o que transformava o adiamento em fato consumado — aspecto que eu não percebi, mas que a Walnice logo sublinhou aos gritos. Enquanto Walnice descansava, aproveitei e fui ver o amigo do Clastres, que mora perto. Este me disse que de fato era um caso raro, em que o diretor da tese ficava mal, mas que do ponto de vista legal não havia o que fazer. O melhor seria propor ao Cantel a substituição do Teyssier na banca, e ter no bolso o consentimento de algum substituto eventual, o que nesta altura do ano letivo não seria fácil. De preferência alguém cuja autoridade pusesse em maus lençóis os outros. Pensei no Furtado,[8] mas este nesta altura está no Japão, e comecei a pular para arranjar o telefone do Touraine.[9] Não consegui, mas em compensação consegui a ligação com o Massa, telefonema que vai sair uma fortuna, pois o dito cujo tem toneladas de reparos a fazer aos seus amados colegas de banca, e não

---

[8] Celso Furtado (1920-2004), economista, na época professor na Universidade de Paris. (N. da E.)

[9] Alain Touraine, sociólogo francês, na época professor na Universidade de Paris VIII — Vincennes. (N. da E.)

parava de falar. Em suma, fiquei sabendo que o Teyssier ia me "demolir" (mais adiante o Cantel usou a mesma palavra, de modo que a expressão deve ter sido do próprio demolidor) e que ele Massa nestas condições havia dito que saía da banca, pois me conhecia há vinte anos e não ia participar de uma coisa destas. Além do que, se a tese não estava conforme, a culpa era do Cantel, que não me havia instruído convenientemente. Quanto a ele Massa, teria sido suficiente corrigir os erros de língua, aliás normais num estrangeiro, e levar em conta que o francês se presta menos bem que o brasileiro à expressão do pensamento abstrato. Uma tese audaz, esta última, que pelo visto corresponde a uma convicção profunda de seu autor, que três dias depois ia repeti-la em público, igualzinha igualzinha. Mas, folclore à parte, as disposições do Massa eram amigas. Consequências: a) comecei a perceber que o Cantel não estava dentro da norma, e que o Massa não estava gostando; b) comecei a ficar com vontade de ser demolido pelo M. Teyssier, que eu ainda não conhecia. Fomos todos para a casa de D. Kathe — tudo isto se passa entre três apartamentos diferentes, com vários ônibus e metrôs no meio — de onde voltei a telefonar ao Cantel, dizendo que tinha pensado no assunto e que precisava muito falar com ele. O próprio diz que está ocupadíssimo, e que me telefona amanhã ou depois, para marcarmos para a semana que vem — acontece que semana que vem fica depois da data da tese e é fim do ano letivo. Eu, que não tinha imaginado que a entrevista precisasse ser arrancada à força, tinha preparado argumentos mas não estava preparado para brigar por datas de entrevista. De modo que aceitei, ao mesmo tempo que me sentia o último dos calhordas. Para me consolar, o Cantel explicou que aliás não adiantava nos encontrarmos antes, pois ele ainda estava no começo da leitura. Mas por via das dúvidas, se eu quisesse explicar no telefone o que tinha pensado sobre o assunto, às ordens. Como eu já havia sido banana uma vez, fui banana uma segunda, e expliquei que D. Kathe e uma colega tinham vindo do Brasil para assistir à defesa, que a situação era muito desagradável, que não era possível desmarcar uma tese assim à última hora, e que se ele e Massa julgavam a tese aceitável, bastava substituir o Teyssier. O Cantel respondeu que isso era totalmente impossível, que o Teyssier não aceitaria, e que seria caso até de anulação do concurso. Logo em seguida, quando relatei a conversa às senhoras minhas assessoras, as conclusões foram duas: 1. o Cantel estava tratando de deixar para depois um encontro ao qual eu tinha direito agora; 2. ele tinha desmarcado a defesa sem ter lido a tese, na base exclusivamente do juízo do Teyssier. Noutras palavras, o doutorando era um goiaba, e o seu diretor espiritual um irresponsável. O doutorando entretanto começava a fazer sua a indignação dos próximos, e sobretudo começava a assimilar a situação. De noite, jantamos com amigos franceses, e contei a história inteira, insistindo na desproporção entre o esforço de anos que havia feito e a leviandade dos senhores juízes. Na verdade a minha pouca reação, que era obviamente um erro, era filha legítima do descaso pela carreira universitária: não me ocorria num caso destes achar que a qualidade de um trabalho fosse propriamente um argumento e desse direitos. Mas agora, iluminado pelo interesse do título, achei que o lado de lá estava exagerando.

Dia 23: de manhãzinha telefonei a uma amiga das mais combativas, muito prática em afrontamentos. Na opinião dela eu devia arrancar o encontro ao Cantel de qualquer maneira, e comparecer à entrevista de gravador em punho, dizendo que as explicações dele eram importantes para mim, e que por isso eu as queria gravar. O remédio me pareceu um pouco forte. Mas teve a vantagem de me abrir os olhos para a dimensão pública desse tipo de conflito, que eu sendo estrangeiro e vivendo um pouco à margem não tenho bem presente. É claro que um dos pressupostos desta embrulhada, do ponto de vista dos senhores professores, era que tudo ficaria entre poucos olhos e se acertaria sem que as responsabilidades pessoais ficassem estabelecidas. Logo em seguida telefonava o Cantel — provavelmente tão insatisfeito com o papel dele quanto eu com o meu — para fazer uma gentileza: me previne que o Massa estará em Paris no fim de semana, para o caso de eu querer vê-lo. Agradeço, mas digo que quero ver é a ele Cantel, hoje mesmo. Diz ele que é impossível, digo que impossível é que ele não tenha um minuto, que qualquer hora e lugar servem. Muito bem, ele me dá cinco minutos, de tarde, em Censier. Fui almoçar sozinho, para decidir a sério o que queria dizer. Chegando a Censier, encontro o mestre no corredor, suponho que fora fazer pipi. Nos cumprimentamos polidamente, e explico que levei muito tempo escrevendo a minha tese, que penso aquilo mesmo que está escrito, que não tenho intenção de fazer modificações, e que a quero defender tal qual. Responde o Cantel que tudo fora para o meu bem, pois o Teyssier queria me demolir. Galhardamente, digo que não vejo problema: ele que experimente, e eu me defendo. A defesa é pública, não é? Palavrinhas mágicas, que modificaram tudo. Diz o Cantel que ninguém queria que eu modificasse ideias, eram questões de forma. Tratava-se de *"préparer le triomphe que vous méritez"*. Digo que defendo também a forma do trabalho, que só não defendo os erros de francês e de datilografia. Diz o Cantel que a culpa foi dele, que escolhera uma banca sem afinidades com o meu trabalho, mas que agora estava feito, e que se eu quisesse defender a tese tal qual, tinha toda a liberdade, mas que ele me prevenia que a defesa seria difícil. De todos os modos, ficava para outubro. Digo que quero defender tal qual, mas agora. Diz ele que é impossível, pois já está adiada. Eu puxo o osso de um lado, ele de outro: pois se o senhor viu dois capítulos de um trabalho que tem três, e achou bons, como pode desmarcar? Ele:

dois? Eu só lembro de um. Naturalmente não tinha lido nenhum. Digo que se ele desmarcou, na certa pode marcar outra vez. Diz ele que não, eu peço que verifique (e verifico eu mesmo que sim, logo depois). Lembro ainda que o Teyssier estará livre, pois tem *rendez-vous* comigo, e que o Massa estará em Paris. Conclusão: nos encontraremos depois da entrevista com o Teyssier, para tomar uma decisão. Nesta altura eu estava embalado, com vontade de forçar a mão. Na minha doutrina o Teyssier não podia achar ruim a tese ao mesmo tempo que adiava a defesa. Se quisesse achar ruim, seria de público e ouvindo a resposta. Se não quisesse ouvir a resposta, saísse da banca.

Dia 24: eu queria passar o dia na biblioteca, me relendo, prevendo questões e imaginando respostas impertinentes. Mas como era dia de expediente na secretaria das teses, fui até lá, para saber o que seria preciso para recolocar na ordem do dia uma tese adiada. Perguntei mui genérica e anonimamente. A secretária riu para mim, e perguntou se eu era o M. Schwarz. Eu ri para ela, e disse que era. Ela imparcialmente me explicou que o ano letivo estava acabando, mas que se o diretor de tese quisesse, tudo era possível. A fofoca portanto já corria. Voltei para casa, e recebi um telefonema da secretária do Cantel, a título pessoal dela — mas imagino que a pedido dele — dizendo que o responsável de tudo era o Teyssier, e que o problema era só o francês. Uma retirada quase completa: no começo havia partes inteiras que seria preciso transformar; depois as questões passaram a ser só de forma, e agora eram só de francês. Em suma, o Cantel embarcara no juízo negativo do Teyssier, sem ter lido o meu trabalho, mas imaginando que não haveria problemas com o candidato. Havendo, preferia desembarcar — sempre sem ter lido. A situação desagradável dele estava clara, a minha posição estava melhor, mas a questão principal — as razões do Teyssier — continuava no escuro. De tarde fui ver mais outros mestres da contestação, que me jogaram água fria: é preciso enfrentar, mas não teimar, porque as possibilidades de chicana de um mandarim enfurecido não têm limites. Nas circunstâncias, o melhor seria sugerir outra banca e esperar outubro. E de fato, quando o Cantel se desculpara pela banca pouco apropriada e começara a virar, ele havia dito que em outubro se poderia substituir não só o Teyssier como ele próprio Cantel; só faltava substituir o candidato e a tese. No fim da tarde, enfim, um amigo argentino telefona à Grecia para nos prevenir contra o bicharoco, que é reputadamente *réac* e malvado. Agora sou eu quem começa a pensar em retiradas possíveis. Quais os pontos em que finco o pé? Quais as coisas de que abro mão? Li um pouco, imaginei bastante, e fui dormir cedo.

Dia 25: levantei cedo e fiquei lendo e me concentrando no apartamento quase escuro — para guardar o espírito fresco, pois está fazendo um calor infernal. A Grecia leu em francês um capítulo que ainda não conhecia, e concluiu que poderia estar melhor, mas que estava perfeitamente compreensível. Esta conclusão me valeu, e fixei posição: a língua está precisada de correções, com boa vontade o trabalho é legível, e seria natural que uma banca de especialistas em literatura brasileira se interessasse também pelas questões de fundo. Falei no telefone com o Massa, que está em Paris para um *week-end* da Associação de Hispanistas. Fofoca vai fofoca vem, ele me conta que ainda não falara ao Cantel, o qual ontem à noite não aparecera no jantar da Associação, porque estava muito ocupado. Penso com os meus botões e os da Grecia que ele tinha ficado em casa fazendo lição, isto é, lendo a bendita tese. Como antigamente, antes de competições de natação, comi uma comida ligeira. Às 3h30, quando estava saindo, telefona Cantel: primeiro estranha que eu ainda esteja em casa (a entrevista era às 4) e em seguida anuncia que o endereço do encontro foi mudado para a Sorbonne. O Senhor

Diretor estava excitado. Cheguei na hora marcada, ao menos desta vez, e subi ao Instituto de Estudos Portugueses, onde o pessoalzinho de plantão me recebeu com festas, cochichando que era um absurdo etc. Uma moça mais despachada fez um movimento com o indicador, para me encorajar, que primeiro descia devagarinho, e depois subia depressa, espetando o rabo imaginário do seu patrão. A mãe dela não aprovaria o gesto, mas senti esquecidas emoções *soixante-huitardes*. Em seguida veio o Cantel e me levou para a sala dele, onde me apresentou M. Teyssier, a quem perguntou se começávamos já ou se esperávamos o Massa, que chegaria com 15 minutos de atraso. Em suma, a reunião seria com a banca *au complet*. O Teyssier achou que o melhor era começar logo, pois havia muito que falar. Primeiro um introito: M. Schwarz, *je suis très embêté*. Sei que o senhor tem escritos e é assistente do professor AC, por quem tenho grande estima. Compreendi que o senhor quer estudar a adaptação do romance europeu à sociedade brasileira, que é uma sociedade inteiramente diferente. É esta a ideia, não é? Pois bem, é uma ideia que me parece interessante, e me lancei à leitura com a melhor das disposições. Compreendi também que o seu estudo é de sociologia da literatura, na linha de Lukács e de nosso Goldmann, e por favor não veja nas minhas críticas um antagonismo ideológico. Mas o fato é, e é isto que me *embête, que votre travail m'a rebuté*. Me repugnou a tal ponto, que li até a página 100 e não continuei. Vou lhe mostrar por quê. O senhor tem aí um exemplar? O Cantel se precipita para me oferecer o dele, eu digo que tenho o meu. Era a demolição que ia começar, de texto em punho. Por exemplo, páginas tantas, esta frase — e lia a frase — o que quer dizer? O senhor pode me explicar? Não quer dizer nada! A frase não era particularmente complicada, e era o resumo de uma explicação mais comprida que estava na página anterior. Li a explicação imediatamente, e o mistério se dissipou, enquanto o Cantel dava uma risadinha de assentimento. O homem ficou um pouco desapontado, deu o número de outra página e leu outra frase. Depois de afirmar que não tinha pé nem cabeça, procurou passar para um terceiro exemplo, sem me dar ocasião de responder. Interrompi, e disse que se ele me desse tempo, lhe mostraria que também esta frase estava explicada, e de fato tive a sorte de achar a explicação depressa, que estava escrita em todas as letras, mais uma vez na página anterior. O clima estava tenso. Quando terminei a leitura, o Cantel interveio, dizendo que a mesma coisa se havia passado com ele, que frequentemente não entendia uma afirmação, mas voltando atrás a encontrava explicada. Nesta altura o quadro já estava bastante claro, e era diferente do que eu havia previsto. M. Teyssier estava sinceramente convencido de que o meu trabalho era um completo galimatias, e quando anunciara que ia me demolir, era isto que pensava demonstrar. Era um cidadão impulsivo, autoritário e tapado, que diante da primeira dificuldade de compreensão achara o cúmulo e ficara com raiva da tese. O Cantel por sua vez, que por cansaço, preguiça ou outra razão havia adotado o juízo do outro sem ler, agora tinha lido e estava danado com o seu compadre, em quem continuou dando alfinetadas até o fim da sessão. Em lugar da oposição que eu esperava, entre o intelectual de direita e o professorzinho intimidado, estava a oposição entre o bestalhão valentão e o burocrata relapso, interessado em reparar uma besteira feita pelo primeiro. Este entretanto retomava o seu ataque e lia mais outro exemplo de frase sem sentido, cujo sentido expliquei sem dificuldades. Aproveitei para explicar também que dado o meu modo de expor, o sentido das frases não se encontrava inteiro dentro de cada uma delas, e que era preciso acompanhar o movimento geral do raciocínio. O Cantel completou, dizendo que aliás qualquer texto é assim. Nesta altura entra na sala o Massa. Depois dos cumprimentos e dos comentários sobre o calor, o Teyssier retoma a palavra, para repetir tintim por tintim a sua exposição inicial, em que provava — agora ao Massa — que compreendera a ideia central da tese. A repetição foi tão escolar, que o Cantel me olhou com uma risadinha. Em seguida, voltando à carga, M. Teyssier muda de linha, e passa a assinalar erros de francês, tais como *incongruence* por *incongruité* etc. Eu naturalmente não defendia os erros, mas aproveitava para explicar os assuntos implicados nas expressões, coisa que os exemplos facilitavam, pois o meu examinador na verdade não os escolhera para mostrar que eu não sabia francês, mas para mostrar que eu não sabia o que dizia. O que quer dizer, por exemplo, que um homem instrumentaliza outro homem? O resultado é que ele assinalava o que não havia entendido, e se obrigava a ouvir uma explicação. Nesta altura eu já estava à vontade, e ele contrafeito, sem saber por onde sair. Foi a vez do Massa intervir: primeiramente atacou o despotismo cultural, que obriga o estrangeiro a escrever tese em francês; em seguida explicou que em meu caso, para compreender as passagens duvidosas, era preciso ler o francês, mas cantá-lo em português — ao que o Cantel replicou de bom humor que não sabia cantar; e concluiu lembrando que ali o especialista em século XIX brasileiro era ele (isto para mortificar os outros dois), e que tinha aprendido muito com o meu estudo. Ponto final. Isso posto, a palavra continuava com o Teyssier, mas a fase agressiva da arguição estava encerrada. Depois de falar grosso, o Professor ia falar meloso, e dar o instrutivo espetáculo do valentão que afrouxa. M. Schwarz, eu sei que o senhor é um pesquisador de primeira, um intelectual culto, e eu poderia dizer que o admiro (!). Me disseram que o senhor é de origem alemã? Talvez seja esta a explicação. Porque eu, eu sou uma pura expressão da École Normale francesa. Interrupção do Cantel: *Voyons, voyons, Teyssier, n'exagerons pas!* O Teyssier olha para ele formalizado, e o Cantel:

Mais je blague, je blague. Continua o Teyssier: os meus mestres me ensinaram que a nobreza do pensamento está na simplicidade e na clareza. Veja, M. Schwarz, que bom seria se o senhor pudesse nos expor as suas ideias tão interessantes na linguagem simples de Pascal e de Balzac (?), de modo que não ficassem reservadas aos *pauci*[10] e todos as pudessem compreender (em francês a pronúncia é "poci", de modo que levei um tempão para entender, e só entendi quando ele usou uma segunda vez). Não seria belo, não seria maravilhoso (sic)? O bicharoco suava boa vontade e preocupação com os humildes, e parecia um anjo do céu. Não lhe dei nem a ponta do dedinho, e disse-lhe que a dificuldade da exposição estava em relação com a dificuldade do assunto, e que aquela era a minha maneira de expor, que eu não pretendia mudar. Concluiu o Cantel, *c'est votre droit*.

A palavra agora passava ao Cantel, que fez suas as observações do Teyssier sobre os erros de língua, dizendo porém que a ênfase não era a mesma e prometendo me mandar uma lista de correções, que não seria muito grande, para que eu emendasse, à mão mesmo, nos exemplares da Sorbonne. Insistiu na necessidade de uma bibliografia — eu havia dito ao Teyssier que, não sendo trabalho de erudição mas de interpretação, baseado em textos correntes, não via o interesse de uma bibliografia — e terminou dizendo que achara difícil a parte mais teórica, mas que seguira com interesse e prazer as análises literárias, que às vezes lhe pareciam brilhantes.

Em seguida falou o Massa, que repetiu o que já dissera, acrescentando agora aquela sua ideia sobre a superioridade do brasileiro sobre o francês, quando se trata de ser abstrato. Depois do que o Cantel me previne que embora parecesse, aquela não tinha sido a defesa da tese, e que agora eles iam conferenciar. Saí,

---

[10] Em latim, "poucos". (N. da E.)

e como levaram meia hora para me chamar de volta, suponho que passaram esse tempo brigando. O Cantel veio me buscar, e antes que entrássemos na sala fez um gesto de abrir os braços, dizendo que não havia sido possível. Entro, e está o Teyssier com cara ressabiada. Retoma o tom angélico, para repetir que está diante de um verdadeiro intelectual etc., a quem pede que compreenda. Trata-se de uma coisa mais forte que ele, que vem do fundo, com que ele não pode. Em suma, ele se demite da banca. O ogre solicita a compreensão humana do picareta que ele ia demolir. O picareta não disse nem que sim nem que não, menos por convicção do que por mal-estar. O Cantel não piscou, e perguntou se eu tinha substitutos em mente. Dei três nomes, e ele pediu que lhe telefonasse na manhã seguinte, para dar os endereços. Nos despedimos, e fui para casa, contar a história toda. A primeira vez, à Grecia e a D. Kathe. A segunda, à Grecia e à Walnice. A terceira, na hora do jantar, a uma turma maior. Da terceira vez eu já não lembrava do que tinha acontecido — lembrava só do que tinha contado. Nesta altura, Grecia e Walnice já conheciam a história melhor do que eu, e me corrigiam.

No dia seguinte telefonei, para dar os endereços. Depois de tomar nota, me diz o Cantel: *vous avez bien vu comme la situation se présentait, n'est-ce pas?* Fiquei de telefonar de novo, para saber em que ficou a banca. Telefonei, e é o Leenhardt que está no júri. Agradeço e me despeço. Para encerrar o episódio, despede-se o Cantel: *au revoir, ami!* Três ensinamentos: 1. (edificante): para que as coisas terminassem relativamente bem, foi preciso arriscar tudo; 2. (pessimista) nada impedia que terminassem mal; 3. (machadiana): na próxima arguição de tese o amigo Teyssier dará uma involvidável surra num outro candidato.

(continua em outubro)

Parabéns à Laurinha pelo bebê! Mas o rei da tribo das Amazonas que se cuide, porque sendo elas tantas, ainda o hão de comer. *Toute proportion gardée*, também sei do que falo, pois estou na Normandia com Walnice, Grecia e D. Kathe, me desdobrando para não ser destituído por nenhuma das três. Saudades à D. Gilda! E um abraço apertado e amigo

do Roberto

[Texto inédito]

Sobre os textos

"Bastidores" — Documento sobre o ensaio "Cultura e política, 1964-1969", localizado por Marcelo Lotufo no arquivo do DOPS (Departamento de Ordem Política e Social), em São Paulo.

I

"Cuidado com as ideologias alienígenas" — Entrevista a Gilberto Vasconcellos e Wolfgang Leo Maar, publicada em *Movimento*, nº 56, São Paulo, 26 de julho de 1976, e reunida em Roberto Schwarz, *O pai de família e outros estudos*, São Paulo, Paz e Terra, 1978.

"*Encontros com a Civilização Brasileira*" — Entrevista a O. C. Louzada Filho e Gildo Marçal Brandão publicada em *Encontros com a Civilização Brasileira*, nº 15, setembro de 1979.

"*Que horas são?*" — Entrevista a Augusto Massi publicada em "Ilustrada", *Folha de S. Paulo*, 8 de novembro de 1987.

"Um retratista de nossa classe dominante" — Entrevista a Teixeira Coelho publicada em "Caderno 2", *O Estado de S. Paulo*, 16 de agosto de 1990.

"Machado de Assis: um debate" — Debate com Luiz Felipe de Alencastro, Francisco de Oliveira, José Arthur Giannotti, Davi Arrigucci Jr., Rodrigo Naves e José Antonio Pasta Jr., publicado em *Novos Estudos CEBRAP*, nº 29, março de 1991.

"Do lado da viravolta" — Entrevista a Fernando Haddad e Maria Rita Kehl publicada em *Teoria e Debate*, nº 27, dezembro de 1994, e reunida posteriormente em Fernando Haddad (org.), *Desorganizando o consenso*, Coleção Zero à Esquerda, Petrópolis, Vozes, 1998.

"Braço de ferro sobre Lukács" — Entrevista a Eva L. Corredor realizada em 15 de agosto de 1994 para o livro *Lukács After Communism: Interviews with Contemporary Intellectuals*, Durham, Duke University Press, 1997, e reproduzida em *Literatura e Sociedade*, nº 6, 2001-2002, com tradução de Iná Camargo Costa.

"Dimensão estética da realidade, dimensão real da forma artística" — Entrevista a Fernando de Barros e Silva publicada em "Mais!", *Folha de S. Paulo*, 1º de junho de 1997.

"Meninas assombrosas" — Entrevista a Leandro Sarmatz publicada em *Zero Hora*, 2 de agosto de 1997.

"Maio de 1968" — Entrevista a Ricardo Musse publicada sob o título "Visões do paraíso" em "Mais!", *Folha de S. Paulo*, 10 de maio de 1998.

"*Sequências brasileiras*" — Entrevista a Fernando de Barros e Silva publicada em "Ilustrada", *Folha de S. Paulo*, 7 de agosto de 1999.

"Tira-dúvidas" — Entrevista a Marcos Falleiros, Francisco Mariutti, Afonso Henrique Fávero e Airton Paschoa realizada em março de 1999 e publicada em *Novos Estudos CEBRAP*, nº 58, novembro de 2000, com transcrição de Ector Pablo Dantas Beserra.

"*Ao vencedor as batatas* 30 anos: crítica da cultura e processo social" — Entrevista a André Botelho e Lília M. Schwarcz realizada em 24 de agosto de 2007, como parte das atividades do grupo "Pensamento Social no Brasil" no 20º Encontro Anual da ANPOCS (Associação Nacional de Pós-Graduação em Ciências Sociais).

"Sobre Machado de Assis" — Entrevista a Miguel Conde publicada em "Segundo Caderno", *O Globo*, 14 de junho de 2008.

"Degradação da desigualdade" — Entrevista a Marcos Strecker publicada em "Ilustrada", *Folha de S. Paulo*, 28 de junho de 2008.

"Sobre Antonio Candido" — Entrevista a Maria Augusta Fonseca publicada em *Literatura e Sociedade*, vol. 14, nº 11, 2009.

"*Retrato de grupo*" — Entrevista a Angela Alonso, Henri Gervaiseau, Flávio Moura e Ismail Xavier, publicada em *Retrato de grupo: 40 anos do CEBRAP*, São Paulo, Cosac Naify, 2009.

Sobre os textos

"Um narrador camaleônico" — Entrevista a Flávio Moura publicada em "Ilustríssima", *Folha de S. Paulo*, 22 de abril de 2012.

"*A lata de lixo da história*" — Entrevista a Sylvia Colombo publicada em "Ilustríssima", *Folha de S. Paulo*, 18 de maio de 2014.

"Declaração de voto" — Entrevista a Claudio Leal publicada no site de *Bravo!*, 16 de outubro de 2018.

"Cultura e política, ontem e hoje" — Entrevista a Bruna Della Torre de Carvalho Lima e Mónica González García publicada em "Ilustríssima", *Folha de S. Paulo*, 22 de julho de 2018.

"Cultura e política agora" — Entrevista a Claudio Leal publicada em "Ilustríssima", *Folha de S. Paulo*, 17 de novembro de 2019.

II

"Apresentação a *Teoria e Prática*" — Texto escrito com Ruy Fausto para o primeiro número da revista *Teoria e Prática*, em 1967.

"Amor sem uso" — Publicado como abertura da revista *Novos Estudos CEBRAP*, nº 1, dezembro de 1981.

"*Os pobres na literatura brasileira*: apresentação" — Publicado em Roberto Schwarz (org.), *Os pobres na literatura brasileira*, São Paulo, Brasiliense, 1983.

"Autobiografia de Luiz Gama" — Publicado em *Novos Estudos CEBRAP*, nº 25, outubro de 1989.

"Sobre *Modernidade periférica*" — Publicado em Ligia Chiappini e Flávio Wolf de Aguiar (orgs.), *Literatura e história na América Latina*, São Paulo, Edusp, 1993.

"Na montanha russa do século" — Publicado em *Piauí*, nº 85, outubro de 2013.

"Prefácio à *Lata de lixo*" — Publicado em *Piauí*, nº 91, abril de 2014, e em *A lata de lixo da história*, São Paulo, Companhia das Letras, 2014, 2ª edição.

"Dança de parâmetros" — Publicado em *Novos Estudos CEBRAP*, nº 100, novembro de 2014.

"Uma prosa excepcional" — Publicado em *Pesquisa FAPESP*, nº 222, setembro de 2014.

Seja como for

"*Artes plásticas e trabalho livre*" — Texto lido no debate que acompanhou o lançamento do livro de Sérgio Ferro no Centro Universitário Maria Antonia, em 5 de março de 2015, e publicado em *Piauí*, nº 104, maio de 2015.

"Merquior" — Publicado em "Ilustríssima", *Folha de S. Paulo*, 23 de agosto de 2015.

"O diretor do Museu Segall" — Gravado em homenagem a Maurício Segall, no Museu Lasar Segall, em 2017, e publicado em "Ilustrada", *Folha de S. Paulo*, 2 de agosto de 2017.

"Antonio Candido (1918-2017)" — A "Homenagem" foi lida na mesa "Homenagem a Antonio Candido: o professor em sala de aula", em 26 de maio de 2017 na FFLCH-USP; junto com a "Nota biográfica", foi publicada em *New Left Review*, nº 107, set.-out. 2017, e em *Antonio Candido 100 anos*, volume organizado pelo autor e por Maria Augusta Fonseca, São Paulo, Editora 34, 2018.

"Pensando em Paul Singer" — Lido no debate "Os dilemas da democracia brasileira: homenagem a Paul Singer", realizado em 20 de abril de 2018 na FFLCH-USP, e publicado em *Piauí*, nº 140, maio de 2018.

"Albert Hirschman" — Texto inédito, lido em abril de 2013 por Lilia M. Schwarcz no seminário organizado pela Universidade de Princeton em homenagem a Albert Hirschman (1915-2012).

"Peripécias de um doutoramento" — Texto inédito.

Sobre o autor

Roberto Schwarz nasceu em 20 de agosto de 1938, em Viena, na Áustria. Veio para o Brasil aos quatro meses de idade. Em 1960, formou-se em ciências sociais pela Universidade de São Paulo. Três anos mais tarde tornou-se mestre em Teoria Literária e Literatura Comparada pela Universidade de Yale, EUA. Doutorou-se pela Universidade de Paris III, em Estudos Latino-Americanos (Estudos Brasileiros), em 1976. Foi professor de Teoria Literária e Literatura Comparada na USP entre 1963 e 1968, e professor de Teoria Literária na Universidade Estadual de Campinas entre 1978 e 1992. Publicou:

Crítica

A sereia e o desconfiado: ensaios críticos. Rio de Janeiro: Civilização Brasileira, 1965; 2ª edição, Rio de Janeiro: Paz e Terra, 1981.

Ao vencedor as batatas: forma literária e processo social nos inícios do romance brasileiro. São Paulo: Duas Cidades, 1977; 5ª edição, São Paulo: Duas Cidades/Editora 34, 2000; 6ª edição, 2012.

O pai de família e outros estudos. Rio de Janeiro: Paz e Terra, 1978; 2ª edição, 1992; 3ª edição, São Paulo: Companhia das Letras, 2008.

Os pobres na literatura brasileira (organização). São Paulo: Brasiliense, 1983.

Que horas são? (ensaios). São Paulo: Companhia das Letras, 1987; 2ª edição, 1989; 3ª edição, 2008.

Um mestre na periferia do capitalismo: Machado de Assis. São Paulo: Duas Cidades, 1990; 4ª edição, São Paulo: Duas Cidades/Editora 34, 2000; 5ª edição, 2012.

Misplaced Ideas: Essays on Brazilian Culture. Londres: Verso, 1992.

Duas meninas. São Paulo: Companhia das Letras, 1997; 2ª edição, 2006.

Sequências brasileiras: ensaios. São Paulo: Companhia das Letras, 1999.

Cultura e política (antologia). São Paulo: Paz e Terra, 2001.

A Master on the Periphery of Capitalism: Machado de Assis. Durham: Duke University Press, 2001.

Martinha versus Lucrécia: ensaios e entrevistas. São Paulo: Companhia das Letras, 2012.

Two Girls and Other Essays. Londres: Verso, 2013.

As ideias fora do lugar (antologia). São Paulo: Penguin Companhia, 2014.

To the Victor, the Potatoes! Leiden: Brill, 2019 (Historical Materialism Book Series, vol. 206).

Criação

Pássaro na gaveta. São Paulo: Massao Ohno, 1959 (poesia).

Corações veteranos. Rio de Janeiro: Coleção Frenesi, 1974 (poesia).

A lata de lixo da história. Rio de Janeiro: Paz e Terra, 1977 (teatro); 2ª edição, São Paulo: Companhia das Letras, 2014.

Tradução

Males da juventude, de Ferdinand Brückner. Encenado pelo Teatro Jovem, São Paulo: 1961.

Cartas sobre a educação estética da humanidade, de Friedrich Schiller (introdução e notas de Anatol Rosenfeld). São Paulo: Herder, 1963; 3ª edição, *A educação estética do homem* (introdução, notas e cotradução de Márcio Suzuki). São Paulo: Iluminuras, 1995.

"A ideologia em geral", de Karl Marx, e "Indivíduo e díade", de Georg Simmel, in *Homem e sociedade* (organização de Fernando Henrique Cardoso e Octavio Ianni). São Paulo: Companhia Editora Nacional, 1966.

A vida de Galileu, de Bertolt Brecht. Encenado pelo Teatro Oficina, São Paulo: 1968; São Paulo: Abril, 1977, Coleção Teatro Vivo.

A exceção e a regra, de Bertolt Brecht. Encenado pelo TUSP, São Paulo, 1968.

"Ideias para a sociologia da música", de Theodor W. Adorno, *Teoria e prática*, nº 3, 1968.

"Sobre Hegel, imperialismo e estagnação estrutural", de Albert O. Hirschman, *Almanaque*, nº 9, São Paulo, Brasiliense, 1979.

"A moralidade e as ciências sociais", de Albert O. Hirschman, *Novos Estudos CEBRAP*, vol. I, nº 1, São Paulo, dezembro de 1981.

"Duas crônicas norte-americanas", de Ariel Dorfman, *Novos Estudos CEBRAP*, vol. I, nº 3, São Paulo, junho de 1982.

A Santa Joana dos Matadouros, de Bertolt Brecht, *Novos Estudos CEBRAP*, nº 4, São Paulo, 1982 (fragmento). Republicado em *Que horas são?, op. cit.*; no *Teatro completo* de Bertolt Brecht, vol. IV, São Paulo: Paz e Terra, 1990 (na íntegra); na Coleção Leitura, São Paulo: Paz e Terra, 1996; e na Coleção Prosa do Mundo, São Paulo: Cosac Naify, 2001.

Sobre a obra de Roberto Schwarz

Sérvulo Augusto Figueira, "Machado de Assis, Roberto Schwarz: psicanalistas brasileiros?", em *Nos bastidores da psicanálise*. Rio de Janeiro: Imago, 1991.

Leandro Konder, "Roberto Schwarz", em *Intelectuais brasileiros e marxismo*. Belo Horizonte: Oficina de Livros, 1991.

Paulo Eduardo Arantes, *Sentimento da dialética na experiência intelectual brasileira: dialética e dualidade segundo Antonio Candido e Roberto Schwarz*. São Paulo: Paz e Terra, 1992.

John Gledson, "Roberto Schwarz: *Um mestre na periferia do capitalismo*", em *Por um novo Machado de Assis*. São Paulo: Companhia das Letras, 2006.

Um crítico na periferia do capitalismo: reflexões sobre a obra de Roberto Schwarz. Organização de Maria Elisa Cevasco e Milton Ohata. São Paulo: Companhia das Letras, 2007.

Nicholas Brown, "Roberto Schwarz: Mimesis beyond Realism", em Beverley Best, Werner Bonefeld e Chris O'Kane (orgs.), *The Sage Handbook of Frankfurt School Critical Theory*, 3 vols. Los Angeles: Sage, 2018.

Candido, Schwarz & Alvim: a crítica literária dialética no Brasil. Organização de Edvaldo A. Bergamo e Juan Pedro Rojas. São Paulo: Intermeios, 2019.

Este livro foi composto
em Adobe Garamond pela
Bracher & Malta,
com CTP da New Print
e impressão da Graphium
em papel Pólen Soft
70 g/m² da Cia. Suzano de
Papel e Celulose para a
Duas Cidades/Editora 34,
em novembro de 2019.